U0541328

国家社会科学基金资助项目(15BXW082)

The Development History
of Chinese Network Advertising

中国网络广告发展史

(1997—2020)

王凤翔 ◎ 著

中国社会科学出版社

图书在版编目（CIP）数据

中国网络广告发展史：1997—2020 / 王凤翔著 . —北京：中国社会科学出版社，2021.3

ISBN 978-7-5203-8534-3

Ⅰ.①中… Ⅱ.①王… Ⅲ.①网络广告—历史—研究—中国—1997—2020 Ⅳ.①F713.8-092

中国版本图书馆 CIP 数据核字（2021）第 103681 号

出 版 人	赵剑英
责任编辑	张　林
特约编辑	张冬梅
责任校对	韩海超
责任印制	戴　宽

出　　版	中国社会科学出版社
社　　址	北京鼓楼西大街甲 158 号
邮　　编	100720
网　　址	http://www.csspw.cn
发 行 部	010-84083685
门 市 部	010-84029450
经　　销	新华书店及其他书店

印刷装订	三河弘翰印务有限公司
版　　次	2021 年 3 月第 1 版
印　　次	2021 年 3 月第 1 次印刷

开　　本	710×1000　1/16
印　　张	23
插　　页	2
字　　数	354 千字
定　　价	128.00 元

凡购买中国社会科学出版社图书，如有质量问题请与本社营销中心联系调换
电话：010-84083683
版权所有　侵权必究

序 一

时隔七年，又见到凤翔的大作。曾为凤翔《广告主对大众媒体的影响与控制》一书作序，现在他《中国网络广告发展史（1997—2020）》一书出版，又请我写序。我很欣慰，这两部专著应该是我国广告学研究的优秀之作、代表之作，凤翔在广告学研究方面有拓展之功。

我知道，凤翔研究网络广告有十多年了，这本专著是他数年来的科研成果。他2015年申请国家社会科学基金项目"中国网络广告发展史（1997—2016）"，计划对我国网络广告20年发展历史进行全面、科学与系统的梳理总结。为此，写了诸多网络广告发展报告与内参。我一直期待他的成果出版，也曾催促他及时出成果。他向我解释，由于互联网络科技飞速发展，网络广告新技术、新业态与新模式日新月异。与时偕行，顺势而为，是该课题的历史责任与重大使命。因此，他把我国网络广告发展历史从2017年延长至2020年。今日，看到凤翔大作，我心甚慰，难免又要赞扬几句。

习近平总书记指出："从社会发展史看，人类经历了农业革命、工业革命，正在经历信息革命。"广告拓展，正显出网络特征。放眼全球，网络广告蓬勃发展。2020年，全球广告市场规模为5600亿元，而网络广告突破3000亿美元。2019年中国数字广告市场规模占广告总收入的50.5%，美国为55.0%，全球为50.1%，均突破各自年广告总收入的一半。中国网络广告市场规模迅猛发展。2014年网络媒体越过电视成为第一大广告媒体，2013年中国网络广告市场规模达1100亿元，2016年达2295亿元，2018年达3694亿元，2019年达4367亿元。分别突破1000亿、2000亿元、3000亿元与4000亿元大关，2021年将突破5000亿元大关。中国已经成为全球第二大网络广告市场，对国际广告业发展正在产生全球性影响。网信事业是新的生产力与新的发展方向，实现了互联网事业强大的数据融链、数字融通与媒介融合，形成中国互联网公司庞大的生态系统、超大的平台优势和巨大的网络广告规模。凤翔这本书通过对中国门户、搜索、社交与电商等主要网络平台与网络广告联盟的研究，撰写了一部具有鲜明中国特色的网络广告发展史，探讨了中国网络广告的技术发展、传播态势与产业图景，呈现了当代中国改革开放、互联网创新与网络广告发展的重要历史。

在全球化与中国大国化进程中，网络广告发展对全球广告格局、网络格局、媒体格局与产业格局产生变革性影响，对信息获取方式、生产生活方式与社会运行方式产生技术控制，对中国的经济健康发展、网络广告繁荣与意识形态安全具有战略价值。凤翔这部大作从史学视角对中国网络广告发展态势进行比较全面、系统、科学与实证的共时性探讨与历时性总结，凸显了中国网络广告在消费社会的市场地位与网络社会的传播价值，彰显了中国网络广告是国家网络安全和信息化的战略内容。

中国社会科学院是我国最高学术殿堂，社科院学者宜在研究领域形成独特学术贡献。网络广告学是广告学中极具传播优势和现实性意义、起到经济发动机和技术力支撑作用的新型学科。我认为，凤翔《中国网络广告发展史（1997—2020）》这部大作充实了我国广告学研究的学科体系、学术体系与话语体系。该书第一次对我国网络广告20多年来的发展历程与演变规律，进行了较为系统科学的历时性梳理、共时性探讨与学理性归纳，分析总结了我国网络广告的中国特色、全球视野与发展路径，是研究我国改革开放发展史的新成果。对中国网络广告发展的全景式研究，是对新闻传播学、网络学和媒介应用学科等学科建设的发展完善，是对广告学术体系建设的发展突破，将有力推动网络广告话语体系的发展创新，巩固我国网络广告研究的学术话语权阵地，为全球互联网发展与网络广告经营及其研究，提供中国方案、全球视野与学术参考。同时，为我国网络广告繁荣与媒体转型发展提供经验指导与现实借鉴，为党政主管部门制定政策与加强监管提供实践经验、理论依据与政策参考。

2020年是一个不平凡的一年，新冠肺炎疫情的爆发给全球各个行业带来巨大的冲击,但是,这背后同样也带来了新的机遇。疫情给广告产业带来了新的影响和变化,数字广告发展传播范式进入新的历史时期。在百年未有之大变局的大时代背景下,中国网络广告应该如何发展,如何抓住历史环境赋予的机会,是值得学界挖掘的。本书在这个时候完成并且出版发行,我认为是正逢其时,正顺其运,正当其势。

勉为序。

2021 年 3 月
尹韵公
中国社会科学院新闻与传播研究所
前所长、研究员、博士生导师

序 二

春分时节，王凤翔给我一份书稿，名曰《中国网络广告发展史（1997—2020）》。当下网络产业发展迅猛，内中的广告更是烈火烹油。有学者写传也有教授作记，在我窄小的书桌上，前有网络传媒10年记后有网络经营20年史，林林总总不一而足。学界后生王凤翔也是不甘寂寞，申请到中国网络广告发展史研究的国家社科基金项目，于是，顺理成章整出这部大作，而且，勇气十足铺展在我眼前，谓之欢迎先生审阅。

互联网开张不到60年，而商业运作也就30年。中国的网络广告去头掐尾算上就是23年，要在如此短暂的时间做出历时性研究与共时性探索，该是如何着手？显然，王凤翔是带着强烈的问题意识切入，一如马克思所说，"问题是时代的口号"。学术研究过程就是发现问题、筛选问题、分析问题、解决问题的过程。王凤翔行文初始明确指出，网络广告是基于互联网HTTP协议与App应用并形成推动产品营销与信息服务的新技术、新业态与新模式，具备信息传播、传播定位与商业动员的核心功能。网络广告完全不同于传统媒体广告，所以，要有全新的定义，要有符合产业发展逻辑的分期，要有鲜明的问题触点与问题解构方法。纵览全文，王凤翔对于中国网络广告的历史梳理，由此演绎中国网络广告发展内在的技术思想、产业文化与资本逻辑，发展与完善了我国网络广告学研究的学科体系、学术体系与话语体系。这种鲜明的问题导向，实事求是的学术态度值得点赞。

通常，我们回溯互联网产业发展史时，会将侧重点放在技术创新领域。诚如熊彼特所言，"创造性破坏"是资本主义的本质性事实，重要的问题是研究资本主义如何创造并进而破坏经济结构，而这种结构的创造和破坏主要不是通过价格竞争而是依靠创新的竞争实现的。每一次大规模的创新，人们注意到的是旧技术和生产体系的淘汰、新生产体系的建立，容易忽视的是这个过程中的资本魅影。王凤翔的研究视点，关注网络技术创新的同时，也留心梳理产业发展中商业利益兑现的曲折路径。我国互联网产业的先驱们在与资本博弈过程中的努力与创新，其实不亚于他们在技术领域的探索与突破。譬如，作为首家赴美上市的互联网公司，新浪开创了中国互联网企业赴境外上市的新浪模式，其 VIE 架构更是被现在互联网企业借鉴，影响了一波又一波的互联网企业，我们所熟悉的，阿里巴巴、京东、腾讯、360、百度采用的都是这种模式和架构。虽然新浪已经宣布完成私有化退市，但在中国资本市场，新浪模式将是一个永恒的标志。

技术与资本之外，互联网产业发展进程中独具魅力的第三点在于对市场的开拓与把控。迅速的传播、免费的服务、独特的产品、高频的迭代、勇敢的试错，这是互联网得以攫取中国人口红利的利器，也是这个产业得以大杀四方、迅猛成长的原动力。在这个成长性与包容性极强的市场中，千千万万创业企业不断涌入，在大浪淘沙当中上演一场又一场优胜劣汰的丛林游戏。昨日估值过亿，今日跌落高台的例子枚不胜数。与全球同类市场与企业相比，我国互联网产业市场的获取和扩张是前所未有的，企业的竞争激烈也是无可比拟的。

创新的技术、不绝的资本，共同在一个宏大舞台上演出了如今这般波澜壮阔的产业史诗。对此，这本书可以说给出了恰如其分的点评与分析。笔者在很多年前开始观察、分析和研究这个产业发展的内在逻辑，并将其总结为"三优铁律"，即效率的最优、规模的最优、利润的最优，这是互联网产业的核心，也是网络广告经营的精髓，这个"三优铁律"恰与王凤翔的史论不谋而合且得到历史事实的印证。笔者认为在这三者所组成的内在逻辑支撑之下，过往 20 年的发展，互联网产业呈现出数字化与平台化两个特征。前者在今天逐渐转化为"数据化"，正如尼葛洛庞帝《数字化生存》中预言的那样，一切的开始和结束，都是 0101 的排列组合。后者是诸如 BAT 等典型互联网机构长久以来的核心模式，以开放、对等、协作、共享为特征的"平台模式"将信息、内容、营销、产业链统统涵盖，并进一步与融合化、智能化的浪潮相交融。从这个角度来看，王凤翔的研究对数字化和平台化已有较为充分的论述，却对融合化和智能化的关照尚有不足。此外，鉴于市场因素或者数据不足，王凤翔对具有行业代表性的字节跳动（如今日头条、抖音等）、快手等互联网公司的广告发展经营缺乏专章论述，这不能不说是一个遗憾。

王凤翔对于广告产业的研究，起步于《广告主对大众媒体的影响与控制》一书，我也曾经为该书作序，可谓1.0版本。为了鼓励后进，这个1.0版本不乏溢美之词。这次为《中国网络广告发展史（1997—2020）》作序，该是2.0版本，老师与学生站在可以平视的角度，好坏如实道来。笔者相信，随着媒体融合、人工智能逐渐上升到国家战略的层面，王凤翔对于互联网产业的持续探索逐步深入且开花结果，作为老师的我，是不是也有机会撰写那个3.0版本的序呢？

是为序。

2021年3月
黄升民
中国传媒大学资深教授、博士生导师

导　言

"在所有的竞争性的市场经济体系中，广告是不可或缺的部分。"① 我国不仅是全球第二广告大国，而且网络广告（互联网广告）市场规模位居全球第二，正在走向广告强国与数字强国的康庄大道上。网络广告作为一种新技术、新业态与新模式，决定互联网平台媒体的收入来源与市场地位，对互联网发展及其传播生态至关重要，并正在成为大国之间数字博弈与话语权博弈的市场手段与技术力量。

本书是国家社会科学基金"中国网络广告发展史（1997—2016）"研究成果，对我国互联网广告20年发展历史进行梳理总结。由于互联网络飞速发展，网络广告新技术、新业态与新模式日新月异。与时偕行，顺势而为，是该课题的学术担当与历史使命。因此，把我国网络广告发展历史延长至2020年，并命名为《中国网络广告发展史（1997—2020）》。

以我国在门户网站、搜索引擎、社交媒体与电商领域的代表性互联网公司作为网络广告主体与主要研究对象，把发展势头良好的字节跳动、快手、京东、拼多多等互联网公司广告经营融入相关章节分述。结合我国网络广告发展的关键点与横截面，根据全球互联网发展态势与我国互联网发展趋势，以及我国新媒体发展生态与网络广告宏观发展形势，在论述我国网络广告发展史之时，又适当论述互联网及其新媒体发展概况，以及美国互联网广告业巨头对我国网络广告业的影响。

台湾地区、香港特区、澳门特区网络广告市场规模较小。本书在第

---

① ［美］肯·奥莱塔：《广告争夺战：互联网数据霸主与广告巨头的博弈》，林小木译，中信出版集团2019年版，第23页。

二章专门设置一节，简单论述港澳台网络广告发展概况，并在相关章节（含注释）对港台对大陆初期网络广告的发展与影响有所论述。

本书内容分为导言与主体部分（共九章），以及附录（中国网络广告发展大事记）、参考文献。

导言，概述本书写作由来与主要内容。

第一章　网络广告概念、类型与特点。本章共四节。

网络广告不同于传统媒体广告，以用户点击广告而形成传播效果与广告收益，形成了各种智能收费模式，具有互动性、临场感、数字化、精准化与程序化等自在特征的新技术、新业态与新模式。网络广告系统（ADX，Ad Exchange）完全不同于传统媒体的广告经营，是与股票交易市场类似并基于程序化与大数据的交易系统，连接 DSP（需求方平台）与 SSP（供应方平台），以 RTB（实时竞价）为主要交易方式。

第二章　我国网络广告历史分期与发展特点。本章共六节。

一是探讨我国网络广告发展的历史阶段分期依据维度，即生产力和交往形式之间的矛盾是其发展动力，合目的性与合规律性的辩证统一是其实践逻辑，是我国改革开放与全球化发展的历史性产物。二是我国网络广告发展分为四个历史时期：起步发展期（1997—2002），是门户网站竞争时期；整合发展期（2002—2009），是各类网站的竞合时期；格局发展期（2010—2018），是移动社交的繁荣时期；智能发展期（2018 年至今），是人工智能物联（AIoT）竞放时期。三是我国网络广告在各个历史时期形成自己各自发展特点。四是分析台湾地区、港澳特区的网络广告发展概况。

第三章　我国门户网站广告发展概况。本章共三节。

新浪、搜狐、网易是我国三大中文门户网站，均经过搜索与门户新闻网站的转型，在美国纳斯达克上市，在 2000 年互联网寒冬后，开始形成各自发展特色，形成网络广告可持续与多元化发展模式。新浪率先推出中文门户网站，创建"协议控制"模式（新浪模式）实现海外上市，逐步形成资讯和社交（新浪微博）为主、以广告发展为主的门户网站。搜狐形成三大业务，广告业务在多元经营发展中逐步降维，品牌广告是搜狐广告主要来源，网络游戏得到发展，搜索业务由搜狗主导发展。网易网络广告逐步成为非核心主营业务，游戏成为主营业务，电商形成新发展格局，电子邮件形成市场优势。

第四章　我国搜索引擎广告发展概况。本章共五节。

搜索引擎为网络广告提供全新的传播技术、广告场景与发展路径。我国搜索引擎发展通过谷歌与百度的寡头竞争后，谷歌退往中国香港，大陆形成百度、搜狗与360搜索等并争的市场态势。谷歌商业模式对我国网络广告发展具有重大影响。百度形成竞价排名（搜索竞价）模式，成为独立搜索引擎门户网站。2015年移动搜索市场呈现快速增长态势，移动端搜索流量与移动营收全面超越PC端，搜狗、神马与360等搜索引擎推动广告发展。阿里巴巴、腾讯与字节跳动等形成各自数据闭环与内容搜索，百度遭遇发展挑战。

第五章　我国社交网络广告发展概况。本章共四节。

从网络论坛、博客（Blog）、人人网等更新到微博、微信（WeChat），社交广告模式在发展中摸索，历时性地形成广告盈利模式。QQ与微信（WeChat）是腾讯的主要社交网络，腾讯博客、腾讯微博、搜索引擎、网络社交等是腾讯社交传播的重要内容。腾讯从"三低"（低龄、低收入、低学历）用户对象传播逐步走向全群体、全社群传播，形成"一站式"社交生活的全域布局，从而扩大了广告发展空间。以QQ"部落化"社交化传播与核心业务发展，微信广告形成生态特色与传播闭环，腾讯逐步形成QQ、微信、微博与博客等社交黏性与传播矩阵，开创社交效果广告，推动我国网络广告进入发展新业态。

第六章　我国电商广告发展概况。本章共四节。

我国初期电商主要是对美国亚马逊"以仓储为导向"的B2C经营模式与eBay的C2C"集市模式"及其广告的效仿与借鉴、开拓与创新。阿里巴巴电商平台化、全球化、生态化及其移动支付，丰富电商网络广告传播场景。阿里妈妈为阿里巴巴贡献大部分收入来源。其中，钻石展位、直通车与淘宝客等是阿里妈妈的广告营销利器，夯实阿里电商龙头地位，阿里达摩盘形成阿里妈妈广告数据的生态闭环与市场优势，阿里妈妈全域营销模式形成阿里广告发展新征程、推动形成阿里大文娱广告的发展特色与平台优势，数据智能营销形成阿里妈妈发展新趋势。在移动互联网语境下，阿里系，京东、苏宁易购、小米等 B2C 电商，大众点评、糯米、58 同城等团购电商，拼多多、微信、小红书等社交电商，抖音与快手等短视频电商，唯品会、考拉海购等垂直电商，推动我国网络广告进入历史新时期。

第七章　我国网络广告联盟发展概况。本章共三节。

针对中小网站如何做广告、如何做好广告，网络广告联盟实现了网络广告的长尾效应。这是网络广告发展的商业新模式。我国网络广告联盟（Ad Networks）在快速发展中形成自身特色。谷歌 AdSense 推动我国网络广告联盟形成发展与创新的模式。阿里妈妈（淘宝联盟）广告平台开创电商广告联盟新模式。我国网络广告联盟逐步形成搜索引擎与电商为主导、中小广告联盟为辅的网络广告联盟特色，联盟分成制度促进网络广告联盟的发展与繁荣，主流媒体网站、门户媒体网站与社交网站加入广告联盟以争夺网络广告市场。同时，在全球化社会与网络社会中，我国广告联盟发展存在巨大挑战，在构建国际商誉与企业诚信、建设全球影响力与传播力方面，任重而道远。

第八章　我国网络广告发展面临的问题与挑战。本章共四节。

海内外广告巨头之间存在不正当竞争与同质化发展，存在数据泄露、隐私损害、滥用数据话语权与丧失创新能力的风险，数据安全与隐私保护亟待加强。网络广告黑灰产业已形成完整产业链，呈现智能精准化、平台规模化与产业系统化特点，对平台用户权益、正能量舆论环境与商业化生态产生极大危害。尤其是，广告智能化走"黑"，侵害用户权益，形成舆论冲突、社会矛盾与广告"黑产"。其中，严重的广告虚假点击、异常点击、流量欺诈成为广告传播中的灰色景观，利用公共资源作假营销真欺诈，以及广告色情化现象较为严重，自律他律建设亟待加强，违法广告成为舆情事件与社会问题。传统主流媒体因广告而失去发展优势，对良性传播系统形成不确定性，对健康舆论生态发展形成巨大挑战。

第九章　我国网络广告的中国特色、全球视野与发展路径。本章共三节。

我国网络广告发展的中国经验、比较优势与中国模式形成中国特色。但是，在市场博弈、技术博弈、规则博弈与话语权博弈上，我国互联网公司与美国仍有较大实力差距。因此，要尊重网络传播规律，创新网上内容生态建设，增加我国网络广告的附加值与话语权。主流媒体要跟上5G移动互联网时代，突破体制机制阈限，在利用新媒体与网络广告有新突破新发展。加强网络平台的信息技术引领，推动广告市场的行业自律建设。加强全球广告技术竞争，完善网络广告法律法规建设，推动区域市场监督与广告制定标准建设。不断推动、加强与完善我国网络广告的"内循环"建设、全球化布局与国际地位，使互联网这个最大变量变成我国事业发展的最大增量。

目　录

第一章　网络广告概念、类型与特点 …………………………………（1）
　第一节　网络广告概念与类型 …………………………………………（1）
　第二节　网络广告主要特征 ……………………………………………（7）
　第三节　网络广告收费模式 ……………………………………………（13）
　第四节　基于程序化交易的网络广告系统……………………………（20）

第二章　我国网络广告历史分期与发展特点 …………………………（26）
　第一节　我国网络广告发展历史分期的依据维度……………………（27）
　第二节　我国网络广告起步期（1997—2002）发展概况……………（33）
　第三节　我国网络广告整合期（2002—2009）发展概况……………（37）
　第四节　我国网络广告格局期（2010—2018）发展概况……………（41）
　第五节　我国网络广告智能期（2018年至今）发展概况 ………（57）
　第六节　我国港澳台地区网络广告发展概况…………………………（66）

第三章　我国门户网站广告发展概况 …………………………………（69）
　第一节　新浪广告发展概况 ……………………………………………（70）
　第二节　搜狐广告发展概况 ……………………………………………（84）
　第三节　网易广告发展概况 ……………………………………………（102）

第四章　我国搜索引擎广告发展概况 …………………………………（116）
　第一节　我国搜索引擎形成全球先发优势……………………………（116）
　第二节　我国搜索引擎发展格局 ………………………………………（123）

第三节　百度广告发展概况 …………………………………（133）
　　第四节　谷歌中国广告发展概况 ……………………………（146）
　　第五节　我国搜索引擎发展趋势 ……………………………（154）

第五章　我国社交网络广告发展概况 ……………………………（161）
　　第一节　博客与人人网广告发展概况 ………………………（161）
　　第二节　微博传播与新浪微博广告发展概况 ………………（167）
　　第三节　QQ与微信构建腾讯广告社交生态 ………………（180）
　　第四节　腾讯广告经营概况 …………………………………（189）

第六章　我国电商广告发展概况 …………………………………（207）
　　第一节　我国初期电商及其网络广告发展概况 ……………（207）
　　第二节　阿里巴巴平台丰富电商广告传播场景 ……………（216）
　　第三节　阿里妈妈广告经营概况 ……………………………（229）
　　第四节　移动互联网时代电商广告发展概况 ………………（245）

第七章　我国网络广告联盟发展概况 ……………………………（262）
　　第一节　网络广告联盟的内涵与特点 ………………………（263）
　　第二节　我国网络广告联盟发展概况 ………………………（266）
　　第三节　我国网络广告联盟发展任重道远 …………………（279）

第八章　我国网络广告发展面临的问题与挑战 …………………（285）
　　第一节　数据安全与隐私保护亟待加强 ……………………（285）
　　第二节　网络广告灰黑产业链亟须治理 ……………………（291）
　　第三节　违法广告成为舆情事件与社会问题 ………………（296）
　　第四节　传统主流媒体面临发展瓶颈 ………………………（303）

第九章　我国网络广告的中国特色、全球视野与发展路径 ………（307）
　　第一节　我国网络广告发展的中国特色 ……………………（307）
　　第二节　我国网络广告系统仍处在全球赶超阶段 …………（319）

第三节　我国网络广告发展路径 …………………………………（324）

附录　中国网络广告发展大事记 …………………………………（330）

参考文献 ……………………………………………………………（338）

第一章

网络广告概念、类型与特点

网络广告完全不同于电视、广播、报纸与杂志等传统媒体广告，是基于互联网 HTTP 协议与 App 应用的新技术、新业态与新模式，具备信息传播、精准定位与商业动员的核心功能。

第一节　网络广告概念与类型

一　网络广告诞生

网络广告最先出现于美国。网络广告不同于传统媒体广告的最重要特点是，通过用户点击广告而形成传播效果与广告收益。[①] 1994 年 10 月 14 日，美国 Hotwired 杂志推出 Hotwired 网络版，并首次在该网站推出网络广告。10 月 27 日，美国电报电话公司（AT & T）、宝洁公司（P & G）、国际商业机器公司（IBM）等 14 个客户在 Hotwired 发布了一幅 468×60 像素的 Banner 广告。这是众所周知的全球第一个网络广告，标志着网络广告正式诞生，标志着一种全新的广告形态正式出现。

美国传统媒体互联网化，并布局网络广告市场。美国有线电视网

[①] 1984 年，Prodigy 成为全球第一个能够推送广告的互联网公司，但该公司广告不能点击。1993 年，第一个可点击的 Banner 广告在 GNN（Global Network Navigator）上售卖。1994 年世界上第一个门户网站出现，是由 Compu Serve 和 America Online 合并而来的。之后，Net Scape 和 Hotwired 开始大规模出售网络广告位，网络广告正式进入门户网站时代。

（CNN）、《华尔街日报》（*The Wall Street Journal*）等美国媒体建立网站、发布广告。1995年，美国网络广告市场规模为5000万美元。从此，网络广告拓展了新的全球网络应用，成为世界所关注、认可与践行的新技术、新业态与新模式，全球广告业进入广告发展新阶段。

1996年美国成立互动广告局（Interactive Advertising Bureau，IAB）①，主导网络广告发展规范，制定网络广告标准，对全球网络广告规范化发展起了重要作用。

"好雨知时节，当春乃发生。"（杜甫《春夜喜雨》）1997年3月，比特网站（ChinaByte）主页发布第一个网络广告，实现了中国网络广告零的突破。② 这是英特尔（Intel）、国际商业机器公司（IBM）为宣传AS400商业计算机系统的网络广告，为此支付3000美元广告费，表现形式为468×60像素的动画旗帜广告。这是我国互联网发展史与我国广告发展史上的一个里程碑，标志我国广告发展进入新的历史发展时期。

1999年6月，在第46届戛纳国际广告节，"亮相交流的电视广告片、报刊广告、海报、网页广告多达13102个"③，网络广告正式列为电视广告、报刊广告和海报之后新的评奖形式，成为全球广告业认可与全球广泛传播的广告新业态。

二 网络广告概念

互联网广告俗称网络广告（Network Advertising/Network Ad）。为便于论述，本书把互联网广告统称为网络广告。互联网广告的英文表达有多

---

① 美国互动广告局总部在纽约。成员包括650多家领先的媒体公司、品牌以及负责销售、交付和数字广告优化营销的技术公司，这些公司在线广告业务占美国网络广告市场规模的90%。拥有IAB技术实验室、IAB全球会员网络、IAB移动营销中心、IAB数字视频中心、IAB数据中心。该组织致力于专业性发展，提升行业内员工的知识、技能、专业技能和多样性。通过其在华盛顿特区的公共政策办公室，向其会员倡导互动广告行业的价值，并向立法者和决策者宣传这一行业的价值。参见中广协官网。

② 黄升民、丁俊杰、刘英华主编：《中国广告图史》，南方日报出版社2006年版，第300—301页。

③ 艾辅仁：《传统广告要完蛋？》，《广告大观》1999年第9期。参见《青年参考》，1999年7月6日。

种：Network Advertising/Network Ad，Web Advertisement/Web Ad，Internet Advertising/Internet Ad。网络广告是互联网络催生衍生的新生物，是网络经济/数字经济的重要组成部分，与互联网络生态密不可分、融为一体，是与电视、广播、报纸与杂志等传统媒体广告迥然不同的新形态、新技术与新业态。

海内外学界业界对网络广告的概念与内涵有分歧。学界业界有在线广告（Online Advertising/Online Ad）[①]、新媒体广告（New Media Advertising/New Media Ad）、互动广告（Interactive Advertising/Interactive Ad）、数字广告（Digital Advertising/Digital Ad）、数位广告（台湾称谓）等不同的名称与称谓。本书把这种基于互联网信息技术的新形式、新业态与新模式的新型广告名称统一为：网络广告（Network Advertising/Network Ad）。

有学者指出："网络广告是指拥有现实和虚拟身份、可识别的发布者，以观念、商品或服务的陈述或推广为诉求内容，直接或间接通过互联网发布的信息传播。"[②] 2016年4月1日公布、2016年9月1日开始执行的《互联网广告管理暂行办法》把"互联网广告"定义为："通过网站、网页、互联网应用程序等互联网媒介，以文字、图片、音频、视频或者其他形式，直接或者间接地推销商品或者服务的商业广告。"[③]

基于互联网思维的数据是网络传播与信息服务的根本要素。作为一种全新传播业态，网络广告的概念是发展的，完全不同于传统媒体的广告概念。以上概念强调了网络广告的技术特点与商业特征，然而对于网络广告及其网络广告系统的合规律性宜予以强调。在互联网络时代，互联网企业要实现用户免费使用，推动网络信息传播健康发展，主要是通过广告盈利来完成的。互联网公司、广告主、网络广告联盟或第三方网络广告公司，利用网络公司提供的数字网络技术，通过互联网、宽带局域网、无线通信网、卫星等渠道作为传播载体，使客户与用户通过电脑、手机、数字电视机等接收终端了解与接受的一种全新广告传播形态与信

---

① 1978年Gary Thuerk发送了第一封电子邮件广告，后被禁止。这种广告形式出现在旗帜广告普及之前，是具有真正意义的在线广告。
② 王成文：《中国网络广告第一个十年发展研究》，硕士学位论文，河南大学，2005年。
③ 国家市场监督管理总局官网。

息服务。网络广告作为一种"含金量"较高的信息传播与数据聚合的显著经济业态，有利于实现实体经济与网络经济的交融发展，有利于实现网络生态的良性发展、推动网络环境的风清气正。

由此可见，网络广告是以基于HTTP协议与App技术标准，以基于数字代码的多媒体技术设计与制作，构建文字、图片、音频、视频、动画、动漫、H5等传播形态，在网站、网页、App程序等网络媒介上发布或自动推送给接收终端，以基于数据的网络广告系统形成推动产品营销与信息服务的传播行动，是具有实时交互、精准定向的新技术、新业态与新模式。

三　网络广告类型

网络广告随着网络技术进步而发展，其表现形式丰富多彩，全球采用与通行美国互动广告局发布的网络广告形式。在web2.0与移动互联网语境下，网络广告形式丰富多样。网络广告互动性完全不同于传统主流媒体的广告形态。

1.根据我国《互联网广告管理暂行办法》第三条[①]，网络广告主要包括：

（一）推销商品或者服务的含有链接的文字、图片或者视频等形式的广告；

（二）推销商品或者服务的电子邮件广告；

（三）推销商品或者服务的付费搜索广告；

（四）推销商品或者服务的商业性展示中的广告，法律、法规和规章规定经营者应当向消费者提供的信息的展示依照其规定；

（五）其他通过互联网媒介推销商品或者服务的商业广告。

2.根据面积大小，有横幅广告（Banner Ad）、按钮广告（Button Ad）、大屏幕广告、摩天楼广告、对联广告等。

横幅广告又名旗帜广告。最常用的广告尺寸是486×60（或80）像素（pixels），以Gif或Jpg等格式建立的图像文件，定位在网页中，放在

---

① 国家市场监督管理总局官网。

网页顶部首要位置与底部中央，大多用来表现广告内容。同时可使用 Java 等语言使其产生交互性，用 shockwave 等插件工具增强广告表现力[1]、动态性与临场感。富媒体广告是一种旗帜广告，富媒体广告是网络广告传播量较大的广告形式[2]，如：音视频广告、3D 广告、游戏广告、Flash 广告等。

按钮广告即图标广告，是网络广告最早的和常见的形式，是从旗帜广告（banner）演变过来的一种形式，是表现为图标的广告，通常广告主要用其来宣传其商标或品牌等特定标志。通常是一个链接着公司的主页或站点的公司标志，并著有"Click me"字样，希望浏览者主动来点选。

根据美国互动广告局（IAB）的标准，按钮广告标准尺寸通常有四种形式：125×125（pixels）方形按钮、120×90（pixels）按钮、120×60（pixels）按钮、88×31（pixels）小按钮。[3] 按钮广告由于尺寸偏小、表现手法较简单，多用于提示性广告，容量不超过 2K。

3. 根据内容表现形式来划分，主要有：文字广告、图片广告、动画广告、动漫广告、音频广告、视频广告、视频或图形的立体广告、VR（虚拟现实）/AR（增强现实）广告等广告类型与媒体内容建设及其新形态密切相关。随着互联网发展升级，网络广告随着载体实现技术更新升级，形成不同表现内容的广告形态。（见图 1—1）

4. 根据内容生产需要，有原生广告（Native Ads）、信息流广告（News Feed Ads）等。

原生广告定义比较泛，简单来说，即"内容即广告，广告即内容"，是一种植入广告。美国互动广告局定义"原生广告既是一种'愿望'，也是一系列广告产品类型。""愿望"是指广告主和发布商希望广告投放能够做到三个一致：与页面内容一致、与网页设计一致、与受众在平台上的

---

[1] 王成文：《中国网络广告第一个十年发展研究》，硕士学位论文，河南大学，2005 年。
[2] 《2004 年好耶网络广告服务报告》数据显示：从 2001 年至 2004 年富媒体广告与非富媒体广告点击率差异上看，富媒体广告的点击率一直高于非富媒体广告的点击率。
[3] 美国互动广告局官网。

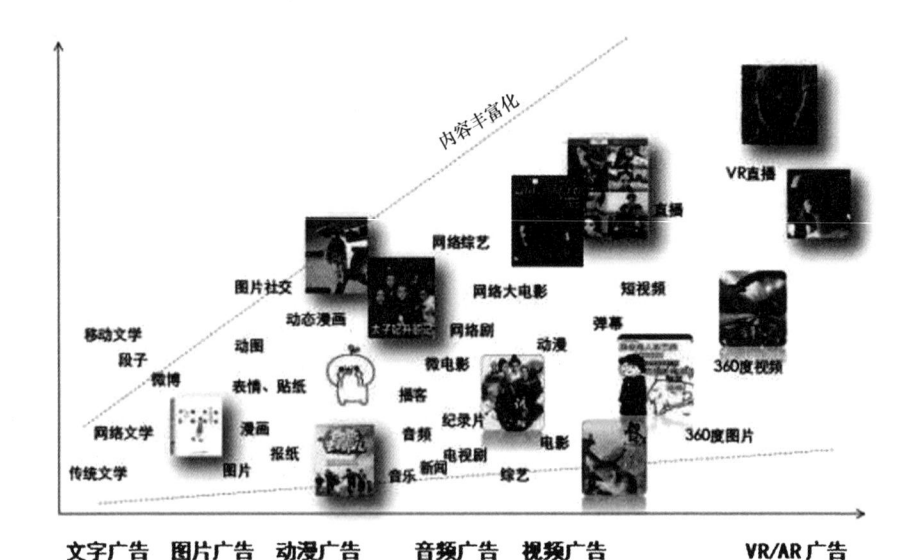

图 1—1　网络内容推动网络广告表现形式变化

资料来源：方正证券。有改动。

行为一致。①

信息流广告是一种嵌入传播信息流的新型原生广告，是基于用户兴趣标签把广告自然而精准地嵌入信息内容之中的移动社交广告。2006 年 9 月脸书推出社交信息流广告，2010 年 4 月推出 Promoted Tweets。2013 年 3 月新浪微博推出"粉丝通"信息流产品，以及品牌速递、橱窗推荐等信息流广告，2015 年 1 月微信推出"朋友圈"信息流广告。

5. 根据网页位置不同，有弹出式广告、浮动式广告与内嵌式广告等。

---

① "广告产品类型"包括 6 种典型原生广告形式：In‐Feed 广告（In‐Feed Unit）、付费搜索（Paid Search Unit）、推荐工具（Recommendation Widgets）、促销列表（Promoted Listings）、广告内的原生单元（In‐Ad with Native Element Units）、定制单元（Custom）。美国媒体平台知名原生广告主要有：谷歌广告关键词（AdWords）、脸书赞助故事（Sponsored Stories）、YouTube 专题视频（Featured Videos）、推特促销推送（Promoted Tweets）、亚马逊促销列表（Promoted List）、《纽约时报》付费帖（Paid Posts）、雅虎流广告（StreamAds）等。

6. 根据网络媒体形态，有品牌广告①、搜索引擎广告、电子邮件广告、弹窗广告②、文本链接广告（文字链广告）、关键字广告③、游戏广告、icast 视频网络广告、视频贴片广告、社交广告、朋友圈广告、小程序广告、互联网电视（Over the Top，OTT）广告等。

7. 根据机构合作需要，有 MCN 分成广告等（参见第六章第四节）。

第二节　网络广告主要特征

网络广告具有很多不同于传统广告的新属性与新特质，不受传统广告的时段与版面限制，以跨越时空、全天候发布与全球开放的系统传播，以信息海量、多媒体化与自主传播的链接性，形成基于互联网 HTTP 协议与 App 应用的全新信息技术、传播形态与交易业态。其中，网络广告具有互动性、临场感、数字化、精准化与程序化的自在特征、动态特色与传播特点，彰显了网络广告发展的技术创新性、传播表现性、数字创意化、精准用户化与交易生态化。

一　互动性

与传统媒体广告相比，网络广告具有互动性强的特点，广告主与网络公司能够知悉受众或用户对广告的态度立场与使用情况，推动网络广告的算法推荐与精准营销。

在 Web 1.0、Web 2.0 与移动互联网时期，网络广告概念的内涵与外延具有不一致性。在 Web 1.0 语境下，网络广告没有交互功能，是一种

---

① 门户网站与电商主要是品牌广告。品牌广告售卖折扣为常规折扣 6 折，购买方式为位置包断，基本不支持点击购买方式。该广告一般价格高昂，投放受众广，点击率、转化率较低。门户网站与电商网站大流量、广覆盖，广告位置显要，满足了品牌广告主通过门户网站发布广告进行品牌宣传，挖掘潜在客户的需求，使门户收入得以保证，因此为大量品牌所购买所青睐。

② 1997 年，John Shiple 发明弹窗广告，后来该广告也可以通过 DSP 购买。

③ 1995 年，雅虎运行第一个关键字广告 "Golf" Banner 广告，就是属性定向，可以对不同的受众呈现不同的广告。1996 年，OpenText 提出关键字广告，并首次应用在 Banner 广告上，结果失败了。1998 年，被 Goto.com 商业化成功运作，此后便被接受。2000 年，谷歌关键词广告系统（Google AdWords）上线，成为谷歌付费搜索排名外的网络广告系统与网络广告联盟。

基于信息技术的传统媒体广告再现，把传统媒体广告搬到互联网的一种展现形式。其优点是通过点击计算出用户或受众对广告的关注概况。在 Web 2.0 语境与移动互联网语境下，网络巨头以数据为核心，以网络广告系统或第三方网络广告为系统，形成数据化、个性化（如私人定制）与智能化的网络广告传播、推送与服务，实现网络信息的产品经营、品牌建设与市场营销。

网络广告具有成本较低，表现形式多样，跨越时空，互动性较好，市场细分定向，精准营销等特点。在 Web 2.0 时期，门户网站、搜索引擎与社交网站等网络表现形态的网络广告在成本、传播性、互动性与精准性方面是不同的，各有自己的特点。（参见表 1—1）

表 1—1　　Web2.0 语境下网络媒体形态广告传播的营销特征对比

	成本	传播性	互动性	精准性
门户网站	●●●●●	●	无	●●
搜索引擎	●●●●	●	无	●●●●●
E-mail	●●●	●	●	●●
SNS	●	●●●●	●●●●	●●●●●
博客	●	●●●	●●●	●●●●●
微博	●	●●●●●	●●●●●	●●●●●
微信	●	●●●●●	●●●●●	●●●●●
短视频	●	●●●●●	●●●●●	●●●●●

注：● 符号越多，代表这一特征向量中的特征值越大。

资料来源：艾瑞咨询《微博营销，Web 2.0 时代银行营销新策略》。有增添与改动。

其中，H5 实现基于 HTTP 协议与 App 应用的网络广告自适应兼容与互动性发展。

H5 是 HTML5，是第 5 代超级文本标记语言（Hyper Text Markup Language 5），是构建 Web 内容的计算机语言描述方式①。2014 年 10 月，H5 标准制定完成，并成为全球互联网使用的技术标准，具有公开网络标准、多设备跨平台兼容使用、自适应网页设计与即时更新的优点②，规范了视频、音频、图像、动画以及与设备的交互标准，促进 App 与浏览器的融合转换使用，推动智能移动手机成为用户主要入口，打破原有广告尺寸限制及其成本阈限，实现网络广告硬件终端多元化与多屏幕兼容性。因此，信息流广告、积分墙广告、游戏广告与户外广告获得巨大发展机遇，移动广告市场飞速发展、引领潮流。

二 临场感

临场感既是再现又是表现，是网络广告的重要特点。网络广告具有互联网络的虚拟性，尤其是基于 H5 的新媒体、电商与社交网络广告，增强了用户的参与度与植入感，推动了用户对广告的亲切性与舒适度，凝聚用户对广告产品的价值认同与情感归属，构建用户与广告之间的心理支持、行为亲近与品牌信任。

在 Web 2.0 语境与移动互联网格局下，涌现的互联网新技术、新业态与新模式，不断推动网络广告临场感的演进和优化。H5 技术与广告媒体形态相得益彰，人工智能、AR/VR 构建了网络广告临场感的传播生态与拟态语境，促进线上与线下的体验融合与情感吸附，推动旗帜广告等平面广告向立体广告转型发展，并不断催生与创新视频广告、短视频广告、AR/VR 广告、弹幕广告、信息流广告、小程序广告与移动摇一摇互动贴片广告等，形成基于服务用户的广告传播发展新活力与新生态。

2016 年 2 月脸书发布产品交互式 H5 广告网站，微信朋友圈推出 H5 网站广告发布平台。微信朋友圈、微信支付、微信扫一扫、微信摇一摇、微信红包等广告，增加用户体验感与临场感。网易云音乐的音乐主题餐

---

① HTML5 是互联网的下一代标准，是构建以及呈现互联网内容的一种语言方式，被认为是互联网的核心技术之一。1990 年 HTML 技术产生，1997 年 HTML4 成为互联网标准，并广泛应用于互联网应用的开发。

② 杨志杰、李思达：《数字化广告运营——智能营销时代的精准广告投放发展》，人民邮电出版社 2018 年版，第 107—108 页。

厅做了以第一视觉的体验广告,使用户跨越时空、身临其境,增强了网易云音乐的用户黏性。由此可知,网络广告成为符合社会心理与个体需要的"眼球"经济形式与网络传播形态,以多感官经历推动线上线下互动发展与可持续传播,从而以网络广告系统与网络广告联盟构建生态闭环与自在传播格局。

从流量红利转向产品形态是广告临场感的价值。淘宝直播、淘宝头条、"有好货"和"微淘"等内容型产品、《一千零一夜》等栏目内容,到"淘宝造物节""淘宝二楼"等营销互动,以及"捉猫猫"等 AR 互动游戏,促进用户使用时长和互动次数的增加,形成更多内生性流量,一方面,基于这些行为有望对消费者进行精准营销与情感体验营销;另一方面,内容所产生的流量为未来广告变现充实发展空间,从而推动阿里巴巴收入增速与广告变现加速。[①](参见图1—5、图1—6)

其中,深得我国国民喜欢的红包广告,在春节、中秋节等我国传统节日大放光彩,深为互联网平台所热衷,也被电视媒体广泛采纳实施。2015年羊年除夕之夜,中央电视台春节联欢晚会与腾讯首次携手直播晚会全程,用户可以通过微信"发现—摇一摇"入口争抢由各企业赞助商提供的价值超过5亿元的微信现金红包。2018年春节期间,支付宝、微信与苹果 PAY 在5天内撒10亿现金红包。阿里巴巴独家赞助2018年央视春晚红包,并开通淘宝亲情账号,形成全家出动抢红包的营销态势(参见图1—2)。

三 数字化

不同于传统广告,网络广告无论是制作发布,还是市场营销,基本上是数字化运作,数字化经营是网络平台自身生态的重要组成部分。"数字化从根本上改变了广告业,使其从一个创意行业变成一个艺术、科学、创意和数据分析精密结合的行业。"[②]

---

① 王凤翔、张璐璐:《2018年中国网络广告发展报告》,唐绪军主编《中国新媒体发展报告(2019)》,社会科学文献出版社2019年版。

② 姚清江:《广告数字化:机遇与挑战》,《中国广告》2020年Z1。

图 1—2　阿里巴巴春晚赞助抢红包广告

资料来源：淘宝。

视频广告以数字化推动广告形成新形态，从而推动广告品牌曝光率提高与行业变革。在广告创意方面，数字化程序形成植入类＋创意前贴类广告，如后期植入东鹏特饮的视频特殊压屏条广告、天猫国际等视频后期植入广告（参见图1—3）[①]。

四　精准化

以基于数据积淀的用户画像推动网络广告的精准投放，形成网络广告的精准性特征。互联网公司以用户人口属性、地理位置、家庭职业、

---

① https：//www.sohu.com/a/273825250_100256436.

图1—3 植入类+创意前贴类广告的数字化创意

资料来源：搜狐。

兴趣爱好、网络使用习惯、消费特点、社交媒体使用等数据，形成用户标签与用户画像，以算法等方式增强广告投放的精准有效性。

在PC端（Personal Computer，个人计算机）时代，传统互联网广告经营主要是通过cookie浏览痕迹，记录用户的历史浏览记录与搜索信息记录，以得到用户兴趣爱好与关联信息相似度，从而实现广告与网页的科学搭配与用户匹配，以分类广告精准运营用户与受众。

随着智能终端使用普遍化与手机全球卫星定位常态化，网络平台实现了大数据、算法算力与人工智能系统化、内容数据与用户数据匹配生态化与广告用户个体及其群体标签化，建设成庞大的广告用户数据库，从而具有信息发布、定位推送与社会动员的强大功能，以精准推送增强用户临场感与体验性诉求，提高网络广告传播效能与商品市场普及率。同时，增加用户体验评价，完善服务流程，促进精准推送与有效投放，提高公司估值与市场地位。

用户标签具有个性化与针对性。阿里系根据"自身业务沉淀书""投资并购补充数据""第三方应用沉淀数据""运营数据、交换数据"形成用户标签，新浪微博按照一级、二级、三级分类标签形成用户画像。[1] 微信对用户行为、关键词与信息相似度至少有 6 万以上的标签匹配与生态链接，美团等公司用户评价体系成为广告推送的重要参考值。在线视频广告系统"利用视频热点区域的用户标签和用户在视频热点区域对视频关注度的变化曲线来指导广告投放"[2]。

五　程序化

网络广告收费模式不同于传统媒体广告，具有信息技术的智能化经营模式。广告经营除 CPM、CPC、CPA、CPS、CPT 收费模式外（参见本章第三节），网络广告系统（ADX，Ad Exchange）是网络广告程序化购买的主要交易平台（参见本章第四节）。

第三节　网络广告收费模式

传统媒体广告主要按照版面与时段收费，受时空限制较大。网络广

---

[1] 周艳、吴殿义、吴凤颖：《新媒体概论》，高等教育出版社 2020 年版，第 176—177 页。
[2] 叶江：《基于用户标签的在线视频广告系统的研究》，硕士学位论文，华中科技大学，2012 年。

告营收模式不同于传统媒体广告，主要以 PV（page view，页面浏览量）、UV（unique view，独立访问者）、DAU（Daily Active Users，日活跃用户）、MAU（Monthly Active Users，月活跃用户）、TAC（traffic acquisition cost，流量获取成本）、ARPU（Average Revenue Per User，每用户平均收入）、CTR（Click–Through–Rate，点击率）、CVR（Click Value Rate，转化率）、ROI（Return on Investment，投资回报率）等数据作为参数，形成 CPM、CPC、CPA、CPS、CPT 等广告收费方式，并不断地创新服务而形成新的收费模式。

一 每千人展示成本/访问成本（CPM）收费模式

CPM[①]（Cost Per Mille；Cost Per Thousand；Cost Per Impressions）：每千人展示成本/访问成本，即：广告成本×1000/点击量。按展示收费，即广告投放的每千次印象成本，不包含用户点击、下载量、导引数与注册人数等。主要用于展示广告，包括门户网站旗帜广告、网站优质位贴片广告、博客广告、微博广告、信息流广告（News Feed Ads/Feeds）、开屏广告等。如：抖音信息流广告、开屏广告中的保量广告按 CPM 计价。

该收费模式不断被优化与智能化，主要有：

CPTM（Cost per Targeted Thousand Impressions）：每千定位展示成本。CPM 是泛指性的人群，CPTM 是具体清晰的定位人群。随着网络广告用户系统性的地域化与标签化，CPTM 被广泛使用，有效实现展示广告的传播价值与市场规模优势。

OCPM（Optimized Cost per Mille），即：优化千次展现成本。这种收费模式通过网络广告系统实现优质用户信息的优化配置，实现优质流量的精准传播。抖音巨量引擎实施 OCPM，承担 OCPM 广告投放前期风险；如果超过广告预算，巨量引擎将进行赔付。

OCPM 与 OCPC（Optimized Cost Per Click）、OCPA（Optimized Cost per Action）一样，是基于信息技术的预估模型、广告排序与转发率优化，以

---

① 1995 年，NetScape 与 Infoseed 将广告定价模式修改为 CPM，从此网络广告收费模式开始规范化、程序化与普及化。

智能动态降低广告主传播成本，推动网络广告的有效传播及市场价值的个性优化。

二 每点击成本/每千点击成本（CPC）收费模式

CPC（Cost Per Click；Cost Per Thousand Click-Through）：每点击成本/每千点击成本。按点击成本收费是指在固定时间段内（一般为24小时）独立IP点击一次的成本。

主要用于效果广告，如：搜索引擎的竞价广告、关键词广告与上下文链接广告、应用商店搜索竞价广告、淘宝直通车广告等。

三 按行动、行为、回响计费（CPA）模式

CPA（Cost Per Action）：按行动、行为、回响来计费，即按广告投放实际效果计费，或以实际销售效果来计算广告成本，或以销售额扣点或每笔订单固定金额等方式。随着信息技术的进步，CPA使用形式更加灵活多变。主要有：

每参与付费成本（Click Per Engagement，CPE）广告：用户参与网络运营商与广告主控制的参与环节，发布网络运营商与广告主信息，以获取用户自身所需要的东西。主要有：微博链接与朋友圈转发、问卷调查、看完一段视频后的广告信息分享等。网络运营商与广告主为此所付出的广告成本是参与付费成本，如红包广告、朋友圈广告等。

每下载成本（Cost Per Download，CPD）广告，如应用商店等；

每安装成本（Cost Per Install，CPI）广告，如积分墙等；

每销售成本（Cost Per Sales，CPS）广告，如流量联盟等；

每注册付费成本（Cost Per Lead/Cost-Per-Acquisition，CPL）广告，是按引导数与注册成功收取佣金的引导广告，如广告联盟等；

每购买成本（Cost Per Purchase，CPP）广告，广告主根据用户既点击又产生在线购买或交易的行为而支付广告费用，如旗帜广告等；

每回应成本（Cost Per Response，CPR）广告，按照每个浏览用户的回应收费。这是辅助销售的广告收费模式，如品牌广告等；

四 按实际销售收费（CPS）模式

CPS（Cost Per Sales）：按照实际销售计算广告费用（Cost Per Transaction），或根据订单数量收取广告费（Cost Per Order，CPO），同时销售网站或销售人员可以获得成交佣金。除流量联盟外，还有电商广告，以及直播、短视频的社交广告、MCN 广告等。

五 按时间周期收费（CPT）模式

CPT（Cost Per Time）：按照广告时间长短或周期计算广告费用。主要是试玩或试用，如：手机游戏广告、移动应用广告等。此外，有开屏广告，以及网络广告联盟按日、按周、按月、按季等时间周期的广告收费与支付模式。如：抖音开屏广告（保量开屏广告除外）计费方式为 CPT/GD（Guarentee Delivery，保证交货）、5s（秒）有效播放计费的 DTV（数字电视）广告（参见表 1—2）；快手"关注置顶"广告根据粉丝数量、投放时长计费。

六 复合性广告收费模式

基于信息技术的网络广告系统实现网络广告收费模式的多元性与综合性。尤其是，直播、短视频 + 电商 + 社交模式，使网络广告收费更加具有复杂性、科学性与系统性。从抖音广告来考察网络广告收费模式。一方面，抖音采用了 CPT、CPM、CPC 等收费形式；另一方面，抖音与快手采取综合性的计费方式，更加符合广告主的期待与需求（参见表 1—2）。

抖音与快手两者的信息流广告，除"信息流 - 单页"广告采取 CPC + CPM 混合收费模式、快手"快接单"（广告订单）采取 CPT + CPS 混合计费模式之外，主要采取两种综合性的计费方式（参见表 1—2）。抖音、快手的信息流广告收费更是综合收入与混合计费，如：

表1—2 抖音平台广告产品

形式	产品	展示对象	位置	计费	备注说明
开屏广告	开屏轮播CPT-静态	不支持定向	App启动画面	CPT	● 开屏画面图静态展示3秒，动态4秒，视频5秒； ● 支持纯展示及落地页跳转； ● 支持第三方监测曝光、点击、播放。
	开屏轮播CPT-动态	不支持定向	App启动画面	CPT	
	开屏轮播CPM-静态	支持定向性别、年龄、城市	App启动画面	CPM	
	开屏轮播CPM-动态	支持定向性别、年龄、城市	App启动画面	CPM	
	TopView超级首位广告	不支持定向	App启动画面每天左右开屏广告出现一次TopView	CPT DTV GD	● 广告前3秒视频全屏沉浸式展示，3秒后滚入互动转化组件，10—60秒品牌视频曝光时间，多样化展示品牌信息； ● 支持不同落地页表达形式，如表单直达、选择磁贴、图片磁贴等，并可由挑战赛、话题聚合页进行承接； ● 计费方式可在CPT的基础上加DTV（DOU True View），即只为观看了5秒用户付费；或在CPT的基础上加GD（保量方式），保证未来某段时间的流量； ● 支持点赞、评论、转发。

续表

形式	产品	展示对象	位置	计费	备注说明
信息流广告	推荐信息流-单页/原生CPT	不支持定向	当日首刷全屏信息流第4位	CPT	● 投放类型支持单页和原生落地页，不支持下载； ● 支持第三方监测曝光、点击、播放； ● 广告每天对单个用户仅展示一次。
	推荐信息流-单页/原生CPM	支持定向性别、年龄、城市	当日首刷全屏信息流第4位	CPC+CPM	● 投放类型支持单页和原生落地页，可跳转至App下载页面； ● 支持第三方监测曝光、点击、播放； ● 每条广告每天对单个用户仅展示一次。
	信息流-单页	支持定向城市、性别、年龄、兴趣	用户在推荐流，每隔4分钟刷到一次该类广告，品牌广告出现在推荐前60个视频里	CPC+CPM	● 点击广告头像、昵称、标题创意"详情"按钮、视频内容右滑操作均可进入推广"通栏、蒙层"查看详情"标签、底部"查看详情"落地页； ● 支持点赞、评论、转发； ● 广告主无抖音账号，不可关注； ● 广告主无抖音主页，无音乐主页，不可点击音乐唱片； ● 不可新建/关联挑战赛投放； ● 支持第三方监测曝光、点击、播放； ● 每条广告每天对单个用户仅展示一次。

第一章　网络广告概念、类型与特点　19

续表

形式	产品	展示对象	位置	计费	备注说明
信息流广告	信息流－原生	支持定向城市、性别、年龄、兴趣	用户在推荐流，每隔4分钟刷到一次广告品牌广告出现在推荐流前60个视频里	CPC+CPM	● 点击广告主头像、昵称、视频内容右滑进入广告主主页。点击标题创意"详情"标签、底部"查看详情"通栏、蒙层"查看详情"按钮，进入推广落地页； ● 支持点赞、评论、转发； ● 支持关注广告主抖音账号，支持点击音乐唱片； ● 支持新建关联检测曝光、点击、播放； ● 支持第三方监测曝光、点击、播放； ● 每条广告每天对单个用户仅展示一次。
贴纸广告	品牌贴纸栏定制	不支持定向	3天抖音贴纸第一行第四位，4天位置随机，连续购买，需要设计多款贴纸，以保证每周更换1次	按天计费 CPD	● 2D脸部挂件伴贴纸，2D前景贴纸； ● 属于非标产品，不保量，不支持第三方监测； ● 抖音对贴纸是否具备上线标准有最终决定权。
固定广告位	发布成功页冠名	不支持定向	发布成功页	CPT	● 点击相应固定广告位链接跳转至落地页； ● 可新建关联挑战赛投放。
	热搜榜－主榜冠名	不支持定向	热搜榜－主榜	CPT	
	热搜榜－音乐榜单冠名	不支持定向	热搜榜－音乐榜	CPT	

资料来源：《抖音》2018年Q2移动端常规硬广资源全国版刊例价。

抖音信息流广告收入：（1） = DAU（日活，Daily Active User）× 人均 feed × Ad load（广告加载率）× 实际 CPM ×365；（2） = DAU × 人均单日使用时长 × 每分钟播放视频次数 × Ad load × 实际 CPM ×365。①

快手信息流广告收入：（1） = DAU × 人均 feed × Ad load（广告加载率）× CTR（点击通过率，Click – Through – Rate）× 实际 CPM ×365；（2） = DAU × 人均单日使用时长 × 每分钟播放视频次数 × Ad load × CTR × 实际 CPM ×365。②

第四节　基于程序化交易的网络广告系统

麦克卢汉认为："真正有意义、有价值的讯息不是各个时代的传播内容，而是这个时代所使用的传播工具的性质、他们所开创的可能性及其带来的社会变革。"③ 网络广告系统（ADX，Ad Exchange）完全不同于传统媒体广告经营，是与股票交易市场类似并基于程序化的广告交易系统，连接 DSP（需求方平台，Demand – Side Platform）④ 与 SSP（供应方平台，Sell – Side Platform），以 RTB（实时竞价，Real Time Bidding）为主要交易方式，实现了由"人找广告"到"广告找人"的根本性转变。互联网公司不断创新网络广告及其交易的新技术、新业态与新模式，随着海内外网络支付系统的发展与网络信息基础设施的完善，网络广告系统使网络广告交易更加透明化、精准化、智能化、生态化与平台化，正在成为全球互联网公司博弈的重要力量。

一　网络广告系统内涵

网络广告系统是以基于 HTTP 协议与 App 标准的 cookie 技术（辨别

---

① 抖音官网。
② 快手官网。
③ [加拿大]马歇尔·麦克卢汉：《理解媒介——论人的延伸》，何道宽译，商务印书馆 2000 年版，第 33 页。
④ DSP（需求方平台）服务于广告主或广告代理公司，以 RTB 实时竞价和非 RTB 形式结合，通过 Ad Exchange 进行多种媒体资源（包括 Ad Network、SSP 等）的购买，是网络信息技术公司。

用户属性与行踪配置的小型文本文件）浏览痕迹，或 Java Script SDK（Software Development Kit，SDK 是内置于程序内的软件开发工具包）应用开发，或吸引第三方的 API 接口（Application Programming Interface，应用程序接口）应用等，形成网络广告的实时竞价、程序购买与即时交易，以动态化运行、数据化市场与数字化交易推动网络广告的生产经营与市场营销。

2012 年 4 月，谷歌 DoubleClick 在国内推出 DoubleClick Ad Exchange 广告交易系统。7 月，脸书推出 FBX（Facebook Exchange）。谷歌在发展中，已经形成关键词广告系统、上下文链接广告系统、视频广告系统、移动广告系统和云服务广告系统，并融贯于其网络广告联盟。推特、亚马逊、雅虎也是积极有为，在 2013 年形成全球化发展趋势。

网络广告交易系统主要包括：一是 DSP、SSP、DMP（Data – Management Platform，数据管理平台）、PMP（Private Marketplace，私有交易市场）、公开/私有广告交易平台（open/private AdExchange）、网络广告联盟等平台。二是交易方式。以 RTB（Real Time Bidding，实时竞价）交易为主，同时多元化、多样化。还有 PDB（Private Direct Buy，私有直接购买）、PD（Preferred Deals，优先交易）、PA（Private Auction，私下竞价）等三种购买方式，以及 CPD（Cost per day，按天展示成本）、CPM（Cost Per Mille，千人成本）、CPC（Cost Per Click，点击成本）等交易方式。三是为广告主、代理商和媒体等市场主体提供 DFP（Data Flow Platform，媒体托管式解决方案），形成广告系统内部良性循环。（参见图 1—4）

二 我国网络广告系统发展概况

谷歌等网络广告系统具有全球风向标的作用，我国互联网公司积极参与这场全球化竞争。2011 年 3 月，盛大推出 AA（Application Advertisement）广告系统；9 月，淘宝推出 Tanx（Taobao Ad Exchange），都是针对中小广告主的网络广告联盟市场竞争，也是对关键词广告竞价的一种竞争。盛大、阿里、腾讯、新浪、百度等创建与完善基于大数据的程序化广告交易系统。

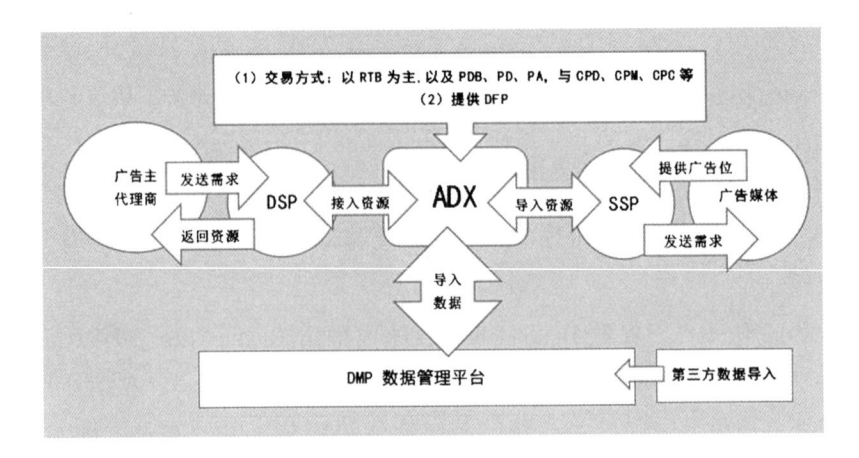

图 1—4　网络广告系统

资料来源：自制。

竞争平台化。2013 年 5 月，阿里推出 Tanx SSP 平台，开放实时竞价的 CPM 计费模式。Tanx SSP 平台覆盖近 57 亿全网流量，通过网络广告联盟与新浪、网易、凤凰网等近 2000 家主流媒体建立深度合作关系，这些媒体在两个月测试期内整体 CPM 收益提升超过 20%。截至 2013 年，谷歌 Double Click AdExchange 在我国接入 40 家 DSP，实现 DDM（Double Click Digital Marketing platform，针对广告主和代理机构的全面解决方案）与 DFP 等产品落地国内，包括中国在内的谷歌 Double Click 广告交易平台每天有超过 600 亿的广告展示量。2013 年 1 月，腾讯对外发布 Tencent Ad Exchange 广告实时交易系统，是对腾讯数十亿广告曝光进行实时竞价的广告投放系统。3 月，新浪推出私有广告交易平台 SAX（Sina AdExchange）。8 月，百度利用自身流量优势、大数据能力、媒体资源与百度广告联盟 60 万家合作伙伴等优势，正式推出流量交易服务 BES（Baidu Exchange Service）。①

DSP 市场竞争激烈。至 2013 年年底，国内 DSP 等广告技术公司达 50 家左右。腾讯、京东、品友互动（iPinYou）等加强 DSP 平台建设，实现

---

① 王凤翔：《2013 年网络广告发展报告》，唐绪军主编《中国新媒体发展报告（2014）》，社会科学文献出版社 2014 年版。

与广告交易平台对接，打造网络广告产业链、RTB 生态圈，提升市场认可度。6 月，腾讯推出"腾果"（Tango）DSP 平台；11 月，京东推出专属 DSP 广告平台——JD 商务舱，两者均是加强对流量和入口的抢夺，以布局与争夺 RTB 市场。品友互动（iPinYou）、易传媒（AdChina）、悠易互通（YOYI）、艾维邑动（Avazu）、WiseMedia（新数网络）等纷纷建设 DSP 平台，如品友互动拥有 DSP、VDSP（视频 DSP）、移动 DSP 以及访客找回等产品，悠易互通拥有以 RTB 购买为主的 DSP，即：AIR（Audience Investment Returner）悠选广告平台，均以第三方交易市场对接淘宝、谷歌、腾讯、新浪等广告交易平台，抢夺 RTB 市场，试图形成网络广告市场重要一极。[①]

完善平台生态。我国网络广告系统主要运行自有资源，实现流量变现，呈现自在生态发展态势。滴滴建设 O2O 广告系统，淘宝电商平台造就淘宝联盟（阿里妈妈）广告平台。阿里妈妈背后有阿里集团 B2B、B2C、C2C、支付工具、即时通信、门户网站和分类信息等 7 类相关产品、内容和网站作为支撑，广告资源丰富。主要是挖掘阿里巴巴 B2B 平台上的中小企业主、淘宝网上的中小店铺、支付宝上的商铺、口碑网的个人及企业用户，通过搜索营销、展示营销、佣金推广与实时竞价交易等模式，依托大数据、云服务等，实现精准投放和优化方案，帮助阿里网上商户实现营销推广，整合广告资源实现盈利。

三 以程序化购买实现广告货币化

网络广告系统通过 RTB 开拓市场，程序化购买市场快速成长。2017 年，程序化广告购买市场规模达 438 亿元，年增长率为 42.0%。自 2012 年来，程序化广告购买市场呈现飙升发展趋势。2012 年程序化广告购买市场规模达 8.1 亿元，2013—2014 年分别为 21.7 亿元与 52.3 亿元，年增长率分别为 167.9% 与 141.0%。2015—2017 年出现飙升趋势。2015 年市场规模为 183.5 亿元，年增长率为 250.9%；2016 年为 308.5 亿元，年增

[①] 王凤翔：《2013 年网络广告发展报告》，唐绪军主编《中国新媒体发展报告（2014）》，社会科学文献出版社 2014 年版。

长率为 68.1%。①（参见表1—3）

表1—3　　2012—2017年程序化广告购买市场规模概况

指标（单位）	2012年	2013年	2014年	2015年	2016年	2017年
经营额（亿元）	8.1	21.7	52.3	183.5	308.5	438.0
年增长率（%）	—	167.9	141.0	250.9	68.1	42.0

资料来源：易观智库。

需求方平台（DSP）实现广告货币化。在移动互联网时代，互联网企业通过算法传播使网络广告进入变现加速时期。自2014年以来，奇虎360将巨大流量、用户基数和聚胜万合（MediaV）的广告技术对接，通过需求方平台形成强大高效的广告生态圈，提升360点睛实效平台产品的货币化速度。2016年底，凤凰新媒体凤羽DSP广告系统试运行。② 2017年第二季度效果广告收入同比增长104%，移动端收入增长显著；第三财季PC端广告和移动端增值业务收入超出预期，PC广告大幅收窄，同比下降12%。在垂直领域，凤羽拉动电商和互联网金融类广告主的广告投放，推动该季广告收入环比增长。③

阿里巴巴2016年9月推出个性化算法，大幅提升广告变现效率，使其广告收入回调至更为正常的增长水平。通过算法提升广告转化率，通过单位点击价格推动网络联盟与商户收入发展与提升。按单用户（基于活跃买家）财季广告收入贡献来看，阿里2017年第三季度达到62.6元，同比增长35.1%；广告业务营业收入达277.5亿元，同比增长47%，广告货币化能力创历史新高，广告变现进一步加速。（参见图1—5）

---

① 王凤翔、张璐璐：《2018年中国网络广告发展报告》，唐绪军主编《中国新媒体发展报告（2019）》，社会科学文献出版社2019年版。
② 凤羽程序化平台支持对信息流、视频、AR、触屏类媒介形式的投放，并且还会通过在线学习、频次控制、创意探索等方式进行系统自动优化。
③ 王凤翔、张璐璐：《2018年中国网络广告发展报告》，唐绪军主编《中国新媒体发展报告（2019）》，社会科学文献出版社2019年版。

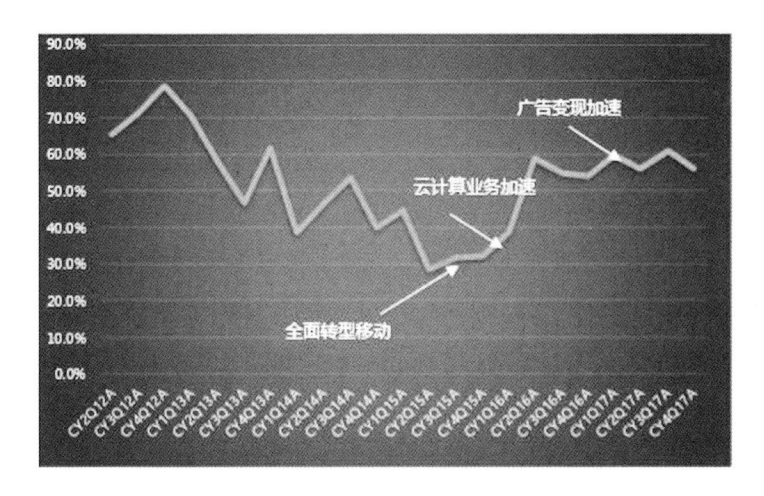

图1—5 阿里巴巴收入增速与转型（CY12Q2A – CY17Q4A）

资料来源：阿里巴巴年报、《2018年中国网络广告发展报告》。

在2012—2017年，阿里广告货币化率在1.48%—2.06%。从2012财年的1.48%上升到2013财年的1.83%后，一直处于徘徊水平。直到2017财年，网络广告的货币化率从2016财年的1.69%上升到2.06%。[①]（参见图1—6）

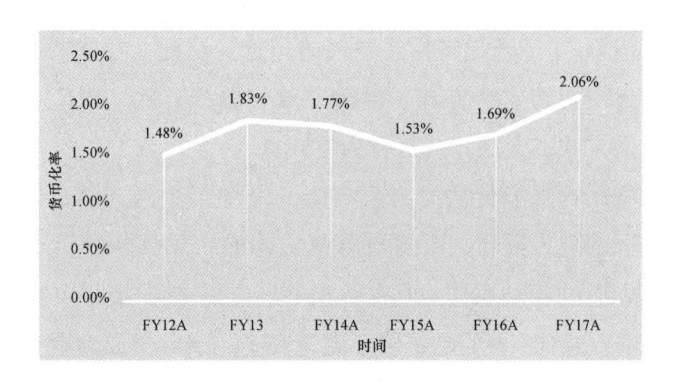

图1—6 阿里巴巴2012—2017财年广告货币化率概况

资料来源：中国报告网、《2018年中国网络广告发展报告》。

---

① 王凤翔、张璐璐：《2018年中国网络广告发展报告》，唐绪军主编《中国新媒体发展报告（2019）》，社会科学文献出版社2019年版。

第 二 章

我国网络广告历史分期与发展特点

互联网络是当今时代最具发展活力的领域,是信息革命时代先进生产力的代表。互联网打破时空阈限,生成人类生存发展的新空间,把世界连接为地球村,融入人类社会生产生活的各个方面,国际社会越来越成为你中有我、我中有你的命运共同体。[1]

1993 年,美国互联网(因特网)军转民,开始全面商业化,向广大企业、用户与公众开放与服务。1994 年 4 月 20 日,我国开通 64K 国际专线,成为全球第 77 个开通国际互联网的国家。从此,互联网逐步成为广大网民与用户主要的生产方式、生活方式与思维方式,为广大用户构建了全新的传播方式、交往方式与行为方式。

鉴于互联网的强大传播力与影响力,1998 年 5 月,联合国新闻委员会正式把互联网列为报刊、广播与电视之外的"第四媒体",是继纸媒、声媒、综媒之后的互动媒体。后来,有舆论把手机、楼宇电视称为"第五媒体""第六媒体"。手机、楼宇电视在 3G、4G 全面商业化后,已经成了用户的接收终端,是互联网络的重要组成部分。在此过程中,各类新媒体发展日新月异,互联网经济风生水起,互联网广告(除标题外,与网络广告一词互用)随风潜润发展。网络广告具有互联网经济特征与

---

[1] 侯云灏、王凤翔:《网络空间的全球治理及其"中国方案"》,《新闻与写作》2017 年第 1 期。

信息传播特点的新形式与新业态，成为网络社会促进社会经济繁荣发展与满足对美好生活需要的新技术与新景观。

美国互联网公司纷纷涌入中国，率先布局我国互联网市场，试图主导我国的网络格局与广告市场。"两岸猿声啼不住，轻舟已过万重山。"（李白《早发白帝城》）美国互联网公司以自以为是的国际大公司固化思维与僵化模式，以及美西方文化的傲慢与偏见进行"传道"，如谷歌退出中国大陆市场。某种程度上，这种不接地气、脱离实际的行为，形成了蔑视、漠视与轻视我国互联网公司与广告业界本土化与全球化相结合的思想与实践，最终纷纷铩羽而归。在我国磅礴繁荣的互联网经济市场与蓬勃兴旺的网络广告发展中，美西方互联网公司没有获得它们梦寐以求的主导地位与话语权益，而我国互联网公司与时偕行、顺势而为，日新月异、蔚为大观，成为全球网络广告业的重要力量。

第一节　我国网络广告发展历史分期的依据维度

我国网络广告发展历史分期不尽相同，主要是分期的采信依据不同。我国网络广告发展的历史阶段分期依据维度主要是：生产力和交往形式之间的矛盾是其发展动力①，合目的性与合规律性的辩证统一是其传播理念，我国改革开放与全球化发展是其实践逻辑。

一　我国网络广告发展分为四个历史时期

自1997年以来，我国网络广告发展经历了二十多年的历程，分为四个历史时期（参见图2—1）。

第一个时期，即网络广告起步发展期（1997—2002），是门户网站竞争时期。

第二个时期，即网络广告整合发展期（2002—2009），是各类网站的竞合时期。门户网站、搜索引擎、电商网站、即时通信网站因势而起，相互竞争，形成各自的发展优势。

---

① 《马克思恩格斯全集》第3卷，人民出版社1960年版，第83页。

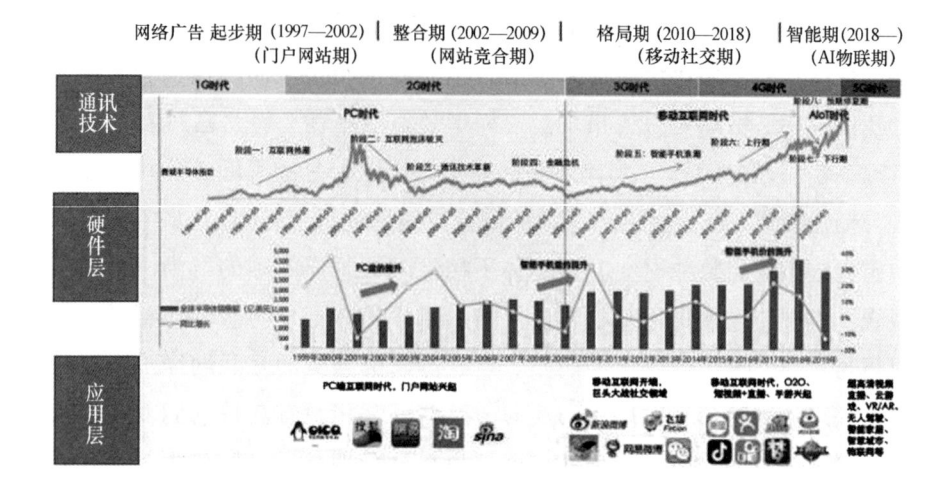

图 2—1　我国网络广告发展的四个历史时期

资料来源：对方正证券图示优化整理。

第三个时期，即网络广告格局发展期（2010—2018），是移动社交的繁荣时期。我国网络广告经过历时性的本地化发展，形成了具有中国特色与全球视野的网络广告发展趋势。

第四个时期，即网络广告智能发展期（自 2018 年至今），是人工智能物联（AIoT）竞放时期。互联网巨头在国内以大数据、算法、人工智能与物联网全方位布局发展，并参与全球化网络竞争与广告市场争夺。我国网络广告成为全球数字经济的重要组成部分。

二　我国网络广告发展史分期的合规律性依据

网络广告是互联网发展到一定阶段的必然产物，主要具有互联网络属性的通信技术与硬件层形成新的生产力，作为应用层的网络新媒体决定广告传播形式，并由此形成了基于信息技术的内生性、依附性、延展性与创新性特点。因此，要以互联网生态与互联网思维来思考与探讨网络广告发展的规律性。由此可见，我国网络广告历史分期主要是由通信技术、硬件层与应用层，以及由此形成的费城半导体指数（PHLX Semiconductor Sector，SOX)① 的发展态势决定的（参见图1—2）。

（一）1G 到 5G 通信技术推动网络广告的发展与繁荣

1G 到 5G 的 G（Generation），主要是指通信技术的代际发展，代表生产力的进步，推动新媒体发展的新形态与新业态建设，催生网络广告形态的演变与发展。

1997 年以前，属于 1G 时代。主要通过模拟信号，是模拟手机的时代。手机的机体又重又大，俗称"大哥大"。其中，摩托罗拉手机是一种身份的象征，主要是电话拨号上网。

1997—2009 年，属于 2G 时代，功能手机时代来临，市场上有滑盖、直板、翻盖手机等，诺基亚手机主导手机市场。该手机有彩屏与 wap 网页浏览功能。2G 时期，Web 1.0 升级为 Web 2.0，主要是 PC（Personal Computer，个人计算机）时代。

2009—2014 年，属于 3G 时代，是智能手机时代。苹果、三星手机成为手机主流，主宰全球市场。国产手机正在发展。在 3G 商业化之时，网络广告进入移动时代（无线时代），应用商店手机软件（Application，App）成为使用潮流。

2014—2020 年，属于 4G 时代，华为、小米等国产智能手机风靡国内。2018—2020 年，5G 出现并部分商业化，4G 正在向 5G 过渡。与此同时华为公司遭到以美国为代表的西方国家的强烈打压。

由此可见，在 1997—2009 年，属于 PC 互联网时代。2009—2018 年，属于移动互联网时代。2018 年，进入 AIoT（Artificial Intelligence & Internet of Things/AI & Internet of Things，人工智能物联网）时代。网络广告的第一个至第二个时期属于 2G 时代，第三个时期属于 3G、4G 时代，第四个时期属于 4G 迈向 5G 时代。

（二）硬件层为网络广告提供不断创新发展的工具载体

一方面由费城半导体指数决定。费城半导体指数上涨之时，进入阶段一，即互联网热潮期，属于网络广告发展第一个时期。费城半导体指数有高指跌落，形成阶段二，即互联网泡沫破灭期，并进入阶段三，即

---

① 该指数由费城交易所创立于 1993 年，为全球半导体业景气主要指标之一。

通信技术革新期，在 2008 年全球金融危机之时（阶段四），属于网络广告第三个时期。在 4G 商业化之时，形成智能手机浪潮（阶段五），费城半导体指数快速上升（阶段六），网络广告业快速发展，属于网络广告第四个时期。在下行期（阶段七）实现预期修复期（阶段八），加上 2020 年全球新冠肺炎疫情，网络广告走向 AIoT 化，进入网络广告发展第四个时期。

另一方面，从全球半导体销售来看，PC 量大幅上升，形成网络广告的第一个与第二个时期。智能手机的大量使用，网络广告逐步进入第三个时期。智能手机价格上升，意味着其智能传播功能越来越强，网络广告由此进入第四个时期。

（三）应用层推动具有活力动力的网络广告有序有效发展

在第一个时期，各类网络新媒体日新月异，门户网站主导网络广告发展趋势。在第二个时期，各类网站百家争鸣、百舸争流，海内外各类网站在进行混战，竞相整合发展。只有经过了 2000 年底至 2001 年的网络泡沫化的互联网企业，才能在市场中生存与发展，由此也决定了我国各家互联网公司在未来发展的主要方向与主打业务。在第三个时期，移动互联网发出能量威力，各家网络巨头大战社交领域，O2O、短视频 + 直播、手游兴起，网络广告进入移动社交期。

在第四个时期，网络广告和信息新技术偕行共进，和硬件设施与实体经济的融合发展。超高清视频直播、云游戏、VR/AR、无人驾驶、智能家居、智慧城市、物联网等全面发展，智能广告成为发展趋势。

三 我国网络广告发展分期的合目的性依据

我国网络广告既要推进全球化建设，又要构建具有中国特色的大国意识。因此，我国网络广告发展分期，和中美两国关系、国际发展格局是紧密相关的。

（一）影响我国网络广告历史分期的美国因素

美国占有互联网与网络广告的发展先机，进入并主导我国市场符合其战略需要。中美关系正常化以来，美国对我国奉行"接触"加"遏制"的战略。其中，有把我国庞大市场纳入其主导的资本主义市场体系的战略意图,试图把我国庞大市场变成美国全球化的重要组成部分。当美国"硅谷"互联网获得发展之时,海外资本市场有进入我国互联网市场的强烈意愿。

美国互动广告局对全球网络广告具有指导性作用,智能手机创新了网络广告形态,资本市场发展了网络广告业态,美国微软、雅虎、谷歌、脸书、苹果等互联网巨头建设了网络广告系统。作为"领头羊"的美国互联网与网络广告,成为我国互联网与网络广告业界学习、借鉴与创新的样本,促使我国网络广告加强本土化实践与成熟,推动全球网络广告业相互交融与共同发展,也影响了我国网络广告发展的历史分期。

我国网络广告分期深受美国资本市场的影响。美国互联网公司的上市融资模式,催生了中美两国能接受的新浪"协议控制"模式,在国际市场形成中国概念股(中概股)。同时,广告市场受到美国资本市场的波动影响。2000年下半年美国对网络泡沫的刺破,2001—2002年网络广告年增长率为-11.78%、-15.76%。2002年前三个季度财报显示:除网易转型较快实现盈利外,新浪年净营收为-514.9万美元,搜狐为-95.8万美元,均为负增长。[①] 在此期间,打击了我国互联网业市场信心,我国计划海外上市的相关网站失去上市机会,上市门户网站在互联网寒冬中挣扎,形成我国网络广告发展的第一个历史时期。2008—2009年全球金融危机爆发,美国网络业首当其冲,其网络广告市场规模在2009年出现2002年以来的首次负增长,为-3.4%。我国网络广告的奥运期待受到市场抑制,没有实现爆发预期而进入第二个历史时期。

2017年美国特朗普政府采取各种措施,对互联网与网络广告发展具有重大影响。特朗普政府废除奥巴马政府"网络中立"政策,对我国互联网公司与网络广告发展形成新机遇与新挑战。新一届美国政府发布的《美国国家安全战略》《美国国防战略》《核态势评估》等文件,视中国为美国的战略对手,重新加大对华的"战略遏制"。在5G开始产生全球化影响力之时,美国对我国掀起贸易战,出手打压中兴、华为等高科技公司。但是,中国力量、中国标准与中国方案成为影响未来国际关系格

---

① 彭梧:《调查:2002,中国门户网烧了多少钱?》,《北京现代商报》2002年12月30日。

局的重要"软实力",是不可阻挡的发展趋势。2018年,我国网络广告发展正式进入第四个历史时期。

(二) 改革开放推进科技革命和产业变革,推动我国网络广告分期化发展

"凡益之道,与时偕行。"(《周易·益卦》)自改革开放以来,我国需要美国的资本、技术与管理来构建与完善市场经济,参与和建设全球化。1992年邓小平"南方讲话"后,改革开放的强国之路势不可当。中共十四届三中全会通过《中共中央关于建立社会主义市场经济体制若干问题的决定》,"确立了我国社会主义市场经济体制,使市场在国家宏观调控下对资源配置起基础性作用"。由此推动我国进入国际互联网,实现我国广告发展与繁荣,形成网络广告的宏大叙事与发展动力。

2001年12月11日,我国成为世贸组织正式成员。在互联网寒冬之下,我国互联网企业2002年走出网络泡沫化阶段,推动了我国本土化网络广告的发展与成熟,我国网络广告发展第一个历史时期结束,第二个历史时期开始。2008年全球金融危机推动我国网络广告第二个历史时期开始结束使命。我国对抵制全球金融海啸发挥了中流砥柱作用,既是国家整体实力呈现,也是改革开放的重要成果,更是推动我国个人电脑(PC)时代进入移动互联网时代的动力。我国网络广告市场进入白热化争夺阶段,海外互联网公司网络遭遇挫折(2010年谷歌退出中国大陆市场),我国互联网公司创新发展、势头迅猛。这个时候,我国网络广告发展进入第三个历史时期。

在移动互联网时代,我国互联网业本土化与全球化相结合,我国在移动社交上取得了巨大成功,微信、抖音、快手等趁机而起,直播、短视频等成为发展趋势,头部广告局势明显,百度、阿里巴巴与腾讯(BAT)等互联网巨头网络广告系统建设成果斐然,全媒体建设如火如荼,网络广告市场规模超过电视媒体,成为广告传播的最大媒体平台。

2017年11月,在党的十九大会议上,习近平总书记指出,我国社会主要矛盾由人民不断增长的物质文化需要同落后的社会生产之间的矛盾转化为人民日益增长的美好生活需要和不平衡不充分的发展之间的矛盾。从此,我国互联网公司与网络广告发展着力解决中国主要社会矛盾,加

强高科技市场布局与全球化市场争夺,"解决不平衡不充分的发展之间的矛盾,满足人民日益增长的美好生活需要"①,网络广告发展进入第四个历史时期。

"问渠那得清如许,为有源头活水来。"(朱熹《观书有感》)在更大范围、更深层次的科技革命和产业变革中,既遵循互联网发展规律,以互联网思维深化我国网络广告市场发展与繁荣,又在改革开放国策上深化大国责任,"以共进为动力、以共赢为目标"②,以网络广告推动我国数字经济的积极发展与网络空间命运共同体建设增添新动能。

由此可见,我国网络广告的历史分期,展现了我国波澜壮阔的改革开放历程,彰显了推动全球数字经济健康发展与建设人类命运共同体的大国担当。

第二节 我国网络广告起步期(1997—2002)发展概况

1997—2002年,我国网络广告初步发展到全球网络泡沫化时期。1997年,我国网络广告出现并获得发展,打破了传统主流媒体对广告的垄断,为传统主流媒体做不起广告的中小企业发展提供全新的市场契机与历史机遇。从2000年下半年开始,美国互联网泡沫被刺破,全球互联网发展进入寒冬时期,美国网络广告出现负增长,我国网络广告增长缓慢。2001年12月,我国签署加入世贸组织文件。2002年,我国互联网与网络广告开始进入恢复发展时期。这说明,独木难以成林,我国网络广告是全球化经济进程的组成部分,并深受美国互联网市场的发展影响,在发展中形成应有的影响力与传播力。

一 我国网络广告初具市场规模

1998年,我国网络广告市场规模为3000万元人民币。1999年快速发

---

① 习近平:《决胜全面建成小康社会,夺取新时代中国特色社会主义伟大胜利》,新华网,2017年11月9日。

② 习近平:《习近平向第五届世界互联网大会致贺信》,新华网,2018年11月7日。

展，稍具规模，达 9000 多万元，将近 1 亿元的广告市场规模，年增长率为 200.0%。2000—2002 年网络广告市场规模分别为人民币 3.5 亿元、3.9 亿元、4.9 亿元，年增长率分别为 288.9%、11.4%、25.6%。相对于传统媒体，网络广告市场规模还是比较小，占 2000—2002 年全国广告市场规模比重分别为 0.14%、0.45%、0.49%。而美国网络广告发展势头仍然较好，2000 年市场规模达到 80.87 亿美元，虽受 2000 年网络泡沫破灭影响，但相比较我国网络广告，还是比较庞大的。（参见表 2—1）

表 2—1　　　　　　1997—2002 年中国网络广告市场规模

（单位：亿元，¥/$）

年度	全国广告市场规模	网络广告经营规模	年增长率（%）	占全国广告市场规模年比重（%）	美国网络广告规模	年增长率（%）
1997	461.96	—	—	—	9.07	239.70
1998	537.83	0.3	—	—	19.20	111.69
1999	622.05	0.9	200.0	0.14	46.21	140.68
2000	712.66	3.5	288.9	0.49	80.87	75.01
2001	794.89	3.9	11.4	0.49	73.14	−11.78
2002	903.15	4.9	25.6	0.54	60.10	−15.76
2003	1078.68	10.8	120.4	1.00	72.67	20.92

资料来源：国家工商总局，艾瑞咨询，eMarketer。有整理。

二　门户网站海外上市推动我国网络业发展

互联网公司不同于一般企业，其广告经营具有数字经济属性，其内容建设具有意识形态属性。"皮之不存，毛将焉附。"（《左传·僖公十四年》）如果网上内容不能吸引用户关注与使用，不符合维护国家安全、主权与发展的利益，网络企业就不会有生存与发展空间。网络企业没有用户市场与广告收入，同样难以生存与发展。因此，既要加强网上内容建设，规避互联网政策风险，又要推动广告市场的建设与完善，拓展互联网企业的市场空间。

以信息内容与网络广告分离的"协议控制"实现海外上市的发展模式，在当时是一种创新性发展思维，是互联网思维的重要体现。海外注册、境内经营是市场经济发展中的一种国际通用商业模式，也被我国互联网企业接受、模仿与实践。在我国大陆经营的"中国概念股"互联网公司与新媒体企业，大多数是离岸注册公司，即公司海外注册，业务主要在我国境内。我国互联网企业以一种全新范式与模式创新，布局全国市场，面向世界、面向未来，融入全球化经济大潮之中，从而赢得全球互联网市场地位与未来话语。

新浪最先通过"协议控制"实现海外上市，业内称为"新浪模式"（参见第三章第一节）。首先，在业务上把内容与广告分离为两个公司，设置为新浪互动广告公司与新浪互联网信息服务公司。其次，通过"协议控制"，把广告作为经营方向。再次，通过股权实现广告上市。最后，实现海外上市。"新浪模式"创新现代企业制度，是全球化的互联网思维模式，既符合我国现有国情世情，也符合全球互联网发展实际与资本市场的需要，是具有中国特色与全球化视野的互联网发展新理念与新范式。

1999年7月，中华网在美国NASDAQ（National Association of Securities Dealers Automated Quotations，纳斯达克）[①]上市（NASDAQ：CHINA），开启中国互联网概念股。2000年4月，新浪上市（NASDAQ：SINA）；6月，网易上市（NASDAQ：NTES）；7月，搜狐上市（NASDAQ：SOHU）。尤其是，北京中关村三家门户网站在美国纳斯达克的上市，使我国互联网市场赢得资本动力与传播活力，我国门户网站获得发展先机与市场地位。从此，中国互联网概念股获得海内外资本市场的认同与支持，我国网络业及其网络广告市场深受全球资本金融市场的影响与波动，同时形成了资本市场的国际视野与全球意识。

互联网泡沫化波及我国网络产业。2000年下半年，美国互联网泡沫开始被挤。2001年3月，纳斯达克股市大跌，互联网行业进入寒冬时期。

[①] NASDAQ是美国全国证券业协会行情自动传报系统的缩写，全称为美国全国证券交易商协会自动报价表（National Association of Securities Dealers Automated Quotations），是美国的一个电子证券交易机构，由纳斯达克股票市场公司所拥有与操作。NASDAQ创立于1971年，是当今世界最大的股票市场之一。

尽管我国网络广告有稳中向前的发展趋势（参见表1—3），但是网络寒冬后果还是直接殃及我国互联网行业与网络广告的发展，如：8848电商网站等网络企业，因为失去海外上市机会而消失在历史的空间。2001年中国网络广告主721家，2002年为668家，比2001年减少了53家，这是中国网络广告主数量首次出现负增长。[①] 2002年，我国网络广告业才走出席卷全球的互联网寒冬，形成新的发展机遇（参见表1—3）。

互联网寒冬影响我国网络广告发展趋势。主要表现在：一方面，百度、阿里巴巴、腾讯等网络企业正在崛起。它们通过融资熬过互联网寒冬，试图形成与主导自身领域的业务与生态，并丰富了网络广告类型，成为自身发展领域的佼佼者。融资与并购等成为推动我国网络业发展和参与全球化的新常态。另一方面，门户网站经历了互联网寒冬考验，既积极参与互联网各种新业态、新产业与新模式的竞争，又形成了各自未来的经营发展方向（见第三章）。

三　主流传统媒体形成网站建设高潮，网络广告是门户网站主要收入来源

2000年初，中国网络业一片繁荣，平均每天诞生两家网络公司，互联网络成为新兴行业的代名词，网络广告在门户网站发展欣欣向荣。在三大门户网站，2000年新浪广告收入占新浪总营业收入的87.50%，网易为86.67%，搜狐为93.13%，广告收入成为支撑所有门户网站发展的主要财源（见第三章）。

我国传统主流媒体设立网站，"抢滩"互联网阵地。1997年1月1日，人民日报的人民网、光明日报的光明网上线，其示范效应掀起了中国主流媒体进军网络业的热潮。至1999年6月15日，国内有273家报纸上网，占1998年全国报纸总数2053种的13.2%。[②] 传统主流媒体网站具有专业性、知名度与权威性地位，成为广告主重点关注的广告媒体，推动了网络广告的健康发展。

---

① 王成文：《中国网络广告第一个十年发展研究》，河南大学硕士论文，2005年。
② 魏颖：《传媒网站的现状及出路》，《新闻爱好者》2000年第3期。

四 传统主流媒体广告市场仍然具有传播优势

网络速度太慢、收费太贵是遏制当时我国互联网发展与网络广告业繁荣的重要瓶颈。《第 7 次中国互联网络发展状况统计报告》显示：在 2001 年，46.41% 的用户认为网速太慢，30.83% 的用户认为收费太贵。这是当年互联网使用最令人不满意的地方，也限制了当时网络广告的传播空间与领域发展。网络广告法律法规建设相对滞后，广大用户对互联网使用程度比较低，对网络广告认知程度比较肤浅，只有一些互联网企业与海外品牌开始布局网络广告市场，因此还没有形成具有广大用户市场的广告传播优势。因此，传统媒体广告仍然具有市场优势，拥有自身网站的主流媒体仍然对相关广告主具有比较大的广告影响力、传播力与渗透力。

第三节 我国网络广告整合期（2002—2009）发展概况

2002—2009 年，我国网络广告经过了海内外互联网公司角逐国内市场到 2008 年全球金融危机。互联网公司不断竞合发展，网络广告形成较大市场规模态势，逐步形成中国特色的网络广告发展模式。

一 网络广告市场规模优势渐显

2002—2009 年，网络广告市场规模分别为人民币 4.9 亿元、10.8 亿元、19.0 亿元、31.3 亿元、60.7 亿元、106.0 亿元、170.0 亿元、207.4 亿元，年增长率分别为 25.6%、120.4%、75.9%、77.1%、60.6%、74.6%、60.4%、22.0%。2003 年，我国网络广告市场规模占全国广告市场规模比重的 1%，这是网络广告经过 5 年发展后，首次实现了规模性的突破发展。2008 年前，北京奥运会红利推动我国网络广告快速发展，从 2007 年占全国广告市场规模比重的 4.28% 跃升到 8.95%。2009 年，网络广告市场规模为 207.4 亿元，占全国广告市场规模比重的 10.16%，突破我国广告市场规模的 10%，我国广告市场的规模优势逐步显现出来。

而美国网络广告市场规模在2005年为125.42亿美元，2007年突破200亿美元大关，我国网络广告发展与美国还有相当大的规模差距。（参见表2—2）

表2—2　　　　　2002—2010年中国网络广告市场规模

（单位：亿元，¥/$）

年度	全国广告市场规模	网络广告市场规模	年增长率（%）	占全国广告经营规模比重（%）	美国网络广告市场规模	年增长率（%）
2002	903.15	4.9	25.6	0.54	60.10	-15.76
2003	1078.68	10.8	120.4	1.00	72.67	20.92
2004	1264.56	19.0	75.9	1.50	96.26	32.46
2005	1416.35	31.3	77.1	2.21	125.42	30.29
2006	1573.10	60.7	60.6	3.86	168.79	34.58
2007	1741.00	106.0	74.6	4.28	212.00	33.30
2008	1899.56	170.0	60.4	8.95	234.99	10.84
2009	2041.03	207.4	22.0	10.16	227.00	-3.4
2010	2340.51	325.5	56.9	13.91	260.00	14.53

资料来源：国家工商总局，CNNIC，艾瑞咨询，eMarketer，普华永道（PWC），美国互动广告局（IAB）。各机构与数据公司发布的数据不尽相同。有整理。

二　门户网站等在竞争中整合而形成自己的发展特色

2003年，随着全球网络业与网络广告的复苏，IT、网络服务、手机通信、交通汽车、房地产是网络广告主投放的前五大行业，门户网站网络收入在整体收入中占绝对比重，网络广告业飞速发展。2003年门户网站广告年增长达到当年最高值，如新浪、搜狐与网易2003年总营收分别为1.14亿美元、0.89亿美元、0.80亿美元，净收入分别为3100万美元、3900万美元、2600万美元。2004年，新浪网络广告收入达5亿多元（6540万美元），成为网络广告的领先者，形成以网络广告为核心业务的新闻门户网站。搜狐并购网络游戏类专业媒体17173与房地产类专业媒体焦点，形成以搜索、网络广告与游戏为核心的业务发展趋势。网易加强媒体频道建设，网络广告在汽车与快速消费品行业具有优势，逐步形成以游戏与电商为核心业务的发展模式。

至 2006 年,"以腾讯、网易、新浪、TOM 以及搜狐为代表的大型综合门户类网站市场份额之和也仅占中国网络经济市场的 28%"(参见图 2—2)。[①]

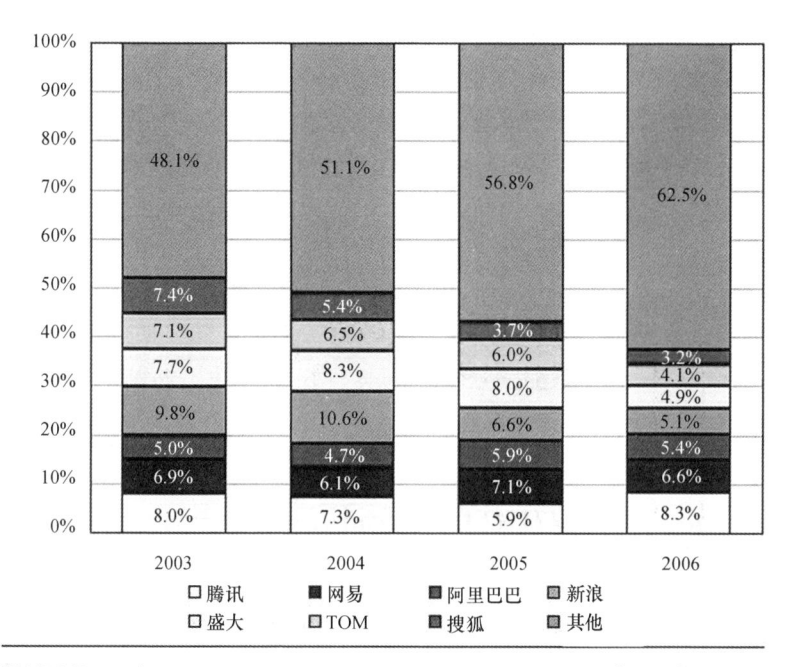

图 2—2 2003—2006 年我国网络经济互联网企业市场份额

三 海外网络巨头进入我国互联网市场,对网络广告市场形成竞争整合

为了争夺我国庞大的网络广告市场,海外互联网公司纷纷进入争夺市场"蛋糕"。2002 年 3 月,eBay 通过并购开始进入中国。11 月,Yahoo(雅虎)中国以 1.2 亿美金并购 3721 网站,利用其国际品牌优势深入我国网络广告行业。2005 年 6 月,微软设立 MSN(Microsoft Service Network)中国,中文门户网站进入中国大陆。7 月,谷歌在中国设立研发中

---

① http://tech.163.com/07/0424/09/3CR72KBK000915BF.html.

心。2006年4月，谷歌进入中国市场，加强与百度的竞争。

在竞争中，海外互联网巨头尽力本土化，但明显水土不服，先后以各种形式退出中国市场。其中，2010年，谷歌退出中国大陆的事件影响最大。但是，海外互联网巨头的技术、管理与商业模式等，对我国网络创新与广告业发展有积极贡献。

四 各类网站（网页）与网络应用"百舸争流"，推动各类网络广告健康发展

百度、腾讯、阿里巴巴等形成特色网站。百度引进竞价排名，与谷歌进行市场竞争，并形成国内市场发展优势。阿里引领电商发展方向，用户增长数量较快，网络应用消费商务化特征走强趋势明显。《第25次中国互联网络发展状况统计报告》显示，至2009年，我国网络购物用户规模达1.08亿人，网络支付用户规模为9406万人。自2003年开始，中国的网页规模基本保持翻倍增长，2009年网页数量达到336亿个，年增长率超过100%。2009年网络应用使用率排名前三的分别是网络音乐（83.5%），网络新闻（80.1%），搜索引擎（73.3%）。

博客广告、广告联盟等广告新业态涌现。艾瑞咨询《中国网络广告研究报告2004年（简版）》显示，2004年，我国网络市场共有广告主3225家，较2003年增加1435家，较2002年增加2514家。艾瑞咨询《2008年中国网络广告市场份额报告》显示，2006年，我国品牌广告网络广告主为3480家（2005年为3385家），2007年为6053家。2009年，全国网络广告主数量规模近100万家，其中品牌广告主突破1万家。

五 北京奥运会推动我国网络广告正向发展

自从北京获得2008年奥运会主办权，各家网络媒体开始加强对北京奥运会网络广告营销市场的大争夺。搜狐2008年网络广告收入达4.291亿美元，成为奥运会广告营销的大赢家。2008年我国网络广告代理市场规模达11.73亿元，年增长率为52.2%。但是，由于全球金融危机，2009年奥运会红利难以拓展与延续，对网络广告爆发式发展的期待没有实现，奥运营销与网络广告市场争夺形成一个发展段落。同时，我国网

络广告的市场格局与发展大局，在这一轮的争夺拼杀中逐步形成，各家互联网公司巨头的"马太效应"渐显。

第四节 我国网络广告格局期（2010—2018）发展概况

2010—2018年，我国网络巨头百度、腾讯、阿里巴巴已经建成符合网络传播规律、数字经济发展规律与网络广告发展规律的生态系统，成为网络广告行业的领头羊。直播、短视频等新业态，抖音、快手推动网络广告的视频化传播。2014年，我国网络广告全面赶超所有传统媒体广告，网络广告系统建设进一步发展，网络广告成为我国广告业发展方向。

一 我国网络广告市场规模较为庞大，呈现高速增长态势

2011年以来，我国网络广告呈高速增长态势，市场规模增长幅度较大，充满市场发展活力，成为全球第二大网络广告市场。2013年，我国网络广告市场规模为1100亿元，首次突破千亿元大关。实力传播《2013年新媒体广告市场预测报告》显示，我国超过日本成为世界第二大数字广告市场，市场规模达145亿美元。2016年，为2295亿元，突破2000亿元大关。2018年为3694亿元，突破3000亿元大关。美国2017年网络广告市场规模为883亿美元，2018年则突破千亿美元大关，达到1075亿美元，稳居全球第一。（参见表2—3）

表2—3　　　　　　　2010—2018年中国网络广告市场规模

（单位：亿元，￥/$）

年度	全国广告市场规模	网络广告经营规模	年增长率（%）	占全国广告市场规模比重（%）	美国网络广告规模	年增长率（%）
2010	2340.51	325.5	56.9	13.91	260	14.53
2011	3125.55	513.0	57.6	16.41	317	21.92
2012	4698.28	753.1	46.8	16.03	366	15.46
2013	5019.74	1100	46.1	21.91	428	16.94

续表

年度	全国广告市场规模	网络广告经营规模	年增长率（%）	占全国广告市场规模比重（%）	美国网络广告规模	年增长率（%）
2014	5605.60	1507	37.5	26.88	495	15.65
2015	5973.41	1897	25.9	31.78	596	20.40
2016	6489.13	2295	21.0	35.37	726	21.81
2017	6896.41	2957	28.8	42.88	883	21.63
2018	7991.48	3694	24.9	46.22	1075	21.74
2019	8647.28	4367	18.2	50.50	1246	15.91

资料来源：国家工商总局、国家市场管理监督总局，CNNIC，艾瑞咨询，eMarketer，美国互动广告局，普华永道（PWC）等。各机构与数据公司发布的数据不尽相同。有整理。

二 网站广告优势显现，逐步成为第一广告媒体

在2012年以前，网络广告虽然比不上传统强势主流媒体的广告市场规模，但是，后来者居上的发展态势渐显。2011年，网络广告市场规模超过报纸广告，互联网成为第二大广告媒体。2014年，网络广告超越电视广告，互联网成为第一大广告媒体。从此，网络广告成为我国广告业发展的主流，主导我国新媒体与广告业的发展方向。（参见表2—4）

表2—4　　　2011—2018年传统媒体广告市场规模概况（单位：亿元，¥）

年度	电视台	广播电台	报社	期刊社	总计
2011	897.92	90.95	469.45	52.09	1429.41
2012	1132.27	141.06	555.63	83.27	1912.23
2013	1101.10	141.19	504.70	87.21	1834.20
2014	1278.50	132.84	501.67	81.62	1994.63
2015	1146.69	124.49	501.12	71.90	1844.20
2016	1239.00	172.64	359.26	60.31	1831.21
2017	1234.39	136.68	348.63	64.95	1784.65
2018	1564.36	136.66	312.57	58.79	2072.38

资料来源：《中国新闻年鉴》（2017）；国家市场监管总局数据。有整理。

2007年百度首次进入媒体单位广告经营额的前10位，2008年新浪首次进入前10位，2009年新浪和搜狐进入前10位，2010年百度与新浪一同进入前10位。2010年底，中国网民达4.5亿人，手机用户近9亿，互联网普及率达34.3%。中国广告协会互动网络分会数据显示，网络广告经营额达183亿元，年增长率达67%，占中国广告经营总额的近8%。[①]由此可见，网络广告在未来发展中地位逐步上升，影响力与传播力日益增强。

中国广告协会统计数据显示，2010年中国经营额排前10位的媒体单位依次是：中央电视台、上海东方传媒集团有限公司（广播电视部分）、深圳报业集团、湖南电视台、浙江广播电视集团、百度、广州日报社、山东广播电视台、安徽电视台广告中心、新浪（参见表2—5）。

表2—5　　　　2010—2011年中国媒体单位广告营业额前10位

（单位：万元，¥）

排序	2010年广告营业额前10位媒体企业		2011年广告营业额前10位媒体企业	
	公司名称	营业额	公司名称	营业额
1	中央电视台广告经营管理中心	1884000	中央电视台广告经营管理中心	1610000
2	上海东方传媒集团有限公司	500736	上海东方传媒集团有限公司	385200
3	湖南电视台	425000	深圳报业集团	372700
4	深圳报业集团	388760	湖南电视台	288063
5	浙江广播电视集团	270821	北京电视台	260000
6	百度	263600	广州日报社	215000
7	广州日报社	251299	浙江广播电视集团	205759
8	山东广播电视台	218324	安徽电视台	155000
9	安徽电视台	200000	新浪	138100
10	新浪	191900	搜狐	120900

资料来源：中国广告协会。

[①] 王凤翔：《2010年中国广告业发展综述》，《中国新闻年鉴（2011）》，中国新闻年鉴出版社2011年版。

中国广告协会统计数据显示，2011年中国广告经营额排名前十的媒体单位依次是：中央电视台、上海东方传媒集团有限公司、深圳报业集团、湖南电视台、北京电视台、广州日报社、浙江广播电视集团、安徽电视台、新浪、搜狐。① 排前20位的媒体单位中（共有21家单位），广播电视传媒集团为12家（中央电视台、上海东方传媒集团、湖南电视台、北京电视台、浙江广电集团、安徽电视台、广电总局电影卫星频道、天津电视台、湖北广电总台、广东电视台、福建广电集团、辽宁电视台），报业纸媒集团为5家（深圳报业集团、广州日报社、羊城晚报、福建报业集团、钱江报系集团），网络媒体为4家（新浪、搜狐、腾讯、百度）。②（参见表2—5）

三 社交网站的上市与即时信息平台促进互联网增值服务与网络广告发展

2004年6月，腾讯在香港上市。2011年5月，人人网在美国纽交所上市。社交网站的上市促进了其即时信息平台建设、互联网增值服务与网络广告的发展。（参见第五章）

以2011年腾讯广告发展为例。腾讯年净收入为人民币284.961亿元（45.225亿美元），比2010年增长45.0%。互联网增值服务（除域名注册及虚拟主机等基本服务以外的互联网业务，比如游戏、语音聊天、可视电话、短信等）收入为人民币230.428亿元（36.571亿美元），占年净收入比重80.86%，年增长率48.8%。移动及电信增值服务收入为人民币32.708亿元（5.191亿美元），占年净收入比重11.48%，年增长率20.4%。网络广告收入为人民币19.922亿元（3.162亿美元），占年净收入比重6.99%，年增长率45.2%。这归功于其即时信息平台。腾讯财报显示：2011年腾讯即时通信服务活跃账户数达7.210亿，即时通信服务最高同时在线账户数达1.527亿，"QQ空间"活跃账户数达5.521亿，

---

① 王凤翔：《2011年中国广告业发展综述》，《中国新闻年鉴（2012）》，中国新闻年鉴出版社2012年版。

② 同上。

"QQ 游戏"最高同时在线账户数（仅包括小型休闲游戏）为 840 万，互联网增值服务付费注册账户数为 7720 万，移动及电信增值服务付费注册账户数为 3140 万。

2011 年人人网营收分为网络广告和互联网增值服务两部分，其互联网增值服务收入又分为网络游戏和其他增值服务，2008—2010 年人人网的网络广告占年净收入的比重分别为 49.2%、39.4% 和 41.8%，网络游戏收入的比重分别为 45.5%、50.5% 和 45.0%。2011 年人人网年净收入为 1.18 亿美元，年网络广告收入为 5960 万美元，年增长率为 54.1%，占净收入比重 50.51%。[①]（参见表 2—6）

表 2—6　　　　2011 年中国主要社交网站广告经营概况　　　（单位：亿元）

	年净收入/利润	网络广告经营情况		
		网络广告市场规模	年增长率	占年净收入的比重
腾讯（HK：0700）	￥284.961（$45.225）/ 122.535（$19.447）	￥19.922（$3.162）	45.2%	6.99%
人人网（NYSE：RENN）	$1.18/$0.497	$0.596	54.1%	50.51%

资料来源：对腾讯、人人网 2011 年度财报（未经审计）的整理。

移动 SNS 与网络广告联盟是腾讯移动广告发展重点。腾讯依托聚赢（MobWIN）移动平台与广点通系统，主打社交平台广告与网络广告联盟。2013 年 6 月，腾讯上线内测"广点通"移动广告联盟系统，有 100 家 App 开发商参与该次内测。该系统覆盖 Android、iOS，提供 Banner、插屏、开屏、应用墙等广告形式，为移动媒体提供流量变现服务。"广点通"移动广告联盟的广告收入将全部归开发者所有，腾讯不参与分成。同年 12 月，腾讯将原应用宝开发者迁移至腾讯开放平台，正式完成移动

[①] 王凤翔：《2011 年中国网络广告发展报告》，中国社会科学院新闻与传播研究所主编《中国新媒体发展报告（2012）》，社会科学文献出版社 2012 年版。

广告领域的大整合。①

四 BAT 优势渐显，TMD 丰富短视频、外卖、O2O 广告新场景

2010 年谷歌与百度竞争失利而把服务器退往中国香港，百度、搜狗引导中国搜索引擎市场。微信、电商与微博大发展，大数据成为网络广告发展的金库。从此，BAT 等网络"土豪"们从技术、资本、市场、资源方面展开全面的竞争与合作，搜索引擎、电商、社交、门户、视频、垂直网站等在互联网、移动网与户外广告网进行激烈的市场争夺。②

BAT 推动网络广告系统发展。谷歌 AdSense 广告联盟形成全球化竞争优势，百度、腾讯、阿里巴巴与新浪等互联网公司借鉴谷歌网络广告系统模式，纷纷建设各自的网络广告联盟以网络广告系统加强需求方平台（Demand Side Platform，DSP）建设，推动我国网络广告的实时竞价（Real Time Bidding，RTB）机制建设与完善。

在 2013 年互联网并购的风云年代里，在中国网络市场及其广告市场的激烈争夺中，百度、阿里巴巴与腾讯各领风骚，而且影响深远，逐步奠定了我国网络广告市场优势、发展特色与生态系统。百度通过对 91 无线、百分之百、糯米网、PPS 等的并购，实现了市场扩张，生产了 14 个超过亿个用户的移动产品，股价迅速攀升。阿里巴巴投资新浪微博、UC、高德地图、菜鸟物流、天弘基金、打车软件等，试图主导移动网络市场与网络广告市场。腾讯微信市场极火，注资搜狗，投资海外创业公司，谋求国际化发展道路，实现了网络市场及其广告市场的大扩张（参见图 2—3）。③

BAT 等巨头转战线下，向实体经济要场景、要流量、要数据，为网络广告进一步发展提供动力。2017 年，阿里巴巴提出"新零售"概念，

---

① 王凤翔：《2013 年中国网络广告发展报告》，唐绪军主编《中国新媒体发展报告（2014）》，社会科学文献出版社 2014 年版。
② 王凤翔：《2011 年中国网络广告发展报告》，中国社会科学院新闻与传播研究所主编《中国新媒体发展报告（2012）》，社会科学文献出版社 2012 年版。
③ 王凤翔：《2013 年中国网络广告发展报告》，唐绪军主编《中国新媒体发展报告（2014）》，社会科学文献出版社 2014 年版。

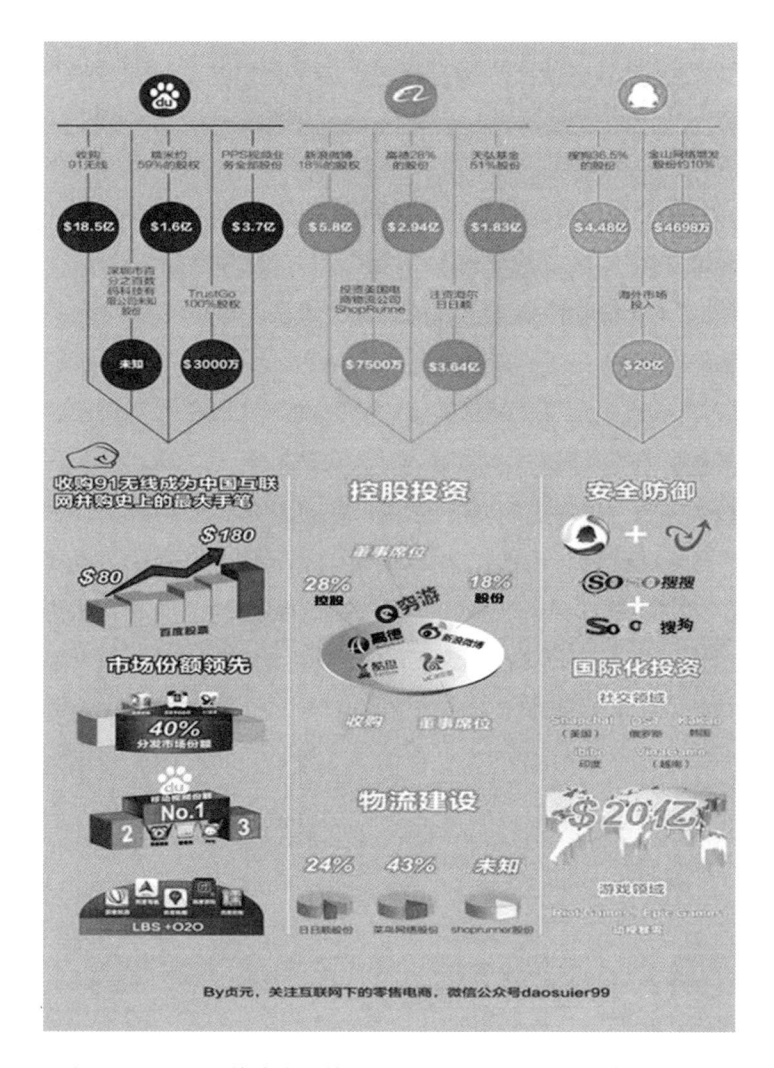

图 2—3　BAT 以资本市场构建网络生态系统与网络广告市场优势

资料来源：http://www.huxiu.com。

全面深入布局。阿里斥资 28.8 亿美元收购高鑫零售 36% 的股份[①]，以 26 亿美元收购银泰，1 亿美元入股联华超市，向易果生鲜加投 3 亿美元。腾

---

① 高鑫零售是我国零售界目前规模最大的零售公司。其旗下的欧尚、大润发两大品牌在全国 29 个省市自治区都开设有大量的大型超市、大卖场；年营收额超 1000 亿元，市场份额连续多年保持国内零售行业第一。

讯、京东进一步携手布局新零售，腾讯通过协议转让方式受让永辉超市5%股份，领投每日优鲜便利购 A 轮。京东与中国联通、中国石化销售公司打造线下智能化零售网络，与腾讯入股唯品会、万达商业与步步高，推进消费场景的无界融合，打造生鲜超市 7FRESH，与美丽联合公司合资建设社交电商市场。节日营销成为互联网公司的"狂欢"。天猫"双 11"交易总额超 1682 亿元，其中：无线成交占比高达 90%，支付宝支付笔数达 14.8 亿笔，支付峰值达 25.6 万笔/秒，物流订单量达 8.12 亿单。京东"双 11 全球好物节"交易金额突破 1271 亿元人民币，售出商品 7.35 亿件。京东 2017 财年全年交易总额（GMV）近 1.3 万亿元人民币，含广告在内的服务业务等方面的收入同比增长 49.9%。①

TMD（头条、美团、滴滴）是继 BAT 之后的互联网巨头，在各自领域形成广告发展特色与传播优势。2018 年字节跳动广告收入近 530 亿元人民币。其中，今日头条 App 广告为 290 亿元，抖音 App 广告为 180 亿元（信息流广告为 96 亿元人民币）。字节跳动投资 20 亿元人民币，以 UGC、PGC、MCN 构建头条系短视频内容体系，通过广告带动流量持续变现。抖音（2016 年 9 月上线）以差异化定位用户，切入音乐短视频垂直领域。2018 年 3 月 6 日抖音开启广告竞价功能，明星入驻与平台 KOL 涌现，形成平台红人广告、广告商"星图"平台与信息流广告的投放对接。和头条竞争的趣头条以"免费+广告"模式加强竞争，2018 年市场规模为 30.22 亿元，效果广告占趣头条收入来源的 95% 以上。②

美团点评联盟广告投放系统（DSP）以计算广告通过算法优化、算法推荐、算法策略、大数据挖掘，构建传播场景、定向排序与广告打分机制，提升用户画像的丰富性和覆盖率。美团财报显示，2018 年在线营销收入为 93.9 亿元。滴滴的 O2O 广告系统可以直接设置各种维度的分成体系，结合车主的评分和行车记录进行分成比例设置。③

---

① 王凤翔：《2017 年中国网络广告发展报告》，唐绪军主编《中国新媒体发展报告（2018）》，社会科学文献出版社 2018 年版。
② 庄帅：《O2O 广告系统：滴滴新路》，《经理人》2016 年第 6 期。
③ 同上。

五 移动端广告主导网络广告发展方向

2010年中国移动互联网规模为199亿元，2011年为393亿元，同比增长97.5%。2010年中国无线广告市场规模约为35.1亿元，环比增长53.3%，占移动互联网产业总收入的8%。作者根据艾瑞咨询报告统计：2011年第一季度广告经营额为5.2亿元，占季度收入总额的8.1%；第二季度为7.4亿元，占9.5%的比重；第三季度为11.2亿元，占10.3%的比重；第四季度为11.3亿元，占8.5%的比重。

数量庞大的手机用户是中国移动互联网广告发展的强大保证。据艾瑞咨询统计：2009年中国无线广告市场规模13.5亿元，2010年为22.9亿元，2011年达35.11亿元；2009年中国手机网页市场规模为3.8亿元，2010年为6.8亿元，2011年为13.5亿元。中国工信部发布2012年2月通信业主要指标：移动电话用户净增1032.4万户，达到10.07亿户，其中3G移动电话用户达到14391.9万户。中国手机用户突破10亿户。

广告主投放预算快速度向移动端转移。艾瑞咨询《2018年中国移动营销行业洞察报告》数据显示，2013—2018年我国移动广告市场规模由133.7亿元，上升到3814.4亿元，占我国网络广告市场规模的比重由12.10%上升到77.62%。2016年市场规模为1750.2亿元，占比首次过半。2017—2018年移动广告市场规模为2549.6/3814.4亿元，首次突破2000万与3000万元大关，移动网络广告逐步成为我国网络广告发展主流。（参见表2—7）

表2—7　我国2013—2018年移动广告市场规模发展概况　（单位：亿元，¥）

	2013年	2014年	2015年	2016年	2017年	2018年
网络广告市场规模	1105.2	1546.0	2184.5	2884.9	3750.1	4914.0
移动广告市场规模	133.7	375.1	997.8	1750.2	2549.6	3814.4
移动广告占网络广告市场规模比例（%）	12.10	24.26	45.68	60.3	67.99	77.62
移动广告年增长率（%）	12.1	24.3	45.7	60.7	68.0	77.6

资料来源：艾瑞咨询；著者有整理。

BAT 一直主导移动广告发展的大局。eMarketer 数据显示，移动广告发展迅速。其中，阿里巴巴移动广告经营额达 160.4 亿美元，占全国移动广告市场份额的 31.9%。百度为 93.1 亿美元，占全国市场份额的 18.5%。腾讯为 60.2 亿美元，占比为 12.0%。到 2021 年，移动广告将占全媒体广告支出的 60%，以及近数字媒体广告费用的 82%。2016 年 BAT 占 71.5% 的移动数字广告市场份额，2017 年达 71.8%，并预测以后两年分别达 73.3%、74.3%。阿里巴巴市场份额最大，占 2016 年、2017 年移动广告市场份额的 40.3%、40.4%。百度排名第二，占 2016 年、2017 年移动广告市场份额的 19.6%、17.7%。腾讯排名第三，占 2016 年移动广告市场份额的 11.6%，占 2017 年市场份额的 13.6%。据预测，2019 年，阿里仍然占有 40% 以上的市场份额，腾讯移动数字广告市场份额将以 2.1 个百分点超过百度，而其他互联网广告公司将从 2016 年的 28.5% 下降到 2019 年的 25.7%。（参见图 2—4）①

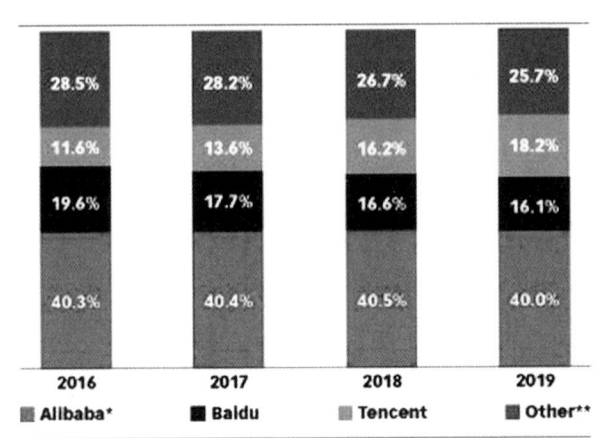

图 2—4　BAT 移动广告发展趋势

资料来源：eMarketer，Feb. 2017。

---

① 王凤翔：《2017 年中国网络广告发展报告》，唐绪军主编《中国新媒体发展报告（2018）》，社会科学文献出版社 2018 年版。

六 网络直播业、短视频产业推动网络广告发展

中国移动互联网、新媒体的大发展，网络直播（网页直播）替代客户端直播，获得行业发展的新机遇。自2013年以来，中国网络直播行业进入飞速发展期，2016年行业影响力剧增，成为互联网发展的一道新景观。

网络直播行业主要分为游戏、秀场与泛生活三大主流传播形态。游戏直播是极为重要的网络直播形态，是竞技型经济。主要有：斗鱼（前身为ACFUN生放送直播，2014年更为现名）、虎牙（YY，即欢聚时代，2014独立分拆游戏直播业务，2014年成立）、战旗（2014年成立）、火猫（2015年成立）、熊猫（2015年成立）。游戏直播用户规模，2013年为1200万户，2014年为3000万户，2015年为4800万户，2016年将突破1亿户。2014年市场规模为2.7亿元，2015年超过10亿元。电子竞技受众市场迅速扩大，游戏直播成为链接厂商、媒体、用户等的重要通道。秀场直播是美色经济，是宅消费的粉丝经济。主播形象有追求小鲜肉化，乃至色情化、庸俗化的趋势。由于男性需求市场空间大，主播经纪联盟的传播影响力大，秀场直播几乎成为网络直播的代名词。六间房、秀色直播、69美女直播等平台影响比较大。9158、YY直播等是传统直播平台。百度百秀、新浪秀场、搜狐千帆、网易BOBO等争夺市场激烈。泛生活直播是将个人生活情态放在摄像头下，让全民围观，是分享经济。具有全民直播、直播全民的特点，是网络化、移动化的全民秀。以花椒、趣播、光圈直播为代表。网络直播具有重要的商业传播价值，其营销平台受到资本市场与广告市场的青睐。

同时，内容形式进阶，直播、短视频MAU带来内容传播创新与信息流广告发展。今日头条通过西瓜视频、火山小视频以及抖音布局短视频行业，不断丰富网上内容形态与传播活力，拉升信息流广告价值，2017年总销售额为180亿元，其中广告营收额达160亿元。[①] 同属短视频龙头的快手，其广告系统2017年3月首次公测，2018年10月以"AI+社交"

[①] 王凤翔：《2017年中国网络广告发展报告》，唐绪军主编《中国新媒体发展报告（2018）》，社会科学文献出版社2018年版。

差异化广告营销平台优化竞争，广告收入未见公开数据，不会超过微博2018年广告营销收入（15.0亿美元）。[①]

七 广告与版权分销促进视频网站健康发展

视频网站包括综合视频网站、网络电视台、门户网站与其他媒体的视频网站。广告收入占视频网站收入结构的最大比重。据艾瑞咨询统计：2009—2011年，广告收入视频网站收入结构比重为77.3%、68.4%、67.8%，版权分销收入占比为5.7%、6.4%、14.3%，视频增值占比为5.7%、3.8%、2.7%，其他增值服务为占比11.4%、21.4%、10.8%。综合视频网站占有最大广告收入，其次是网络电视台，再次是门户网站视频。据艾瑞咨询数据：2009—2011年，在线视频网站广告行业规模为13.6亿元、21.5亿元、42.5亿元，综合视频网站广告收入为视频网站总收入的69.9%、57.8%、68.4%，网络电视台份额为16.9%、21.2%、14.1%、门户网站视频为11.0%、17.7%、14.0%，其他媒体视频为2.2%、3.3%、3.5%。

视频网站为争夺网络视频市场而纷纷上市融资。2010年优酷网、酷6传媒在美国纳斯达克市场上市，乐视网在深交所A股市场上市。2011年8月，土豆网在纳斯达克市场上市。

网络广告收入是优酷等网站的主要收入。2011年优酷网年净收入为8.9760亿元人民币，年网络广告收入为8.581亿元人民币，年增长率为240.43%，占年净收入比重的95.6%。土豆网年净收入为5.122亿元人民币，年网络广告收入为4.435亿元人民币，年增长率为67.2%，占年净收入比重86.6%。酷6传媒年净收入为1922万美元，年净收入就是年网络广告收入，年增长率为13.84%。

版权分销有利于促进视频网站及其广告的健康发展。版权分销收入是乐视网等网站的主要收入。乐视网2011年财报显示，年净收入为5.98亿元人民币，年网络广告收入为1.14亿元人民币，比重为19.1%，而版权分销收入达4.84亿元人民币，占年净收入比重近81%（参见表2—8）。

[①] 王凤翔、张璐璐：《2018年中国网络广告发展报告》，唐绪军主编《中国新媒体发展报告（2019）》，社会科学文献出版社2019年版。

表2—8   2011年我国主要视频网站广告经营概况   （单位：亿元）

	年净收入/利润	广告经营概况		
		市场规模	年增长率	占年净收入比重
优酷网（NYSE：YOKU，2010年12月上市）	8.9760/2.30	8.581	240.43%①	95.6%②
土豆网（NASDAQ：TUDO，2011年8月上市）	5.122	4.435	67.2%	86.6%
乐视网（SZ：300104，2010年8月上市）	5.98/1.31	1.14	70%	19.1%
酷6传媒（NASDAQ：KUTV，2010年6月上市）	$0.1922	$0.1922	13.84%	100%

资料来源：著者对优酷、土豆、乐视网、酷6传媒2011年度财报（未经审计）的整理。

视频广告移动终端市场的抢夺是2013年网络视频行业竞争的焦点。优酷为手机移动推出"多屏化"网站页面，如App"二维码跨屏追剧"。百度收购PPS，将扩大爱奇艺在移动客户端与PC端桌面的网络广告发展优势③。在视频内容采购方面，搜狐视频2013年签约购买的内容金额为9000万美元；同时搜狐以1亿元拿下2013年第二季"中国好声音"网络独播权，网络广告营收2亿元，视频全网覆盖人数近3亿，实现了视频广

---

① 2010年财政年度总收入达人民币38710万元（5870万美元），较2009年度增长152%。2010年度总收入的显著增加主要源于品牌广告收入的大幅度增加，品牌广告收入在2010年达到人民币35690万元（5410万美元），比2009年增加161%。收入增长主要归功于品牌广告主加大采用视频广告投放服务。

② 据作者查阅优酷季度财报，优酷只有第一、第三季度（Q1、Q3）品牌广告经营额，推算出第二季度（Q2）经营额。2011年Q1财报的品牌广告经营额为人民币1.199亿元，占优酷收入的93.7%。Q3财报品牌广告经营总额为人民币2.498亿元，占优酷该季度收入的95.2%，同比增长129%，因此，Q2的品牌广告经营额为人民币1.936亿元，占该季度收入的97.8%。三个季度品牌广告经营额比例平均值，即占总年净收入比重为95.6%。

③ 艾瑞数据显示，PPS在移动客户端的用户量方面遥遥领先。在PC互联网上，PPS累计客户端装机量已经达到5亿，月度活跃一个多亿；在移动端，PPS在iPad以及iPhone平台中下载量分别位居第三、第一位。

告移动终端市场的大扩张①。爱奇艺以 2 亿元独播湖南卫视王牌综艺,腾讯视频以 2.5 亿元买断 2014 年"中国好声音"第三季网络独播,PPTV 与江苏卫视达成战略合作独播《非诚勿扰》等综艺节目,抢夺移动终端与移动广告市场更加白热化。

八 移动化与数字化成为网络广告发展趋势

主流网络广告运营商广告收入结构渐渐趋向移动端。App 是移动广告发展与繁荣的网络平台。每日占有网民最长时间的 App 网络平台是腾讯,主要是微信、QQ、游戏、视频与新闻的使用。其次是阿里巴巴,主要是浏览器、新浪微博、淘宝天猫。第三是百度,主要是爱奇艺视频、手机百度。再次是今日头条和网易等网络平台。(参见图 2—5)②

移动效果广告点击率激增。TalkingData 数据显示,在移动效果广告点击量、激活量上,信息流广告占比 60%。与 2016 年相比,2017 年移动效果广告点击总量增长超过 17 倍,其中,iOS 平台点击率量同比增长 1776.2%,安卓平台点击量同比增长 366.2%。2017 年移动效果广告激活总量同比增长 41.9%,其中,iOS 平台同比增长 17.1%,安卓平台同比增长 123.2%。(参见表 2—9)③

表 2—9　移动效果广告点击量增长率、激活量同比增长率概况

(单位:%)

	全平台	iOS 平台	安卓平台
点击总量同比增长率	1728.9	1776.2	366.2
激活总量同比增长率	41.9	17.1	123.2

资料来源:TalkingData。

---

① 2013 年搜狐视频广告业务年度收入增长超过 100%。第三季度品牌广告收入为 1.25 亿美元,较 2012 年同期增长 60%,较上一季度增长 25%。收入同比增长主要是由于网络视频和房地产业务收入的增长。收入环比增长主要是由于网络视频业务收入的增长。
② 王凤翔:《2017 年中国网络广告发展报告》,唐绪军主编《中国新媒体发展报告(2018)》,社会科学文献出版社 2018 年版。
③ 王凤翔:《2017 年中国网络广告发展报告》,唐绪军主编《中国新媒体发展报告(2018)》,社会科学文献出版社 2018 年版。

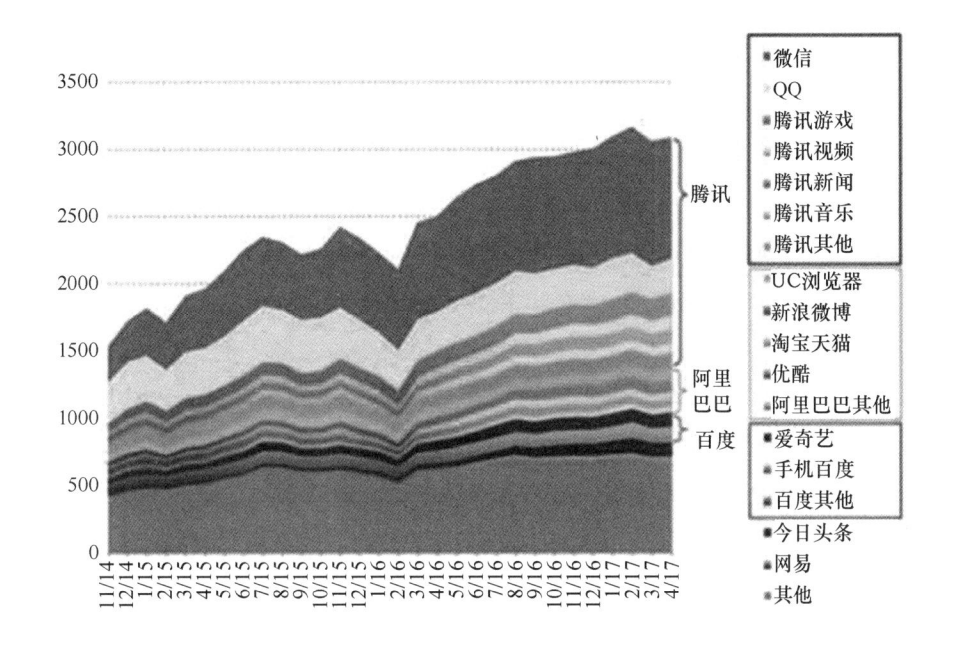

图 2—5　2011—2017 年 BAT 等网络平台的移动 App 每日使用时间统计

资料来源：中国报告网、《2017 年中国网络广告发展报告》。

数字化移动营销服务市场细分程度加深，促进网络广告市场专业化。在资本、技术、市场的合力推动下，基于新型广告交易、广告技术与精准传播理念的市场认可度，越来越多的广告主通过展示广告、数据服务、ASO（App Store Optimization）营销、社会化营销、内容植入营销、OTT（over the top）营销、云服务等，在互联网媒体、移动媒体、搜索引擎、应用商店与智能电视投放广告，以移动广告平台、需求方平台（DSP）、流量供应平台、数据管理平台与媒体私有平台等监测广告传播效果，获取最优广告收益。因此，广告主实现了以移动为基础、多平台分化的优质内容吸引规模用户，使跨平台成为营销主体，广告以内容为核心实现多平台投放，实现移动传播效果最大化与最优化。（参见图 2—6）[①]

---

① 王凤翔：《2017 年中国网络广告发展报告》，唐绪军主编《中国新媒体发展报告（2018）》，社会科学文献出版社 2018 年版。

图 2—6　2017 年移动细分数字化营销服务市场　促进网络广告专业化发展

资料来源：易观智库。

移动信息流广告快速增长。内容分发领域革新信息获取方式与网络广告发展新业态。移动信息流广告具有融于内容、对用户的干扰少、差异化精准推送、互动性强等特点，受到广告主、新媒体平台与用户的高度认可。目前，国内信息流广告投放模式集中于社交、资讯信息流领域，较为成熟的新媒体平台主要有：微信朋友圈、微信小程序、微博、今日头条、百度搜索等。2016 年信息流广告市场规模达 326 亿元，增速高达 90%，是增速最快的互联网广告展示形式。易观数据显示，2017 年信息流广告额达到 577.5 亿元，增幅达 87%。其中，今日头条 2016 年信息流广告营收突破 60 亿元。TalkingData 数据显示，在移动效果广告点击量、激活量上，信息流广告占比达 64.0% 与 68.1%，远超横幅广告、插屏、文字广告与视频广告。（参见表 2—10）[①]

[①]　王凤翔：《2017 年中国网络广告发展报告》，唐绪军主编《中国新媒体发展报告（2018）》，社会科学文献出版社 2018 年版。

表 2—10　　　　　　2017 年移动效果广告形式排名前五概况

	信息流广告	横幅广告	插屏	文字广告	视频广告
点击量比（%）	64.0	18.3	9.7	5.6	1.3
推广激活量比（%）	68.1	11.1	6.2	6.6	2.2

资料来源：TalkingData。

CNNIC 第 43 次《中国互联网络发展状况统计报告》显示，截至 2018 年 12 月，我国手机网民规模达 8.17 亿人，我国市场上监测到的移动应用程序（App）在架数量为 449 万款［本土第三方应用商店移动应用数量超过 268 万款，苹果商店（中国区）移动应用数量约 181 万款］。2018 年我国网络广告市场规模为 3717 亿元，年增长率 25.7%，其中移动端广告市场份额占比在 70% 左右。中关村互动营销实验室《2018 年中国互联网广告发展报告》显示，2018 年网络广告市场规模为 3694 亿元，年增长率为 24.2%，其中移动端市场份额为 68%。

第五节　我国网络广告智能期（2018 年至今）发展概况

2018 年至今，5G 技术推动广告智能化，人工智能物联（AIoT）进一步加大广告传播的即时共享，4K、8K 视频与电视使广告更加符合用户视觉心理，大大增强广告传播的有效性、实践性与实用性[①]。

一　网络广告市场规模为年广告市场规模的 50.50%，年增长率降缓

从传统媒体发展情态看，广告经营整体下滑，加快了媒介经营结构的调整。我国广告市场规模 2013 年首次突破 5000 亿元人民币，2016 年首次突破 6000 亿元，2018 年突破 7000 亿元。2019 年中国广告市场规模为 8674.28 亿元，突破 8000 亿元大关，年增长率为 8.54%，占国民生产

---

① 王凤翔、张璐璐：《2018 年中国网络广告发展报告》，唐绪军主编《中国新媒体发展报告（2019）》，社会科学文献出版社 2019 年版。

总值（GDP）的0.88%。2019年传统媒体广告市场规模为1911.06亿元，占年广告市场规模的22.04%。电视广告市场规模为1341.14亿元，年增长率为-14.26%，比2018年下降了近14个百分点，跌幅之大为近十年来最高。广播电台年广告经营年增长率为-5.73%，继续呈递减趋势。报社、杂志社广告经营加强新媒体经营，呈现反弹迹象，年增长率分别为19.49%与14.95%。（参见表2—11）互联网新技术不断发展，中美贸易摩擦、我国经济处于结构调整的大周期，传统媒体广告经营受到严重冲击。

表2—11   2013—2019年传统媒体广告市场规模概况   （单位：亿元）

	年广告市场规模	电视台	广播电台	报社	期刊社	总计
2013年	5019.75	1101.10	141.19	504.70	87.21	1834.20
2014年	5605.60	1278.50	132.84	501.67	81.62	1994.63
2015年	5973.41	1146.69	124.49	501.12	71.90	1844.20
2016年	6489.13	1239.00	172.64	359.26	60.31	1831.21
2017年	6896.41	1234.39	136.68	348.63	64.95	1784.65
2018年	7991.48	1564.36	136.66	312.57	58.79	2072.38
2019年	8674.28	1341.14	128.82	373.52	67.58	1911.06

资料来源：《中国新闻年鉴》（2018）；国家市场监管总局数据。有整理。

互联网新技术、新业态与新模式继续推动新用户升级发展，也受到国际与国内环境的影响。国家市场监督管理总局数据显示，2018年网络广告市场规模为3694亿元，而2019年为4367亿元人民币，占年广告市场规模的50.50%，突破4000亿元大关，年增长率为18.21%，年增幅放缓（参见图2—7）

CNNIC数据显示，2020年我国网络广告市场规模近5000亿元，达到4966亿元，年增长率为14.4%。2019年为4341亿元人民币，占年广告市场规模的50.50%，突破4000亿元大关，年增长率为16.8%，而2018年网络广告市场规模为3717亿元。2020年由于新冠肺炎疫情影响，网络广告年增幅进一步相对放缓。（参见图2—8）

图2—7 我国2011—2019年网络广告市场规模与年增长率

资料来源：国家市场监督管理总局。

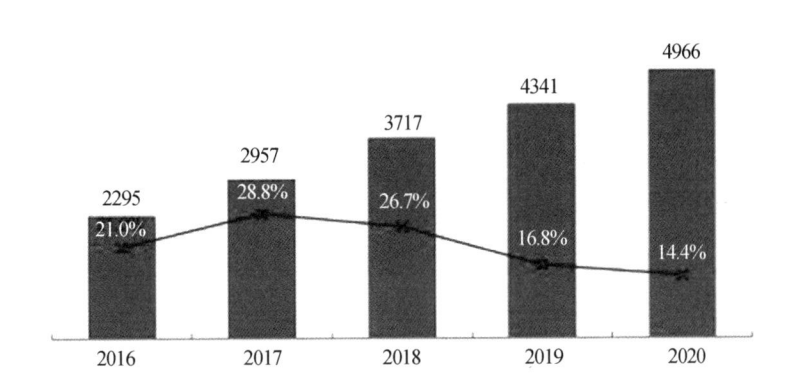

图2—8 我国2016—2020年网络广告市场规模与年增长率（单位：亿元）

资料来源：根据企业公开财报、行业访谈及CNNIC统计预测模型估算。

二 人工智能短视频广告平台异军突起

人工智能短视频广告平台异军突起，字节系、快手成为广告业发展的黑马。2019年短视频用户规模超6.48亿户，已形成内容生产、分发与接收的上中下游完整产业链条。《2019短视频营销白皮书》显示，有

36.7%的广告主青睐短视频,并作为数字营销的重要媒体选择。互联网巨头 BAT 试图通过垂直细分领域、差异化路线,形成短视频平台矩阵,通过人工智能与 5G 技术加强短视频市场竞合。《2019 年短视频行业深度报告》显示,目前短视频主要竞争者分为快手、字节系、BAT、新浪系、网易系等几大巨头,其中,快手、抖音形成短视频的主要角逐,陌陌视频、360 视频、美图、爱奇艺是第二阵营。[①](参见图 2—9)

字节跳动	火山小视频	西瓜视频	抖音	快手			
阿里系	土豆视频	淘宝短视频	独客	鹿刻	陌陌系	谁说	
百度系	秒懂百科	快拍小视频	全民小视频	人人视频	好看视频	梨视频	
腾讯系	微视	Yoo视频	闪咖	猫饼	QIM	MOKA魔咔	音免
	DOV	腾讯云小视频	速看视频	时光小视频	下饭视频	MO声	
新浪系	秒拍	小咖秀	波波视频	爱动小视频	360系	快视频	快剪辑
网易系	网易菠萝视频	网易戏精	美团系	美拍	爱奇艺系	锦视	纳逗

图 2—9 我国短视频主要竞争者与矩阵分布概况

资料来源:信达证券研发中心、前瞻产业研究院。

抖音、快手等短视频公司,颠覆传统电子商务模式。通过造"星"、引流,以及与 MCN 合作与 KOL 商业价值,形成跨域跨境跨界电商合作、网红直播带货奇观,在 2019 年实现了信息传播与商业合作的新繁荣,实现了一个又一个的商业奇迹,以及产品品牌与广告的良性循环发展。

字节系以自己的海内外数据闭环形成数据巨头,通过巨量引擎完善

---

① 王凤翔:《2019 年中国网络广告发展报告》,唐绪军、黄楚新主编《中国新媒体发展报告(2020)》,社会科学文献出版社 2020 年版。2019 年网络广告发展来自该报告内容的,下文不再注明。

综合短视频、资讯、综合视频、问答等场景与品牌营销,把数据导入自己的广告联盟,形成广告发展优势与短视频数据寡头地位。

"穿山甲联盟"形成视频广告发展特色,提高游戏玩家变现率。2018年8月,字节系推出视频化广告联盟产品"穿山甲联盟"。仅一年,"穿山甲广告联盟"覆盖全球7亿日活用户,日均广告请求量高达360亿次、日均广告展示量为68亿次。为加强视频广告的市场争夺,"穿山甲联盟"先后推出与开展全屏视频、Playable（试玩广告）、开屏视频和banner视频等广告形式。与国内大多数轻度和中度游戏加强合作,其合作游戏占据App Store游戏榜的半壁江山。尤其是,以激励视频广告完善游戏内经济体系,提高对游戏玩家的总体变现效率。2019年7月,"穿山甲联盟"进军日本市场（TikTok Audience Network, TAN）,上线激励视频、Playable和全屏视频,加强海外游戏广告市场争夺布局。

2018年字节系广告营销收入520多亿元。咨询公司R3报告显示,2019年上半年字节系广告收入为500亿元。据界面新闻报料:自2019年11月起,字节系日均营收超过4亿元。2019年字节系广告营收超过1400亿元,仅次于阿里巴巴,年增长率近280%。

快手《2019磁力引擎年度报告》显示,快手营销平台升级为"磁力引擎",头部客户超过1000家,活跃商家突破100万家,商业流量规模提升600%,超额完成2019年营收目标。2019年上半年,快手完成100亿元广告营收目标。7月,提高了商业目标,并采取系列营销行动,如:发布7月"光合计划",加强了广告索引升级与弹性储存。11月上线短视频开屏广告,与阿里联动开启"双十一老铁狂欢夜"直播互动。快手2019年广告营收直播收入近300亿元。

三 以"全球化产品、本土化内容"市场策略,开拓海外网络广告新市场

阿里巴巴推出"数字化出海计划",涵盖"人货场"数字化、交易履约、数字化和信用体系数字化三个方面,有利于推动我国广告国际化发展。

蓝色光标2017年市场规模为152.31亿元,2018年为235.60亿元,

年增长率为 52.72%。年利润额 5.34 亿元，年增长率 71.32%。海外数字营销、社交营销是蓝色光标的战略发展方向。为此，蓝标传媒成为 Facebook、Instagram 在华的技术合作伙伴。其中，Facebook 广告代理业务营收向好（蓝瀚互动是 Facebook 在华第三家官方代理商），2018 年海外广告业务增长幅度较大，形成了超 100 亿元的市场规模。2019 年为 280.85 亿元，年增长率 21.56%。蓝色光标拓展营销智能化产品及其短视频、出海业务，形成新的核心竞争力。2019 年 4 月，参与投资的拉卡拉支付（300773.SZ）在深交所创业板上市，成为"A 股支付第一股"。

今日头条、快手布局海外，争夺中小企业广告与潜在广告市场。2015 年头条海外版 Topbuzz、Topvideo 上线，2016 年投资印度内容聚合平台 Dailyhunt 与印度尼西亚新闻推荐阅读平台 BABE，2017 年抖音海外版 Tiktok、火山小视频国际版 Hypstar 上线，收购 Flipagram、Musical.ly。2018 年，头条系海外用户占比达其用户总量的 10% 左右。头条系海外产品的主要广告形式有适合智能推荐的开屏广告、信息流广告等形式，通过短视频、游戏、电商和新闻信息平台在个性化传播中推动全球化的发展。

2019 年 2 月，海外抖音版 TikTok 全球下载突破 10 亿。2019 年在苹果、谷歌的应用商店下载量超 15 亿次，第一、第三、第四季度位列"全球下载量最多 App 榜单"第一名，累计下载 16.5 亿次。全球最受欢迎的 5 个 App，只有 TikTok 不属于 Facebook 公司。（参见图 2—10）

《中国移动游戏海外市场发展报告》显示，2018 年我国移动游戏海外市场规模为 194.4 亿元，占全球游戏市场份额的 15.8%，主要集中于欧美、日韩地区。在 2018 年全球 App 营收榜上，腾讯、网易名列第一、第二。Sensor Tower 数据监测显示，网易《荒野行动》2018 年有 5 个月名列出海游戏收入榜第一，全球流水累计 3.7 亿美元左右（日本占收入的 74%）。网易游戏内置广告推动其广告业绩的提升，2018 年网易广告市场规模为 25.01 亿元。在大中华区游戏市场上，今日头条与快手等短视频龙头进驻游戏市场，这两家游戏广告平台 2018 年进入 iOS 广告平台前 20 名。

TikTok、Kwai 引领短视频国际化娱乐营销大潮，正在推动全球广告发展变局。TikTok 与内容创作者和营销公司分享受众和业绩数据，加强

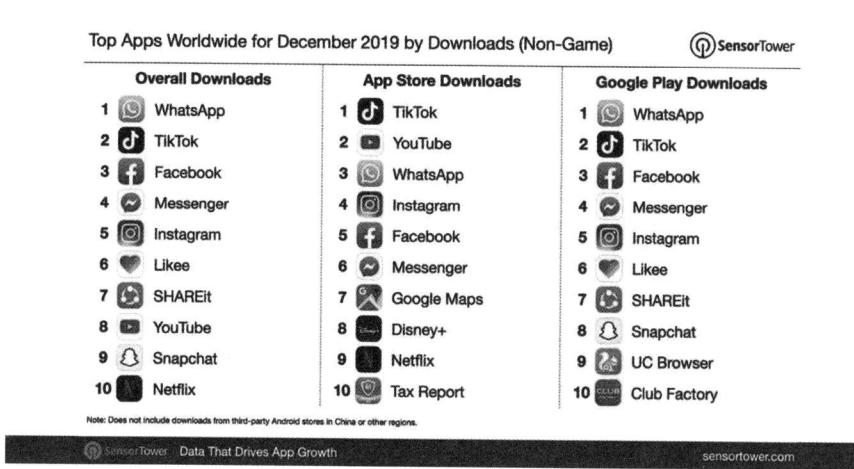

图 2—10　海外抖音版 TikTok2019 年全球下载概况

与 Instagram 等社交平台提供的数据分析工具竞争，拟在 2020 年推出允许企业直接购买广告的自助广告模式，以变更十分烦琐且漫长的广告购买申请流程。[①] Sensor Tower 数据显示：2019 年 TikTok 下载量超 7.38 亿次，全球收入约 12.24 亿元，是 2018 年的五倍多。快手主产品国际版 Kwai，以及快手国际化团队 XYZ，推动快手的国际化市场竞争。重点在拉美市场，以及东南亚、印度、俄罗斯。在乌克兰、白俄罗斯等国家，下载率进入总榜前五、视频榜第一。至 2019 年 11 月，快手在巴西获 700 万用户，下载量位列第五。同时，各短视频玩家对印度市场加强争夺。印度成为抖音最大的海外市场。YY 欢聚时代 Likee、UC 的 Vmate，也在印度短视频市场开疆拓土，与印度本土短视频 Sharechat 形成市场竞争。

四　资本市场推动广告市场发展繁荣与广告全球化进程

CNNIC 第 43 次《中国互联网络发展状况统计报告》显示：2018 年我国境内外互联网上市企业达 120 家，总体市值为 7.89 万亿人民币。在沪深上市的有 46 家，在香港上市的有 26 家，在美国上市的有 48 家。其中，小米（1810. HK）、美团（3690. HK）、平安好医生（1833. HK）在

[①] 张建中编译：《独家丨抖音海外版 TikTok 的国际扩张》，《青年记者》2020 年第 3 月上。

香港上市，哔哩哔哩（BILI）、爱奇艺（IQ）、拼多多（PDD）、趣头条（QTT）、优信二手车（UXIN）与虎牙直播（HUYA）分别在美国上市。[①] CNNIC 第 45 次《中国互联网络发展状况统计报告》显示：我国境内外互联网上市企业达 135 家，总市值为 11.12 万亿人民币。在沪深上市的有 50 家，占总市值的 5.5%；在香港上市的有 31 家，占总市值的 52.5%；在美国上市的有 54 家，占总市值的 42.0%，推动了我国广告资本化与国际化发展。

互联网公司并购推动广告业营销技术与全数字服务发展。华兴资本 2018 并购战投报告显示，2018 年我国新经济并购交易 674 起，交易总额为 939 亿美元。腾讯投资 B 站、美团等 162 家公司。阿里投资大搜车、旷视科技等 70 家公司。阿里 95 亿美元收购饿了么，美团 27 亿美元收购摩拜，陌陌以 7.6 亿美元收购探探 100% 股权，快手 7.5 亿收购 AcFun 视频网站，引发广泛关注。

2018 年大约有 13 起广告公司并购事件，总金额为 27.14 亿美元，占全球份额（330 亿美元）的 8.2%。与 2017 年相比，交易数量下降 19%，交易金额增长 515%。为加强"全域营销"，阿里系以 150 亿元战略入股分众传媒，持分众传媒 10.32% 的股份。为加强数字营销，苏州锦富以 11 亿元收购共和盛世国际传媒广告（北京）公司 100% 股权，众应互联科技公司以 7.4 亿元并购上海天图广告公司，ITWP 集团与库润数据（KuRun-Data）完成合资并购。为实现产业转型，南通锻压以 5.2 亿元收购广州云视广告公司 100% 股权。

海外上市与并购带动我国广告资本市场积极发展与成熟，也使中概股面临美国与西方政治因素与资本市场的波动与冲击。开启新浪上市模式 20 年以来，通过 VIE 构架实现境外上市的内资企业接近 300 家。美中经济和安全审查委员会在 2019 年 2 月名单中，显示有 165 家我国中概股公司在美国纳斯达克、纽约等证券交易所上市。2020 年 5 月 20 日，美国参议院通过《外国公司问责法案》议案（Holding Foreign Companies Ac-

---

[①] 王凤翔、张璐璐：《2018 年中国网络广告发展报告》，唐绪军主编《中国新媒体发展报告（2019）》，社会科学文献出版社 2019 年版。

countable Act，HFCA 法案），对中概股在美国上市形成挑战。

五　人工智能物联主导网络广告未来发展趋势

搜索引擎等互联网巨头以人工智能物联（AIoT）形成各自的数据壁垒与发展优势。2019 年搜索类平台所占年广告市场规模比由 2018 年的 21% 降至 14.9%。主要原因是电商类互联网公司以人工智能实现了内部生态数据的闭环壁垒，腾讯社交系、头条系等互联网巨头同样筑起了数据生态闭环与自身内部搜索优势，试图把搜索引擎排除在各自的数据闭环以外。

百度形成搜索+信息流的双引擎经营独特模式，百度与搜狗进军人工智能广告，形成广告传播新场景。2019 年，百度国内市场规模为 67.09%，占全球市场规模的 1%。搜狗为 18.75%，神马搜索为 6.84%，360 搜索、头条搜索与谷歌搜索等为 2.08%。百度是 PC 端与移动端共同发力。搜狗通过搜索、搜狗输入法、智能 AI 领域发力，2019 年广告营收达近 80 亿元。神马搜索是移动搜索，在百度与搜狗大举进入移动搜索市场后，其市场规模有所减少。

在 5G 时代，手机、汽车、电视、冰箱、照明、厨具、门窗等生活硬件与家庭设备，校园、工作、出行、生活、娱体、城市等公共空间，人工智能物联将会更加物联网化、场景化，更加智能化、人性化，会不断增加人民群众的获得感、幸福感。人脸识别技术、AR/VR 技术在诸多领域和品牌营销上实现了网络同步应用，进一步提升广告主与消费者之间的交互性与智能性，形成网络广告发展繁荣的新时期。同时，网络广告以各种生活用品、公共设施与智能城市，形成符合自身传播规律的发展特点与语境特征，必然促进与硬件设施和实体经济的融合发展。

六　传统媒体数字广告经营发展取得新进展

国家广电总局统计数据显示，2019 年广播电视和网络视听业务收入为 6766.90 亿元，持证及备案机构网络视听成为广播电视行业发展的主力军，全国广告收入 2075.27 亿元，同比增长 11.30%。其中传统广播电视广告收入 998.85 亿元，同比下降 9.13%；广播电视和网络视听机构通过互联网取得的新媒体广告收入为828.76亿元，同比增长68.49%，其中广播电视机构新媒体广告收入为194.31亿元，同比增长25.11%；广播电视和网络视听机构通过楼宇广告、户外广告等取得的其他广告收入247.66亿元，同比下降9.41%。广播电视机构通过交互式网络电视（IPTV）、互联网电视（OTT，Over the Top）业务取得的广告收入持续增加，IPTV平台分成收入121.23亿元，同比增长20.69%；OTT广告与集成服务业务收入62.53亿元，同比增长33.16%。[1]

报社、杂志社广告经营呈现反弹迹象（参见图2—11）。2019年报社广告经营额为373.52亿元，占年广告经营额比重的4.31%（2017年、2018年分别为5.06%、3.91%），年增长率为19.49%（2017年、2018年为-2.96%、-10.34%），这是近7年来的首次正增长。2019年期刊社年广告经营额为67.58亿元，占年广告经营总额比重的0.78%（2017年、2018年为0.94%、0.74%），年增长率为14.95%（2017年、2018年为7.69%、-9.49%）。主要原因是：中央顶层设计支持地方媒体融合转型，四全媒体移动化趋势渐显，报社和期刊社线上内容在数量和质量上有显著提升，报社、期刊社的"两微一端"、短视频、数字版内容逐渐成熟，新媒体经营、活动经营多元化与数字内容创新营收增加了报纸与杂志的广告收入。[2]

第六节　我国港澳台地区网络广告发展概况

我国香港特区、澳门特区与台湾地区网络广告发展市场规模比较弱小，远不及大陆地区网络广告的市场规模与发展速度。大陆地区网络广告市场规模与发展经营处于绝对主体地位，正在引领全球网络广告发展态势，并成就我国全球第二广告大国地位。台、港、澳虽然处于从属地位，但同样是我国网络广告业中的美丽景观。

---

[1]　王凤翔：《2019年中国广告业发展综述》，《中国新闻年鉴（2020）》，中国新闻年鉴出版社2021年版。

[2]　王凤翔：《2019年中国广告业发展综述》，《中国新闻年鉴（2020）》，中国新闻年鉴出版社2021年版。

台湾地区人口规模为2300多万，网络广告市场较为成熟。香港特区人口规模750万，凤凰新媒体等网络广告发展较好。澳门特区人口近68万，市场主体发展不同于台湾、香港。

一　台湾地区网络广告发展概况

1999年，台湾网络广告（数位广告）市场规模为35亿元[①]（新台币，下同）。台北市因特网广告暨媒体经营协会（IAMA）数据显示，2007年，台湾网络广告市场规模为49.05亿元，年增长率为33.87%；2008年为59.86亿元，年增长率为20.92%[②]。2009年为69.89亿元，年增长率为16.76%[③]；2010年85.5亿元，年增长率为22.36%[④]。《2019台湾数位广告量统计报告》显示，2011年突破100亿元大关，年增长率为19.5%；2016年突破200亿元大关，年增长率为33.7%。2017年突破300亿元大关，达330.97亿元，年增长率为27.9%；2019年突破400亿元大关，达458.41亿元，年增长率为17.6%。（参见图2—11）

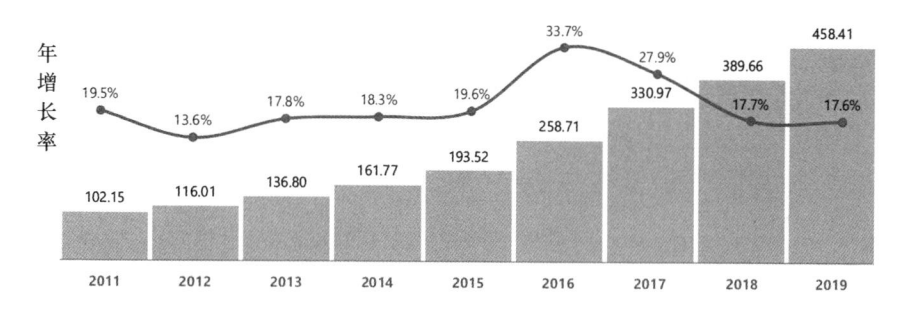

图2—11　台湾2011—2019年网络广告市场规模概况（单位：亿元新台币）
资料来源：DMA台湾数位媒体应用暨营销协会。

台湾网络广告增长主要得益于Facebook和Line等社交媒体平台的普

[①] 孙菲：《台湾广告与媒体发展》，《福建论坛》（人文社会科学版）2008年专刊。
[②] 叶凤琴：《对台湾广告发展史的解读》，《新闻窗》2008年第5期。
[③] 罗慧雯：《台湾广告产业发展报告》，《两岸创意经济蓝皮书》，社会科学文献出版社2015年版。
[④] http://www.199it.com/archives/7675.html.

及，受跨国广告公司的影响较大。同时，台湾网络广告注重中华文化传播和广告业本土化建设。

二 港澳地区网络广告发展概况

香港 IAB 数据显示，1999 年香港网络广告市场规模为 1.36 亿港元。CR－尼尔森数据显示，2009 年香港网络广告市场规模为 8.69 亿港元，年增长率为 17%。自 2010 年开始，香港网络广告市场规模处于快速增长期。法国益普索（Ipsos）咨询报告显示，香港网络广告市场规模受付费搜索广告与显示广告影响较大，自 2011 年的约 15.4 亿港元增至 2016 年的约 59 亿港元，年复合增长率约为 31.5%（参见表 2—12）。

2016 年 2 月香港亚洲电视台（ATV）倒闭，3 月被称作"香港网络文化代表"的毛记电视上市。尼尔森统计数据显示，2016 年，香港数字媒体广告市场规模占广告总规模的 42%。这标志着香港媒体格局与广告发展格局正在改变。

表 2—12　　香港 2011—2016 年网络广告市场规模概况　　（单位：亿港元）

年份	付费搜索	视频广告	其他显示广告	其他类型网络广告	总计
2011	8	0.4	6	1	15.4
2012	11	1	10	1	23
2013	16	1	13	2	32
2014	21	1	17	2	41
2015	28	2	19	2	51
2016	33	2	21	3	59

资料来源：益普索咨询，有整理。

澳门网络广告有一定发展，但是澳门地域面积，媒体数量较少，经济以旅游博彩业为主，商品市场规模小，缺乏区域品牌，[1] 因此网络广告以自身产业及其服务业为主，没有真正形成有影响力的广告市场。

---

[1]　黄守荣：《澳门网络广告发展及前景》，《广告大观》1999 年第 12 期。

第 三 章

我国门户网站广告发展概况

新浪（www.sina.com）、搜狐（www.sohu.com）、网易（www.163.com）和腾讯（www.qq.com）是我国四大新闻门户网站（Portal Web）。新浪、搜狐、网易、TOM（www.tom.com）是20世纪末21世纪初的四大门户网站。腾讯（www.qq.com）在2003年11月上线，以娱乐门户网站面貌出现，与新浪、搜狐、网易成为我国众所周知的四大门户网站。本章主要探讨新浪、搜狐与网易的广告经营发展概况。

新浪、搜狐、网易等中文门户网站是我国新闻门户网站代表与互联网企业代表。这三家门户网站2000年在美国纳斯达克上市，引领我国互联网发展潮流。在经历2000年互联网寒冬后，经过搜索、电商、电子邮箱等业务的经营探索与门户网站转型，逐步形成各自门户特色与广告经营特色。在移动智能时代，积极创新发展，通过客户端、视频等加强传播，以赢取市场地位。在发展过程中，与时偕行，形成可持续的多元化经营模式。

新浪成为以广告经营为主、微博成为主业的网站，是第一家以VIE（Variable Interest Entities，VIE，又译为"可变利益实体"模式）架构上市的门户网站，是在美国上市的中国概念股（中概股）的开路先锋。搜狐的广告业务在多元经营发展过程中逐步降位，让位于网络游戏等非广告业务。品牌广告是搜狐在线广告的主要来源。搜索业务由搜狗主导发展，搜狗成为搜狐的三大业务支柱与收入来源之一。网易的网络广告在发展中逐步成为非核心主营业务，网络游戏与网络广告奠定了网易发展格局，网易电子邮件与电商领先地位是其广告发展的市场优势。

第一节　新浪广告发展概况

新浪是我国网络新媒体发展与网络广告经营的一个里程碑。新浪率先在国内推出中文门户网站，形成超长首页①传播范式，被认为是"中文第一门户"。以"协议控制"模式开创性地实现美国上市，推动在海外形成"中国概念股"市场。在历时性的发展中，新浪逐步形成以新浪网（资讯门户）、新浪移动（移动门户及移动应用）和新浪微博（社交媒体）为核心业务、以广告经营与发展为主的网站平台。②

一　率先推出中文门户网站

新浪由北京四通利方信息技术有限公司（以下简称四通利方）③和北美的华渊生活资讯网④合并组建而成。其中，四通利方占60%的股份，华渊资讯占40%。新公司沿用华渊的英文域名SINA，并从全球化与本土化视角赋予其一个耳目一新的中文名字：新浪。Sina来自华渊资讯公司的英文名称Sinanet.com，Sina是Sino（印度语中"中国"之意）和China的合拼，取意"中国"。中、英文结合起来的新浪，赋予其发展新内涵，

---

① 苗颖：《商业门户网站网络广告经营创新分析》，《广告大观理论版》2006年第5期。
② 王凤翔：《新浪经营发展路径及其影响》，《市场论坛》2020年第10期。
③ 据法国东方银行（Banque Indosuez HongKong Branch）1993年9月6日出具的香港利方公司情况显示：香港利方1993年3月16日在香港注册成立，主要经营贸易及投资业务；香港利方正是由香港四通电子出资350万港元注册成立。1993年12月，香港利方投资有限公司（Rich Sight Investment Ltd.）与北京四通集团公司共同出资500万港元组建的中外合资有限责任公司即：北京四通利方信息技术有限公司（Beijing Stone Rich Sight Information Technology Co. Ltd.），由四通集团掌控。公司主要从事计算机软件以及配套硬件的生产、销售。其中，北京四通出资150万港元，占30%股权；香港利方投资350万港元，占70%股权。
④ 华渊资讯创建于美国加利福尼亚州的"硅谷"，在台湾地区设有分公司。1995年初，"华渊网"创办。在与四通利方合并前，华渊网是美国最大的华人网，日页面访问量突破100万人次，注册网员19万人。华渊网通过发展、融资与各方的合作关系，极大地提高了自身的传播力与影响力，成为美国、台湾地区最大的华人网站。

即是一个不断创新的、为华人服务的、全球化的互联网企业。

"利方在线"构建门户网站概念。1996 年 4 月，四通利方融入新驿多媒体小组，成立四通利方国际网络部。6 月，四通利方专门为网络开发的因特网标准中文环境①在网上公开测试成功，正式启动第一个中文网站 www.srsnet.com，涉足互联网传媒业。1997 年 9—11 月，SRSNet 体育沙龙栏目以视频、音频、文字实况直播 1998 年法国世界杯足球赛亚洲区预赛。这是互联网公司对从事传统媒体功能的首次尝试。此后，SRSNet 内容不断更新、丰富。1998 年 10 月，SRSNet 改版为"利方在线"，在国内率先推出"中文门户"的概念。②

风投资本初步完成对新浪的市场形塑。1997 年 10 月，四通利方获得美国华登集团（WIIG）、美洲银行罗世公司、艾芬豪国际集团等三家高新技术风投企业的 650 万美元风险投资。该笔国际资本对国内 IT 业的风险投资，初步完成了对新浪的市场形塑与发展方向。

四通利方与华渊网合并组建新浪网。1998 年 10 月，四通利方的利方在线合并华渊生活资讯网，成为一家国际互联网领域的跨国公司。12 月 1 日，四通利方公司在北京宣布并购北美网站华渊资讯网，新浪网正式成立，成为全球最大的华人中文门户网站。③

门户网站广告投放主要分布在主页、一级首页、二级首页与最终频道页。在首页设计上，新浪形成不同于美国门户网站的超长首页模式，纷纷为国内网站所采纳与推广，成为一种具有中国特色、普适于我国门户网站的传播典范。

2000 年 12 月，新浪网成为第一批获得国务院新闻办颁发登载新闻业务资格的民营互联网公司，也是第一批获准在中国经营互联网信息服务业务许可的互联网企业（许可证号：京 ICP 证 000007 号）。

二 创建"协议控制"模式（新浪模式）实现海外上市

新浪采用"协议控制模式"实现海外上市。2000 年 4 月，新浪采用

---

① RICHWIN FOR INTERNET 4.3 Beta 1.
② http://www.p5w.net/newfortune/old/200504/t307950.htm.
③ 陈彤、曾翔雪：《新浪之道》，福建人民出版社 2005 年版，第 9 页。

"协议控制模式"美国纳斯达克交易所上市（NASDAQ：SINA），发行股票400万股，每股发行价17.00美元，共募集资金6800万美元。[①] 新浪以"协议控制"实现海外上市的模式在国内属于首创，为中国互联网广告发展提供了在资本市场的新发展模式。更重要的是，为中国互联网企业海外风靡上市提供了现实借鉴，为中国互联网公司在海外上市作出了开先河的贡献，以"中国概念股"为我国互联网公司形成全球传播力与影响力打下了基础。

协议控制模式来源于国际会计概念，是指离岸公司通过外商独资企业，与内资公司签订一系列协议来成为内资公司业务的实际收益人和资产控制人，以规避国内《外商投资产业指导目录》对于限制类和禁止类行业限制外资进入的规定。1993年中国电信法规中明确，禁止外商介入电信运营和电信增值服务业务领域。虽然当时还没有提及"互联网"，但信息产业部的政策性指导意见是"外商不能提供网络信息服务"。为了规避该政策对企业发展的限制，新浪尝试采用"协议控制"模式实现海外上市，并取得成功。

新浪招股说明书显示，在美国上市的"SINA.COM"是一家在闻名全球的"免税天堂"开曼群岛注册的控股公司。通过VIE结构，SINA.COM通过剥离中国互联网内容服务以规避政策风险，获得新浪国内实际运营公司四通利方、北京新浪广告公司等的权益，因而拥有被境内外资本市场所认可的投资价值。该上市模式的突破是，特殊目的公司（SPV）并没有收购境内企业资产，而是通过合同绑定方式控制境内企业资产。新浪在纳斯达克股票市场正式挂牌交易，完成了中国内地互联网公司在境外上市的VIE破冰之旅，也是第一次证明协议控制模式的实际应用效果，为后来国内一批互联网公司、传媒公司和医疗公司赴海外上市所借鉴使用，因而也被业界和舆论称为"新浪模式"或"新浪结构"（参见图3—1）。

[①] 新浪上市后的股份结构：Lip-Bu Tan（代表公司加入）13.3%，段永基（代表公司加入）10.0%，美国DELL公司6.4%，王志东个人6.3%，Daniel Chiang 5.7%，Yoshitaka Kitao（代表公司加入）4.0%，Ter Fung Tsao（代表公司加入）4.6%，沙正治1.9%。

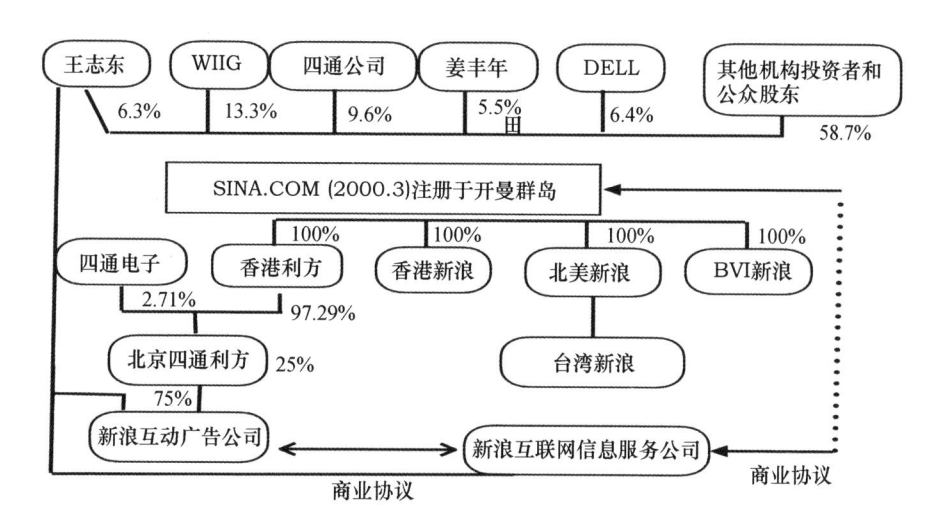

```
┌─────┐  ┌─────┐  ┌───────┐  ┌─────┐  ┌─────┐  ┌──────────────┐
│王志东│  │WIIG │  │四通公司│  │姜丰年│  │DELL │  │其他机构投资者和│
└─────┘  └─────┘  └───────┘  └─────┘  └─────┘  │    公众股东    │
  6.3%    13.3%     9.6%      5.5%    6.4%    └──────────────┘
                                                     58.7%
```

图 3—1 新浪"协议控制模式"

资料来源：新浪招股说明书。

在美上市的新浪网100%控股香港利方投资公司、四通利方、新浪广告公司、新浪内容公司等4家公司。香港利方投资公司97.3%控股软件提供商四通利方。四通利方同两家中国公司签署协议，一家是提供互联网广告服务的北京新浪互联网广告公司（新浪广告公司），另一家是提供互联网内容服务的北京新浪互联网信息服务公司（新浪内容公司）。新浪广告公司75%的股权归总裁兼首席执行官王志东，25%属于四通利方（这是当时我国法律允许外资参股中国广告公司的最高股份额度）。新浪内容公司70%的股权属王志东，30%的股权属新浪网总经理汪延。王志东为协调新浪内容公司与新浪广告公司的关系，将其新浪广告公司的部分股权转让给汪延。依照协议，新浪内容公司依照其互联网内容公司的权利，负责网站www.sina.com.cn的运营；同时，把www.sina.com.cn的广告位置卖给新浪广告公司。新浪广告公司把这些广告位置卖给其他公司，实现新浪广告公司的市场价值与资本利益，实现资本市场的利益变现。四通利方作为软件商是新浪广告公司的紧密服务提供伙伴，依靠合同控制新浪广告公司与新浪内容公司，完成在中国大陆的合法运营。（参见图3—1）

新浪成为国内第一家通过 VIE 模式在美国上市的互联网企业，为我国网络广告提供了全球资本市场认可的通行证，成为我国互联网时代资本市场的新景观。

同时，因为这种特殊股权结构，机构投资者以股权稀释逐步把控新浪，到新浪市场经营发展形成干预。在十多年内，新浪出现了创始人王志东出局、阳光卫视换股、盛大恶意收购、CEO 不断换人的情况。[1] 某种程度上，这种股权结构成为制约新浪转型升级的重要因素，也引起了我国其他互联网公司创始人与管理层对财务投资者与战略投资者的高度警觉，并对公司股权与投票权制度进行完善，以保护与维护管理层的发展权益与市场地位。2009 年 9 月，新浪 CEO 曹国伟主导完成了新浪 MBO（Management Buyout，管理层收购），管理层才被真正赋权完善公司治理，自主把控新浪经营方向与发展转型。

三　作为门户网站的广告经营与多元化发展

新浪网（简称新浪）广告发展与其自身定位、资本利益、网络市场发展等有着密切关系。作为一个新兴媒体企业，新浪在摸索中有过失败的苦闷与成功的喜悦，这是企业发展中的必然规律。然而，在市场诱惑与广告争夺中，新浪探索出了适合自己的商业模式与发展道路。

新浪构建拥有主流媒体身份的互联网门户与广告传播平台，实现了网络广告为主的盈利模式。网络广告形成了互联网被用户无偿使用的发展模式，拓展了我国网络新媒体发展事业，推动了我国网络媒体的发展与成熟。王志东认为"互联网作为一种传媒已日趋成熟，从品牌、读者群、信息量、影响力等方面分析，互联网已经具有了和主流媒体相同的传播价值"。因此，"以广告费用作为网站的主流收费渠道是一个明智的选择。收取广告费用，把网站和读者之外的第三者——即广告主，拉入互联网产业之中，使互联网的外延得到了很好的拓展。因为没有向用户

---

[1] 虞伟荣、徐欣然、余玮：《网络媒体公司管理层收购研究——以新浪 MBO 为例》，《特区经济》2012 年第 12 期。

收费,极大降低了互联网的进入门槛"。①

(一)从软件经营转型为广告经营

新浪发展初期,主要以软件收入为主,网络广告与电商次之。从1996年到1998年,新浪网没有网络广告收入,主要是软件收入。1998年软件收入为249.9万美元,1999年为224.8万美元。1999年广告收入为56.1万美元,主要来自合并的华渊网②。新浪网为了实现在纳斯达克上市,把互联网内容剥离,将广告作为主要利润增长点与获取风险投资的利润支点。至1999年底,网络广告占年总收入的19.9%,电子商务收入占0.6%,软件收入占79.5%。其中,1999年下半年,广告收入占63.5%,电子商务收入占1.6%,软件收入占34.9%。新浪网招股说明书显示,新浪以"在线媒体网站"之名上市。这是新浪希望通过构建主流媒体身份,从而能够获取广告主的青睐,使大量传统广告进入互联网营销,实现互联网站以广告收入为主的主流盈利模式,把互联网媒体网站建设成为大众消费产品的主要广告传播平台。由此可见,新浪是具有开创性的门户网站,是推动我国新媒体及其网络广告业发展的先行者。

新浪发展初期,拓展业务快速,占领市场迅速,成为具有全球性传播价值与广告商青睐的华文网站。2000年新浪网拓建新的电子商务平台,例如:网上购物及网上拍卖,建立第一个在中国提供无线应用协议(WAP)用户免费服务的入门网站,开展无线业务。第3季,奥运相关报道在新浪的单日浏览页面量曾达到1800万的峰值。2001年初,新浪成为中国第一个发布线上新闻、经营互联网内容业务的民营商业机构。第3季,完成对阳光文化29%的股权收购,双方在交叉销售、联合推广、宽频与跨媒体节目的开发和授权制作方面展开合作。第4季,成立新浪企业服务(Sina.net)、新浪热线(SOL)作为新浪发展技术—媒体—通信平台策略的基础。2000年12月,新浪全球注册用户为1600万;2001年3月为2260万;6月达2900万。ABC Interactive 报告显示,新浪网2000

---

① 王志东:《门户网站广告的回归》,《多媒体世界》2001年第5期。
② 美国Excite搜索引擎与华渊网合作,获取华渊网广告收入的提成。1993年2月创建的Excite搜索引擎,通过使用静态统计的方法来分析词之间的关系以使搜索引擎更具效率,因此获得华渊网的认可与合作。

年12月每月页面浏览量为15亿。2001年3月为22亿，6月为26亿，9月增至30亿。2000年，惠普、强生等广告客户开始进驻新浪。第3季，通过对奥运报道效应，新浪网与福特汽车、柯达、雀巢、松下等大公司达成广告合作。2001年2月，新浪网推出与国际互联网络同步的网络广告新形式，如画中画、弹出窗口、全屏广告等新形式；同时，推出按时段收费的全流量广告形式，广告客户可以购买某一时段在某频道的全部广告版位，吸引传统媒体的广告商。第2季，推出线上分类广告服务等。新浪由此开始赢得中国互联网广告市场的最大份额。

（二）探索多元化经营

2003—2005年，新浪进军移动增值业务与网络游戏市场，实施多元化齐头发展的营销战略。2003年，新浪大力发展移动增值业务，增大了新浪的盈利空间，该年净营收首次跨越1亿美元大关。1月，以2080万美元收购移动内容、应用服务提供商广州讯龙科技公司，在无线业务方面与网易、腾讯、新浪、搜狐等竞拼，试图主导未来无线市场与移动服务。

新浪与韩国网络游戏商NCSOFT合资组成公司，控股51%，引进全球排名第一的经典在线网络游戏《天堂》[①]，进军在线游戏市场，试图成为主导中国与影响全球网络游戏行业的领导者。2003年4月，与慧聪中搜开发"新浪IE通"搜索服务。2005年6月，新浪自主研发"爱问"搜索引擎，进军搜索引擎市场。2004年，新浪对移动增值业务、游戏、电商等进行跑马圈地式的扩张，其年净营收首次跨越2亿美元大关。2月，

---

① 1997年成立的NCsoft公司是韩国最具代表性与全球极为知名的网络游戏公司，在美国、日本、中国大陆、中国台湾、中国香港、泰国、欧洲等地建立全球化传播网路。其成名作《天堂》是韩国当年最流行的网络游戏，全球最成功的网络游戏产品。据调查统计，在2001年创下2亿美元的营收记录，2002年《天堂》全世界会员人数已接近1亿，同时在线人数超过100万。2004年11月，《天堂》II游戏开始商业运营，在11个地区电信数据中心进行部署，向全国的游戏玩家提供服务。《天堂》II的日均同时在线用户人数，由2004年12月的6.5万人增加到2005年3月的9.3万人。新浪在第一季度通过与NcSoft的合资企业获得净利润分成30.3万美元。2005年6月，《天堂》II游戏的日均同时在线用户人数约为7.2万人，2005年3月的日均同时在线用户人数为9.3万人。新浪与NcSoft的合资企业在第二季度为新浪计入4.6万美元的亏损。

以 1.25 亿美元收购网兴科技①，以加强移动增值服务运营与提供的专业化建设。与韩国游戏门户网站 NetMarble 达成战略授权合作协议②，以加强网络游戏社区建设。4 月，新浪与雅虎开通拍卖网站"一拍网"，6 月投入运营，以加强电子商务发展战略平台建设。7 月，以 3600 万美元收购即时通信软件朗玛 UC，以续增用户量与提升新浪用户的社区体验，加强即时通信技术平台建设。10 月，新浪与韩国 CJ Internet 公司打造新浪 iGame③，加强休闲娱乐平台建设。

2006—2007 年，在多元化经营基础上，发展并主营网络广告。2006 年第 2 财季，新浪出售与韩国网络游戏公司 NC Soft 的合资公司中所持股权，实现 200 万美元的收益。2006 年 7 月开始的政策调整使移动增值业务营收下滑，2006 年第 4 季度移动增值服务收入自 2004 年来最低，从此移动增值业务不再是新浪的盈利支柱与营销主流发展方向。第 3 财季完成对公司在线旅游业务部门"财富之旅"的出售。2007 年 6 月，新浪在网页搜索方面与谷歌战略合作，意味着新浪开始逐步退出搜索引擎市场。从此，互联网广告营业收入比重在净营收中越来越大，对业绩拉动越来越显著，成为新浪的主要盈利点与营销发展方向。

（三）广告的调整与发展

2000—2006 年是新浪广告的发展调整期。经过 2001 年互联网寒冬之后，新浪在寻求适合自身的商业发展模式。2000 年新浪广告营收为 2100

---

① 网兴科技全称深圳市网兴科技有限公司，2001 年成立，是一个以无线增值业务为主营业务的民营企业。网兴科技的业务定位于移动增值服务领域的应用，主要是为个人消费者提供以短信形式为主的移动增值服务，拥有四个产品服务网站——驿动酒吧（www.cm98.com）、移动情缘网（www.cmlove.net）、移动人才网（www.cmjob.com）、彩铃网（www.cmrings.com），为用户提供聊天交友、人才招聘、彩铃下载、短信游戏、姓名测试、生日运程等丰富的移动娱乐信息。

② 2004 年 2 月，新浪与韩国游戏门户网站 NetMarble 达成战略授权合作协议，从而进一步加大了在网络游戏和网络社区产品领域的投资力度。达成上述协议后，新浪将得以开发并向庞大的注册用户群体提供系列休闲游戏、Avatars、Hompy 和动画网络聊天室。

③ 截至 2005 年 3 月底，新浪休闲游戏门户网站 iGame 的活跃用户数量由 2004 年 12 月底的 56 万人增加到约 58 万人。截至 2005 年 3 月底，休闲游戏门户网站 iGame 共提供 25 款游戏。2005 年 6 月，新浪休闲游戏门户网站 iGame 的活跃用户数量约为 59 万人，2005 年 3 月的活跃用户数量为 58 万人。截至 2005 年 6 月底，新浪休闲游戏门户网站 iGame 共提供 28 种游戏。

万美元。2006 年达 12010 万美元，广告营收首次突破 1 亿美元，主要是 2006 年世界杯的商机，新浪在世界杯频道投放的广告达 800 万美元。新浪 2001—2006 年的网络广告营收持续增长，年均增长近 2000 万美元，年均增长率近 36%。2003 年、2004 年年增长率为 53.82%、70.76%，是涨幅最大的两年，也是互联网寒冬过后的一个发展期。同时，又是一个剧烈的调整期。2000 年、2001 年广告营收分别占其净营收比例的 86.78%、88.71%，2002 年广告营收在净收入比例中开始急剧下降到 64.01%，比 2001 年下降了 24.7 个百分点；2003 年为 35.17%，在原来基础上又急剧下降 28.82 个百分点；两年之内，就下降了近 54%。2004 年为 32.7%，虽比上年下降了不到 3 个（2.47）百分点，却是新浪网络广告占净营收比例最低的一年；仅仅三年，就下降了 56.01 个百分点。由此可见，新浪试图以多元化发展方式取代网络广告主导的现状，也可知新浪对调整自身发展道路与产业方向之剧烈程度。（参见表 3—1）

表 3—1　　　　　　新浪 2000—2017 财年广告营收概况　　　（单位：万美元）

财年	净营收	广告营收	占净营收比重（%）	年增长率（%）
2000	2420	2100	86.78	3643.32
2001	2480	2200	88.71	4.76
2002	3890	2490	64.01	13.18
2003	10890	3830	35.17	53.82
2004	20000	6540	32.70	70.76
2005	19350	8500	43.98	29.97
2006	21290	12010	56.41	41.29
2007	24610	16890	68.63	40.63
2008	36960	25850	69.94	53.05
2009	35400	22800	64.41	-11.80
2010	40260	29080	72.23	27.54
2011	48280	36880	76.39	26.82
2012	52930	41290	78.01	11.98
2013	66510	52660	79.18	27.55

续表

财年	净营收	广告营收	占净营收比重（%）	年增长率（%）
2014	76820	64030	83.35	19.98
2015	88070	74320	84.39	18.50
2016	103090	87120	84.51	18.33
2017	158000	131000	82.91	20.61

资料来源：新浪财报（未经审核）。

2007—2017年是新浪网络广告的平稳发展期。广告营收持续增长，年平均增长达5110万美元，年平均增长率为25.11%。2008年广告营收达25850万美元，首次超过2亿美元大关，2011—2013年三年间，高歌猛进，分别为36880万美元、41290万美元与52660万美元，首次超过3亿美元、4亿美元与5亿美元营收大关。除2009年受2008年奥运会因素影响外，每年广告占净营收比重均稳步上升，年均涨幅为72.73%；其年均涨幅最大值与上年相比，不会超过5%，表示广告发展进入平稳期。（参见表3—1）

四 新浪微博与新浪网的互动发展，推动我国网络广告的繁荣

2009年8月，新浪微博（简称微博）成立，注册用户呈现爆发式增长。同时，网络广告在社交化、移动化发展方向取得很大成果。2014年4月，微博在纳斯达克上市（NASDAQ：WB）。在各大平台的微博经营博弈中，新浪微博逐步成了微博的主流代表，微博成了新浪微博的专有名词，微博广告在微博平台生态推动下获得较大发展空间（参见第四章）。

新浪网强大门户功能形成的传播力与影响力，是新浪微博走向成功的关键因素，新浪微博的社交化与门户的互动发展趋势明显。财报显示：2011年新浪网的品牌广告收入年增长率为27%，达历史新高，为新浪微博提供了更大的投资空间，推动了微博的市场普及度与用户认可度。在移动化趋势下，上市后的微博逐步形成平台传播效应，从而又推动新浪网广告发展与繁荣。如：2014年第4财季新浪网广告营收的同比增长主要是微博广告营收增长3190万美元，2015年第4财季为4160万美元，

2016年第四财季为5820万美元。

微博广告发展受到媒体技术发展趋势等因素的影响。2014财年、2015财年，微博广告收入分别为2.648亿美元、4.024亿美元，占年净营收的79.23%、84.20%。2016—2019年四年间，微博广告收入占年净营收的86%—88%，这说明网络广告收入成为微博收入的主要来源。2014—2018年，微博广告处于高度增长阶段，2017年微博广告营收为9.967亿美元，达到近10亿美元。2018年广告收入达15亿美元，年增长率为50%。2019年网络广告营收为15.3亿美元，年增长率为2%（参见表3—2）。主要原因是今日头条等网络平台崛起，影响网络广告发展生态，以及中美贸易战形成的国际大环境发生了变化，微博广告发展遭遇瓶颈。

表3—2　　　　　　新浪微博2014—2019财年广告营收概况　　（单位：亿美元）

财年	净营收	微博增值服务	广告收入	年增长率（%）	占净收入比（%）
2014	3.342	0.694	2.648	78	79.23
2015	4.779	0.755	4.024	52	84.20
2016	6.558	0.848	5.71	42	87.07
2017	11.5	1.533	9.967	75	86.67
2018	17.2	2.193	15	50	87.21
2019	17.7	2.367	15.3	2	86.44

资料来源：微博财报（未经审核）。

五　广告发展变局与私有化

新浪广告经营遭遇发展瓶颈。在移动互联网时代，公众号发展迅速，今日头条通过算法分发形成传播优势。直播与抖音、快手等短视频从2016年崛起，形成一种资讯与信息传播发展的新业态与新趋势。新媒体、新业态与新技术推动网络广告业态的发展与转型，网络广告市场又一次被重新瓜分，门户网站广告发展遭遇发展挑战。这种趋势在2012年就开始出现。鉴于我国市场的巨大韧性，鉴于网络广告发展的延时性规律，新浪、微博的广告经营才从2019年开始严重下滑。新浪在2019第一财季广告同比增长率6%，跌出两位数增长率；从第二财季开始，广告同比增长率出现负增长。微博广告在第二、第三财季同比增长率在0.22%与1%，第四财季出现负增长。新浪、微博广告经营进入相对低迷发展时期。（参见表3—3）"变则通，通则久。"（《周易·系辞下》）这就促使新浪在新的发展环境下求新求变，以适应互联网发展的新变局。

表3—3　　　新浪微博2018—2020年各财季广告营收概况（单位：亿美元）

财季（Q）	新浪广告营收	同比增长率（%）	微博广告营收	同比增长率（%）
2018年Q1	4.843	14	3.029	69
2018年Q2	4.838	33	3.699	48
2018年Q3	4.541	54	4.093	25
2018年Q4	3.671	61	4.170	50
2019年Q1	3.880	6	3.411	13
2019年Q2	4.336	-5	3.707	0.22
2019年Q3	4.611	-5	4.125	1
2019年Q4	4.609	-5	4.059	-3
2020年Q1	3.100	-20	2.754	-19
2020年Q2	3.922	-15	3.406	-8

资料来源：新浪、微博财报（未经审核）。

2014年，新浪广告收入占总营收的比例超过8成，达83.35%。2016年，移动广告收入在第一、第二、第三季度广告收入中，分别占比为44%、48%、50%。移动广告收入成为新浪广告收入的主要来源。2017年，广告收入突破10亿美元，由2016年8.712亿元跃升到13.1亿元，实现历史性飞跃发展。（参见表3—4）

2018年新浪、微博广告发展相对平稳。微博对门户网站广告形成正效能，与微博形成正向发展生态。2019年，新浪门户网站广告下降。2020年，遭遇新冠肺炎疫情冲击，导致某些广告投放行业持续低迷，加上不利的市场汇率兑换，新浪、微博广告发展明显下降。2018年，新浪广告营收为17.9亿元，年增长率为36%；非广告营收为8870万美元，年增长率为12%。2019年，广告营收为17.4亿美元，年增长率为-3%；

非广告营收为4.089亿美元,年增长率为32%。经过2018年的广告增长后,2019年广告在第2—4季三个季度均出现-5%的负增长,年增长率为-3%。2020年第一、第二财季净营收同比增长率为-0.8%、-5%,广告营收同样出现负增长,分别为-20%、-10%。(参见表3—4)

2018年,微博接近新浪的年净收入。微博总营收为17.2亿美元,其中广告营收为15亿美元,年增长率为50%;增值服务营收为2.193亿元,年增长率为43%。2019年,微博年总营收为17.7亿美元,年增长率为3%。年广告营收为15.3亿美元,年增长率为2%;增值内容服务营收为2.367亿美元,年增长率为8%。

表3—4　　　　新浪网2018—2020年各财季广告营收概况　　(单位:亿美元)

财季	营收总额	广告营收	广告同比增长率(%)
2018年Q1	4.408	3.671	61
2018年Q2	5.374	4.541	33
2018年Q3	5.572	4.838	54
2018年Q4	5.730	4.843	61
2019年Q1	4.751	3.880	6
2019年Q2	5.331	4.336	-5
2019年Q3	5.614	4.611	-5
2019年Q4	5.933	4.609	-5
2020年Q1	4.351	3.100	-20
2020年Q2	5.077	3.922	-10

资料来源:新浪财报(未经审核)。

新浪在2009年9月MBO后,推动新浪微博成为社交业态的翘楚,微博是新浪重新获得市场估值与价值评估的关键。2020年7月6日,新浪宣布私有化[①]。当日,新浪市值达26.51亿美元,新浪微博市值达90.09

---

① 私有化是控股股东把小股东手里的股份全部买回来,扩大已有份额。私有化的目标,是令被收购公司除牌,由公众公司变为私人公司。此次发起新浪私有化的是一家名为NewWave MMXV Limited(NewWave)的机构。New Wave注册于英属维京群岛,目前是新浪的大股东之一,拥有58.0%的投票权,而New Wave的主要控制人是现在的新浪董事长兼CEO。

亿美元。

新浪私有化除上述广告经营态势与互联网发展格局因素外，还有其他重要原因：①

一是资本市场的估值因素。美国市场对中国概念股的市场估值远低于上海证券交易所（沪市）、深圳证券交易所（深市）与香港联合交易所（港市）。我国强大的市场容量与高速发展的经济，为互联网公司的估值最大化提供了发展机遇与市场韧性，对海内外市场形成巨大吸引力。鉴于海外市场各种原因，难以对我国互联网公司做出更高或在合理区间的市场估值。这是资本市场的利益诉求与根本所在。"天下熙熙，皆为利来。天下攘攘，皆为利往。"（《史记·货殖列传》）海外市场这种对我国互联网公司的估值不足，使相关互联网公司形成利益落差心理。因此，以私有化措施实现海外退市，重新在沪市、或深市、或港市上市，进一步与国内市场的融合，形成行业优势，优化自身发展利益。

二是我国股市全球化程度与国际化意识的发展与成熟，为互联网公司私有化提供了巨大发展空间。2014年11月17日沪港通开通，2016年12月5日深港通开通，我国股市在全球资本市场中发挥着重大作用，"将进一步提升在深、沪、港三个市场的整体协同效应，有效推动人民币市场的国际化与成熟化，将形成大陆—香港市场。这意味着，在全球股票市场，大陆-香港市场与美国市场（纳斯达克、纽交所）、欧洲市场（英、法、德等国股票交易所）形成鼎立新格局。"②

三是国际环境发生巨变。美国政府自2017年以来打压我国互联网公司与高科技公司。2020年8月发布《关于保护美国投资者防范中国公司重大风险的报告》，对我国互联网公司海外发展与网络广告市场形成一定的消极影响。因此，我国相关的互联网公司一方面加强国内市场份额的竞争，整合国内市场；另一方面在美国市场实现私有化，适时退市，避免风险，重新在沪市、深市与港市的三大资本市场登陆上市，实现符合企业自身发展与最大利益的市场估值。

---

① 王凤翔：《新浪经营发展路径及其影响》，《市场论坛》2020年第10期。
② https://m.huanqiu.com/article/9CaKrnJZ0tt.

第二节　搜狐广告发展概况

1996年8月,张朝阳创建爱特信公司(ITC)。11月,获美国著名计算机科学家尼葛洛庞帝(Nicholas Negroponte)22.5万美元的天使投资。1998年2月,推出名字叫"搜狐"(SOHOO)的搜索引擎。4月,获得英特尔、道琼斯、晨兴公司、IDG等公司的风险投资。1999年7月,推出全文检索的中文搜索引擎,其英文名称改为SOHU(http://www.sohu.com)。2000年7月,在美国纳斯达克挂牌上市(NASDAQ:SOHU),也是通过"协议控制模式"的上市公司。SOHU.COM是合资公司,搜狐占51%的股份[①]。2014年7月,美中经济安全审查委员会《在美上市中国互联网公司的风险》报告显示:在纳斯达克上市的搜狐公司,主营服务是互联网广告及搜索,市值22.6亿美元。

搜狐与新浪、网易是我国著名的三大门户网站,在发展中形成了自己的经营特色,主要在:网络广告与搜索业务是搜狐上市时的主营业务,品牌广告(brand advertising)是搜狐在线收入的主要来源。在发展中,其广告业务在多元经营发展过程中逐步降位,让位于网络游戏、视频付费订阅、千帆直播与内容服务等非广告业务。搜索业务逐步由搜狗主导发展,人工智能、算法与信息流广告等成为搜狗发展的驱动力,搜狗成为搜狐三大主要业务支柱与主要收入来源之一。

一　可持续多元经营概况

为了给可持续发展提供活力和动力,搜狐业务实施多元发展战略,形成以品牌广告为主、游戏为发展优势,逐步成为以搜索业务为主、品牌广告与网络游戏辅之的信息传播平台。

(一)以广告经营为主的阶段(2000年7月—2002年6月)

以广告经营为主打业务。2000年第3财季至2002年第2财季,搜狐

[①] http://it.sohu.com/61/71/article16357161.shtml,搜狐2002年第一季度财务报告新闻发布会全程实录。

净营收为2750多万美元,在线广告收入为近1870万美元。在两年内,每财季度广告收入占净营收的平均比例为68%。由此可见,品牌广告收入是搜狐收入的主要来源。

在搜狐上市的2000年,第3财季净营收为160万美元;其中网络广告收入为149万美元,占该财季净营收的93%。第4财季净营收为217.9万美元,其中网络广告收入为207万美元,占该财季净营收的95%。2001年第1财季至第4财季,网络广告收入从213万美元缓升到250万美元,增加37万美元,占财季净收入比重从85%下降到61%,下降了24个百分点。非广告营收从37万美元跃升到160万美元,增加了3.32倍,所占比重从15%上升到39%,上升了24个百分点。2002年第1财季网络广告营收仍然为250万美元,第2财季为336万美元,其占财季净收入比重均为55%;非广告营收为200万美元、277万美元,其占财季净收入比例均为45%。(参见表3—5)

表3—5　　　　搜狐2000年Q3至2002年Q2营收概况　　(单位:万美元)

财季(Q)	净营收	广告收入	占净收入比例	非广告营收	占净收入比例
2000年Q3	160	149	93%	11	7%
2000年Q4	217.9	207	95%	10.9	5%
2001年Q1	250	213	85%	37	15%
2001年Q2	290	224.9	77%	65.1	23%
2001年Q3	360	240	67%	120	33%
2001年Q4	410	250	61%	160	39%
2002年Q1	450	250	55%	200	45%
2002年Q2	613	336	55%	277	45%

资料来源:搜狐季度财报、年度财报(未经审核),有整理。

非广告业务由电商主导。1999年9月,搜狐与国内知名电子商务网站8848.net结成电子商务联盟。2001年11月,向个人消费用户推出网上购物平台:搜狐商城。2000年第3财季电子商务收入为4.8万美元,占财季净收入的3%;同时,从手机短信息服务中获得收入。第4财季电子商务与无线业务等非广告收入近11万美元，占该财季净收入的4.59%。2001年第1财季非广告收入为36.6万美元，主要由电子商务及其解决方案带来，必胜客、北京运输及中石化等知名企业纷纷加入，其中短信收入为9万美元。到第4财季，非广告收入为140万美元，为财季净收入的39%，主要来自用户定制收费信息服务和电子商务。2002年第1财季，非广告收入是200万美元，占季度总营收的45%。其中，短信业务开始大发展。电子商务的收入是100万美元，短信收入为90万美元，SOHU. NET企业邮箱收费收入为10万美元。

（二）以无线服务为主的多元经营阶段（2002年7月—2004年6月）

2002年7月至2004年6月，搜狐形成以非广告经营为主的多元经营模式。其中，无线服务收入是搜狐收入的主要来源，广告发展平稳上升，电商迟缓发展。

经过2000年互联网寒冬之后，搜狐经营开始转型并取得效果。2002年第3财季至2014年第2财季，非广告收入超越广告收入，成为搜狐净营收的主要来源。2002年第3财季净收入为750万美元，同比增长111%。广告收入为370万美元，同比增长52%；非广告收入为380万美元，同比增长237%，为财季净收入的51%，首次取代广告收入成为搜狐净营收的主要来源。2002财年搜狐公司的非广告收入为1490万美元，广告收入和非广告收入分别占总收入的48%和52%，首次超过年广告收入。（参见表3—6）

无线服务收入是搜狐收入的主要来源，电商迟缓发展。2003年第2财季，非广告收入达到1250万美元，首次跨越1000万美元大关，同比激增354%。其中，收费信息服务为1160万美元，电子商务收入为100万美元。第3财季，非广告收入达1330万美元，同比增长248%，构成季度总收入的60%，其中，收费信息服务（主要是手机短信相关业务）为1260万美元，电子商务销售收入降到70万美元。第4财季，非广告收入为1510万美元，同比增长141%，占季度净营收的61%。其中，信息服务（主要是来自无线服务业务）为1420万美元，电子商务销售收入为90万美元。2004年第1财季，非广告收入为1490万美元，同比增长50%，占总收入的58%，其中，信息服务（主要是来自无线服务业务）1340万美元，电子商务销售收入为130万美元。第2财季，非广告收入净营收为1390万美元，其中，无线业务收入（以前包括在信息服务收入中）包括1130万美元，同比增长11%，占全部收入的51%，电子商务销售收入为140万美元，其他消费者业务收入为120万美元。

广告收入低于非广告收入，整体发展呈平稳上升趋势。2002年第3财季至2014年第2财季，广告收入总计达6190万美元，每财季度平均为773.75万美元。2002年第3财季广告收入为370万美元，2004年第1财季跨越1000万美元大关。每财季平均同比增长为100.875%，平均环比增长为26.76%。（参见表3—6）

表3—6　　　　搜狐2002年Q3至2014年Q2营收概况　　（单位：万美元）

财季（Q）	净营收	广告收入	非广告收入	广告同比增长	广告环比增长
2002年Q3	750	370	380	54%	10%
2002年Q4	1060	430	630	72%	16%
2003年Q1	1440	450	990	78%	4.7%
2003年Q2	1930	680	1250	102%	51%
2003年Q3	2210	870	1330	138%	60%
2003年Q4	2460	950	1510	120%	9.2%
2004年Q1	2590	1100	1490	146%	42%
2004年Q2	2730	1340	1390	97%	21%

资料来源：搜狐季度财报、年度财报（未经审核），有整理。

(三) 以广告经营为主的多元经营阶段（2004年7月—2007年12月）

2004年7月至2007年12月，搜狐形成以广告经营为主的多元经营模式阶段。其中，广告业务为主业，在线游戏在崛起，无线增值业务锐减，电子商务业务退出市场。

网络广告成为搜狐收入的主要来源。一方面广告收入远远高于非广告收入，非广告收入增幅波动较大。2004年第3财季非广告/广告收入比例为67.74%，三年后即2007年第3财季其比例才达到63.49%。三年间，非广告/广告收入比例波动很大。2004年第4财季至2006年第1财季的非广告/广告收入比例大多徘徊在50%—60%的区间；2006年第2财季至2007年第2财季的非广告收入大多为其广告收入的50%以下，分别为49.12%、48.12%、37.75%、29.30%、37.32%。另一方面，广告收入稳步增长，主要是同比增长稳定发展，没有负增长；环比增长波动不大，在0%—20%的财季区间内上下浮动（除2005年第3财季与第2财季区间、第3财季与第4财季区间）。至2007年，年非广告收入为6970万美元，而年广告收入为1.192亿美元，是其非广告收入的1.71倍，比2006年9180万美元的广告收入增长了30%。这是搜狐广告收入首次跨越1亿美元大关。（参见表3—7）

表3—7　搜狐2004年Q3至2007年Q4广告/非广告收入概况

（单位：万美元）

财季（Q）	净营收	广告收入	同比增长率	占净营收比例	非广告收入
2004年Q3	2590	1550	77%	59.85%	1050
2004年Q4	2410	1590	68%	65.98%	820
2005年Q1	2373	1486	35%	62.62%	887
2005年Q2	2590	1700	27%	65.68%	890
2005年Q3	2830	1880	66%	66.43%	950
2005年Q4	3050	2030	28%	66.56%	1020
2006年Q1	3130	2010	35%	64.22%	1110
2006年Q2	3410	2280	35%	66.86%	1120
2006年Q3	3540	2390	27%	67.51%	1150
2006年Q4	3440	2490	23%	72.38%	940
2007年Q1	3310	2560	27%	77.34%	750
2007年Q2	3900	2840	24%	72.82%	1060
2007年Q3	5150	3150	32%	61.17%	2000
2007年Q4	6530	3370	35%	51.61%	3160

资料来源：搜狐季度财报、年度财报（未经审核），有整理。

搜狐无线增值业务锐减。从2004年第3财季开始，中国移动对搜狐彩信业务进行制裁，中国移动各省分公司开始安装MISC付费平台，对搜狐无线增值业务量影响极大。第 2 财季无线业务收入的 20% 来源于 2.5G 产品（彩信与 WAP）业务，其余的 80% 来源于短信业务。2004 年第 3 财季非广告营收为 1050 万美元，同比下滑 21%，比上一季度下滑 25%，占总营收的 40%，毛利率为 54%。其中，搜狐无线增值服务营收同比下滑 30%，比上一季度下滑 28%。第 4 财季非广告收入（来自无线增值服务、在线游戏以及电子商务）为 820 万美元，比 2003 年同期下降 46%，比上个季度下降 22%，为第四季度净营收的 34%。从此，无线增值业务再也没有成为搜狐的主要盈利模式。

终止电子商务平台运营。从 2006 年 6 月 20 日起，搜狐终止运营电子商务平台及其相关业务，全面退出电商市场。

在线游戏业务的开发与崛起。2002 年 7 月，搜狐成立游戏事业部。2003 年 2 月，进军网络游戏领域，发布 3D 网络游戏"骑士在线"，正式运营大型多人在线角色扮演游戏（MMORPG）业务。2004 年 10 月，开始商业运营武术格斗游戏"刀剑在线"，与"骑士在线"一起，为 2004 年第 4 财季创收 120.5 万美元，占季度净营收的 5%；为 2005 年第 1 财季创收 142 万美元，占季度净营收的 6%。2007 年第 2 财季，搜狐推出自主研发的在线游戏《天龙八部》。财报显示，5 月 10 日至 6 月 30 日，《天龙八部》最高同时在线人数超过 40 万人，创收 230 万美元，为非广告收入的 22%，为财季净营收的 6%。第 3 季度的网络游戏营收比上一季度增长 232%，同比增长 473%。第 4 财季非广告收入为 3160 万美元，毛利率为 79%，其毛利率增长主要由于《天龙八部》营收增加。（参见表 3—7）

（四）以在线游戏为主的多元经营阶段（2008 年 1 月—2013 年 12 月）

2008 年至 2013 年，搜狐进入以在线游戏为主的多元经营模式阶段。其中，在线游戏为营收主体，广告经营次之，无线业务为辅。

在线游戏一跃成为搜狐营收主体。2007 年 12 月，搜狐把畅游分拆成为一家独立运营公司。2008 年第 1 财季在线游戏收入为 4100 万美元，高于 3480 万美元的广告收入，同比增长超过 24 倍，环比增长 71%；其自主研发的在线游戏"天龙八部"一项创收就超过广告收入，达 3890 万美元，比上一季度增长 77%。第 2 财季在线游戏收入为 4790 万美元，同比增长11.5倍，而"天龙八部"一项收入达4550万美元，高于4340万美元的广告收入。第3财季在线游戏收入为5460万美元，同比增长3.3倍，而"天龙八部"一项收入达5100万美元，与高于5110万美元的广告收入旗鼓相当。第4财季在线游戏收入为5840万美元，同比增长2.4倍，而"天龙八部"收入为5350万美元，远高于4660万美元的广告收入。2008年在线游戏收入为21080万美元，为该年净营收的49.14%，其中"天龙八部"一项收入就达18900万美元，为该财年净营收的44.06%。年广告收入17590万美元，为该财年净营收的40.99%，比"天龙八部"一项的收入还低3.07%，达1310万美元。这1310万美元与"刀剑"2008年1290万美元的全年收入相差无几，而"刀剑"2007年的收入为690万美元。2009年4月，搜狐子公司畅游公司上市（NASDAQ：CYOU），募集资金1.283亿美元现金。2008—2013年的在线游戏收入分别为21080万、26270万、32710万、43600万、57500万、66900万美元，为各自年净营收比重的49.13%、50.99%、53.38%、51.17%、53.89%、47.79%。2008—2013年的广告收入为17590万、19170万、23040万、34200万、41500万、62700万美元，为各年净营收比重的40.99%、37.21%、37.60%、40.14%、38.89%、44.79%。（参见表3—8）

表3—8　搜狐2008—2013财年搜狐游戏收入与无线业务收入概况

（单位：亿美元）

财年	净营收	在线游戏收入	游戏年比重	无线收入	广告营收	广告年比重
2008	4.291	2.108	49.13%	0.47	1.759	40.99%
2009	5.152	2.627	50.99%	0.608	1.917	37.21%
2010	6.128	3.271	53.38%	0.523	2.304	37.60%
2011	8.52	4.36	51.17%	0.52	3.42	40.14%
2012	10.67	5.75	53.89%	0.56	4.15	38.89%
2013	14	6.69	47.79%	0.54	6.27	44.79%

资料来源：搜狐年度财报（未经审核），有整理。

无线业务收入发展缓慢，日趋下降，处于一种补充的业务地位。2008—2013年无线业务收入分别为4700万、6080万、5230万、5200万、5600万、5400万美元，为各自年净营收比重的10.95%、11.80%、8.53%、6.10%、5.25%、3.88%。无线业务收入从2008年、2009年拥有一成的总量净营收，降到2013年不到4个百分点。2014年，归入其他业务。（参见表3—8）

（五）以搜索业务为主的多元经营阶段（2013年至今）

2013年至今，搜狐进入以搜索业务为主的多元经营阶段。其中，搜索业务为主，品牌广告与游戏辅之。

网络游戏开发力度加大。2009年4月实现畅游海外上市，2011年11月畅游并购游戏资讯门户17173.com，推行平台战略，实现市场占领与战略引导。2012年游戏经营收入为5.75亿美元，突破5亿美元大关，占搜狐年净营收比重的53.89%，达到搜狐历史净营收最高比重。2013年游戏收入为6.69亿美元，突破6亿美元大关，达到历史最高收入水平。2014—2015年，在线游戏收入超过6亿美元，但是年增长率出现负增长；收入年比重排在第一，但已经低于40%。2017—2018年在线游戏收入年比重下降不到四成，2018年年增长率为-13%，年比重占五成，为搜狐第二大收入来源。

搜索业务快速发展，品牌广告业务下降。从2016年开始，每年基本上都是往下突破，不断下降。2016—2019年品牌广告经营额分别为4.48亿、3.14亿、2.32亿、1.75亿美元，出现了22%、30%、26%、25%的年负增长，分别占搜狐年净营收的27.15%、16.88%、12.34%、9.46%。2019年品牌广告经营额低于2009年，回到了十年前的发展状态。网络新媒体新业态、新模式与新技术不断涌现，不断蚕食搜狐品牌广告市场。搜索和搜索相关广告营收在2013年呈直线上升发展趋势，从2013年15.43%的年比重，跃升到2018年的54.26%，每年是一个跳跃的发展级台阶，在2016年成为搜狐第一大主要收入来源。品牌广告在2013—2016年一直维持着搜狐第二大主要收入来源地位。2017年年比重直线下降，只有16.88%的搜狐市场份额，突破两成的跌幅；2018年为12.34%，临近一成的境界，成为搜狐第三大主要收入来源。（参见表3—9）

表3—9　　　　搜狐2011—2019年多元经营发展概况　　（单位：亿美元）

财年	游戏收入	游戏收入年增长率	游戏收入年比重	搜索和搜索相关广告营收年比重	品牌广告年比重
2010	3.271	22%	53.38%	3.04%	34.56%
2011	4.36	33%	51.17%	7.39%	32.75%
2012	5.75	32%	53.89%	12.28%	27.18%
2013	6.69	17%	47.79%	15.43%	30.64%
2014	6.52	−3%	38.35%	22.71%	31.82%
2015	6.37	−2%	33.53%	31.16%	30.37%
2016	3.96	−38%	24.00%	40.00%	27.15%
2017	4.50	14%	24.19%	43.06%	16.88%
2018	3.90	−13%	20.74%	54.26%	12.34%
2019	4.41	13%	23.84%	57.84%	9.46%

资料来源：搜狐年度财报（未经审核），有整理。

二　经营特点

搜狐与新浪、网易一起曾经引领门户新闻网站发展潮流，一样经历了多元化经营，涉猎领域较广，并形成自己的发展特色。

（一）引领新闻报道与形成门户网站发展优势

奥运会前后，搜狐对体育赛事营销达到鼎盛时期。2005年11月，百年奥运历史上第一次设立互联网赞助类别，搜狐签约赞助北京2008年奥运会，为北京2008年奥运会、残奥会，为北京奥组委、中国奥委会以及为参加都灵2006年冬奥会和北京2008年奥运会的中国体育代表团提供正式互联网内容服务。搜狐独家成为北京奥运会唯一的互联网赞助商，既为体育赛事合作提供了优先发展机遇，又为品牌广告推广赢得了市场先机。2007年1月，搜狐成为"中国之队"独家互联网及无线业务合作伙伴。2月，成为中国篮球之队/CBA联赛独家互联网合作伙伴。同时，赢得战略合作伙伴的青睐。2006年9月，搜狐与阿迪达斯结为战略合作伙伴。2007年2月，与央视合作全球首次网络视频同步直播春晚，与央视国际结成战略合作伙伴关系，两大强势媒体全面加强合作。2007年11月，张朝阳率队成功登顶珠峰，完成"奥运火炬上珠峰"网络报道演练。搜狐中标中央电视台新闻联播与天气预报之间7.5秒标版，成为互联网做电视媒体广告的第一标，为搜狐2008年奥运品牌策略张本。与超级足球公司（Premier Goals）构建中国最大英超中文官网矩阵群，整合搜狐矩阵优势，提升了搜狐品牌广告的影响力与传播力。

2008年8月，"搜狐奥运赛事信息系统"（http：//info.2008.sohu.com/）上线，这是中文互联网首次将"数据"整合为相关主题产品，纳入奥运报道体系。奥运期间，搜狐组织强大的奥运网络媒体报道团队，推出"央视奥运直播""搜狐体育播报""搜狐北京播报"等3大视频王牌节目，24小时直击北京奥运会。同时，通过与奥运媒体联盟、奥运合作媒体（羊城晚报、京华时报等）、战略合作电视台（央视、湖南台、上海文广等）与奥运合作媒体网站（新华网、人民网、中国新闻网、红网等）组建的"奥运报道联盟"，加强互动与合作。

（二）品牌广告是搜狐经营发展重点

搜狐推动了我国网络广告发展初期的品牌广告传播意识。在搜狐网络广告起步初期，国内公司的网络广告传播意识明显加强，中国品牌广告良好发展的苗头凸显。

在21世纪前十年，我国网络广告业态主要是品牌广告与搜索广告。艾瑞咨询数据显示，我国门户网站对品牌广告贡献比较大，KOL（Key Opinion Leader，关键意见领袖）、KOC（Key Opinion Consumer，关键意见消费者）逐步成为广告驱动重要力量，与电商广告等形成十多年品牌广告经营优势，与搜索广告成为互联网经营发展亮点。在2008年，搜索广告市场份额达到3成，而品牌广告在2008年以前一直占用7成市场份额。（参见图3—2）

在上市以前，搜狐广告投放主要以IT品牌为主。上市后，在2000年第3财季，国内公司、跨国公司与IT网络公司等三方公司分别为搜狐提供30%、39%、28%的广告收入，各自达近58万多、45万、41万多美元。在第4财季，三方公司分别为其提供了39%、44%、19%的广告收入，各自达80多万、90多万、近40万美元。

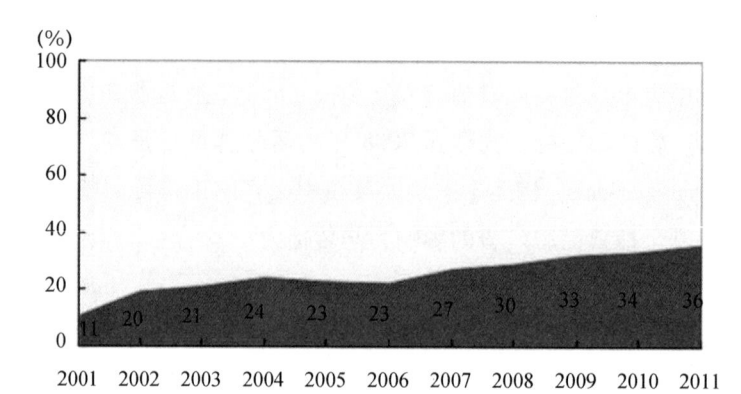

```
(%)
100
 80
 60
 40
 20
  0
     11   20   21   24   23   23   27   30   33   34   36
    2001 2002 2003 2004 2005 2006 2007 2008 2009 2010 2011
```

■ 搜索广告占互联网广告比重　　□ 品牌展示广告占互联网广告比重

图 3—2　品牌广告与搜索广告在 2001—2011 年的市场份额比例

资料来源：艾瑞咨询。

在 2001 年第 1 财季，三方公司分别为其提供了 49%、38%、13% 的广告收入，各自达 100 万、89 万、27 万多美元。财报显示，中国科健、TCL、康柏、英特尔以及雀巢等海内外知名企业向品牌广告进军。在第 3 财季，三方公司分别为其提供了 61%、31%、8% 的广告收入，各自达近 146 万多、近 75 万、近 20 万美元。TCL、方正、中石化、科龙、联想、中国网通与康柏、英特尔、强生和可口可乐等海内外知名企业在推广品牌广告的趋势良好。

在 2002 年第 2 财季，宝洁、大众和英特尔等国际知名公司提供了 19% 的广告市场份额，国内广告公司客户为 81%，达 270 多万美元。十大客户首次全部为国内公司，知名广告客户有：IT 公司（如 TCL）、饮料公司（如椰树集团）、银行业（如福建兴业银行和中国工商银行）、电子产品公司（如夏新电子）等。同时，金融服务、汽车业、服装、时尚、体育用品等新品牌客户类型扩大了品牌广告的吸引力与传播力。在第 3 财季，TCL、首信、养生堂、娃哈哈、夏新电子、寰球鞋服、台纬士电子、中国光大银行等国内广告公司客户，为搜狐提供了 82% 的广告收入，达 303 万多美元。在第 4 财季，TCL、首信、多普达、东盛科技、福建兴业银行等提供了82%的广告收入,达近353万美元,摩托罗拉、IBM等跨国公司提供了18%的广告收入。至2004年第4财季,品牌广告收入达1320万美元。

(三) 以体育赛事布局来强化门户地位

搜狐携其奥运赞助商等体育赛事的风头与造势。2006年品牌广告收入年增长率为35%,比2005年上升14个百分点;2007年品牌广告收入首次超越1亿美元大关,年增长率达42%,原因是搜狐加大了对体育赛事的投资与广告投放,加强战略伙伴合作。2005年11月,百年奥运历史上第一次设立互联网赞助类别,搜狐签约赞助北京2008年奥运会,为北京2008年奥运会、残奥会,为北京奥组委、中国奥委会以及为参加都灵2006年冬奥会和北京2008年奥运会的中国体育代表团提供正式互联网内容服务[①]。搜狐独家成为北京奥运会唯一的互联网赞助商,既为体育赛事合作提供了优先发展机遇,又为品牌广告推广赢得了市场先机。

2006年3月,搜狐与上海文广加强合作[②],获得世界杯互联网视频播报权,独家网络视频播报世界杯;同时,拿到9张世界杯网络记者采访证,获得世界杯官方音乐无线和互联网的数字首发权。8月,搜狐成为第15届亚运会中国体育代表团独家互联网内容服务合作伙伴。9月,搜狐成为NBA.com/China官方合作伙伴,加强与NBA(National Basketball Association)的合作,直播24场NBA常规赛,以及精彩赛事回顾等,与NBA各获得广告收入的50%。2007年1月,搜狐成为中国之队[③]独家互联网及无线业务合作伙伴。2月,成为中国篮球之队/CBA联赛独家互联网合作伙伴。同时,赢得战略合作伙伴的青睐。2006年9月,搜狐与阿迪达斯结为战略合作伙伴。2007年2月,与央视合作全球首次网络视频同步直播春晚。7月,与央视国际结成战略合作伙伴关系,两大强势媒体全面加强合作。2005—2007年品牌广告收入分别为5853万、7900万、

---

① 《百年奥运首添互联网赞助》,《计算机世界》2005年11月14日。
② 国际足联2006年第一次授权互联网可以视频播报第18届世界杯比赛,上海文广获得在华独家视频播放权。
③ "中国之队"计划是指由中国足协发起、由签约的商务伙伴负责推广的一揽子市场推广计划。

11210万美元，分别为年净收入的54.04%、58.87%、59.34%，超过年净收入的一半以上；年增长率逐年增长，分别为21%、35%、42%（参见表3—10）。

表3—10　　　　　2005—2017年搜狐品牌广告营收概况　　（单位：亿美元）

财年	年净营收	年营收额	年增长率	占年比重
2005	1.083	0.5853	21%	54.04%
2006	1.342	0.790	35%	58.88%
2007	1.889	1.121	42%	59.34%
2008	4.291	1.693	51%	39.45%
2009	5.152	1.771	5%	34.38%
2010	6.128	2.118	20%	34.56%
2011	8.52	2.79	32%	32.75%
2012	10.67	2.90	4%	27.18%
2013	14.0	4.29	48%	30.64%
2014	17.0	5.41	26%	31.82%
2015	19.0	5.77	7%	30.37%
2016	16.5	4.48	-22%	27.15%
2017	18.6	3.14	-30%	16.88%
2018	18.8	2.32	-26%	12.34%
2019	18.5	1.75	-25%	9.46%

资料来源：搜狐年度财报（未经审核），有整理。

在2008年北京奥运会前后，搜狐加强品牌广告传播，对体育赛事营销达到鼎盛时期。搜狐通过公共关系与合作措施，对奥运会进行整体战略布局，全面提升搜狐品牌广告知名度与传播度。搜狐为此进行广告优化传播[1]，在线上广告设计中，注重广告形式的多样化，设计出包括动态

---

[1] 张帆：《奥运新闻资源的整合传播策略——以奥运门户搜狐为例的实证研究》，郑州大学硕士学位论文，2009年5月。

全屏、静态全屏、常规 FLASH 广告、多媒体视窗等多种广告形式，取得了不错的效果。在奥运期间，搜狐采取更多线上广告形式，例如祝贺广告。2008 年搜狐品牌广告收入为 16930 万美元，比 2007 年增加了 5720 万美元，是品牌广告年增幅量最大的一年；年增长率为 51%，是 2005 年以来品牌广告最高年增长率。（参见表 3—10）

（四）以移动化机遇推动广告经营

抓住移动互联网机遇，推动广告经营发展。2009—2015 年，品牌广告成为搜狐在线广告收入重要来源。主要表现在以下方面：

一是搜狐视频发展促进品牌广告市场的逐步扩大，为未来品牌广告市场的大发展打下了基础、提供了新动力[1]，搜狐网站广告与视频广告形成共同发展的局面。加强了中小企业主的广告合作，2015 年底达到近 6 万家合作客户。

二是参与移动社交传播。通过白社会（bai.sohu.com）进军 SNS 市场，加强搜狐微博、微信建设，加强和 QQ 浏览器、微信公众号等方面合作。加强焦点房地产网、高尔夫平台、电商平台与互联网金融建设。搜狗搜索与移动智能手机业务获得大发展，如 2013 年搜狐视频移动端全球直播《中国好声音》。

三是加强新闻客户端与媒体影响力建设，开展全媒体合作。2012 年 9 月，新闻客户端刊物订阅量破亿。2013 年 1 月，推出"搜狐新闻先知道"全新 slogan。央视新闻、参考消息与浙江卫视等媒体入驻搜狐客户端。

---

[1] 从"搜狐大事记"来看，搜狐网络视频发展主要特点如下：第一，坚持独播剧战略、热剧战略与免费在线点播。2009 年 2 月，搜狐"高清影视剧"频道上线，独家首播千余部影视剧；9 月，搜狐视频推出搜狐高清纪录片频道、法国电影专区；12 月，与美国华纳兄弟合作，推行免费在线点播。2012 年独揽 15 部年度最热大剧。第二，尊重与采购版权，加强战略合作。2009 年 9 月，启动"中国网络视频反盗版联盟"。12 月，联合酷 6 筹建千万国际版权采购基金。2010 年 6 月，搜狐视频与韩国三大电视台达成战略合作，成为中国最大正版韩剧视频播放平台。第三，加强自制节目建设。2011 年 2 月，搜狐视频出品的首部门户剧《钱多多嫁人记》，获中国首个网剧大奖——金鹏奖最佳网剧奖。第四，加强技术与产业的构建与创新。2010 年 12 月，搜狐视频整合架构和资源，从媒体影响、视频播出、搜狐制造三个维度提出"权威媒体""权威资源""权威出品"三大核心战略，构建网络视频内容与广告营销联动的新平台。第五，抢占端口。2012 年 11 月，搜狐视频与索尼合作，抢占多类终端第一入口；搜狐视频移动客户端更新，强化云端服务。2012 年 6 月，搜狐视频苹果客户端新版上线，增加直播互动功能。

2014年搜狐客户端、手机端达到近5000万用户。

四是加强广告平台建设。2011年7月,搜狐推出门户+营销平台引领广告行业平台升级。12月,搜狐视频创意广告平台上线,率先进入视频广告2.0。2013年12月,搜狐三大布局2014年多屏时代的品牌广告营销与战略布局,构建具备原创、聚合、分发能力的互联网媒体平台、可以多屏渠道触达用户的多屏平台,形成以大数据为基础、能够精准锁定目标消费者的网络广告系统。多屏营销的新落点包含三个层面,"第一个落点是同时具备原创、聚合、分发能力的互联网媒体平台;第二个落点是可以多屏渠道触达用户的多屏平台;第三个落点则是以大数据为基础,能够精准锁定目标消费者的精准广告营销系统。"①

(五)经营发展与时偕行

抓住2008年北京奥运会进行品牌营销。2009年品牌广告收入为1.771亿美元,比2008年只增长5%。主要原因是2008年全球金融危机爆发,对奥运会等方面的体育营销产生消极影响,同时体育营销费用相对过大,而没有完全实现预期效益与利益诉求,有必要进行产业与营销调整与完善,主流互联网媒体平台建设成为搜狐的核心业务。2010—2012年增长率分别为20%、32%、4%。2010年品牌广告收入为2.118亿美元,首次突破2亿美元大关。2011年为2.79亿美元,2012年近3亿美元,达2.9亿美元,年增长率为48%。2013—2016年是搜狐品牌广告发展的最好时期,这四年品牌广告经营额分别为4.29亿、5.41亿、5.77亿、4.48亿美元。2013年为4.29亿美元,首次越过3亿美元大关进入4亿美元。2014年品牌广告净营收为5.41亿美元,突破5亿大关,2015年达到品牌广告最高额,为5.77亿美元。

加强了搜狗与游戏等非广告收入业务创新。2004年搜狗发展,在王小川持续坚持下,搜狗竞争发展、最终海外上市。由于搜狗的发展,非广告营收(付款订阅、千帆直播、内容服务等)业务占搜狐营收一半左右,品牌广告在搜狐的市场份额量进一步降低。网络市场竞争激烈,门户维护成本加大,流量、浏览不断减少,而品牌广告栏位难以增加,搜

---

① http://it.sohu.com/20131216/n391864549.shtml.

狐通过搜狗打通业务线,加强了移动互联网时代的争夺。

三 搜狗(sogou)是搜狐广告生态重要部分和主要收入来源

在移动互联网时代,搜狐不断被 BAT(百度、阿里、腾讯)、TMD(头条、美团、滴滴)等互联网公司超越。然而"光芒"依然闪烁,有搜狗成功上市等经验值得参考。

1998年2月,张朝阳创建的爱特信模仿雅虎(Yahoo)搜索引擎,推出名字叫"搜狐"(SOHOO)的搜索引擎。1999年7月,搜狐推出全文检索的中文搜索引擎,其英文名称改为 SOHU,其特色主要在于搜索引擎与分类目录,同时推出特色频道,提供网络服务,发展成为综合性网络门户。2004年8月,搜狐推出搜狗搜索引擎(http://www.sogou.com),拟与搜狐搜索共同发展,而搜狗后来居上,逐步成为中国使用率最高的三大中文搜索引擎之一。搜狐的搜索引擎发展进入了一个新时期,搜索引擎广告业进入了一个新阶段。

搜狐通过竞价广告推广与公共关系,获取浏览器、搜索引擎与地图搜索获取巨大广告市场份额。2005年3月,搜狗推出搜狐竞价广告(http://cpc.sohu.com)模式,这是按效果付费的广告模式。广告竞价时通过上下文语义分析技术、地域分析技术等,对网络广告进行准确定位与精准营销,按网络点击收费,按照每次点击付费高低决定广告的排名。"广告主在投放广告时只需根据自己的推广内容确定相关关键词,其广告内容就可以出现在搜狐搜索(http://dir.sohu.com)和搜狗搜索结果右侧,同时搜狐竞价广告系统会通过上下文分析技术分析所有广告投放页面的内容,将广告自动投放在与关键词相关的页面上"[1]。同时,通过公共关系推动搜狗的影响力与传播力。[2] 自2006年以来,搜狐创建搜狗输

---

[1] 江山:《搜狐竞价广告全面升级》,《中华工商时报》2005年4月6日。
[2] 2005年5月,启动"搜狗美女野兽登山队"攀登启孜峰行动;9月,推出"搜狗女声"大型网络选秀活动;12月启动"搜狗"十万年薪搜寻代言狗活动,使"狗年搜狗"成为2006年度关键词。

入法与浏览器，强力推广搜狗搜索，①希冀搜狗在网络上无处不在。同时，加强地图搜索领域的市场争夺②，形成渠道优势与流量动力。通过搜狗加强业务建设与转型，布局云计算与移动互联网。2012年2月，从三大互联网基础服务（输入法、浏览器、付费搜索）扩展至"互联网基础服务、探索引擎以及移动互联网"三大业务领域。

通过资本市场对搜狗进行战略重组，希冀实现海外上市。2010年8月，搜狐分拆搜狗为独立运营公司，进行战略重组，获阿里巴巴投资有限公司（阿里巴巴的子公司）与中国互联网搜索（香港）有限公司（云峰基金旗下企业）的战略注资（阿里获得16%股份）。搜狗通过与阿里巴巴旗下的业务互动，介入电子商务市场，联合打造"搜索+电子商务"计划，拟实现搜狗的独立上市。2012年7月，搜狐以2580万美元回购阿里巴巴（微博）所持搜狗的10.88%股份。2013年9月，腾讯以4.48亿美元战略投资入股搜狗，获36.5%的股份（后持股达38%），并把搜搜与QQ输入法业务和搜狗现有业务合并，组建新的搜狗公司。2017年11月，搜狗在美国纽约交易所IPO上市（NYSE：SOGO）。

2004年8月推出搜狗后，2004年第3财季广告营收为1550万美元，包括250万美元的付费搜索服务营收与1300万美元的品牌广告营收；第4财季广告收入为1590万美元，包括270万美元的付费搜索收入与1320万美元的品牌广告收入。2005年搜狗推出竞价广告后，2005年付费搜索收入为1237万美元，为年广告收入的17.45%；2006年为1280万美元，

---

① 2006年6月搜狐创建搜狗输入法（http://it.sohu.com/20100325/n271088609.shtml），是首次利用先进搜索引擎技术开发的输入法。2008年12月，创建具有搜索引擎技术的搜狗浏览器。2009年11月，搜狗全球首推云输入，创新概念引领搜索引擎发展新方向。2010年3月，搜狗发布5.0正式版，将"云计算"技术运用到搜狗输入法客户端。4月，发布搜狗高速浏览器2.0版，极大推进浏览器的速度。2011年1月，推出搜狗输入法热词榜单。2012年9月，发布"搜狗输入法智慧版"，强调场景识别与云端联动。8月，搜狗输入法超过3亿用户，所有搜狗产品用户量接近4亿。

② 2005年4月，搜狐以930万美元收购国内领先的在线地图服务公司Go2Map及其附属公司"图行天下"，把图行天下在网络地图服务方面的专业技术应用于搜索引擎产品与网络内容，布局3G服务市场，确立地图搜索领域的市场领军地位。2011年2月，搜狗地图推出73个城市三维城市地图。6月，搜狗地图向第三方网站开放API接口，加强互联网地图市场建设。9月，推出三维地图API与语音导航。

为年广告收入的 16.20%。2007—2009 年，是搜狐搜索收入较低时期，年收入分别为 710 万、660 万、854 万美元，原因是搜狐主要业务方向不在搜索引擎上而是在奥运会等体育营销与网络游戏上，同时其搜索竞价广告受到百度与谷歌等搜索引擎的严重制约。2010 年，谷歌退出中国大陆使搜狗赢得发展机遇，多年努力的搜狗输入法与浏览器等要素发力网络市场，为搜狗赢得搜索市场机遇。

搜狗搜索进入高速发展期，成为搜狐收入的三大重大支柱之一。搜狗与百度等形成市场竞争，推动搜索引擎广告发展，并形成符合自身发展的市场地位。2010 年付费搜索收入为 1860 万美元，年增长率为 120%，为年广告收入的 8.07%。2011 年搜狗收入为 6300 万美元，年增长率为 238%，为年广告收入的 18.42%。2012 年搜狗收入为 12400 万美元，首次突破 1 亿美元大关，年增长率为 98%，为年广告收入的 29.88%。2013 年搜狗收入为 21600 万美元，首次突破 2 亿美元大关，年增长率为 65%，为年广告收入的 34.45%。（参见表 3—11）

表 3—11　　搜狐 2005—2019 年搜索和搜索相关广告收入概况

（单位：亿美元）

财年	净营收	搜索和搜索相关广告收入	年增长率	占年收入比重
2005	1.083	0.1237	—	11.42%
2006	1.342	0.128	3%	9.54%
2007	1.889	0.071	-44%	3.76%
2008	4.291	0.066	-7%	1.54%
2009	5.152	0.0854	29%	1.66%
2010	6.128	0.186	120%	3.04%
2011	8.52	0.630	238%	7.39%
2012	10.67	1.24	98%	11.62%
2013	14.0	2.16	65%	15.43%
2014	17.0	3.86	79%	22.71%
2015	19.0	5.92	53%	31.16%
2016	16.5	6.60	12%	40.00%

续表

财年	净营收	搜索和搜索相关广告收入	年增长率	占年收入比重
2017	18.6	8.01	34%	43.06%
2018	18.8	10.2	28%	54.26%
2019	18.5	10.7	5%	57.84%

资料来源：搜狐年度财报（未经审核），有整理。

第三节 网易广告发展概况

1997年5月，丁磊创办网易公司。1998年9月，网易把主页改为网络门户，启用netease.com（后改为163.com）的域名。2000年6月，网易登陆纳斯达克上市（Nasdaq：NTES）。网易广告在经营发展与市场争夺中，形成了符合自身发展与市场需要的经营特色：网络游戏与网络广告奠定了网易的发展格局，网络广告在发展中成为非核心主营业务，电子邮件领先地位是其广告经营发展的市场优势，电商发展取得了较好成就。

一 网络广告逐渐成为非核心主营业务（1997—2004）

1997—2001年是广告经营占网易主营地位的发展期。1997年6月，推出国内第一家全中文搜索引擎服务系统。1998年1月，网易开通国内首家免费电子邮件服务，推出免费域名系统。1998年底，只有8个员工的网易赚了500万元[1]。财报显示：1999年网易广告收入大增。其中，第2财季广告收入为7.2511万美元，第3财季为28万美元，第4财季为90万美元。2000年广告收入更是迈上发展的新台阶，年广告收入达360万美元[2]，为

---

[1] 谢滇地：《网易这十年》，《互联网周刊》2008年第9期。
[2] 未经审计2000财年财报显示：2000年第1—4财季广告收入分别为80万、150万、220万、270万美元，年广告收入720万美元，年净收入为830万美元，年广告收入为年净收入的86.75%。网易修正2000年财务报告，将实际纯收入多报了418万美元（114%），其中广告收入多报362万美元（100%），电子商务收入多报72万美元（244%），从而使当年的营业亏损少报了320万美元（-16%）。2000年误报的营业收入使网易在与搜狐的比擂中胜出搜狐三分之一。根据修正后的财务报告，网易2000年的纯收入实际上反比搜狐少了三分之一，只是新浪的六分之一。

该年净收入 400 万美元的 90%。

2001 年是网易广告经营发展的分水岭。因受美国互联网市场"泡沫"寒冬的困扰，网易经营开始"两条腿"走路：一方面，自主开发网络游戏与发展无线增值业务等非广告业务，经营收入年增长率达 474%。2001 年 12 月，网易推出大型网络游戏《大话西游 Online》，正式全面进入与全力深耕网络游戏领域。另一方面，加大在线广告经营力度。2 月，网易首次推出全新的微型广告网站（Messaging Plus Unit）[1]，以增加广告营收。与 Double click 合作，采用动态广告报告及目标定位（DART）技术方案进行电子邮件广告等的投放管理；与 View Piont 公司合作，以其全媒体技术推出 3D 效果的互动广告。[2] 2001 年网易广告收入不到 170 万美元，仍然占该年经营收入 340 万美元的 50%。从此，每个财年网络广告收入比重增幅低于 50% 的增长，网络游戏等逐步成为网易的支柱性主营业务。

与网易相比，2001 年的新浪、搜狐在激烈争夺新闻领域的主导权，发展态势较好。而网易深受 2001 年财务假账、纳斯达克停牌[3]、股东集体诉讼、管理层频繁更动、广告销售人员流失等消极事件影响，与新浪、搜狐在广告经营业绩方面的差距进一步拉大。新浪、搜狐的 2001 年广告收入分别为年净营收的 84%、71%，而网易为 50%。搜狐 2001 年净收入为 1300 万美元，年增长率为 118%，广告年收入增长率为 58%，年毛利率为 28%。网易 2001 年净收入为 340 万美元，年增长率为 -15%，年广告收入增长率为 -53%，年毛利率为 -131%。新浪 2001 年广告收入为 2071 万美元，搜狐为 925 万美元，而网易广告年收入为 170 万美元，不足新浪的十二分之一、搜狐的五分之一。（参见表 3—12）

---

[1] 微型广告网站以长 6 英寸、宽 5 英寸的形式出现，约占 17 英寸电脑显示器上总面积的 14%，几乎是标准广告条的四倍。扩大了的广告面积将大大提高广告传递信息的清晰度和其对上网者的吸引程度，从而强化在线广告的整体效果，为提升企业和产品的知名度提供有效的途径。微型广告网站这一新颖的广告形式最先在网易的房产频道中试用，当时用户和广告主可以通过登录 http://house.163.com/item/010105/010105_34659.html 进行观摩。

[2] 参见刘子阳《为赢利网易即将推出"微型广告网站"》，《互联网周刊》2001 年第 6 期。

[3] 2001 年 9 月 4 日，被纳斯达克通知停牌。美国"9.11"事件后，暂停摘牌。12 月 31 日，恢复挂牌交易。

表3—12　三大新闻门户网站2001年度经营业绩与年增长率对比

（单位：万美元）

会计项目	新浪 净收入	新浪 增长率	搜狐 净收入	搜狐 增长率	网易 净收入	网易 增长率
年营业收入	2474	2%	1300	118%	340	-15%
年广告收入	2071	-1%	925	58%	170	-53%
年非广告收入	403	25%	376	3345%	170	474%
年广告收入比重	84%		71%		50%	
年毛利率	45%		28%		-131%	

资料来源：新浪、搜狐、网易财报（未经审核）。新浪非广告收入包括149万美元的软件销售收入。

广告收入降为非主营业务。在2002年第1财季至2003年第3财季，电子商务及其他服务方面收入为网易的第一主营业务。2002年网易财报显示，2002年净收入为2810万美元。其中，年广告收入为420万美元，为年净收入的14.95%；电子商务及其他收入为2390万美元，为年净收入的85.05%。网易收费服务收入持续增长，包括短信服务和其他在线收费服务，包括收费邮箱，交友中心与同城约会等。2002年8月，网易在线游戏《精灵》和《大话西游Ⅱ》收费成功启动，也是其收入增长的原因之一。至2002年第3财季，短信和其他电子商务业务为690万美元，在线游戏收入为650万美元，而广告收入为310万美元，不够前两者的一半。由此可见，广告收入不再是网易的主要收入来源。

在2003年第4财季至2004年第2财季，网络游戏成为支柱性业务，短信与电子商务等业务成为第二主营业务，网络广告为第三主营业务。主要表现在：

广告收入处于发展弱势。2003年1月，网易与北京中天龙广告有限公司达成战略合作伙伴关系，共同打造网易分类广告栏目（http：//classad163.com）。2004年日平均访问量更是达到60万—100万[①]。2003年

---

① 《网易与山河在线共同开拓分类广告市场》，《中国广告》2005年第6期。

第 4 财季网络广告收入为 320 万美元，占年净收入比重的 16.41%。而网络游戏收入为 850 万美元，占年净收入比重的 43.59%；短信与电子商务等收入为 780 万美元，占年净收入比重的 40%。（参见表3—13）

游戏与广告营收成为第一、第二大收入来源。2004 年第 1 财季网络广告收入为 360 万美元，占年净收入比重的 15.98%，网络游戏收入为 1210 万美元，超过网络广告、短信与电子商务等收入的总和 1040 万美元，占年净收入比重的 53.78%，已经超过年净收入的一半。2004 年第 2 财季网络广告和短信与电子商务等非广告收入基本持平，网络广告收入为 450 万美元（3740 万元人民币），占年净收入的 16.78%，短信与电子商务等收入为 450 万美元（3760 万元人民币），两者收入之和为网络游戏收入 1590 万美元的 56.60%。至 2004 年第 3 财季，网络游戏营收为 1940 万美元，网络广告收入为 560 万美元，为年净收入的 19.44%，超过短信与电子商务等收入的总和 380 万美元，为网易第二大收入来源。从 2001 年到 2013 年，网易创收主体与整体经营格局没有发生较大变化。（参见表3—13）

表3—13　　网易2003年第4财季至2004年第3财季业务发展概况

（单位：万美元）

财季（Q）	网络游戏收入	短信与电子商务等收入	广告收入	广告收入比重
2003 年 Q4	850	780	320	16.41%
2004 年 Q1	1210	680	360	15.93%
2004 年 Q2	1590	450	450	16.78%
2004 年 Q3	1940	380	560	19.44%

资料来源：网易财报（未经审核），有整理。

二　游戏与广告奠定网易经营发展格局（2001—2013）

网络游戏是网易主营业务与核心产业，主导网易发展格局。从此，网易成为我国最大的网络游戏商之一，并推动我国游戏广告的发展与繁荣。

2001年12月，网易率先自主研发网络游戏。2003年12月，大型网络角色扮演游戏《大话西游Ⅱ》同时在线人数超过25万，成为中国第二大网络游戏项目。2003年，成功代理韩国一款风靡世界的网络游戏《精灵》，在年底推出自主研发的另一款网络游戏《梦幻西游》。2004年网易网络游戏收入为7120万美元，为年净营收的65.20%。2005年自主开发的网络游戏《梦幻西游》和《大话西游Ⅱ》市场表现优异，网络游戏年收入增加近1亿美元，达17090万美元，首次突破1亿美元大关，为年净营收的81.77%，为其广告收入的5.72倍。

2005—2013年，网易每财年网络游戏收入为年净收入比重的80%以上。2006年网络游戏收入为年净收入的80.85%，是网易网络广告收入的5.34倍。2007年网络游戏收入为26500万美元，首次突破2亿美元大关，为年净营收的83.83%，为其网络广告收入的6.34倍。2008年网络游戏收入为36600万美元，首次突破3亿美元大关，占年净营收的83.94%，为其网络广告收入的6.15倍。2009年网络游戏收入为49400万美元，首次突破4亿美元大关，为年净营收的88.12%，为其网络广告收入的8.30倍。2010年网络游戏收入达74900万美元，为年净营收的87.37%，为其网络广告收入的7.81倍。在线游戏收入跃过5亿与6亿美元大关，首次突破7亿美元大关，主要是《魔兽世界》整年运营以及公司自主开发的旗舰游戏支持与发展，如《天下Ⅱ》《大唐无双》《大话西游Ⅱ》和《梦幻西游》。2011年网络游戏收入达10亿美元，为年净营收的87.28%，为其网络广告收入的7.97倍。在线游戏收入跃过8亿与9亿美元大关，首次突破10亿美元大关，主要是由于自主开发游戏收入剧增，如《倩女幽魂》《梦幻西游》《大唐无双》《天下Ⅲ》《大话西游Ⅱ》，以及代理自暴雪娱乐的游戏收入增长。2012年网络游戏收入为12亿美元，为年净营收的87.28%，为其网络广告收入的8.82倍。2013年网络游戏收入为13.7亿美元，比2005年增长了8倍多，为年净营收的85.05%，为其网络广告收入的7.61倍，主要是广受市场欢迎的游戏产品《梦幻西游》《大话西游Ⅱ》《倩女幽魂》版本全面升级。（参见表3—14）

表3—14　　　　网易2005—2013年网络游戏与网络广告营收概况

（单位：万美元）

财年	游戏收入	游戏收入年比重	广告收入	无线增值服务等收入
2005	17090	81.77%	2990	910
2006	19210	80.85%	3600	950
2007	26500	83.83%	4180	930
2008	36600	83.94%	5950	1050
2009	49400	88.12%	5620	1040
2010	74900	87.37%	9590	1240
2011	100000	87.28%	12600	1980
2012	120000	87.28%	13600	3896
2013	137000	85.05%	18000	6079

资料来源：网易财报（未经审核），有整理。

网络广告是网易的重要收入来源。2004年网易网络广告收入为1860万美元，2005年为2990万美元。自2005年起，网易网络广告收入每年所占年净收入的比例在10%—14%。在奥运经济与体育营销带动下，2005—2008年网易广告年增长率分别为60.75%、20.40%、16.11%与42.34%。2008年网络广告收入为5950万美元，而2009年为5620万美元，年增长率为-5.04%，首次出现负增长，主要是受到2008年经济危机与奥运经济退潮的影响。

2010—2013年网易网络广告进入平稳发展期。2010年网易改进组织架构，整合门户的一些新产品、服务和频道，以提升用户浏览量。加大对全国性活动和赛事的赞助与投入，世界杯、上海世博会与亚运会等大型活动的相关广告增多，网易搜索流量提升，网络游戏增大网络流量，实现流量变现。2011年网络广告收入为12600万美元，首次突破1亿美元大关。2013年网络广告收入为18000万美元，比2012年增长4300万美元，年增长率为32.35%，主要是门户网的交通类、网络服务类、房地产类等广告服务需求大增长，推动网易广告经营与发展进入新高度。（参见表3—15）

表 3—15　　　　网易 2005—2013 年网络广告收入发展概况　　（单位：万美元）

财年	广告营收	年增长率	广告营收年比重	网游收入	无线增值服务等收入
2005	2990	60.75%	13.81%	17090	910
2006	3600	20.40%	12.68%	19210	950
2007	4180	16.11%	13.23%	26500	930
2008	5950	42.34%	13.65%	36600	1050
2009	5620	-5.04%	10.04%	49400	1040
2010	9590	70.64%	11.18%	74900	1240
2011	12600	23.89%	10.5%	100000	1980
2012	13600	7.94%	10.46%	120000	3896
2013	18000	32.35%	11.25%	137000	6079

资料来源：网易财报（未经审核），有整理。

网络游戏与网络广告奠定网易经营发展格局。2005—2013 年，每年网络游戏收入占净收入的比例在 80%—89%，而广告收入在 10%—14%，占净收入的比例在 93%—99%，2010 年达到 98.55%。网络游戏与网络广告带动了网易净收入极大增长，主导与引导网易发展格局与市场空间。2005 年净营收不到 2.1 亿美元，而 2013 年达到 16.14 亿美元，为 2005 年净营收的 7.69 倍。网络游戏与网络广告带动净营收绝对数字增大，相对涨幅最小的是 2007 年、2012 年与 2013 年，分别带动净营收增长 4.1%、12.1% 与 16.6%，其他财年均在 26% 以上，2010 年达到了 50.0%，2005 年达到了 76.8%。（参见表 3—16）

表 3—16　　　　游戏与广告奠定网易发展格局概况　　　　（单位:%）

财年	净收入年增长率	广告营收年比重	网络游戏收入年比重	广告与网游共占比重
2005	76.8	13.81	81.77	95.58
2006	30.9	12.68	80.85	93.53
2007	4.1	13.23	83.83	97.06
2008	28.99	13.65	83.94	97.59
2009	26.7	10.04	88.12	98.16

续表

财年	净收入年增长率	广告营收年比重	网络游戏收入年比重	广告与网游共占比重
2010	50.0	11.18	87.37	98.55
2011	31.6	10.50	87.28	97.78
2012	12.1	10.46	87.28	97.74
2013	16.6	11.25	85.05	96.30

资料来源：网易财报（未经审核），有整理。

三 电子邮件应用推动广告发展

电子邮箱业务是网易经营的战略产品。网易是我国第一大电子邮件服务商，是中文邮箱第一品牌应用，主要有以下电子邮箱品牌：163 免费邮、126 免费邮、yeah 免费邮、163vip、126vip、188 财富邮、专业企业邮、免费企业邮等。

（一）网易电子邮箱先发优势

在我国互联网发展早期，电子邮箱是招揽用户的重要手段。谁的邮箱容量更大、谁支持的附件更大、谁的邮箱地址最短……成为市场竞争的核心指标。除新浪、搜狐和网易三大门户外，163.net、263.net 以提供邮箱服务为核心，获得了大量用户。[1] 1997 年 11 月，丁磊团队开发出我国第一个电子邮件系统。1998 年 3 月，网易推出第一个中文免费电子邮件@163.net[2]，形成我国电子邮件普及潮。2000 年 10 月，网易以 passport 战略将杂乱域名和邮箱服务整合到 163.com。[3] 这些网易邮件应用与 263、中华网、Tom 邮件一样都是邮件系统 Coremail。

（二）网易电子邮箱"免费+广告"经营模式

网易邮件系统不断创新发展，形成免费收费并存与"免费+广告"的经营模式，逐步形成市场发展优势，主要表现在：

一是免费与收费经营模式并存。在 2001—2006 年，各家门户网站推

---

[1] 石安：《中国邮箱市场 13 年沉浮录》，《名人传记（财富人物）》2011 年第 5 期。
[2] 刘柳：《电子邮箱在中国》，《互联网经济》2016 年第 11 期。
[3] 石安：《中国邮箱市场 13 年沉浮录》，《名人传记（财富人物）》2011 年第 5 期。

出个人收费邮箱与企业收费邮箱，形成网站经营的利润增长极。2001年8月新浪推出收费邮箱应用，9月雅虎邮箱按照容量收费，两家网站同时提供5M免费邮箱。2002年3月263网站全面推行收费邮箱，2000多万用户在两个月内剧降至59万[①]。从此，收费的263.net等邮箱应用被彻底挤出市场[②]。网易为争夺收费邮箱市场，2002年9月推出200M的@vip.163.com收费邮箱，2005年2月又推出最新收费邮箱@188.com[③]。同时，坚持邮箱使用大众化免费，继续推行25M免费邮箱服务。在@163.com免费邮箱基础上，2003年推出全新免费邮箱@126.com。2003年5月艾瑞咨询数据显示，在市场占有率、综合评测结果等指标上，网易免费邮箱位居市场第一。

二是使邮箱免费使用成为发展趋势。2004年10月，经历免费邮箱"G"时代后，网易将@163.com、@126.com升级至1500M，最大容量可达2000M，并可携带30M附件，领先于同行。2005年网易以将近50%的免费邮箱市场占有率取得市场发展优势。2007年9月，网易对旗下全部邮件系统大规模升级，推出无限容量免费邮箱。为争夺电子邮箱注册入口，腾讯QQ邮箱、谷歌Gmail、TOM、搜狐、新浪等互联网企业的邮箱应用，将免费邮箱容量扩容至2G以上，以抓住用户、服务市场。

（三）网易电子邮箱平台化建设

建设多功能服务平台。2008年7月，网易邮箱推出"一箱多能"计划，服务2.5亿用户。"在提供优质的收发邮件功能基础上，提供更多的个性化服务和功能，打造全方位的网络信息平台。"网易邮箱极速3.0版试图突破邮件单一功能，提供多功能服务，"包括生活百宝箱、音乐盒、理财易等。生活百宝箱涵盖了用户日常所需要的众多网络实用工具，不仅有精选的网址之家，还有万年历、航班及列车查询、万用计算器、手机归属地查询、邮编区号查询、城市地图等实用工具查询"，同时，"整合网易的有道搜索，除提供网页和图片外，还提供特别而精准的有道英

---

① 刘柳：《电子邮箱在中国》，《互联网经济》2016年第11期。
② 石安：《中国邮箱市场13年沉浮录》，《名人传记（财富人物）》2011年第5期。
③ 胡智琴：《网易邮箱广告策略性开放富矿资源进一步发掘》，《大市场·广告导报》2005年第5期。

语词典和博客搜索"与"音乐盒"服务。①

网易邮箱建设和互联网技术偕行发展。2011年，网易邮箱进入云存储，与360建成战略伙伴关系以加强邮箱安全。2013年是网易邮件全面发展与充分完善的一年。② 2012年，网易注册邮箱用户总数约为5.3亿，邮箱、无线增值服务及其他业务的收入为2.43亿人民币。至2013年，网易邮箱有效用户数超过6.2亿，同比净增加9000万，增长率为17%；网易手机号码邮箱总用户数达1.5亿，活跃用户超过1亿；企业客户数量超过20万家，其中付费企业数量接近7万家，老客户继续维持90%的高续费率。2013年邮箱、无线增值服务及其他业务的收入为3.68亿人民币，同比增长51.6%。

获取移动发展先机。网易邮箱2014年8月推出一款针对与适用于移动客户端的邮箱App，即邮箱大师，以取代闪电邮客户端。邮箱大师有多项优化技术：邮件列表增量读取、零流量附件转发、移动设备的正文阅读优化、超速智能网络同步优化、多终端实时同步。③ 面对社交平台对电子邮件传输功能的蚕食，网易2016年推出超大附件功能，为用户提供定制化与安全的邮件应用。

（四）网易邮箱广告业务经营良好

在2014—2017年，网易邮箱、电商及其他业务净收入分别为11.14亿元、36.99亿元、80.46亿元与154.11亿元，年增长率迅速增加，分别

---

① 《坐拥2.5亿邮箱用户 网易启动"一箱多能"计划》，《计算机与网络》2008年第13期。

② 一是功能优化。推出邮箱5.0版，发布多项创新功能：优化大师、域名纠错、音视频邮件、文件中心、应用中心、虚拟场景写信、30秒内取消发送等，为用户带来各种便捷邮件服务。二是完善移动化。网易手机号码邮箱再次大扩容，用户用手机号码邮箱注册微信并登录后，则马上升级至每次可以发单个3G、最多可以发15G云附件，用户处理大附件的能力提高5倍。三是扩大与金融机构合作范围。与兴业银行、广发银行、汇添富、泰康人寿、汇丰晋信等发起"绿信封"计划，倡议用户使用网易手机号码邮箱收取电子账单。四是社交化。网易与中国电信联合开发的移动社交聊天软件易信，试图打破移动IM市场的垄断格局。打通网易手机号码邮箱与易信账号，使网易手机号码邮箱1亿的活跃用户成为易信用户的"蓄水池"，助力易信在移动IM的市场争夺中获得更大份额。五是抢夺新市场。网易邮箱与国航合作，成为第一个"空中邮箱"，用户在高空飞行中及时处理邮件。

③ 舒姝：《网易邮箱App邮箱大师"大师之年"年度推广方案》，硕士学位论文，浙江大学，2015年。

为 202.72%、232.05%、117.52%、91.54%。同时，网易邮箱业务收入表现为跳跃式发展、电商及其他业务收入较好，两者占年净营收的比例分别为 8.68%、16.22%、21.07%、28.49%，从不到一成飞跃至近三成，成为仅次于在线电子游戏的第二大主要收入来源。（参见表 3—17）

表 3—17　网易 2014—2018 年邮箱、电商与其他业务经营发展概况

（单位：亿元）

财年	年净收入	邮箱、电商及其他业务净营收	年增长率	年比重
2014	128.40	11.14	202.72%	8.68%
2015	228.03	36.99	232.05%	16.22%
2016	381.79	80.46	117.52%	21.07%
2017	541.02	154.11（电商 116.70，邮箱及其他业务 37.41）	91.54%	28.49%（电商 21.57%）
2018	671.56	244.65（电商 192.35，创新及其他业务 52.30）	58.75%	36.43%（电商 28.64%）

资料来源：网易财报（未经审核），有整理。

四　电商形成相对优势，广告经营式微发展

网易形成具有跨境电商的发展模式。2015 年 1 月，网易成立考拉海购。考拉海购发展势头较猛，占据 2016—2017 年两年跨境电商市场份额的第一位。2016 年 4 月，网易严选上线，实现消费者与厂家直接对接的电商模式。2017 年网易电商营收为 116.70 亿元，年比重为 21.57%，一跃为仅次于在线游戏收入的第二大业务支柱。（参见表 3—17）

广告经营业务在网易主要业务地位有所下降。明显特征是：游戏营收年比重呈现下降趋势，综合跨境电商、邮箱、创新业务及其他业务年比重加大。2014 年广告收入为 15.52 亿元，年比重为 12.09%，是网易第二大收入来源。2015 年网易广告所占年比重断崖式下降到 5.90%，从此成为网易非支柱收入。在 2014—2018 年，网络游戏分别为网易年营收的 76.44%、75.93%、73.29%、67.06%、59.84%，仍然是网易第一大主要收入来源。从 2015 年起，游戏收入直线上升。2015 年，突破 100 亿元

大关，达173.14亿元，2016—2018年分别突破200亿、300亿、400亿元大关。但是，从所占年比重来看，2014年网易游戏收入比重由2013年从八成多（85.05%）下降到了七成多（76.44%），2017年下降到六成多（67.06%）。在2014—2018年，邮箱、电商及其他业务收入分别为网易年营收的8.68%、16.22%、21.07%、28.49%、36.43%，成为网易第二大收入来源。（参见表3—17、表3—18）

表3—18　　　　网易2014—2019年主要业务比重发展概况　　（单位：亿元）

财年	年净营收	游戏营收	游戏营收年比重	广告营收	广告营收年比重	邮箱、电商及其他业务营收年比重
2014	124.80	98.15	76.44%	15.52	12.09%	8.68%
2015	228.03	173.14	75.93%	13.45	5.90%	16.22%
2016	381.79	279.80	73.29%	21.52	5.64%	21.07%
2017	541.02	362.82	67.06%	24.09	4.45%	28.49%（其中，电商21.57%）
2018	671.56	401.90	59.84%	25.01	3.72%	36.43%（其中，电商28.64%，有道1.09%）
2019	592.41	464.23	78.36%	74.96①	12.65%	21.68%（其中，创新业务和其他业务19.44%，有道2.20%）

资料来源：网易财报（未经审核），有整理。

网易2019年广告营收实现大飞跃。网易2019年净营收为592.411亿元，游戏营收为464.226亿元，占年净营收的78.36%，游戏还是网易主打业务。同时，在第三财季把广告收入不再列入主要业务收入，而是把广告收入、网易云音乐、CC直播和网易严选等方面的业务收入合并计算，称为"创新业务及其他净收入"。这意味着广告收入不再是网易营收的主要来源。2019年创新业务及其他净收入为115.136亿元，其中：广告收入为74.96亿元势头强劲，占年净营收比重12.65%，超过2014年净营收比重的12.09%。第一、第二财季广告收入分别为4.39亿元、5.82亿元，第三、第四财季广告与其他收入分别为27.55亿元、37.2亿

---

① http://www.360doc.com/content/20/0421/12/66394532_907432980.shtml.

元。有道 2019 年收入为 13.05 亿元，占年比重的 2.24%。

在 2017—2018 年，网易电商发展迅猛，电商收入为其年营收的 21.57% 与 28.64%，成为网易第二大收入来源。考拉海购主打自营直采模式，网易经营成本由此不断加大。在 2018 年第四财季，电商毛利率仅为 4.49%，2017 年网易净利润是 115.4 亿元，而 2018 年为 82.9 亿元。随着电商补贴战与价格战，以及"双十一"购物战的白热化，网易电商成本矛盾无法得到缓解（参见表 3—19）。综合电商经营成本已经影响与拖累网易其他业务线发展前景，网易由此在 2019 年卖出考拉海购业务，为其他业务"输血"，以获取新的发展动力。

表 3—19　　　　　网易电子商务服务盈利概况　　　　（单位：万元）

财季（Q）	收入	成本	毛利润	毛利率
2018Q1	373247	337633	35615	9.54%
2018Q2	436550	392243	44307	10.15%
2018Q3	445883	401113	44770	10.04%
2018Q4	667867	673883	29985	4.49%
2019Q1	478933	429916	49017	10.23%
2019Q2	524690	467757	56933	10.85%

资料来源：网易财报（未经审核）。

2019—2020 年，网易业务主线发生重大变化，既紧扣战略业务发展板块，又以资本市场推动网易创新转型与广告发展。

2019 年，网易把"游戏、电商、教育、音乐"作为网上内容建设的四大战略部署。2019 年 9 月，阿里巴巴以 20 亿美元全资收购网易电商考拉海购，并领投网易云音乐的 7 亿美元融资，对网易业务发展产生积极作用。2020 年 8 月，阿里巴巴将考拉海购升级为以跨境业务为主的"会员电商"，成为阿里巴巴的重要电商发展业务线。2019 年 10 月，网易教育板块有道在美国纽约交易所上市（NYSE：DAO），第三财季把有道收入列为主要业务收入，有道年收入为 13.049 亿元，占网易年净营收的 2.20%。2019 年网易年净营收为 592.41 亿元，年增长率为 11.79% 的负增长，而净利润达到 132.8 亿元，年增长率为 60.19%，广告收入为 74.96 亿元，年增长率为 199.72%。这说明网易战略部署取得初步成效。

2020 年是不平常的一年。新冠肺炎疫情舆情影响与促进网易经营业务变化。一方面，游戏与有道业务发展好，而广告经营受到季节性经营与新冠疫情较大影响。第一财季创新及其他业务净收入为 30.0 亿元，低于 2018 年第四财季的 37.2 亿元，主要是由于广告业务营收下降。第二、第三财季分别为 37 亿元、39 亿元，进入正常发展态势。另一方面，加大游戏业务的资本经营，抓住游戏全球化战略及机遇。新冠肺炎疫情限制了人员流动性，用户宅居生活客观上促进网易网络游戏发展。为了争夺全球游戏市场，网易 2020 年 6 月 11 日登陆港交所（9999.HK）实现二次上市，获得资本市场的认可与支持，当天总市值达 4468 亿港元。

第 四 章

我国搜索引擎广告发展概况

搜索引擎（Search Engine）是运用特定的计算机程序，为用户提供信息检索与信息服务的通道系统与信息传播平台。它根据一定策略从互联网上搜集并排列信息，进而把检索到的相关信息展示给用户。搜索引擎作为互联网发展的一种独特应用的新媒介与新形态，开创了新闻信息传播的新技术与新模式，发展与奠定了网络广告新形式与新秩序，形塑了互联网络的基础应用与新的生活方式，培育了巨大的网络新业态与信息新产业。

第一节 我国搜索引擎形成全球先发优势

搜索引擎对全球政治、经济和文化产生日益深远的影响。托马斯·弗里德曼（Thomas L. Friedman）在《世界是平的：21世纪简史》中认为，"搜索技术革命"与"网络诞生"是21世纪将地球铲平的推土机。在联通全球、信息海量的网络时代，以谷歌、百度为代表的搜索引擎，解决了海量贮存和科学搜索这两项至关重要的信息处理问题，是对网络社会信息爆炸、信息过剩、信息焦虑和信息成本的一种解放。同时，搜索引擎为网络广告提供了全新的传播技术、广告场景与发展路径。①

一 我国搜索引擎在全球竞争格局占有一席之地

搜索引擎在不同国家与语种运用上发展情况不同，决定了各国搜索引擎在全球的地位。

拥有独立搜索引擎技术并被全球市场认可的国家主要是美国、中国、俄罗斯和韩国等国。从使用语言来看，以谷歌为代表的英语搜索引擎一家独大，主导全球搜索引擎发展方向，中文、俄语、韩语等在其母语地区形成区域优势和地域特点，与英语搜索引擎形成互补的发展特色。

百度是全球第一大非英语搜索引擎，是具有全球影响力的搜索引擎公司。2011年3月的Alexa全球网站流量排名显示，我国本土搜索引擎进入前500强的有6家，都以提供中文搜索服务为主，大多不涉及其他语种搜索服务。2014年7月，百度葡语版搜索（br.baidu.com）上线，在巴西设立分公司。2018年7月，百度退出巴西市场。中国本土搜索引擎的表现，更多是基于中国庞大的人口基数与市场规模，以及汉语言与中华文化传播，而非真正像谷歌（Google）、雅虎（Yahoo）、必应（Bing）、问搜索（Ask）等提供多语种服务。

在俄罗斯，Yandex（Yet Another iNDEX的英文缩写，俄语意思为"语言目录"）是全球第二大非英语搜索引擎，其服务市场集中在俄罗斯等俄语国家、苏联东欧地区和土耳其等中东北非地区。1997年开始运行，2000年成为独立的专业性搜索引擎，2001年成为俄罗斯最大搜索引擎和全球最大俄语搜索网站，2002年开始推出关联广告业务，② 逐步成了俄罗斯的门户网站、社交网络和类似PayPal的金融交易服务网站。2006—

---

① 王凤翔：《2010年搜索引擎发展报告》，尹韵公主编《中国新媒体蓝皮书（2011）》，社会科学文献出版社2011年版。本章来自该报告的内容，有增添、有修改。如无需要，书中该报告内容不再另行注释。

② 中国科技网：《世界第二大搜索引擎：俄罗斯"谷歌"的超越》，《黑龙江科技信息》2014年第29期。

2010年，营业收入从20亿卢布跃升到125亿卢布，年复合增长率为58.1%。① 2011年5月，Yandex在美国纳斯达克首次公开募股（IPO）上市（NASDAQ：YNDX），市值达100亿美元，逐步形成搜索引擎、支付业务、LBS服务②与移动应用程序的发展特色。作为全球最大的俄语搜索引擎网站与俄语使用的网络广告平台，2013年Yandex占有俄罗斯61%的市场份额，而谷歌为27%。③ Yandex为保持自身独特地位与俄语市场优势，多次拒绝微软、雅虎与谷歌等美国互联网公司的优惠并购条件。④

2012年，Yandex开始通过代理模式在中国招商。Yandex国际广告业务部门统计，中国跨境卖家投放到Yandex的广告几乎每年都以两倍的速度在增长。⑤ 2015年9月，Yandex在上海设立中国代表处，为中国商家提供横幅广告与"Yandex.Direct"关键词广告系统、跨境电商"Yandex.Market"比价系统与"Yandex.支付"的服务。⑥

在韩国，韩语搜索引擎占据绝对市场。Naver（네이버）是韩国最大搜索引擎及门户网站。2002年，在KOSDAQ（韩国证券交易商自动报价）上市。韩国网络咨询公司KoreanClick显示，2006年谷歌在韩国搜索市场的份额仅为1.5%，Naver控制70%的搜索业务，Daum的市场份额为12%。2009年11月，Naver网站占搜索次数的66%，Daum占21%，SK电信门户网站Nate占6%，雅虎韩国站点约占3%，谷歌仅有2%。其中，

---

① 2010年Yandex文本广告收入为109.6亿卢布，占比88%；展示广告收入为12.3亿卢布，占比10%；来自在线支付佣金收入为2.6亿卢布，占比2%；其他收入为4800万卢布，占比仅为0.4%。参见陈永东：《Yandex 俄罗斯的百度》，《商界评论》2011年第7期。

② Yandex通过并购确立LBS的市场主导地位。2008年9月，Yandex收购俄道路交通监控机构Yandex.Probki LLC（前称为"Smilink LLC"）；2009年1月，收购领先的展示广告代理商Awaps LLC（"Awaps"）；2010年7月，收购电子地图服务企业GIS Technology LLC；2010年底收购俄一科技创业公司WebVisor，看中其WebVisor研发团队的网民活动分析技术；2011年初，收购俄一家创业企业Loginza，后者主要是帮助开发者将Facebook、Twitter和OpenID的登录服务整合到自己的网站中。

③ 张鹏鹏：《俄罗斯互联网巨头Yandex对中国跨境电商有什么影响》，《黑龙江经济报》2015年9月17日。

④ 陈永东：《Yandex 俄罗斯的百度》，《商界评论》2011年第7期。

⑤ 张鹏鹏：《俄罗斯互联网巨头Yandex对中国跨境电商有什么影响》，《黑龙江经济报》2015年9月17日。

⑥ 刘勤：《Yandex助中国商家拓俄罗斯市场》，《纺织服务周刊》2015年第35期。

Naver 销售利润达到 3.25 亿美元，市值高达 87 亿美元。活跃在日本和台湾地区的社交软件 Line 母公司是 Naver，2014 年拥有 3.6 亿注册用户。[1] 至 2019 年，拥有全球用户超 4 亿，是日本、韩国最受欢迎的社交软件。[2] 2013 年 6 月推出移动支付平台 Naver Pay。2014 年 6 月，Naver 进军电商，逐步占有 20% 的韩国电商市场。Naver 经过不断发展，成为韩国最有影响力的互联网公司。

2011 年 1 月美国互联网流量监测机构 Net Application 数据显示，2010 年 12 月全球搜索引擎的市场份额顺序：谷歌 84.65%，雅虎 6.69%，百度 3.39%，微软必应（Bing）3.29%，问搜索（Ask）0.56%，美国在线搜索（AOL）0.42%。搜索引擎巨头 Google 以近 85% 的全球市场份额独占鳌头，其他搜索引擎占有近 15% 的市场份额。这六大搜索引擎占全球市场份额的 99%，其他搜索引擎占有 1% 的市场份额。Alexa 全球网站流量排名显示[3]，谷歌排名第 1，Yahoo.com 第 4，Baidu 第 7，微软必应（Bing）第 19，俄罗斯 Yandex 第 23，问搜索（Ask）第 46，腾讯搜搜（Soso）第 54，搜狐搜狗（Sogou）第 113，韩国 Naver 第 203，网易有道（Youdao）第 224，优酷搜酷（Soku）第 285，迅雷狗狗（Gougou）排名第 406。还有其他调查公司的数据尽管略有出入，但是都基本上正确反映了 Google、Bing、百度等搜索引擎的市场份额座次情况。

对作为互联网的基础应用的搜索引擎，诸多国家和互联网公司十分重视。经过市场的大浪淘沙，诸多搜索引擎起起落落，但其发展是马太效应。全球搜索引擎市场中，95% 以上以英语为主要语言。美国成为技术高地，谷歌成为全球最大搜索引擎。21 世纪初，雅虎和 Altavista 控制全球搜索市场，谷歌后来居上，以其技术力量、市场流量、广告份额、

---

[1] Line 财报显示，2013 年 Line 营收达到 3.35 亿美元，其中游戏收入占比 60%，付费聊天表情收入占比 20%，官方营销账号和品牌赞助表情收入占比 20%。投资公司对其估值已经达到 149 亿美元。至 2019 年，其拥有全球用户超 4 亿，是日本、韩国最受欢迎的社交软件。

[2] http://www.yhiker.com/2019/1214/31796.html。

[3] 取样时间：2011 年 3 月 18 日。谷歌（Google）旗下有多家分搜索引擎网站进入前 500 名，鉴于同属一家搜索引擎服务提供商，故在此仅选取其主网站即 Google.com 的排名。参见王凤翔《搜索引擎发展报告》，尹韵公主编《中国新媒体发展蓝皮书（2011）》，社会科学文献出版社 2011 年版。

一百多种语言界面成为全球搜索市场的主导力量。

二 谷歌形成绝对市场垄断

1998年9月,美国斯坦福大学拉里·佩奇(Lawrence Page)、谢尔盖·布林(Sergey Brin)在校创办谷歌(Google)[①]。2004年8月,谷歌在纳斯达克上市。2006年4月,Google拥有全球中文名称"谷歌",在中国市场开疆拓土。

2008年是谷歌发展的一个里程碑。3月,收购广告服务商DoubleClick,布局AdSense广告系统。4月,平台即服务(PaaS,Platform as a Service)为代表的云服务App Engine上线,布局移动互联网。9月,推出安卓(Android)手机系统,Chrome浏览器上线。10月,Play应用市场上线。谷歌因此获得市场发展先机。

谷歌的主要利润来自关键词广告系统、上下文链接广告系统、移动广告系统等广告服务。2011年以前,大约占据全球在线广告收入的三分之一。2011年全球网络广告市场的增速是13.9%,而中国的增速高达57.6%。2011年谷歌的广告收入超过360亿美元。艾瑞数据显示,谷歌中国2009—2011年的广告营收分别是22.5亿、28.6亿和36.5亿元,这三年的同比增长率都超过27%。

强势谷歌引领全球搜索。2011年3月的Alexa全球网站流量排名显示[②],谷歌用户使用谷歌子域名如下:67.14%用户使用google.com,22.83%用户使用mail.google.com,1.46%用户使用docs.google.com,1.32%用户使用adwords.google.com,0.96%用户使用maps.google.com。谷歌用户遍布世界,美国31.7%,印度8.1%,中国4.6%,英国3.1%,德国2.9%,巴西2.9%,俄罗斯2.6%,伊朗2.5%、日本2.4%、意大

[①] 2006年4月,谷歌公司行政总裁(CEO)埃里克·施密特(Eric Schmidt)在北京宣布Google公司的全球中文名字为:谷歌。2015年8月,谷歌宣布对企业架构进行调整,并创办一家名为字母表(Alphabet)的"伞形公司"(Umbrella Company),谷歌成为Alphabet旗下子公司。为便于论述,以谷歌名称进行统一表述。

[②] 2011年3月19日检索。参见王凤翔《搜索引擎发展报告》,尹韵公主编《中国新媒体发展蓝皮书(2011)》,社会科学文献出版社2011年版。

利 2.2%、墨西哥 2.2%、法国 1.8%、西班牙 1.8%、加拿大 1.7%、印度尼西亚 1.6%、澳大利亚 1.2%。在美国、印度、德国、巴西、俄罗斯、伊朗、日本、法国等国家和地区的 Google 公司搜索流量均已进入前 500 名的全球网站流量排名。

从 2013 年起，谷歌 10 亿月活用户（Moathly Active User，MAU）形成市场规模优势。2013 年 3 月，YouTube 首先成为谷歌 10 亿月活用户的"俱乐部"成员。安卓系统、谷歌地图在 2014 年 6 月，Play 应用商店，Gmail 邮箱、Chrome 浏览器在 2016 年 2 月与 4 月，分别达到 10 亿月活用户市场规模。2014 年 1 月，收购人工智能公司 DeepMind。谷歌成为全球互联网行业的领跑者。

谷歌成为全球有价值的互联网公司。2019 年 1 月 17 日，谷歌母公司 Alphabet 股价在最后半小时交易中反弹，报收于 1451.7 美元，上涨 12.5 美元，涨幅 0.87%。这使得 Alphabet 市值首次突破 1 万亿美元大关，目前约为 1.001 万亿美元。[①] 这是市值首破万亿美元的第四家美国公司。（参见图 4—1）

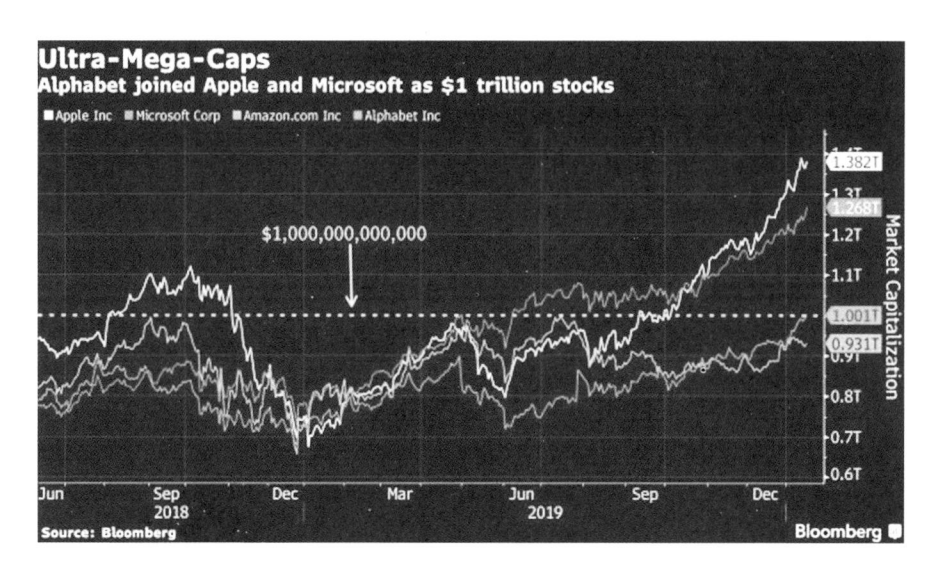

图 4—1 谷歌母公司字母表突破万亿美元的股市值

---

① http://tech.163.com/20/0117/07/F32V51RP00097U7R.html.

谷歌通过技术创新与主导搜索引擎的发展潮流，拥有关键词广告系统、上下文链接广告系统、移动广告系统等，覆盖全球200多个国家与地区，拥有100多种语言界面，以自在生态系统推动了互联网广告的发展与繁荣，至少占互联网搜索引擎使用率的85%以上，形成全球信息传播与网络广告的垄断，主导全球广告发展方向，是全球最大、最有影响力与传播力的搜索引擎公司与互联网广告公司。

三 欧亚诸国实施搜索引擎发展计划

谷歌至今仍是欧洲与日本等国的主要搜索引擎，这些国家日益认识到搜索引擎事关国家利益，积极发展与建设搜索引擎系统。为抵制美国操控全球信息，维护自身发展利益，法国总统希拉克支持建立Quaero搜索引擎，俄罗斯希望建立维护国家安全的搜索引擎。

2005年，法德两国为打破美国网络搜索的垄断，携手共进，计划建设真正的"多媒体搜索引擎"，即欧盟搜索引擎——"Quaero"（拉丁语），意为"我搜"（I seek），项目预算为2.5亿欧元。[①] 法、德本意是对抗谷歌、雅虎的搜索引擎。然而，一年之内，法德两国又各自建立搜索引擎，Quaero不了了之。2006年，法国推出卫星地图搜索引擎（Geoportail）。2007年，欧盟批准投资1.2亿欧元开发德国的Theseus（特修斯）搜索引擎项目。2010年，英国搜索引擎Zoombu正式上线，利用点对点（邮政编码）进行旅游搜索。

2006年7月，日本经济产业省和日本东京大学等研究机构联合起来，着眼于Google尚未涉及领域，投资46亿日元，拟开发新的搜索引擎"情报大航海项目"计划。

俄罗斯致力于满足国家需要，以确保安全信息接入和过滤禁止内容，将发展搜索引擎纳入"国家基础设施建设"的一部分。Yandex股东是荷兰Yandex N.V.公司，由外资控制。2009年底，俄罗斯大众传媒与通讯部开始讨论Yandex和Rambler搜索引擎替代方案。2010年初，提出建设没有外资参与的全球首个国家搜索引擎，旨在维护俄罗斯国家

---

① http://it.sohu.com/20061224/n247226676.shtml.

利益。

2009年12月，土耳其政府发起Anaposta计划，拟建立一个国家搜索引擎，并为每一个土耳其人建立一个国家电子邮件系统。2010年2月初，伊朗宣布建立国家电子邮件系统，以绕过Google的电子邮件系统。

第二节　我国搜索引擎发展格局

搜索引擎是我国网民与用户使用的重要网络应用。在2000年以前，大陆大型知名网站主要采用美国与台湾的搜索引擎技术，重点是网易、搜狐、新浪等门户网站积极利用与开发搜索引擎。百度崛起，谷歌、雅虎进入国内，形成激烈广告市场竞争。移动互联网时代，百度、搜狗、神马等形成新的发展格局。

一　用户使用概况

中国互联网络信息中心（CNNIC）第4—16次《中国互联网络发展状况调查报告》从"用户最常使用的网络服务"与"用户得知新网站的途径"两个方面，总结了我国网民在1999年上半年至2005年上半年使用搜索引擎的概况。

在1999年上半年至2004年上半年的五年半中，搜索引擎在用户最常使用的网络服务中的使用排位仅次于电子邮件的使用，使用率均在50%以上；而2003年上半年达70.0%。在2004年下半年至2005年上半年中，用户对搜索引擎的使用仅次于电子邮件与浏览新闻，排名第三位。在用户得知新网站的途径方面，用户对搜索引擎的使用率是最高的，使用排名一直是第一位。从2002年上半年开始，每个半年的使用率均在80%以上。（参见表4—1）

表4—1　　1999年上半年至2005年上半年搜索引擎使用率概况

调查报告次数（半年度）	用户最常使用的网络服务	用户得知新网站的途径
第4次（1999年上半年）	65.5%	69%
第5次（1999年下半年）	50.40%	—
第6次（2000年上半年）	55.59%	—
第7次（2000年下半年）	66.76%	71.55%
第8次（2001年上半年）	51.3%	57.5%
第9次（2001年下半年）	62.7%	76.3%
第10次（2002年上半年）	63.8%	82.2%
第11次（2002年下半年）	68.3%	84.6%
第12次（2003年上半年）	70.0%	85.0%
第13次（2003年下半年）	61.6%	83.4%
第14次（2004年上半年）	64.4%	86.9%
第15次（2004年下半年）	65.0%	86.6%
第16次（2005年上半年）	64.5%	84.5%

资料来源：CNNIC第4—16次《中国互联网络发展状况调查报告》。

CNNIC第17—34次《中国互联网络发展状况调查报告》显示，"中国网民对各类网络应用的使用率"概括了我国搜索引擎的使用状况。第18次（2006年上半年）调查报告显示，用户对搜索引擎使用排位，与浏览新闻并列第一，均为66.3%。第27次（2010年下半年）、第28次（2011年上半年）调查报告显示，搜索引擎的使用位列第一，使用率分别为81.9%、79.6%。第17次（2005年下半年）、第20次、第29—32次（2011年下半年至2013年上半年）、第34次（2014年上半年）的使用排名第二，使用率分别为65.7%、74.8%、79.4%、79.7%、80.0%、79.6%、80.3%。在第22—26次（2008年上半年至2010年上半年）、第33次（2013年下半年）排名在3—5位。两个方面使得搜索引擎的使用率在市场中有所变化。一方面是即时通信、浏览新闻、网络音乐、视频产品等大众化与娱乐性；另一方面是社交、电商、手机等方式的使用便

利性与商业化。(参见图4—2)

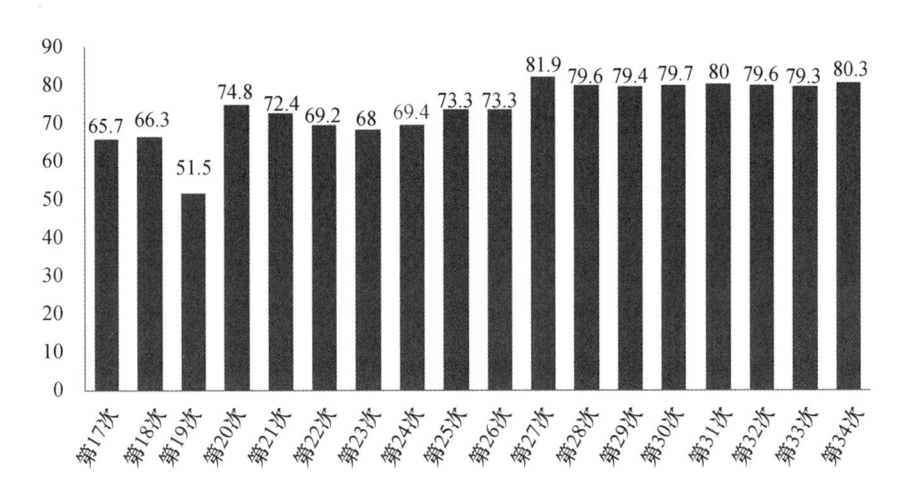

图4—2 2005年下半年至2014年上半年用户对搜索引擎的使用情况

资料来源：CNNIC第17—34次《中国互联网络发展状况调查报告》。

二 PC端时期发展概况

(一) 学习模仿实践时期

网易搜索引擎技术支持来自美国数字设备公司 (Digital Equipment Corporation) 1995年创立的AltaVista[①]搜索引擎。当时，263网站、中华网等使用的是台湾"龙卷风"搜索引擎技术。1997年6月，网易推出全中文搜索引擎服务，是国内第一家提供中文全文搜索的互联网公司[②]。

1996年8月，搜狐公司（又名爱特信公司，英文名为ITC，全称为：

---

① AltaVista于1995年由Digital Equipment Corporation创立，是Google之前最受欢迎的搜索引擎。2003年2月，被Overture以1.4亿美元收购。同年7月，雅虎以16.3亿美元收购Overture。2013年7月，雅虎关闭AltaVista搜索引擎服务。

② 陆星：《八个著名中文搜索引擎的特征及其评析》，《图书馆理论与实践》2003年第2期。

Internet Technologies China）①成立，开始制作中文网站分类目录，也是海外企业在中国市场进行网上广告宣传的一家重要网站②。1998年2月，搜狐公司推出"中文网路神探"搜索引擎（SOHOO），其搜索引擎技术支持来自美国搜索引擎Verity。③ 1999年，搜狐英文名称改为：SOHU，建设门户新闻网站，域名为：http：//www.sohu.com。

新浪搜索引擎的技术支持，是1998年创建于台湾的中文搜索引擎Openfind④。2000年11月，新浪推出国内第一家可多个数据库查询的综合搜索引擎⑤。

其他搜索引擎的开发形成影响力与传播力。1997年5月，香港优联克国际有限公司在香港推出悠游中文搜索引擎，域名为http：//www.goyoyo.com⑥，在北京、上海、重庆、香港与美国设有5个分站点，成为1998年下半年中国大陆用户推荐的优秀网站⑦。1997年10月，北京大学推出天网中英文搜索引擎，域名为：http：//e.pku.edu.cn⑧。1997年11月，ChinaByte公司在北京开发中文搜索引擎"搜索客"，域名为：

---

① 在尼葛洛庞帝（Nicholas Negroponte）和美国风险资金的支持下，1996年张朝阳创建爱特信公司（ITC），成为中国第一家以风险资金建立的互联网公司。在1997年的一年里，爱特信信息平台上的内容成为中国主干网CHINANET（163）上信息的重要组成部分。

② 搜狐是当年美国和其他本国公司进入中国的门户网站之一。微软、惠普、摩托罗拉和爱立信等公司都在爱特信网页上登载广告。

③ 1998年2月，爱特信公司引进英特尔和IDG等国际公司共220万美元的风险基金，成功推出中国人自己的搜索引擎搜狐（SOHOO）。

④ Openfind创立于1998年1月，源自台湾中正大学GAIS实验室的搜索引擎，它收集的中文网页仅次于百度、谷歌，曾为新浪、台湾雅虎奇摩等网站提供中文搜索引擎。

⑤ 当时数据库中收录了1万个细目、10余万个网站和200多万个网页，在中文搜索引擎容量排行榜上列居第一。

⑥ 悠游中文搜索引擎数据库收录8万个网站以及80万中文网页的信息。信息采集方式为智能机器系统，以两天为周期不停地搜索全球互联网网页，查找新网页和网页中的最新资料，并能自动识别和归类。提供了自动构造式的概念类型查询和关键词检索两种查询方式，采用布尔算符，还提供了字段限制。

⑦ CNNIC《第3次中国互联网络发展状况调查统计报告》，1999年1月。

⑧ 天网搜索引擎支持简体中文、繁体中文以及英文的关键词检索，提供全文检索、新闻组检索和FTP检索，信息来源是国内CERNET、CHINANET、CHINAGBN、CSTET四大网络，数据库当时收集了135万个网页和9万新闻组文章，信息采集方式为"Robot"自动发现和收集信息。天网搜索引擎采用搜索网页全文的方式，支持布尔逻辑。2000年初，收录网页约6000万，利用教育网优势，有强大的ftp搜索功能。

http://www.cseek.com。

（二）雅虎中国与谷歌布局中国市场

1999年9月，雅虎在中国开通门户搜索网站：中国雅虎，成为我国知名搜索引擎与咨询服务提供商。2003年11月，雅虎以1.2亿美元收购3721搜索公司[①]。2004年6月，雅虎中国在中国大陆推出独立的专门搜索网站：一搜网（www.yisou.com）[②]。2005年8月，雅虎与阿里巴巴形成战略合作协议，以10亿美元入股阿里巴巴，以四成股份成为其大股东，中国雅虎并入阿里巴巴。[③]

2000年9月，谷歌正式进入中文搜索市场，为全球中文用户提供搜索引擎服务。其中，网易采用新一代"开放式目录"搜索引擎，在"相关网页"功能上与谷歌进行合作。

（三）百度与慧聪中国搜索的发展

自2000年起，具有自主技术、以中文为主业的百度搜索引擎开始崛起。2000年1月，李彦宏、徐勇在北京中关村创办百度（Baidu）公司。首先是为263网站提供搜索服务。百度在2月、8月、9月正式为tom.com、搜狐、新浪提供搜索服务。2001年，百度推出自己独立流量的搜索引擎门户网站与竞价排名模式，开始自立门户，独立发展。

[①] 3721公司由周鸿祎于1998年创办，主要从事中文搜索引擎服务。2003年，雅虎以1.2亿美元收购3721公司。2008年，3721公司在华东地区、华南地区、华中地区、西北地区、西南地区设有分支机构，业务遍及中国内地所有县级以上城市，及中国香港、中国台湾、中国澳门，拥有近4000家的渠道合作伙伴。2009年1月，中国雅虎正式放弃3721和雅虎助手的业务发展。

[②] 1997年，雅虎发布中文搜索引擎。Yahoo中文搜索引擎收录了全球咨询网上数以万计的中文网址，以14个类别排列，每个大类下面又分若干子类。信息采集方式由索引人员用人工方式建立并更新。2004年，雅虎宣布2004年把超过1000台支撑"一搜"运行的服务器运抵中国，并将花费重金打造的最新技术YST全面应用到"一搜"之中。据了解，通过"一搜"目前可以搜索全球50亿网页，支持38种语言，包括了9000万张图片、100多万首免费音乐。

[③] 雅虎曾是全球第一门户搜索网站，业务遍及24个国家和地区，为全球5亿多独立用户提供多元化网络服务。1999年9月，中国雅虎网站开通。2005年8月，中国雅虎由阿里巴巴集团全资收购。2013年8月，成立于1999年9月的阿里巴巴旗下的门户业务板块中国雅虎在网站首页发布公告称，基于2012年阿里巴巴集团和雅虎美国的协议，中国雅虎将调整自己的运营策略，于2013年9月1日零时起，不再提供资讯及社区服务。

2001—2003年，慧聪中国搜索获得发展。2002年9月，慧聪搜索与中国网联合成立"中国搜索联盟"；10月，为中华网提供搜索服务；12月，为263.net提供搜索服务。2003年4月，与新浪在排名服务上结成战略合作伙伴关系，推出"联盟推广"服务；8月，新浪、搜狐、网易、TOM等门户网站采用其搜索引擎技术。

三 竞合发展时期

(一) 由百度、谷歌双峰并立走向百度引领市场

2004—2010年，竞争格局动中有变，由百度、谷歌双峰并立走向百度引领市场。

谷歌中文搜索主页必须通过英文主页进行链接转化，没有完全实现本土化落地。因此，在2000—2002年，百度采用竞价排名方式争夺市场而崛起，谷歌逐步失去了主导中文搜索引擎的发展机遇。

2004年是我国搜索引擎发展具有标志性的一年。我国搜索引擎市场竞争开始白热化。2月，互联网新闻中心（中国网）、IDG与慧聪中搜三家合资成立"中国搜索"（域名为：http://www.zhongsou.com），加强与谷歌的市场竞争。6月，谷歌战略投资百度499万美元，占百度2.6%的股份，但是收购百度计划没有成功。百度借此良机，逐步形成中文搜索引擎的全球领导地位。

2003年之前，百度、谷歌在市场份额第一和第二的位置上互有置换。2003年6月，百度超越谷歌中国成为中国网民首选。从此，百度一直是全球和中国最大的中文搜索引擎。2005年，谷歌市场份额为32.8%，百度为56.6%。艾瑞咨询数据显示：2008年，百度、谷歌市场份额各为73.2%、20.7%，二者市场份额之和近94%。[①] 2009年，百度市场份额63.1%，谷歌为18.9%，二者市场份额之和为94%。到2010年第四季，百度占83.6%，谷歌为11.1%，二者市场份额之和为97.6%（见图4—3）。

2007年以前，百度、谷歌、雅虎为中国主要的中文搜索引擎。2007

---

① 艾瑞咨询：《2008—2009年中国搜索引擎行业发展报告》。

iUserTracker-2009Q4-2010Q4 中国网页搜索请求量份额

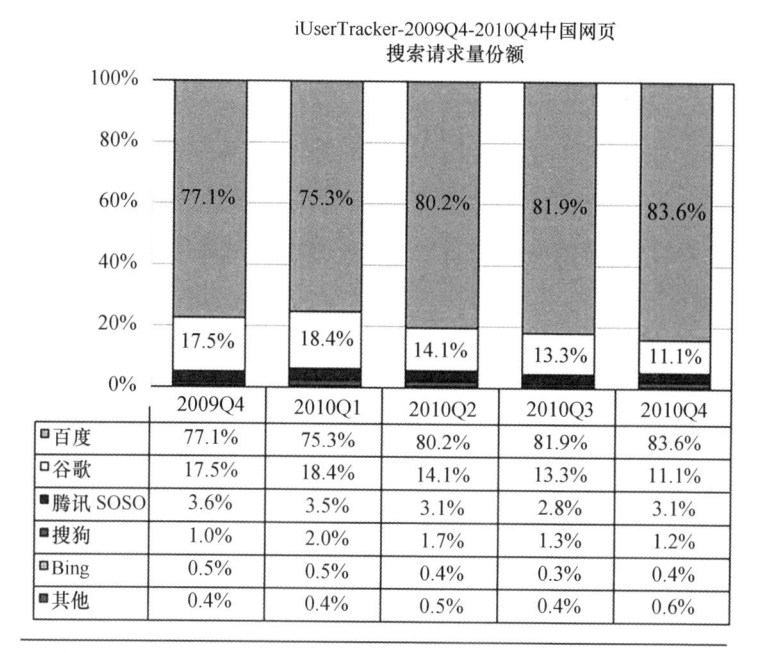

	2009Q4	2010Q1	2010Q2	2010Q3	2010Q4
百度	77.1%	75.3%	80.2%	81.9%	83.6%
谷歌	17.5%	18.4%	14.1%	13.3%	11.1%
腾讯 SOSO	3.6%	3.5%	3.1%	2.8%	3.1%
搜狗	1.0%	2.0%	1.7%	1.3%	1.2%
Bing	0.5%	0.5%	0.4%	0.3%	0.4%
其他	0.4%	0.4%	0.5%	0.4%	0.6%

注：搜索请求量，指用户在使用搜索引擎进行查询时输入关键词的搜索请求次数，而用户在搜索结果页面中的多页查看不计入搜索请求量中，以上数据只为网页搜索请求量，不包括图片、音乐、社区等搜索服务的请求量；目前UT搭台iUserTracker对浏览器监测数据不包括webkit核，由此对默认webkit内核的搜狗浏览器的搜索请求量有所低估。

Source：iUserTracker.家庭办公版2010.12.基于对20万名家庭及办公（不含公共上网地点）样本网络行为的长期监测数据获得。

©2011.1 iResearch Inc.　　　　　　　　　　　　　www.iresearch.com.cn

图 4—3　iUserTracker—2009Q4—2010Q4 中国网页搜索请求量份额

资料来源：艾瑞咨询。

年，百度、谷歌为第一梯队，雅虎份额下降，与慧聪中搜、有道等成为第二梯队。2008 年，百度、谷歌市场份额均有上升，二者市场份额之和超过 90%，雅虎中国为 7%，搜狗、中搜、网易以及新浪仅占 2% 的市场份额。

2009—2010 年，中国搜索引擎的格局发生着悄然的变化。中国本土搜索引擎的市场份额逐步做大，谷歌在华市场份额逐步减少。艾瑞咨询《2009—2010 年中国搜索引擎行业发展报告》显示：2009 年，百度市场份额为 63.1%，谷歌 33.2%，两寡头共计为 96.3%，其他搜索引擎市场份额为5.7%。到2010年，百度占71.6%，谷歌为26%。微软必应（Bing）在华市场份额基本稳定地维持在0.3%上下，其他搜索引擎市场份额维持在0.6%。

2010年，谷歌退往中国香港经营中文搜索，国内搜索市场的竞争与并购力度加大，形成百度独大，360搜索、新搜狗次之的市场格局。CNZZ①数据显示，2014年8月，除360搜索的市场份额增长至29.01%外，各大搜索引擎的市场份额整体下降，百度、新搜狗的份额均被蚕食，分别减少至56.33%、12.75%，排名第一、第三。而谷歌为0.27%，微软必应为0.71%。

（二）门户网站对搜索引擎的使用与开发

新浪、搜狐、网易、腾讯等门户网站，进行搜索引擎开发与市场争夺。其中，搜狐搜狗历经艰辛，成为比较有影响力的搜索引擎（参阅第二章搜狐专论）。

加强与谷歌的合作。2003年8月，新浪与谷歌等合作，推出"全方位搜索引擎"平台"查博士"，同时将搜索业务扩展到无线领域，推出"神行查博士"等系列产品与服务。11月，与中国互联网信息中心（CNNIC）合作推出搜索引擎产品及服务——"新浪IE通"，以加强全球网络浏览器的市场竞争。② 2004年6月，网易和谷歌签订战略合作协议，成为当时唯一采用谷歌网页搜索技术的国内门户网站。2007年5月，腾讯与谷歌达成谷歌中国为腾讯搜搜提供技术支持的协议③。

谷歌的成功发展与高股价激发了国内搜索引擎开发热。2004年8月，

---

① CNZZ是由国际风险投资商IDG投资的网络技术服务公司，是中国互联网有影响力的流量统计网站。

② 张艳蕊：《搜索引擎领域再度出新"新浪IE通"携手CNNIC》，《中国企业报》2003年11月26日。

③ 2009年9月，搜搜改用自主研发的搜索引擎技术。11月，腾讯搜索推广正式上线，不再使用谷歌Adsense。2010年4月，腾讯宣布成立SOSO搜索事业部，并已完成25个独立产品、35个腾讯业务搜索，布局网页搜索、垂直搜索、社区搜索、腾讯业务搜索、无线搜索、客户端产品六大产品线。2012年5月，搜搜分为搜索技术部、搜索产品部和社区搜索部。2012年6月，微软与腾讯SOSO达成战略合作协议，腾讯SOSO成为微软Bing中文搜索显示广告和关联广告外部独家合作伙伴。2013年9月，与搜狐搜狗合并。2017年11月，搜狗在美国纽交所上市。

搜狐成立搜狗公司，主营搜索引擎、搜狗输入法、搜狗浏览器。2005年6月，新浪开发爱问（iAsk）搜索引擎。爱问搭建互动问答平台，成为具有一定影响力的中文智慧型互动搜索引擎。[1] 12月，腾讯开发搜搜（Soso）引擎。2007年3月，搜狗（Sogou）搜索公司成立。7月，网易有道（Youdao）引擎全面使用。[2] 8月，搜狐推出搜狗（sougou）互动式搜索引擎。

2011年3月的Alexa全球网站流量排名显示，除新浪爱问（iAsk）、中搜、北大天网外，以上所述搜索引擎都进入了世界500强流量排位。[3]

（三）国家新闻信息搜索引擎的建设

党和国家为推进新媒体产业强劲、健康、有序发展，人民网与新华网等媒体建设搜索引擎，推动新闻信息搜索市场的健康发展。

2010年6月，人民网与谷歌技术联手的"人民搜索"（Goso.cn）上线运营。2011年6月，人民搜索网络股份公司推出"即刻搜索"（Jike）。

2008年底，新华网推出新华搜索的新闻搜索系统，为用户提供信息综合查询平台与新闻搜索服务。2010年初，新华社与中国移动在新闻搜索基础上成立盘古搜索（Panguso）；12月，推出盘古搜索测试版。2011年2月，盘古搜索运行。

2014年3月，盘古搜索与即刻搜索合并为中国搜索（chinaso.com），5月正式上线。中国搜索是新闻信息搜索引擎，是由人民日报社、新华通讯社、中央电视台、光明日报社、经济日报社、中国日报社、中国新闻社等七大新闻机构联合设立的搜索引擎企业。

（四）专业网站对搜索引擎的使用与开发

2004年，视频网站优酷（youku）创立搜酷（Soku）视频搜索引擎。

---

[1] 蒋隽：《新浪推出搜索引擎"爱问"》，《民营经济报》2005年7月1日。
[2] 2013年8月，网易有道与360在搜索业务上达成战略合作，360搜索为网易有道提供搜索技术支持服务，网易正式放弃通用搜索引擎市场。
[3] 取样时间：2011年3月18日。谷歌（Google）旗下有多家分搜索引擎网站进入前500名，鉴于同属一家搜索引擎服务提供商，故在此仅选取其主网站即Google.com的排名。参见王凤翔《2010年搜索引擎发展报告》，尹韵公主编《中国新媒体蓝皮书（2011）》，社会科学文献出版社2011年版。

2010年4月，优酷推出搜酷视频搜索网站（www.soku.com）Beta测试。2011年5月，正式独立运行专业视频搜索服务。

2004年，狗狗（GouGou）资源搜索引擎被推出，2007年被卖给迅雷成为娱乐搜索引擎。2010年12月，迅雷在筹划上市前期，以1万元人民币贱卖给非关联第三方。2012年12月，停止搜索引擎服务。2010年11月，淘宝网推出的"一淘网搜索平台"上线。2011年11月，阿里巴巴宣布以10亿元投资一淘，不考虑盈利，旨在构建外部流量入口。

2012年8月，奇虎360推出浏览器模式的综合搜索，取消谷歌的搜索默认地位。9月，正式启动独立域名so。360综合搜索在360安全平台、360安全浏览器与免费的360杀毒软件等支持下，成为我国搜索市场的一种独特现象。

四 移动搜索新时期

2010年，UC优视科技有限公司推出"搜索大全"。这是神马搜索的雏形。2013年命名为神马。2014年4月，UC优视与阿里巴巴联合推出神马搜索，成为移动搜索领域的一匹"黑马"。在2014年，专注于移动搜索的神马搜索和宜搜搜索的市场规模与品牌渗透率较低，分别为3.5%和1.9%。[①]（参见图4—4）

2015年，移动搜索市场进一步呈现快速增长态势。移动端的搜索流量全面超越PC端，移动营收在整体营收增长中的贡献越来越大。2015年第三季度企业财报显示：百度有超过2/3的搜索流量来自移动端，搜狗搜索移动端流量也超过PC端；百度移动营收在总营收中的占比从第一季度的50%增至第三季度的54%，搜狗移动搜索营收占比也从第一季度的22%增至第三季度的30%。[②]

[①] CNNIC第35次《中国互联网络发展状况统计报告》。
[②] CNNIC第37次《中国互联网络发展状况统计报告》。

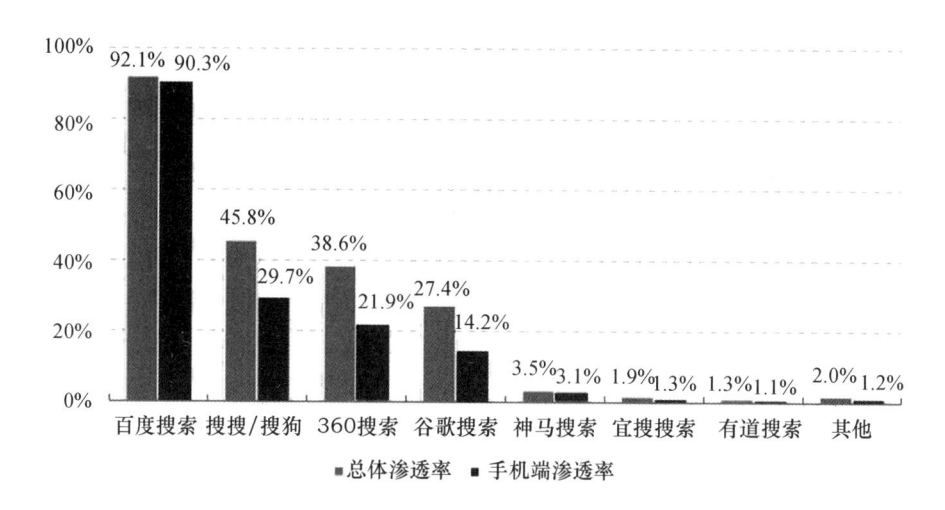

图4—4　2014年搜索引擎总体渗透率与手机渗透率市场

资料来源：CNNIC第35次《中国互联网络发展状况统计报告》。

第三节　百度广告发展概况

2000年1月，李彦宏、徐勇在北京中关村创立百度在线网络技术（北京）有限公司（Baidu）。2003年成为全球知名的中文搜索引擎。2005年8月，在美国纳斯达克上市，创中国第一家成分股美国上市纪录，创2000年以来五年间纳斯达克IPO首发上市日涨幅最高的纪录。2014年6月百度市值近800亿美元，2018年6月市值徘徊在900亿美元，2021年2月市值突破1000亿美元。

百度使中国成为美国、俄罗斯与韩国之外掌握核心搜索引擎技术的国家。百度提供以网络搜索为主的功能性搜索，以贴吧为主的社区搜索，针对各区域、各行业需求的地图搜索、垂直搜索、MP3音乐搜索、视频搜索、手机搜索等，向用户、商家与联盟成员提供搜索技术、竞价排名、固定排名、关键词广告与情报搜索等。开放生态下百度索引的高价值资源总量达到1000亿元①，主导中文搜索市场发展方向，成为全球中文搜索最全面、传播影响力最大的互联网平台企业。

一　竞价排名（搜索竞价）模式

2001年10月，百度在国内首次推出搜索排名竞价服务（Auction-Based P4P Services），每次点击收费10分钱，完全颠覆传统广告经营范式，开创搜索广告商业模式。竞价排名最先由美国Overture开发②，百度在中国全面商业化。"2001年至2006年3月，百度搜索营销的结果完全按照出价排名。"③ 作为一种比较成功的网络盈利模式与全新的商业模式，成为百度等搜索引擎服务商的最大收入来源。

竞价排名是企业等客户为自己的网站页面购买在搜索引擎中的关键字排名，而搜索引擎按其点击计费（Pay Per Click）或时间段计费，同时通过对关键词竞价高低决定网页出现位置前后的排序，以构建相关网页与广告传播的关联度与关注度。百度竞价排名服务的特色功能包括：支持限定地域推广、每日最高消费额的控制，具有自动竞价功能、账务续费提醒、关键词分组管理、关键词排名提醒等功能。建立在搜索技术上的百度竞价排名模式，以海量访问流量与点击量作为支撑，具有服务针对性强、投放精准、付费方式可以灵活管理、效果容易评估等创新性特点。

对百度竞价排名模式对广告传播及其历史价值予以积极评价与高度认可，同时不能否认其带来的重大弊端与消极影响。一方面，百度竞价排名模式采用的是一种按点击付费、按效果付费的网络营销推广方式与

---

① 百度搜索生态业务团队：《百度熊掌号：连接内容和服务》，《南方传媒研究》2017年第6期。

② 1996年，美国搜索引擎公司Open Tex发明优先排序（Preferred Listings）。这种利用关键词响应把客户网站链接嵌入搜索结果中的营销方式。1998年，另一家搜索引擎GoTo进一步完善该网络营销方式，推出PPM（Paid Placement Model）的结算方式和搜索关键字竞价，初步形成竞价排名模式。1999年Overture公司（GoTo.com前身）一个可以让广告商通过竞价取得搜索结果中最佳广告位置的系统和方法，向美国专利局申请专利，2001年7月获批。2003年被yahoo收购。

③ 邱静：《百度凤巢时代的隐忧》，《人力资源》2010年第2期。

市场渠道代理的分成销售模式,对百度与中国互联网的良性发展具有重大意义;另一方面,百度竞价排名不是完全依据搜索技术中立进行搜索的排名结果,也产生了消极恶果,有必要进行深刻反思。

竞价排名成为百度与中国互联网一个新的商业盈利模式。竞价排名服务成就百度及其广告联盟,成为连接企业与用户之间构建关联度与关注度的桥梁,越来越多的企业与中小互联网站选择用搜索引擎推广方式,成为百度竞价排名与百度广告联盟的一员。同时,为广大互联网企业所接收和推广,成为最具生机与活力的网络营销模式与被追捧的广告传播新方式,成为21世纪开头几年中国互联网营销的主流。2004年11月,雅虎中国进军搜索竞价排名市场,与百度展开竞争。据不完全统计,2004年我国有大约2万家企业开始使用搜索竞价的营销方式[①]。2005年5月《赛迪评测报告》对全国18个城市企业的调查结果显示,在中国经济发达地区,50.14%的企业认可百度的竞价排名服务[②]。同时,百度通过广告联盟分成,使中国几十万家中小网站获利。百度2008年第3季度财报显示,百度为其联盟成员支付费用达1.09亿元人民币,占其总收入的11.8%。

竞价排名服务帮助百度渡过世纪之交的互联网寒冬,并获得搜索市场主导地位。在世纪之交的互联网寒冬里,大量互联网企业倒闭与退市,互联网的风投受到严重影响,诸多互联网公司丧失上市机会,全球互联网企业呈现一片肃杀之气。从软银当年情况来看,可窥知互联网寒冬是何等之凛冽。2000年初,软银持有互联网企业达300家,孙正义身家超过700亿美元;2001年,互联网泡沫崩盘,孙正义账面价值损失95%[③]。而百度通过竞价排名服务获得发展、提升与飞跃。至2001年12月,百度竞价排名收费达12万元人民币。2002年12月,康佳、联想、可口可乐等知名企业成为竞价排名服务的客户,2002年百度竞价排名服务收入为580多万元人民币。2005年首季,百度用户流量远超谷歌。Alexa.com数

---

① 高剑巍:《雅虎百度专利之争埋下隐患?》,《国际金融报》2004年12月7日。
② 《2005年网络营销盘点"竞价排名"成主流》,《中国经营报》2005年12月26日。
③ http://finance.ifeng.com/business/special/chuanqisunzhengyi/。

据统计显示，自 2005 年 7 月上旬以来，百度用户流量超越新浪，成为全球最大的中文网站；2006 年，百度成为全球最有影响力的中文搜索引擎。

百度以竞价排名获得资本市场青睐。2004 年 6 月，百度第三轮获得 8 家企业的融资 1470 万美元，其中，谷歌战略投资 499 万美元，拥有百度 2.6% 的股份。百度在美国纳斯达克挂牌上市，创下 354% 的涨幅纪录；以首日收盘价计算，百度市值达 39.58 亿美元。2007 年，百度股价历史性地突破 300 美元大关，成为中国概念股在纳斯达克第一家迈入百亿美元市值规模的公司。即使在 2009 年全球金融危机下，百度股价逆势而上，从年初的 151 美元突破至年底的 400 美元。资本青睐百度的根本原因是，竞价排名是搜索引擎商业化的核心模式，搜索引擎具有庞大市场价值。数据显示，有 84.6% 的新网站是通过搜索引擎被发现，而网站 75% 的访问量来自搜索引擎推荐，另有 41% 的网民是通过搜索引擎进入购物网站。[1]

竞价排名服务操作方式简单，有较高的投资回报率（ROI），因而受到企业广告主青睐与支持。2003 年百度年净营收达 2 亿多元人民币，其中竞价排名服务收入占 80% 以上。百度创始人李彦宏在 2010 年 3 月央视《对话》栏目透露，至 2009 年，百度竞价排名服务每天营收超过 1000 万[2]。2005 年参与竞价排名的企业广告主数量有 7.6 万个，每个广告主平均支付广告费用是 4044 元。2013 年企业广告主达到 75.3 万个，平均付费广告费用为 42200 元。（参见图 4—5）

二　推出凤巢广告系统

2009 年 12 月，百度经过两年酝酿，停用运行达八年多的百度推广经典版，推出百度推广专业版——凤巢（Pheonix Nest）广告系统，意在"筑巢引凤"，改变原有单一竞价模式，引入关键词质量度体系，解决经典版竞价排名服务弊端，以本土化加强搜索广告市场争夺（参见表 4—2）。

---

[1] 赵亚辉：《谁来捍卫搜索公正》，《人民日报》2010 年 12 月 17 日。
[2] http://finance.qq.com/a/20100302/002592.htm。

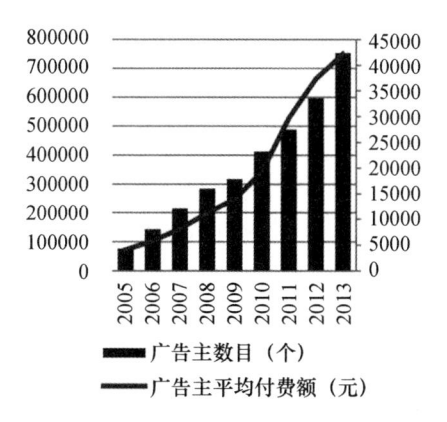

图 4—5　百度 2005—2013 年竞价排名服务的广告主及其平均广告费用

资料来源：百度财报（未经审核）。

表 4—2　　　　　凤巢系统与原百度推广系统的主要区别

面向对象及对比项目		蜂巢广告系统	百度推广系统版
广告主 （企业用户）	广告竞价方式	出价 + 广告质量评分	出价高者居前
	竞争对手出价	不可见	可见
	广告差异投放	可以分时、分区域、分 IP	不可
	关键词匹配方式	关键词数量多，广散匹配	关键词少，精准匹配
	数据报告	个性化定制	统一匹配
用户受众	广告位	●页面左侧上部推广专区 ●页面左侧自然搜索结果区域 ●页面右侧广告专区	●页面左侧自然搜索结果区域 ●页面右侧广告专区
	第一页自然搜索结果	保留 6—10 个自然搜索结果	可能被竞价全取代

资料来源：《百度凤巢时代的隐忧》①。

凤巢广告系统增强企业用户自主性与便利性。"广告主在推广之前，先完成推广时段管理、地域设置、IP 排除等自主功能设置，使推广效果更

---

① 邱静：《百度凤巢时代的隐忧》，《人力资源》2010 年第 2 期。

加可控，而不仅仅限于推广之后的效果衡量。完成推广前管理之后，广告主只需锁定目标客户、制作创意、选择关键词和设定价格四步简单操作就能轻松搞定推广方案。推广后，广告主还可以通过'展现量/点击率数据'功能，随时发现、更改推广创意，及时调整。"[1] 该系统满足用户需求，是集事前策划、事中执行与事后反馈一身的营销顾问，由此获得广告主的认可支持。

凤巢广告系统具备九项管理功能，即"分层管理、差异投放、隐私保护、创意轮显、推广实况、批量操作、数据报告、IP排除和否定匹配"[2]，也就是具有批量操作、差异投放、透明统计、精准推送、优化推广、精细管理、科学系统等特点。

三　建设自在生态系统

没有自己的独立搜索门户，搜索引擎商只能成为搜索引擎的"影子"。Overture公司是谷歌之前美国使用率最高、市值最高的搜索引擎，后来之所以被并购与关闭，之所以被谷歌后来居上，主要原因是没有自己独立流量的搜索引擎门户网站，依赖其他网站提供网络流量，最终成为搜索引擎的"影子"公司，不能实现自主的商业盈利模式。百度在世纪之交的互联网寒冬之际，找到了自己的经营发展出路，没有走向Overture公司的悲剧。

百度寻求搜索经营发展新模式。创业之初，百度与大量知名网站合作，通过百度搜索框提供免费网络搜索，以获取网络流量支持，而与百度合作的知名网站获取90%分成。受到世纪之交的互联网寒冬影响，尽管搜狐、新浪与263网站等为百度提供80%的营业收入，但是搜索引擎提供搜索服务不能盈利，或盈利不大。2001年8月，百度推出拥有自己独立流量的搜索引擎门户网站，试图通过竞价排名模式，使百度成为一个独立的搜索引擎门户网站。2002年，百度推出"闪电计划"。2003年

---

[1] 张毅：《打造智性营销平台——百度"凤巢"助中小企业"冬泳"》，《品牌》2009年第5期。

[2] 同上。

前后，百度推出百度贴吧、知道等产品，在搜索行为中加入社区特色，实现产品创新。美国 Alexa.com 统计显示，百度在 2003 年底成为全球第二大独立的搜索引擎商。百度经过实践探索，走上了符合中国国情、互联网规律与自身发展特色的经营之路，为成为经营网络广告的互联网平台打下了基础。

百度广告主（企业用户）不断上升。2005—2007 年百度企业用户分别为 7.6 万、14.3 万、21.4 万，年增长率分别为 119.7%、88.2%、21.4%。百度采取经营企业用户直销措施，每用户平均收入（ARPU）不断提升，经营模式多元化。2005—2007 年百度企业用户 ARPU 值分别为 4200 元、5859 元、8152 元，年增长率分别为 23.7%、39.5%、39.1%。自 2003 年起，百度发展进入新阶段。2007 年百度销售收入达 17.44 亿元，年利润 6.29 亿元，突破 10 亿元大关，年增长率均为 108.2%。（参见图 4—6）

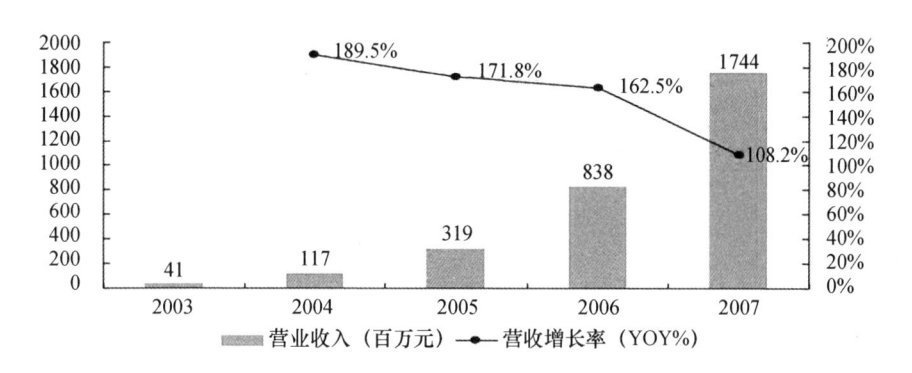

图 4—6 2003—2007 年百度经营概况

资料来源：百度财报（未经审核）。

发展与完善百度网络广告联盟。建立独立网站之初，百度与其他国内中小网站加强合作，为其提供搜索技术或竞价排名，以获取大量的网络流量。为获取加盟中小企业、中小网站、软件商、电信商、手机商、游戏商等的广告业务与网络流量支持，百度通过技术支持、合作分成与加强管理完善与发展其联盟。① 百度广告联盟收益是流量获取成本（TAC），发展很快。至 2008 年第 2 财季，百度广告联盟收入超过 1 亿元大关，环比增长 32.8%，同比增长 126.55%。2009 年 5 月，百度联盟提出媒体平台战略。从此，百度成为独立的搜索引擎门户网站，与腾讯、阿里并立为中国互联网的三极，成为中国互联网发展史上著名的 BAT（百度、阿里巴巴、腾讯）三巨头。（参见表 4—3）

表 4—3　　　　　　　　百度联盟收入的变化

财季（Q）	TAC 收入（万元）	环比增长率（%）	占财季收入比重（%）
2006 年 Q3	2164	—	9.1
2006 年 Q4	2363	9.2	8.7
2007 年 Q1	2834	19.9	10.3
2007 年 Q2	4489	58.7	11.2
2007 年 Q3	5920	31.8	11.9
2007 年 Q4	7230	22.1	12.7
2008 年 Q1	7660	5.9	13.3
2008 年 Q2	10170	32.8	12.7
2008 年 Q3	10880	6.98	11.8
2008 年 Q4	13140	20.77	14.6

资料来源：百度财报。

通过收购抢占互联网入口，获取网络流量与市场主导地位。 百度为

---

① 2004 年，百度联盟加强软件渠道的开拓和建设，当年获得 70% 的优秀软件加盟，建立捆绑渠道通路。2005 年，百度联盟推出"主题推广"。2007 年，百度 TV 上线，进军视频广告业务；推出钻石、黄金与绿色三级联盟认证体系。2008 年，百度联盟推出针对合作伙伴的产品"知道联盟"与 CPA 广告平台。12 月，推出蓝天 365 行动、常青藤计划两大运营措施，以及百度统计和百度广告管家、"网盟推广"服务等。2011 年，推出百度鸿媒体等，百度移动应用联盟正式上线。2013 年 3 月，与 1 号店签署 JBP 战略合作协议。8 月，推出流量交易服务（BES）。2008 年，百度联盟有 20 多万家合作伙伴，2009 年有 35 万家，2012 年为 60 多万家。2002—2013 年，百度广告联盟分成累计达人民币 50 多亿元。参见第七章。

获取受众网上信息的入口站点与实现上市，2004 年以近 5000 万元人民币收购书签网址网站 hao123.com。alexa.com 的排名统计显示，hao123.com 当时流量全球排名居 25 名左右。"收购完成后，百度不仅在高端的中文网页检索领域继续稳固其位置，也将在以网站浏览为主要习惯的网民群体中获得绝对优势。据 alexa.com 的排名，此次双方合作成功后，百度流量总和将成为全球中文网站第一。"[1]

坚持中间页战略，抢占网络广告入口。2010 年 2 月，百度投资组建独立视频公司奇艺（爱奇艺）。2013 年 5 月，百度以 3.7 亿美元收购 PPS 视频业务全部股份，对 PPS 视频业务与爱奇艺进行合并，试图形成视频广告市场优势。2011 年 3 月，以 5000 万美元投资安居客（房产信息网站）；2010 年 12 月，以 1.9 亿元投资上海齐家网、爱乐活网与重庆融度科技；2011 年 6 月，以 3.06 亿美元投资去哪儿（旅游网站），布局垂直搜索广告市场。

四 布局优化智能场景

百度经过投资经营与长期发展，形成符合自身发展的生态体系。同时，布局智能场景，优化自身发展生态，成为推动网络广告发展的重要平台。

战略并购移动市场，抢占重量级移动入口深度融入生活网络。为加强未来移动市场与广告市场竞争，百度 2013 年 8 月以 18.5 亿美元收购 91 无线[2]，成为我国互联网有史以来最大的并购案。加速 O2O 市场卡位，以补充移动互联业务缺口。2013 年 8 月，百度向糯米网战略投资 1.6 亿美元，获得约 59% 股份，成为糯米网第一大股东。2014 年 1 月，百度收购人人网所持全部糯米网股份，将糯米团购业务与百度搜索、地图等产品以及线下销售渠道进行深度整合。

在 2016—2018 年，深化广告改革，巩固核心业务，打造智能生态。

---

[1] http://www.people.com.cn/GB/it/1067/2753691.html.
[2] 91 无线于 2010 年 9 月成立，是网龙公司旗下无线互联网业务开发与拓展的企业。91 无线旗下集成 91 手机助手、安卓市场、91 移动开放平台、91 熊猫看书等产品业务，是国内颇有影响力的智能手机服务平台。

撤销舆论风波不断的医疗事业部，全面整顿相关医疗广告与有害信息。因为"魏则西事件"，百度对2518家医疗机构、1.26亿条医疗广告信息进行下架下线处理。[①] 2017年，AI助力百度全年封杀451亿条有害信息，全年拦截恶意网页202.9亿个。[②] 在广告推荐上，借鉴谷歌广告推荐模式，形成以信誉度为主、价格为辅的排序机制。加强信息流广告与搜索广告市场竞争，从业务结构上完善"网络营销收入+其他服务收入"的收入结构模式，其中网络营销收入主要为搜索广告、信息流广告、爱奇艺广告收入三部分，其他服务收入为AI相关创新业务收入、金融服务收入、交易服务收入、爱奇艺会员收入与版权收入等。将自动驾驶事业部（L4）、智能汽车事业部（L3）和车联网业务（Car Life etc.）合并成智能驾驶事业群组，推动百度Apollo自动驾驶平台建设，引领汽车变革。加强AI技术平台体系建设，成为我国AI知识产权专利最多的互联网公司。语音交互有望成为下一代人机交互模式，AI落地向场景化迈进，智能音箱成为智能家庭的语音入口。百度大脑（Baidu Brain）、深度学习实验室（IDL）、大数据实验室（BDL）、硅谷人工智能实验室（SVAIL）、商业智能实验室（BIL）、机器人与自动驾驶实验室（RAL）形成行业影响力与市场渗透力。这些是百度能够成为超大型互联网企业与广告大平台的重要原因。

在资本市场上，百度通过投资与并购形成以AI技术为基础的、形成智能场景的生态发展"树"，使百度移动智能成为全新的交往方式、生产方式与生活方式。[③]（参见图4—7）

五　以内容建设完善广告生态

百度云、百度贴吧、百度百科、百度知道、百度输入法、百度地图、百度翻译、百度网盘、百度音乐、百度卫士、百度浏览器与爱奇艺视频等，发展与完善了百度的内容生态与广告业态。自2016年以来，百度在

---

① https://www.sohu.com/a/79033355_114877.
② https://www.takefoto.cn/viewnews-1424396.html.
③ 王凤翔：《2019年中国网络广告发展报告》，唐绪军、黄楚新主编《中国新媒体发展蓝皮书（2020）》，社会科学文献出版社2020年版。

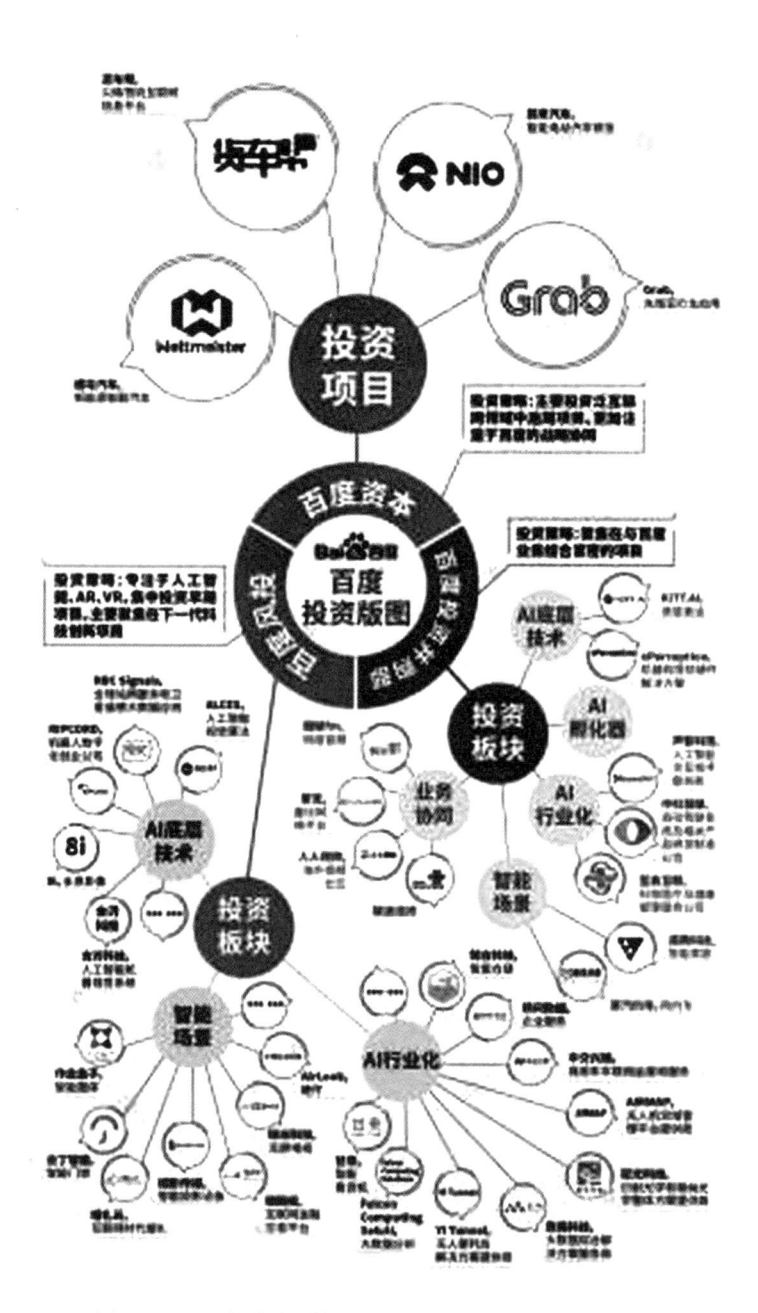

图4—7 百度通过投资与并购形成智能场景生态"树"

资料来源：泰赞传媒。

内容建设上不断创新发展，其中，百度推出百家号（Baijiahao）与熊掌号（Bear Paw Account），以提升百度 App 用户流量，拓宽百度链接能力，提高百度服务水平，丰富百度内容生态。

2016 年 9 月，百度推出"百家号"自媒体平台。百家号支持各种内容格式，包括文章、专辑、视频、直播、增强现实和虚拟现实。2017 年，百家号计划给内容生产者分成 100 亿元，发布"百+计划"，并"推出作者指数和作者等级制度""上线内容电商、打赏等功能、App 导流、广告分润等多重方式，进一步对产品体验和运营制度进行完善"，[1] 百家号内容提供商达 20 多万家，形成了一定的市场规模。2018 年百家号内容提供商为 190 万家，2019 年 4 月，"信息流日均推荐量达 150 亿，百家号作者总粉丝量同比增长 533%，人均收入同比增长 139%。"[2] 以落地页广告、资讯流大盘广告、内容电商、打赏奖励模式、MCN 模式与广告分成制度，实现内容提供商的收入与变现，而自媒体平台通过巨大广告分成与变现，实现内容提供者平台身份价值，继续完善内容生产、市场运营和生态布局。

2017 年 11 月，百度推出"熊掌号"内容聚合平台。"百度为熊掌号生态合作伙伴提供了五大类权益，涵盖内容、流量、品牌、用户、技术等方面"[3]，支持熊掌号以全新的百度搜索抓取、收录、建库与排名机制，以及全新的阿拉丁开放机制，[4] "熊掌号服务于百度搜索，是百度连接内容和服务的官方账号，而内容和服务的载体包括 H5 网站、微博、App，也包括百家号。"[5] 在 2018 年第一财季覆盖 30% 的搜索结果，2020 年覆盖率达 80%。当然，熊掌号未来发展也面临巨大挑战。

---

[1] 王宁：《以手机百度为平台的百家号的生产运营研究》，硕士学位论文，兰州大学，2019 年。

[2] 同上。

[3] 百度搜索生态业务团队：《百度熊掌号：连接内容和服务》，《南方传媒研究》2017 年第 6 期。

[4] 王煜：《熊掌号审核平台的设计与实现》，硕士学位论文，北京交通大学，2018 年。

[5] 百度搜索生态业务团队：《百度熊掌号：连接内容和服务》，《南方传媒研究》2017 年第 6 期。

六　广告舆论推动改革开放

广告主通过百度广告搜索竞价排名获得搜索结果排位，为自然搜索与公平竞争带来潜在威胁。自然搜索决定文档搜索排列位置的因素，是该文档在其他网页中出现频率和这些网页的可信度。其中，网页在受众中的知名度与服务质量是决定性因素。而百度非自然的人工搜索使其竞价因素主导文档搜索排列位置，对竞价排前企业缺乏审查，对企业公信力形成伤害，导致商业道德缺失，损坏搜索引擎的社会价值与传播功能。其结果是，竞价排名，恶意点击，恶名远扬，深陷丑闻。因此，被中央电视台等媒体与舆论屡次曝光批评，百度遭受重大损失。2008年11月15日、16日，央视连续两天报道百度竞价排名黑幕，其竞价排名过多地人工干涉搜索结果，引发垃圾信息，涉及恶意屏蔽，被指为"勒索营销"。① 自被曝光后，百度股价三日内连续下跌25.04%、26.22%、13.22%，至11月20日跌至111.74美元，创过去52周以来的新低。12月1日，百度受舆论与诉讼的影响，其股价下跌至19.75美元，跌幅为14.40%。对此，百度痛定思痛。2009年3月，百度竞价排名启用"百度推广"新名称体系。12月，推出"凤巢"推广系统，全面切换竞价排名服务，通过明确商业推广链接、提高商业结果相关性等方式，优化用户搜索体验与客户广告体验。

2016年"百度血友吧事件""魏则西事件"等爆发，引发对百度广告经营的舆论关注。尽管2016年百度网络广告营收突破600亿元，但百度广告政策瓶颈加大，遭遇前所未有的舆论挑战。为此，百度主动整治医疗类广告，全面审查医疗类商业广告与推广服务，下架与封杀违规医疗机构广告，控制商业推广结果数量，限制每页面商业推广信息条数（所占比例不超过三成），因此2016年广告经营涨幅最小，比2015年只增长218亿元。百度网络广告年比重逐年下降，从2013年99.56%到2017年跌破90%，五年来下降了13.32个百分点。因此，逐步布局其他业务，以减少对广告的依赖，也是百度对系列广告舆论事件长远而科学

---

① 刘文晖、吴平：《竞价排名"罪与罚"》，《检察日报》2010年7月28日。

的应对措施。2017年百度网络广告营收达到731.46亿元，尽管首次突破700亿元大关，占总营收的86.24%，但是年增长率比2016年下降了5.22个百分点。(参见表4—4)

表4—4　　百度2013—2017年来的广告营收概况　　(单位：百万元)

	2013年	2014年	2015年	2016年	2017年
总营收	31944	49502	66382	70549	84809
网络广告收入	31802	48495	64037	64525	73146
其他收入	142	557	2345	6024	11663
网络广告年比重（%）	99.56	97.97	96.87	91.46	86.24
网络广告年增长率（%）	42.96	52.49	32.05	0.76	13.36

资料来源：百度2017年财报。有整理。

第四节　谷歌中国广告发展概况

2000年9月，Google正式进入中文搜索市场，为全球中文用户提供搜索引擎服务。2005年7月，谷歌中国成立。2005年，谷歌AdSense进入中国，成为中国主要网络广告联盟之一。2008年10月，谷歌发布中文广告管理系统（Google Ad Manager）。2010年3月，谷歌宣布退往我国香港特区经营中文搜索。

一　谷歌对我国搜索广告的影响与发展

谷歌作为全球互联网品牌企业，引领全球搜索引擎市场与网络广告发展，强化对全球网络广告的市场影响与标准控制，提高全球互联网企业与网络广告资本升值空间，对我国搜索引擎发展理念与网络广告发展模式产生重大影响。

（一）主导网络广告模式发展

2000年10月，谷歌公司推出Adwords（关键字广告服务），主要采用每点击成本（Pay-per-click）收费模式。2007年9月，谷歌继文字广告、图片广告、flash 广告、视频广告之后,推出为 AdWords 一部分的另一种创新广告形式:装置广告(Gadget Ads)。这是一种基于电脑软件的互动广告。谷歌新闻稿透露,参与测试的 Sierra Mist 饮料、英特尔(Intel)、丰田(Honda)、Six Flags 游乐场与派拉蒙影片公司(Paramount Vantage)等品牌广告主客户,都给予正面认可的评价。①

关键字广告主要是通过"广义二阶价格拍卖"(Generalized Second - Price Auction,GSP)算法实现。在 GSP 拍卖中,对于一个特定的关键词,广告主给出其一次点击的最高价。当用户在搜索框输入该关键词,得到搜索结果与赞助链接,而赞助链接是按照广告主的广告出价降序展示。出价最高的广告展示在最顶部,出价次高的展示在第二个广告位,以此类推。头名中标者获得第一广告位,支付第二名竞标者的报价;第二名中标者获得第二广告位,支付第三名竞标者的报价。GSP 拍卖改变了早期网络广告展示次数方式计费的销售模式,优化了搜索引擎 Overture 广告关键词定向的广义一阶拍卖的销售模式,并为 Yahoo!/Overture 所采用。谷歌 2005 年总收入为 61.4 亿美元,其中超过 98% 的收入来自 GSP 拍卖。

形成广告联盟商业新模式。2003 年 6 月,谷歌公司推出 AdSense,通过广告联盟与合作网站分享谷歌收入。2006 年第一季度来自广告代理的收入平均占其广告总收入的 22%,在全年 106.05 亿美元年营收中,谷歌自己网站收入为 63.33 亿美元,与合作网站通过 AdSense 产生的收入为 41.60 亿美元,占总营收的 39%。2008 年 9 月,发布针对中小合作伙伴的"AdSense 成长计划"。10 月,谷歌正式发布谷歌广告管理系统(Google Ad Manager)中文版,为发布商提供更为便捷的管理和销售广告资源的平台。2013 年,全球排名前 200 位的网站有 65% 使用 AdSense 获得广告收入,有超过 100 万广告商在该平台上争夺广告空间,谷歌向外部网站支付超过 90 亿美元的广告佣金。

(二)加强视频展示广告与移动广告争夺的市场启示

谷歌开发开放互动电视广告。谷歌关闭其网络视频销售与租赁服务,充分开发广告格式,利用在线视频流行优势,开创视频类节目网络销售

---

① [新闻稿]《Google 关键词广告推出全新互动形式》,http://briian.com/? p = 3271.

与广告传播的新模式。2006年8月,谷歌与MTV Networks合作,首次通过谷歌AdSense网络系统为大型电视节目供应商分销视频内容,MTV Networks获得超过三分之二的收入。10月,以16.5亿美元收购影音内容分享网站YouTube。2008年2月,与在线视频广告网络YuMe达成合作伙伴关系。彭博社2011年5月27日报道,谷歌展示广告为超过200万个外部网站提供广告服务,投放在合作伙伴网站上的视频广告数量2010年翻一倍。

谷歌通过对全球移动市场与AdMob布局,客观上对中国移动市场与移动广告市场影响深刻。2005年,谷歌以4000万美元收购Android公司,以手机软件与手机操作系统开始鲸吞全球移动市场,以智能手机开拓广告市场。2009年11月,以7.5亿美元收购移动广告公司AdMob①,为移动广告获取了gee-whiz技术,也获得AdMob在美国三分之一的移动广告市场份额。2011年8月,为了获取摩托罗拉专利,谷歌以125亿美元的天价收购摩托罗拉移动,打破了全球手机行业格局。9月,AdMob停发移动网页广告,专注于App广告;而手机搜索AdSense负责移动网络发布商。2013年9月,谷歌关闭移动广告聚合器AdWhirl,鼓励开发商将广告迁移到AdMob Mediation,标志Admob从独立的Ad-Network模式转换为聚合模式。IDC公司(International Data Corporation)2013年8月市场调研数据显示,谷歌旗下Android移动操作系统占领全球80%智能手机市场份额,而苹果iOS系统全球智能手机市场份额仅占13%。

(三)增强广告技术优势建设

强化AdWords市场地位,加强与完善AdSense市场构建。2003年4月,谷歌通过收购Applied Semantics,使谷歌具有扫描网页和文本关联广

---

① http://www.chinamac.com/2009/1112/50658.html. 谷歌AdWord与DoubleClick能为AdMob提供业务环境。AdMob采取与广告商四六分成的商业模式,广告开发人员能从中分得好处。AdMob主要从事移动广告业务,拥有1亿美元的业务市场;iPhone上80%的广告嵌入来自该公司。iPhone的大热以及Android的崭露头角带动无数移动应用开发,手机网络浏览大受裨益;它们反过来为AdMob提供了更多的业务空间。2009年9月,AdMob为1.5万个移动网站和应用投放102亿条广告。其中大约28%来自iPhone以及iPod touch,增速迅猛的Android占了7%。如果单看智能手机市场,48%的广告业务来自苹果设备,Android紧随其后,占17%。

告服务的技术与能力，让谷歌一夜之间拥有许多第三方网站可以去投放文本广告，催生 AdSense 模式与网络广告联盟，同时强化 AdWords 的市场竞争力。10 月，收购 Sprinks，推新搜索引擎广告机制，改进上下文广告系统，加强 AdSense 建设，强化 AdWords 市场地位。2006 年，以 1.02 亿美元收购无线电广播广告公司 DMarc Broadcasting，将 DMarc 技术整合到其 AdWords 平台。2007 年 3 月，收购视频游戏广告公司 Adscape，2009 年 11 月收购自动化显示广告技术公司 Teracent，以加强 AdSense 技术建设与市场地位。

（四）打造广告交易平台

2007 年 4 月，谷歌以 32.4 亿美元高价收购 DoubleClick 网络广告公司[1]，从而改变与雅虎之间品牌广告的竞争格局。DoubleClick 拥有 DART（动态广告报告及目标定位）广告服务平台，以品牌广告为主打产品，该收购使谷歌成为网络横幅广告市场的领导者。2009 年 9 月，基于 DoubleClick 广告交换系统升级的 Google Ad Exchange 平台正式推出，通过整合文本与图形广告系统，采用"实时竞价"（RealTime Bidding）技术。该技术是实现从"媒体购买"到"受众购买"的关键，实现了真正意义上的实时竞价和公开透明的在线广告交易，给互联网广告市场带来颠覆性的改变。这已经成为全球互联网广告的重要发展趋势，是广告公司在数字媒体业务的重点发展方向。

2010 年 6 月，谷歌以约 7000 万美元收购 DSP 领域内的广告购买平台 Invite Media 公司，实现与 DoubleClick for Advertisers（DFA）广告服务产品的无缝整合，帮助广告购买者处理大批量展示广告交易。2011 年以 4 亿

---

[1] DoubleClick 于 1996 年成立，主要从事网络广告管理软件开发与广告服务，对网络广告活动进行集中策划、执行、监控和追踪。1998 年，在纳斯达克上市时，2000 年股价最高达到 134 美元，市值超过 100 亿美元。由于市场环境和自身原因，DoubleClick 随之迅速衰落。2005 年，私募投资公司 Hellman & Friedman 以 11 亿美元价格收购。JMI Equity and Management 是 DoubleClick 的联合投资者。DoubleClick 服务 Google、雅虎和 MSN 等知名网站，我国网易等部分网站也是其客户。DoubleClick 在 2006 年营收约为 1.5 亿美元。2007 年 3 月，DoubleClick 正式委托摩根士丹利为其制订筹资方案，其中包括上市计划。自那之后，有关 DoubleClick 将被收购的传闻成为业界关注焦点，Google、微软、雅虎以及时代华纳旗下的 AOL 都是其潜在的收购者。最终，Google 战胜强大竞争对手，成功收购 DoubleClick，迈出向显示广告市场扩张的重要一步。

美元收购Admeld，与Google AdX紧密结合，加强SSP平台建设。2012年4月，谷歌在中国推出DoubleClick Ad Exchange广告交易平台①，Google AdWords的广告主可以从原有界面直接进入Ad Exchange平台。华扬联众、安吉斯媒体集团、淘宝、悠易互通等买方进入该平台。Google AdSense发布商接入Ad Exchange平台。新浪网、搜狐网、CNTV、凤凰网等发布商，已接入该广告平台当中。2013年9月，谷歌Admob向中国大陆移动广告平台安沃传媒（adwo）发出合作邀约，安沃传媒有望成为Admob在中国市场的首个聚合平台合作伙伴。

（五）扩展广告产品生产线

谷歌通过收购YouTube，强化谷歌搜索引擎行业主导地位，占据了美国网络视频市场的垄断性地位，提高了全球互联网企业与网络广告的资本升值空间。

2006年10月，谷歌公司以16.5亿美元收购YouTube，获得宽频以及视频内容这一领域的搜索主导地位。YouTube占领近50%的美国网络视频市场，与GoogleVideo合并后，谷歌在美网络视频市场份额接近60%，②获得市场垄断地位。YouTube是谷歌之后排名第二的搜索目的地，通过并购后，YouTube成为当时全球第二大搜索引擎。同时，Youtube还为谷歌提供了显示广告的入口和数十亿的页面浏览流量。该并购受到资本市场的追捧。10月25日，谷歌股价最高攀登到488.5美元，是谷歌IPO以来达到的最高价位；按照当日每股收盘价486.6美元计算，谷歌的市值超过1480亿美元③，YouTube市值突破20亿美元。Youtube盈利模式主要是通过与传统的视频内容提供商签订协议，以YouTube为平台投放视频，通过AdSense广告联盟获取广告收入。为此，Youtube推出"视频分享、用户创造内容（UGC）、广告分成"的传播模式，同时加强行业并购以强化市场地位。

---

① 在海外，DoubleClick Ad Exchange客户遍及全球26个国家，覆盖超过200个国家的消费者。

② 至2006年7月底，YouTube每月访客数目为3050万，GoogleVideo为930万，雅虎的YahooVideo为530万。

③ 《Google收购YouTube带来的启示》，http://net.chinabyte.com/374/2644874.shtml。

2011 年 3 月，YouTube 宣布收购视频制作公司 Next New Networks。2009 年，Youtube 每周由广告赞助的视频浏览量达到 10 亿次，2010 年 5 月达到 20 亿次，2010 年 10 月首次达到 30 亿次[①]。根据 Comscore 发布 2011 年全球视频网站排行，YouTube 蝉联第一，以 43.8% 的市场占有率位居榜首，占据美国互联网视频浏览量的 80%。2006 年第四季度 YouTube 获得 1.25 亿美元的广告收入[②]。2013 年 YouTube 用户收看时长每天累计近 3 亿小时，其广告收益达 35 亿美元，所得净收入为 15 亿美元[③]。

（六）开发广告用户网络行为追踪系统

谷歌公司拟开发自己的用户网络行为追踪系统，为广告商提供一个叫作 AdID 的追踪方案，以取代第三方 HTTP cookies。谷歌 Chrome 占浏览器 42% 的市场份额，世界三分之一的在线广告收入。谷歌在 Chrome 中成功布局 AdID，它将控制几乎一半的广告识别与用户追踪市场，对我国网络广告市场的发展与战略布局产生了重大影响。

二 谷歌中国在我国网络广告的市场竞争

（一）强化自有知识产权挖掘和专利技术部署力度

为争夺未来市场话语权，谷歌公司一进入中国市场，就强化自有知识产权挖掘和专利技术部署力度。在中国公开申请技术专利，旨在用于保护网络广告技术。例如：CN03816821.9 号文献涉及一种通过分级特定内容的节点结构在因特网上提供广告内容和在每个节点独立发送广告定价的方法和系统。CN03821685.X 号文献涉及一种允许广告清单提供商的互联网分布式合作伙伴接收过滤和屏蔽过的清单，以在互联网分布式合作伙伴的网站上显示清单的方法和系统。CN03824458.6 号文献涉及一种使用客户端装置提供与客户浏览内容相关的广告的方法。CN03824461.6 号文献涉及一种基于内容供应广告的方法。CN03824459.4 号文献涉及一种使用与电子邮件有关的信息来提供广告的方法。CN200380104662.3 号

[①] http://www.haotui.com/baike/YouTube/.
[②] http://www.cnetnews.com.cn/2007/0904/488438.shtml.
[③] http://www.36kr.com/p/213513.html。YouTube 收入中的 55% 会分成给内容生产者。

文献涉及一种用于通过电子邮件进行动态文本广告发布的方法和系统。CN200480007633.X号文献涉及一种标识相关信息指定内容或呈现与内容相关广告有关的信息的方法。CN03822800.9号文献涉及一种识别广告的目标信息或候选目标信息的方法。①

（二）加强与中国移动、中国电信等海内外强势企业的网络广告合作

加强与中国移动、网通、电信等海内外强势企业的网络广告合作与市场布局，强化谷歌的全球网络广告领导地位。2007年1月，谷歌公司与中国移动就手机搜索达成合作，成为移动梦网手机门户站点的独家搜索服务提供商。2月，谷歌公司与中国网通推出宽带搜索服务，其搜索框率先出现在网通宽带门户"宽带我世界"的网页中。4月，由谷歌公司AdSense（智能匹配广告）技术向中国电信旗下的互联星空门户和400多家城市门户网站（主要包括21CN、上海热线、武汉热线、广州视窗等）提供在线广告服务。1月与3月，三星、LG等手机厂商与谷歌就移动手机搜索达成协议。2008年4月，中国移动谷歌达成相关协议，将开发基于GoogleAndroid手机操作系统的服务。9月，谷歌计划在全球13个国家首次进行"AdSense for Mobile"（AdMob）手机广告业务的测试服务，主要包括中国、印度、美国、英国等手机业务强国。

（三）加强与新浪等网站的投资与合作

加强与新浪等网站的投资与合作，提升网站流量，强化市场争夺。2004年，网易开始与谷歌长达三年的搜索合作。2005年，对265网站进行战略投资；2007年7月，谷歌通过关联公司谷歌爱尔兰约以2000万美元收购265网络平台，购得域名g.cn，以增加谷歌流量，提高用户黏性，推进其本地化建设。2005年8月，谷歌签约上海火速、中资源、中企动力、东莞广速网络等企业为关键字广告业务的全国代理商。2007年1月，迅雷与谷歌达成战略合作，融资2000万美元。6月，新浪与谷歌结成战略伙伴关系，在搜索、广告与资讯内容方面进行合作，为新浪提供网页搜索。新浪搜索服务中嵌入谷歌网页搜索框，在内容资讯方面与谷歌展开深度合作，谷歌以其技术优势等保障网络广告方式的灵活

---

① 魏衍亮：《谷歌引领广告、搜索专利新潮流》，《中国知识产权报》2006年6月28日。

性及投放的高效率，拟在网络广告的品牌营销、关键字营销、竞价排名等方面与新浪分成。8月，谷歌中国与天涯深化战略合作，为"天涯问答"与"天涯来吧"提供技术支持。2006年，谷歌为早日进入中国市场，与赶集网使用同一张ICP牌照；2007年，获得的新ICP牌照与赶集网组建的合资公司共有。谷歌退出中国大陆后，360使用谷歌的默认搜索链接。

（四）加强与国际大型广告公司的合作

谷歌通过加强与国际大广告公司的合作，加强中国网络广告市场布局。

2008年，谷歌与WPP集团达成在未来三年内斥资460万美元来开展"谷歌与WPP市场研究奖励计划"的协议。2012年6月，WPP旗下媒介公司传立媒体与谷歌共同建立"Mobile Garage"合资公司，加强与WPP旗下两移动代理公司Joule、H-Art的关系，旨在将谷歌移动领域里的专业知识与传立媒体的国际客户的资源有效配置。2013年4月，据WPP集团CEO马丁·索瑞尔（Martin Sorrell）在《金融时报》数字媒体峰会的报料："WPP每年投资720亿美元在全球购买广告空间，其中34%被投入数字媒体平台；其中，谷歌是WPP的第二大投资平台，谷歌最早将于2013年或2014年超越新闻集团，成为WPP的最大广告投资平台。"

2008年1月，谷歌与法国阳狮集团（Publicis）宣布建立伙伴关系。8月，谷歌宣布将DoubleClick旗下Performics的"搜索引擎市场推广"（SEM）业务出售给阳狮，阳狮将其纳入6月成立的数字新媒体广告部门"VivaKi Nerve Center"（锐奇[①]神经中枢交易平台）管理。2010年11月，谷歌与阳狮锐奇续签2008年合作协议2年，以整合一个新的数字广告平台拓展显示广告市场，作为阳狮锐奇交易平台的一个扩展，帮助用户在美国和欧洲购买视频和移动广告。2013年11月，阳狮旗下睿域（Razorfish）和乐必扬（DigitasLBi）等两家数字广告营销公司，与谷歌公司签署

---

① VivaKi是阳狮集团旗下媒体和数字业务战略机构，包括Digitas的数字媒体部门，以及星传媒体集团（Starcom MediaVest Group）。

了价值1亿美元的广告投放协议，涉及谷歌旗下的YouTube、社交媒体Hangouts、Google移动与banner广告联盟。

第五节　我国搜索引擎发展趋势

我国面临打破全球互联网"被谷歌"态势。全球网络广告形成谷歌化趋势，一方面为用户提供便利，推动传播技术发展，为世界各国互联网企业所学习、所效仿；另一方面又存在着控制信息通道，形成绝对市场垄断，控导网络广告市场，垄断国际社会话语权等诸多问题，对全球可持续性发展和填平信息鸿沟造成巨大威胁。

一　我国搜索广告面临发展挑战

全球最大搜索引擎谷歌已形成全球信息传播垄断和广告垄断，具有超国家实体的能量。我国搜索引擎发展与搜索广告经营，尤其在全球化方面面临谷歌的巨大挑战。

（一）控制信息传播通道

2008年1月，互联网流量监测机构comScore公布各大搜索公司在全球各大搜索市场的比重，谷歌在各发达国家和地区占据信息流量与广告市场的主导地位（参见图4—8）。

谷歌在欧洲市场，除俄罗斯只有32%市场占有率之外，在其他主要国家占有率在94%—70%。在北美市场的市场占有率为：加拿大78%，美国53%。Google在欧洲各国的市场占有率分别为：葡萄牙94%，西班牙93%，瑞士93%，芬兰92%，丹麦92%，奥地利88%，意大利84%，荷兰84%，法国83%，挪威81%，瑞典80%，德国80%，爱尔兰76%，英国73%。

谷歌在亚洲与拉丁美洲都占有极高的比重。亚洲及大洋洲市场分别为：印度80%，澳大利亚77%，新西兰72%，新加坡57%，马来西亚57%，日本40%。在拉美市场为：智利93%，委内瑞拉93%，哥伦比亚91%，阿根廷89%，巴西89%，墨西哥88%，波多黎各57%。

尽管与微软形成强烈竞争，谷歌全球市场第一地位一直没有发生变

图 4—8 谷歌在世界主要国家市场份额

化,从而形成了全球品牌地位。在 Brand Finance 2017 年度全球 500 强品牌榜单中,谷歌排名第一。在《2017 年 BrandZ 最具价值全球品牌 100 强》中,谷歌位列第一。

(二) 影响良性生态建设

从 2000 年后广告技术(AdMob,DoubleClick)并购,到 2010 年后移动互联网(Motorola Mobility, Apigee)和 AI(DeepMind),谷歌在不断形成与优化信息传播的生态系统,① 从而盘踞在全球生态链、市场链与价值链的顶端,影响网络广告发展与生态建设。

加强广告系统建设。2008 年,谷歌收购互联网广告经纪商 Double Click。通过各种手段使欧盟委员会无条件批准谷歌斥资 31 亿美元收购互

---

① 《一张图看懂谷歌历年大宗收购案》,http://www.199it.com/archives/761745.html。

联网广告经济商 Double Click，为程序化广告购买提供技术基础。2009 年 1 月，苹果公司并购移动广告公司 Quattro 无线。6 月，谷歌关闭 AdWhirl。11 月，谷歌为打压对手苹果，以 7.5 亿美元并购移动广告商 AdMob 公司（此外，还收购了 VoIP 技术服务厂商 Gizmo5），成为最大移动广告公司。

布局移动生态系统。2012 年 5 月，以 125 亿美元收购摩托罗拉移动（Motorola Mobility），以智能手机维护和发展 Android 生态系统。2013 年 6 月，以 11.5 亿美元并购地图技术公司 Waze，完善谷歌地图定位功能。2014 年 1 月，以 6.5 亿美元并购英国伦敦的 DeepMind，布局人工智能市场。2 月，以 32 亿美元并购 Nest Lab，维护家用设备市场地位，为 Android 生态系统构建物联网语境。

优化市场生态建设。为加强广告市场竞争，获取发展先机，2006 年谷歌收购世界上最大视频网站 You Tube，为网络广告市场提供发展机遇。2010 年，谷歌收购美国大型团购网 Groupon 受阻，于是拟推团购服务与 Groupon 竞争。为形成市场垄断，谷歌强力实施战略性并购，谷歌 2009 年收购视频压缩技术公司 On2，2010 年收购视觉搜索引擎初创公司 Plink 公司和 eBook Technologies 公司等，开拓网络视频发展格局。

（三）控导网络广告发展

谷歌通过 AdWords、AdSense 盈利模式与技术转让和创新等手段，获取全球最大的搜索引擎市场份额。同时，通过市场竞争、技术开发与战略性并购，形成搜索引擎市场的绝对垄断地位，对本国、其他国家和地区进行商业控制与信息屏蔽。

一是付费展示广告排名算法是谷歌在广告市场的竞争利器。2009 年 12 月，谷歌开发测定广告效果的软件工具 Campaign Insights，帮助广告投放商进行广告投放选择，主导网络广告市场发展方向。

二是高价收购特色广告公司，以提高"商誉"（Goodwill）标准。2008 年，谷歌以 31 亿美元收购互联网广告经纪商 Double Click，成为唯一占据统治或控制地位的互联网广告经纪商或发布商。2009 年，收购 Teracent 公司，该公司能提供基于特定需求的横幅广告色彩、语言及其他元素的自定义技术。2010 年，收购展示广告公司 Invite Media 与谷歌移动广告公司 AdMob 公司，后者能够帮助谷歌提供更好的广告服务，帮助广告商将影响力覆盖到移动用户。谷歌 2010 财年第三季度财务报告显示，谷歌 Android 移动搜索广告业务年收入为 10 亿美元，囊括了美国移动广告市场（价值 8.77 亿美元）59% 的市场份额。

三是收购大型特色网站，提高显示广告业务。2006 年，谷歌以 16.5 亿美元收购 You Tube（五周年当天浏览量突破 20 亿次），并把 You Tube、谷歌财经以及第三方 AdSense 发布商等资产整合到一起，推出一款名为"谷歌展示网络"（Google Display Network）的展示广告网络。谷歌 2010 财年第三季度财务报告显示，You Tube 给谷歌带来 25 亿美元广告收入。

四是谷歌 AdSense 广告平台让各种著名的网络公司对谷歌产生广告依赖症。谷歌 AdSense 广告平台分成比例为：内容广告方面，谷歌支付 68% 的广告收入给发布商；对于搜索广告，谷歌支付 51% 的广告收入给发布商。中互联网安全软件与互联网服务公司奇虎在收入方面对谷歌的依赖非同一般，奇虎委托的艾瑞咨询报告显示，奇虎为中国第三大互联网公司；截至 2011 年 1 月，奇虎每月拥有 3.39 亿活跃用户，用户渗透率占到中国市场的 85.8%。2011 年 3 月奇虎 360 向美国证券交易委员会提交的招股书显示，2009 年和 2010 年，Google 是奇虎的最大客户；2009 年和 2010 年的奇虎，来自 Google 的收入分别占其总收入的 11.2% 和 21.1%，是 Google 用来支付 360 安全浏览器和网址导航为其带来用户的费用。

(四) 垄断国际传播话语权

搜索引擎产生和创造价值的一个方面，是其在满足传播与受众需求的信息搜索之时，具有潜在的控制大量在线活动的能力，使网民容易患信息搜索引擎依赖症。

谷歌等强势搜索引擎通过对技术、信息、新闻、广告、市场等方面的控制度、传播度、影响度与参与度，与所属国政府、利益相关者集团、利益集团和非政府组织等形成利益关联与战略联盟，不但潜在地影响和操控世界各国政府、行业、学界、媒体与公众等方面的认知态度、行为方式与思想观念乃至主流意识形态，而且其形成影响和操控相关国家与地区的技术更新、产业发展、媒体报道与意识形态的话语权，具有与国际社会、政府组织和公众舆论相对抗的威胁能量。

同时，具有技术优势和市场垄断的谷歌等搜索引擎，日益成为其所属国家对外政策与法律执行的利剑和全球战略政策执行的"马前卒"，所造成的信息鸿沟使相关国家与地区在其国内外的市场发展、资本融合、技术更新、资源争夺与品牌竞争等方面失去传播力与竞争力，已严重地损害了世界信息结构发展的平衡、相关国家的国家利益与信息发展能力和参与国际事务应有的话语权。

二 我国搜索引擎宜有所作为

我国搜索引擎既要面对谷歌化困境，又要有所作为，宜构建搜索广告发展新趋势。

（一）宜突破本土化发展瓶颈，建设全球性平台企业

谷歌等巨头加大对全球搜索引擎市场份额竞争，战略性收购会蚕食其他有利于搜索引擎发展的行业与领域，形成马太效应。同时，我国搜索引擎一样会遭遇反垄断诉讼和知识产权、隐私权等相关问题的法律诉讼，在语言、文化与市场等方面一样面临他国本土化困境。因此，要成为全球性搜索平台，既要吸收经验教训，又要加强全球化建设。

（二）宜构建网络空间命运共同体，维护网络主权与意识形态安全

谷歌等搜索引擎损害网络主权与国家安全，与发展中国家利益形成发展鸿沟，成为影响世界政治、经济和文化发展走向的一个重要工具。2010年3月，谷歌退出中国大陆市场，把服务器放到中国香港，并以"不作恶"的企业宗旨进行政治渲染。这是谷歌对中国发动了"带有政治性质的突然袭击"，"成为美国实施外交政策的一条鞭子"。[①] 美国根据原有国际关系范畴与地缘政治发展范式，遵循美国本土为核心，以美欧主

---

① 美国《政客》网站2010年1月15日报道，对谷歌与美国政府的人际关系做了梳理：谷歌是奥巴马竞选阵营的第四大资助者，其CEO埃里克·施密特是奥巴马的特别竞选顾问。奥巴马胜选后，施密特被委任为总统信息科技委员会委员。而在奥巴马的新班子中，还有谷歌的三名前高管，他们分别是凯蒂·史坦顿、索纳尔·莎阿和安德鲁·麦克劳林。有这么多人牵着白宫与谷歌，后者如何能"安心经商"？参见《世界不欢迎"白宫的谷歌"》，《环球时报》2010年1月20日。

要盟友、西方阵营等意识形态相同的国家为中心，向所谓"民主国家"、利益攸关方国家、发展中国家利益攸关方、第三世界国家等国家实体与非国家行为体，循序推进、有序扩张，构建了以美国政府、西方发达国家、美国公司、美西主导的国际组织与非政府组织等多利益攸关方，企图阻断其他主权国家或国际组织通过制度化方式挑战美国优势，形成具有核心主导、有效配置、梯次发展、有力控制的全球网络空间结构特征与治理特性，以强化美国在地域空间与网络空间的绝对霸权。① 在互联网时代，谷歌是美国国家利益极为重要的组成部分与霸权符号。谷歌试图技术发展优势与市场地位，"帮助美国设下在思想上征服世界的陷阱"②，是美国"巧实力"外交的一次演练③，沦为践行美国对外政策的"马前卒"。

（三）推进工具性的多"媒"体、智能化与个性化成为发展趋势

搜索引擎是公共信息检索平台和新闻媒体的整合平台，与社交、电商融合发展而成为多"媒"体，是媒体帝国、广告帝国和技术巨无霸的聚合，日益成为改变媒体生产方式、广告投放方式和人类生活方式的一个媒体发展典范。2010 年，谷歌收购社交游戏初创企业 SocialDeck 公司、初创公司 Angstro，筹划推出社交网络服务，与 Facebook 抗衡，同时也是应对微软公司和 Facebook 公布的一个合作计划，即微软利用 Facebook 用户的社交关系数据优化微软必应搜索引擎的搜索策略。韩国最大门户网站 Naver 结合旗下所有资源建立最新社交网络服务网站 Naver Me，后建成了社交网络 Line。

走向即时、精准的无线（移动）搜索与桌面搜索，以及技术主导的智能定位搜索、多媒体搜索与个性搜索。搜索服务向移动平台转移，用户可以在脱离电脑时或不开网络浏览器的情况下任意使用搜索服务。搜索引擎必然常规化，被广泛使用在浏览器、App。移动互联网 App 内容分发形式使搜索引擎的入口地位弱化，以致其成为互联网平台企业的重要

---

① 侯云灏、王凤翔：《网络空间的全球治理及其"中国方案"》，《新闻与写作》2017 年第 1 期。

② 《世界不欢迎"白宫的谷歌"》，《环球时报》2010 年 1 月 20 日。

③ 姜飞、张丹、冷凇：《谷歌事件：美国"巧实力"外交的一次演练》，《红旗文稿》2010 年第 7 期。

生态闭环要素，以个性化与智能化形成发展优势。

把信息检索从目前基于关键词层面提高到基于知识或概念层面，使之对知识有一定的理解能力与处理能力，能够有选择性地为用户提供个性化的搜索服务，从提供纯文本到提供视频、音频、图片、图像等各种多媒体信息，实现对用户的信息需求从被动接收到主动智能化地理解。

云计算搜索得到大力发展。云计算的超大规模性为搜索引擎提供有力保障，用户从使用云计算到提供云计算服务，云计算搜索会得到广泛运用。

（四）推动与发挥国家对搜索引擎市场规范与广告发展的重要作用

谷歌的市场垄断遭到欧盟等组织与国家的法律诉讼。谷歌形成的信息传播通道控制，已经引起世界主要国家的警觉和行动。谷歌的市场垄断、商业控制与信息屏蔽，对各国构成了威胁，以致多国对其进行反垄断诉讼与其他法律诉讼。2007年，谷歌收购DoubleClick引发微软担忧，并遭欧盟反垄断调查。2009年，意大利反垄断机构对谷歌涉嫌滥用市场支配地位展开调查。2010年是谷歌收购公司最多的一年（达48家），也是遭受反垄断调查最厉害的一年。美国消费者团体呼吁对谷歌采取反垄断行动，美国司法部有多次对谷歌实施反垄断的提议。欧盟多次对有关谷歌滥用网络搜索市场支配地位的指控启动反垄断调查。英国、法国、德国等10个国家联名致函谷歌，要求其提高对用户隐私的保护。德国对谷歌非法获取公民数据提起申诉，计划强化本国的隐私法。法国反垄断机构责令谷歌Adwords在线广告服务在四个月内将其程序透明化，裁决谷歌必须接受Navx广告。2020年以法国为首的欧盟国家向美国互联网巨头征收数字税。

国家搜索引擎进一步得到发展。搜索引擎是国家软实力的重要表现，国家搜索引擎日益成为维护国家信息安全的一种战略工具，更是国际斗争的一种信息制衡工具。世界主要国家将会加强这方面的竞争，完善对用户隐私的法律保护。

世界各国在缩小信息鸿沟、强化社会责任与增强公信力方面有待加强。在全球市场竞争中，谷歌等搜索引擎处于绝对优势地位，世界各国应对其加大国际压力、行业压力、技术压力、法律压力和舆论压力，推动网络空间命运共同体建设。

第五章

我国社交网络广告发展概况

社交网络（Social Network Site，SNS）是基于社会网络关系系统思想的网络系统。

从网络论坛（Bulletin Board System，BBS）、博客（Blog）等更新到微博客（MicroBlog）、微信（WeChat），我国社交类应用更新迅速，形成了广大网民与用户新的传播方式、交流方式与生活方式。博客是最早被网民接受的带有社交性质的[1]新闻媒体与网络产品。在博客基础上，出现了新型社交媒体微博客（简称微博），是基于信息快速分享的微博传播（新浪微博、腾讯微博等）。国内前有基于大众化社交的腾讯 QQ 形成自身信息闭环，后有自身网络生态的微信。基于白领与学生用户交流的开心网、人人网等，基于未婚男女婚介的百合网、珍爱网等，是网络社交的新发展、新形态。

第一节 博客与人人网广告发展概况

一 博客传播与广告发展

（一）博客传播

Webblog（Blog）与 Blogger 是一种网络日志，源于分众传播，凸显个

---

[1] 吴晓波：《腾讯传 1998—2016》，浙江大学出版社 2017 年版，第 159 页。

体价值。在web2.0技术语境下，博客主页是"作为展现个人兴趣并与生活中的重要人物分享的方式"①。博客通过简单聚合（Really Simple Syndication，RSS）、社交网络（SNS）、标签（TAG）等技术在博客中的充分运用，以"反向引用""留言""评论"等交往方式，② 参与各类话题的传播、互动与构建，形成网上信息分享与互动交流的传播方式。

在美国出现的博客，受到我国IT界、网络传播界、新闻界与娱乐界的及时关注与引进创新。博客是我国兴起的一种社交自媒体，主要包括：独立运营的专业博客（博客网、博拉网、博客大巴等）、新闻网站创新的独立博客（新浪博客、搜狐博客等）、网站关联业态形成的博客（QQ空间的腾讯博客、MSN Spaces的MSN博客、百度空间的百度博客、天涯论坛的天涯博客、网易邮箱的网易博客等）。博客推动了网络传播方式的新变革、新发展，促成了网络传播的新应用、新模式，为网络广告与市场营销提供了新机遇、新业态。

2002年8月，开通中国博客（www.blogchina.com），并发布《中国博客宣言》。③ 因此，2002年被舆论称为中国"博客"元年。

2003年6月，"木子美"博客日记红遍中国，草根传播依附网络空间、博客迅速走红。传统媒体与传统网站引介博客概念，博客成为社会公众所认可关注的热门网络传播现象。

2005年，风险资本对国内博客投资青睐，我国博客产业初具雏形。国外博客网站估值很高，风险投资推动国内博客网站的发展。④ 2004—2005年，专业博客网站博客中国（Bokee）获1000万美元的风险投资。2005年，中国博客网（BlogCN，又名博尚）也获风险投资1000万美元。

---

① 刘津：《博客传播》，清华大学出版社2008年版，第26页。
② 赵雅文：《博客：生存·生性·生态》，中国社会科学出版社2008年版，第71页。
③ 方兴东、王俊秀：《博客——e时代的盗火者》，中国方正出版社2003年版。参见闵大洪《中国网络媒体20年（1994—2014）》，电子工业出版社2016年版，第91—94页。
④ 美国财经网站247wallst评出美国最具商业价值的25个博客站点。其中，第一名的Gawker价值1.7亿美元，德拉吉报道网价值4800万美元，科技博客TechCrunch价值2500万美元。参见钟慧丽：《浙江两位博客先锋：我们走了一些弯路》，《钱江晚报》2009年3月3日。

我国新闻网站创新博客网站，占据信息传播的用户新入口，新浪、搜狐、网易三大新闻网站开始积极参与博客的创新发展。其中，影响力最大的是新浪博客。2005年9月，新浪网推出博客频道；9个月后，新浪微博月活用户超过2000万。

主流媒体参与新闻博客的入口争夺。2006年5月，《北京娱乐信报》第一个率先推出博客日报版，从此，我国主流媒体开始了博客新闻的入口经营与传播演绎。

2008年汶川地震、北京奥运会与华南虎事件、艳照门事件等重大历史事件与社会舆情事件，推动了我国博客用户增长、博客传播繁荣与博客舆论监督。

中国互联网络信息中心（CNNIC）《2008—2009博客市场及博客行为研究报告》显示，至2009年6月，个人博客用户规模达1.81亿人，博客空间规模超过3亿，活跃博客作者规模达1.13亿人。中国互联网络信息中心第27、第29、第31、第33次《中国互联网络发展状况统计报告》显示，2010—2013年博客用户/个人空间的市场规模达2.95亿、3.19亿、3.72亿、4.37亿。第35次《中国互联网络发展状况统计报告》显示，我国博客用户规模由2013年的8770万上升为2014年的1.09亿，博客使用率由14.2%上升到16.8%。由于微博、微信等新型即时的社交媒体与社交网络的发展与繁荣，博客草根性逐步下降，创作内容精英化，因此博客市场规模有比较大的降幅。

（二）博客广告

博客广告是发布在博客网站和个人网页上的广告，是实现信息传播、树立品牌、推销产品、塑造形象等营销功能与公共服务。作为互联网广告发展新形态的博客广告，广告形式主要包括：旗帜广告、按钮广告、弹出式窗口广告、链接广告等，以及各类隐性广告、软文广告、专题广告、话题广告等传播形式。

在"全民皆博"的传播浪潮中，以"内容为王"的名人博客进行了网络广告营销探索。2005年11月，和讯网与知名博客KESO签署广告合同，在KESO个人博客上发布和讯网广告，为期3个月，每月广告费为

1000元，这被称为国内第一次的实质性博客广告。① 2006年3月，福建省厦门市书生公司在IT界知名博客——"胜总的博客"上投放过万的广告费，创当年国内个人博客最大单笔广告收入。② 从此，博客广告迎来了新机遇、新发展。

博客广告联盟为博客广告收益分配提供发展新思路新手段，解决了博客和托管网站之间广告费用分成的利益纠纷与发展矛盾，即：通过博主自愿或引导加入，博主通过发布博客广告获得广告联盟的广告分成，从而凸显了博客广告的传播影响，拓展了商业营销的价值链。2006年3月，和讯网成立和讯博客广告联盟，重点是名人博客广告联盟。这是我国首个博客广告代理平台。3月，新浪成立新浪博客广告联盟，推行新浪博客"广告分享计划"。8月，博客网成立博客金行，重点是草根博客广告联盟。

一些有影响力的海外企业通过名人博客做广告。其中，韩寒新浪博客为微软做广告宣传，黄健翔新浪博客为可口可乐做广告，李承鹏新浪博客为诺基亚做广告，业内影响力比较大。

2008年10月，获得千万美元融资、计划上市的BlogCN倒闭。一方面，博客网站通过广告收费难以盈利；另一方面，虽然博客广告有发展动力，但是一直没有找到良性的广告盈利模式。在微博客、微信等各类新媒体形态出现与QQ等新业态的日趋成熟，博客广告盈利日渐式微。博客传播形式一直存在，广告营销及其市场应用场景难以获得拓展空间，难以形成与其他新业态共生发展趋势。业界人士认为，鉴于博客传播商业模式的先天缺陷，在社交化路线上走入歧途，直接导致了新闻门户时代的终结。③

---

① 刘振：《鸡肋还是盛宴——也看博客广告的风生水起》，《广告大观》（媒介版）2016年第3期。
② 同上。
③ 吴晓波：《腾讯传1998—2016》，浙江大学出版社2017年版，第161页。

二 人人网与广告经营

（一）人人网发展概况

人人网是我国红极一时的校园社交网站，该网站以实名制为基础，曾经占据我国大学生用户80%以上的市场份额。从2005年至今，有10亿注册用户，100亿动态与照片。同时，人人网拷贝Facebook发展模式成为行内共识，因此，有舆论称之为"中国脸书"。

人人网前身是由留美学生王兴2005年12月以美国脸书（Facebook）为蓝本创办的校内网（www.xiaonei.com）。2009年8月，陈一舟将校内网更名为人人网（www.renren.com）。

2006年10月，陈一舟千橡互动集团收购校内网，并将千橡公司5Q校园网合并到校内网。2008年5月，校内网学习Facebook，推出应用程序借口（API）开放测试版，成为第一个API开放的本土SNS网站。2008年11月，校园网《开心农场》偷菜小游戏上线，在2009年红遍大江南北，巅峰时期拥有上亿用户。

2010年6月，推出团购网站糯米网（www.nuomi.com）。投资地理位置服务的图吧科技（Mapbar.com）。

2011年5月，在纽约证券交易所IPO上市（NYSE：RENN），当天市值达70亿美元。当时，人人公司拥有社交网站人人网、游戏公司人人游戏、糯米网、在线招聘（商务社交）网站经纬网，并投资在线旅游网站艺龙网。年底，注册用户数超1.7亿，活跃用户数超1亿。

2011年9月，人人网以8000万美元收购视频网站56网，形成SNS与视频的融合发展。56网在视频有UGC和PGC业务优势，2014年10月，搜狐并购56网（不含"我秀"）。

2012年9月，人人网与旗下开心网实现互联互通，推动社交网站用户参与游戏与社交。2013年7月，人人网开心农场下线。

2012年，人人网将其Messenger产品相关功能优化为独立App，命名为私信，后因用户体验不佳而放弃。人人网达到90多亿美元的最高市场估值。

2014年，陈一舟将团购、在线视频和游戏发展等人人网业务及其资源转移到互联网金融等新兴领域，削弱了人人网的用户黏性与社交功能。

2016 年，人人网开展直播业务，上线社交平台"人人直播"。

2017 年，人人网经营二手车销售业务。

2018 年，投资区块链。11 月，以 2000 万美元外加 4000 万美元股票对价出售给北京多牛传媒。同时，市值缩水超过 97%。

从此，在美上市的人人网主要业务是国内二手车业务，以及在美国运营的卡车司机路径软件业务（Trucker Path）和软件即服务（SaaS）业务为代表的境外业务，从而彻底退出社交传播，不再存在广告经营。

（二）人人网的广告经营

2011 年度财报显示：2011 年净营收为 1.18 亿美元，年游戏收入为 4230 万美元，年在线广告收入为 5960 万美元。第一季度广告收入 810 万美元（同期增长率为 100.5%）低于游戏收入 910 万美元，而第 2—4 季度网络广告超过游戏收入，发展势头良好，年广告营收占年净收入比重 50.51%（年增长率为 54.1%）。

2012 年，移动互联网进一步发展，流量继续从 PC 平台向移动平台过渡。2014 年，人人网进行相关业务转型经营与独立发展，其网络广告因为没有用户的社交黏性而失去大量用户。社交在线广告模式在发展中摸索与创新，社交网络还没有形成普适的广告盈利模式。从 2012 年 -9.7% 到 2017 年 -63.9% 的负增长显示，人人网广告份额在其内部收入中连续下降与发展无力。因此，在各种因素交加作用下，复制 Facebook 的"中国脸书"失去竞争力与影响力，同时，人人网成为我国互联网发展史上试验各种网络产品的互联网代表公司。

2012 年度财报显示，2012 年净营收为 1.761 亿美元，年在线广告收入为 5380 万美元，为年净收入的 31%，年增长率为 -9.7%；年在线游戏营收为 9020 万美元，年增长率 113.2%。年广告增长率开始出现负增长。从 2012 年开始，游戏收入超过在线广告而成为主要发展业务与主要收入来源。

2013 年度财报显示，2013 年净营收为 1.567 亿美元。年在线广告收入为 5010 万美元，年增长率为 -6.4%，占年净收入比重的 32%；游戏业务净营业收入为 8550 万美元，占年净收入比重的 50%；其他互联网增值服务收入为 2110 万美元，占年净收入比重的 13%。广告、游戏各个行业竞争加剧，56 网旗下的我秀视频直播栏目收入增加。

在 2011—2014 年，人人网与腾讯、微博、陌陌的广告经营上有一定的市场地位。2014—2017 年度人人网财报显示：2014 年广告营收为 2690 万美元，年增长率为 -35.3%。2015 年广告营收为 970 万美元，年增长率为 -63.9%。2016 年广告营收为 170 万美元，年增长率为 -470.59%。

第二节　微博传播与新浪微博广告发展概况

微博的出现标志着我国新媒体发展进入了一个新时期。微博是我国博客的创新发展，成为一种新的生活方式与新闻信息传播方式。其中，新浪微博成为微博社交时代的代表。微博广告是我国网络广告发展的一个新阶段，新浪微博广告开拓了我国社交广告发展新业态。

一　微博传播特点

微博（Weibo），网友昵称为"围脖"，是微型博客（MicroBlog）的简称，即一句话博客，是 web2.0 语境下聚合即时通信（IM）、网络论坛（BBS）、社交网络（SNS）等社交共性特征的一种网络新媒体与网络产品新形态。微博用户通过各种客户端组建个人社区，以 140 字文字更新信息，并实现即时分享。① 我国微博作为一种媒体新形态，是基于用户关系信息分享、传播以及获取的新平台，是对美国推特（twitter）② 的模仿、

---

① 参见《新浪微博招股说明书》。
② 2006 年，博客技术先驱 blogger 创始人埃文·威廉姆斯（Evan Williams）创建的新兴公司 Obvious 推出 Twitter 服务。Twitter 是一个广受欢迎的社交网络及微博客服务的网站，是全球互联网上访问量最大的十个网站之一，是微博客的典型应用。它可绑定 IM 即时通信软件，允许用户将自己的最新动态和想法以短信形式发送给手机和个性化网站群，而不仅仅是发送给个人。所有的 Twitter 消息都被限制在 140 个字符之内。2012 年 2 月，Twitter 称有能力针对不同国家和地区实施网络内容过滤，引发关注；10 月，Twitter 收购美移动应用开发工具厂商 Cabana。2013 年 9 月，Twitter 进行首次公开募股（IPO）。11 月，Twitter 股票在纽约证券交易所挂牌，开盘 45.1 美元，较发行价大涨 73.46%。

追随与创新。微博以移动设备、即时通信（IM）软件（Gtalk[①]、MSN、QQ、skype 等）与对外应用编程接口（Application Programming Interface, API）开放等途径，发布文字、图片、音频、视频、动漫等即时信息，实现各级机关、社会组织与企业单位的传播需要与社会沟通。"微博的本质是节点共享的即时信息网络，微博是一种以聚合为特征的信息传播模式，微博的传播优势是节点间的'弱连带'和信息'圈子化'传播，微博影响力本质是信息资源的凝聚力和整合力。"[②]

与传统博客相比，微博形成了符合新媒体规律与互联网传播的新特点：一是使用简单便捷，多终端使用，能够即时传达、一键即发，满足使用者原创内容随时随地的传播与更新；二是不对称传播容易形成草根个性与多样化个体，可以多端多平台传播，不再完全是精英传播与传统媒体的专属内容传播；三是分布式传播便于信息聚合与散播社交，信息传播的实时公开有利于形成社交群；四是"平民媒体"面貌容易形成病毒性传播的对话流，引发群体关注、圈层传播与社会舆论；五是"语录体"传播适合现代生活方式，符合年青一代的社交节奏，符合政府、企业与社会发布即时新闻信息的社交需要和舆论引导。从此，微博逐步成为一种网络传播与媒体发展的新业态，微传播成为主流社交传播发展的一种新潮流，微博广告通过网页、挂件、按钮与窗体等成为"生态协作部落"[③] 的新景观。

二　微博发展概况

微博是继论坛、博客之后成为用户生产内容（User Generated Content, UGC）新闻门户网站产品的"标准配置"[④]。后来，新浪微博为王，重构传播生态，形成社交平台。

[①] GTalk 软件是谷歌推出的即时通讯（Instant Messaging, IM）软件。

[②] 喻国明、欧亚、张佰明、王斌：《微博：一种新传播形态的考察——影响力模型和社会性应用》，人民日报出版社 2011 年版，第 12 页。

[③] 新浪：《中国微博元年市场白皮书》2010 年 9 月 9 日。

[④] 同上。

(一) 微博初创期

微博初创，是推特化的模仿。2007年5月，王兴创办饭否网（FanFou），是国内微博产品的最早代表。8月，腾讯滔滔上线。此外，嘀咕网、做啥网、叽歪网、贫嘴等微博纷纷上线。其中，饭否网形成一定影响力。至2009年上半年，饭否网用户规模从年初30万激增到100万，成为具有一定影响力的微博产品。2009年7月，饭否网、叽歪网等微博网站相继停止运营，为新浪微博的崛起提供了历史性机遇。（参见表5—1）

表5—1　　　　　　　　国内主要微博产品与发展概况

序号	产品名称	上线时间
1	做啥网	2007年正式上线。
2	嘀咕网	2009年2月8日正式上线。
3	同学网	2009年5月进军微博领域。
4	9911微博客	2009年5月上线。
5	Follow5	2009年6月上线，8月开始正式测试。
6	新浪微博	2009年8月开始内测。
7	搜狐微博	2009年12月14日上线。2010年4月11日公测。
8	百度i贴吧①	2009年11月推出。
9	网易微博	2010年1月20日上线内侧。2014年11月6日关闭。
10	人民微博（人民网微博）	2010年2月上线。2019年11月9日关闭。
11	腾讯微博	2010年4月1日对外小规模测试。2014年10月27日，腾讯裁撤微信事业部，腾讯微博合并到腾讯网。2020年9月28日，腾讯微博停止运营。
12	凤凰微博	2010年4月6日内侧。
13	新华微博（新华网微博）	2011年4月19日公测。

资料来源：新浪《中国微博元年市场白皮书》（2010年9月9日）；其中一部分根据网络整理。

---

① 百度HI是百度在2008年推出的一款即时通信软件，包括文字信息、文件传输、语音视频等多个功能。2020年4月27日，正式更名为"如流"，实现品牌升级。

（二）微博发展期

2009—2011年，门户网站、新闻网站与商业网站争夺微博阵地，微博市场发展速度呈现惊人发展态势。2009年8月，新浪微博测试，成为国内首家推出微博服务的门户网站。2010年2月，人民网人民微博上线，成为国内首家推出微博的中央重点新闻网站。至2010年6月，具有较大影响力的微博网站数量达到36家，微博活跃用户接近2000万。[1] 新浪微博自上线后，用户数量每周以50%的速度增长。2010年3—6月即四个月时间就增长2000万用户（参见图5—1）。尽管微博市场竞争激烈，但新浪微博用户规模最大，2010年占微博用户使用比60.9%（参见图5—2）。从此，新浪微博奠定了微博时代的龙头地位。

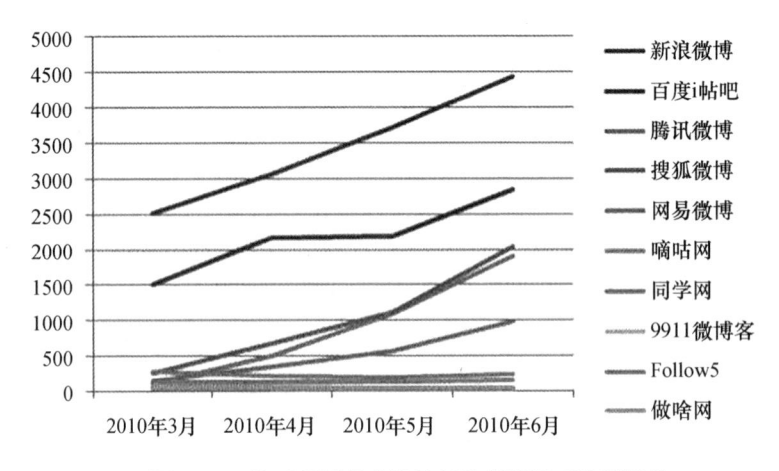

图5—1 基于月覆盖人数的新浪微博处于发展优势

数据来源：艾瑞网络用户行为监测（IUT）。

2009—2011年，搜狐、百度、网易、人民网、腾讯、凤凰网、新华网、和讯财经网、139邮箱等，纷纷推出自己的微博平台与微博产品，抢夺新媒体前沿阵地。2010年被称为中国的微博元年。至2010年8月，有41家政府机构（不含公安部门）开通微博，形成政务微博的先声。国内

---

[1] 汝信、陆学艺、李培林主编：《社会蓝皮书：2011年中国社会形势分析与预测》，社会科学文献出版社2011年版。

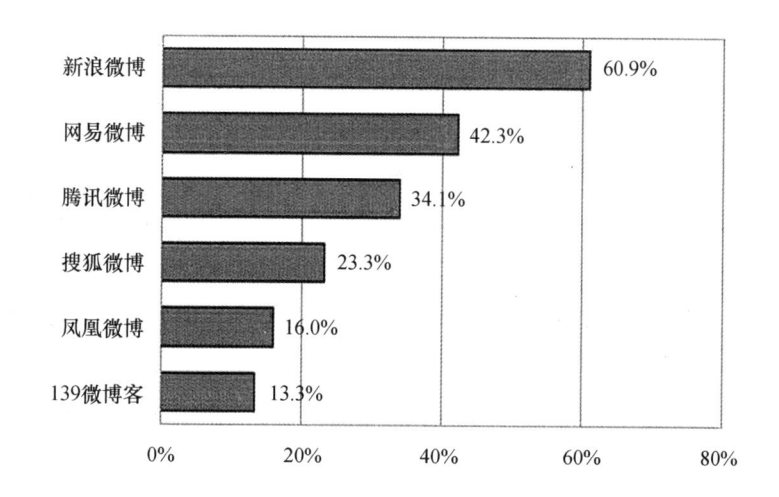

图 5—2　2010 年微博用户主流微博占比分布

数据来源：DCCI 2010 中国互联网微博与社区调查研究报告。

公安微博达 60 多家，其中广东省公安厅集体开通微博；至 2010 年 10 月，446 家主流新闻机构（118 家报纸、243 家杂志、36 家电视台、69 家电台）开通新浪微博（参见图 5—3）。[①] CNNIC《第 27 次中国互联网络发展状况统计报告》显示，2010 年微博用户规模约 6311 万人，网民使用率为 13.8%。从此，我国微博市场开始大洗牌，进入门户网站、新闻网站与财经网站争夺微博话语权的时代。

鉴于微博成为新的网络入口、重要新闻来源、发布机构与社交应用等特点，因此获得广大机构、媒体、用户与受众的使用、关注与认可，因此用户规模呈现跳跃性上升。2011 年 7 月实施微视频战略《第 28 次中国互联网络发展状况统计报告》显示，至 2011 年 6 月，国内微博用户规模达 1.95 亿，半年内增长率为 208.9%。《第 29 次中国互联网络发展状况统计报告》显示：至 2011 年 12 月，国内微博用户数达到 2.5 亿，年增长率为 296.0%，用户规模迅猛增长。微博网民使用率为 48.7%，成为国内近一半网民使用的重要应用平台，说明用户的网络传播方式与网民的

---

①　新浪：《中国微博元年市场白皮书》2010 年 9 月 9 日。

图5—3 主流新闻媒体机构使用新浪微博概况

资料来源：新浪《中国微博元年市场白皮书》（2010年9月9日）。

网络沟通交流方式发生了明显变化。

（三）微博稳定期

一是新浪独大。2012年微博用户规模为3.09亿，年增长率为23.5%，网民使用率为54.7%，微博使用达到高峰期。人民网舆情监测室《2012年新浪媒体微博报告》显示："约30%的媒体发表微博数超过一万条。更值得一提的是，媒体微博目前发博数超过400万条，而这些微博被转发数达3.8亿次、被评论数达1.8亿次。"① 2013年为2.81亿，年增长率为-9.0%，主要原因是微信正在崛起，商业化变现有瓶颈。2014年7月，新浪在美国纳斯达克上市IPO（NASDAQ：WB），进一步形成先发优势。2014年微博用户规模为2.49亿，年增长率为-7.1%，主要原因是大多数门户网站对微博失去竞争力，搜狐等网站减少微博投入，腾讯裁撤微博事业部，腾讯微博合并到腾讯网，网易关停网易微博，用户群体向新浪微博倾斜，新浪一家独大局势明朗。

二是发展政务微博。"两微一端"政务新媒体成为政府新闻信息发布

---

① http://www.wenming.cn/xwcb_pd/cmcy/201301/t20130123_1041427.shtml.

的重要应用,人民微博形成符合自身定位的政务产品格局,新浪政务微博形成发展优势。人民网舆情监测室《2012年新浪媒体微博报告》:"截至2012年底新浪微博认证的媒体微博总数突破11万个,包括17221个媒体官方微博。"[1]《第39次中国互联网络发展状况统计报告》显示,2016年,我国政府机构新浪政务微博数量为125098个,政府微博移动端应用使用率为6.0%。《第41次中国互联网络发展状况统计报告》显示,2017年,我国政府机构新浪政务微博数量达134827个,手机端使用率为11.4%。

三是构建社交生态闭环。通过名人、明星、网红等重建微博内容生态,内容建设进一步得到强化[2],草根性色彩淡化。通过并购与上市、热搜与广告获得流量变现,拓展市场空间,加强短视频、移动直播、电商的布局,深化了网络传播生态,用户使用率稳步提升。

三 新浪微博的广告发展

2011年4月,新浪微博CEO曹国伟在全球移动互联网大会上透露,微博六大商业模式分别是:互动精准广告、社交游戏、实时搜索、无线增值服务、电子商务平台与数字内容收费。[3] 在微博发展中,逐步成为平台媒体,广告是微博的主要收入来源(参见表4—2),电商、游戏与增值服务次之。

(一)形成广告资源的独特性

新浪微博形成独家产品,具有广告资源独特性。一是形成域名的独特性与垄断性。[4] 二是和阿里巴巴形成信息对接、战略合作与资本并购。2010年9月,阿里巴巴旗下PHPWIND社区论坛与新浪微博实现平台信息互联互通。10月,新浪微博成为独立公司。2013年4月,阿里巴巴投资

---

[1] http://www.wenming.cn/xwcb_pd/cmcy/201301/t20130123_1041427.shtml.
[2] 2013年12月,新浪微博有超过28亿条被发布信息,其中,22亿篇是包含图片,8170万篇包含视频,2150万篇包含歌曲。参见《新浪微博招股说明书》。
[3] https://tech.sina.com.cn/i/2011-04-28/18105463034.shtml.
[4] 新浪web登陆域名为t.sina.com.cn,手机WAP登陆域名为t.sin.cn,成功收购三个域名:weibo.com、weibo.cn、weibo.com.cn。

5.85亿美金，收购新浪微博18%的股份，成为新浪微博第二大股东。三是新浪微博上市，形成产业发展优势。2014年4月17日，新浪微博正式登陆纳斯达克上市①，成为全球范围内首家上市的中文社交媒体。这不仅证明了微博的独特价值，也将进一步巩固微博在国内社交媒体领域的领导地位。②四是形成行业优势，其他国内微博开始弱化与边缘化。新浪微博从实现到上市，在知名度、使用率、首选率、满意度、用户黏性、权威性、吸引力、月度覆盖人数、月度总访问量次数、月度总浏览时间、资本使用率等指标方面③，全面领先国内所有微博网站，为网络广告发展提供了独有或独特的资源与话语权。

（二）通过学习借鉴，形成符合自身发展规律的广告形式

推特（twitter）颠覆了谷歌广告发展模式，推出的"推特推广"（Promoted Tweets）平台与"自我申明"机制④对全球广告形式发展与国内微博广告发展具有深刻影响。

新浪微博创建了符合自身发展规律与互联网规律的广告传播形式。2012年第2财季，新浪微博开始货币化，主要是顶部和底部公告，以及右侧的广告推荐。微博对广告经营进行了探索，通过推出商业化手段，包括广告、会员付费、微币、与移动运营商分成、游戏分成、用户数据

---

① 发行价17美元，最高融资额为3.28亿美元。上市首日大幅上涨，高收19%。
② http://tech.sina.com.cn/i/2014-04-18/09309329858.shtml.
③ 参见新浪《中国微博元年市场白皮书》2010年9月9日。
④ 参见赵静静《我国微博广告价值分析》，硕士学位论文，河北大学，2012年。Promoted Tweets广告平台是推特首次正式推出的广告服务，是推特迈向商业化模式探索的第一步。广告模式是：广告主企业购买某个关键词，当用户在搜索相关信息时，在搜索结果页面顶部会显示出企业所购买的"关键词"。出现在搜索结果页面的关键词广告有明显的"Promoted"标记。所以，只有当用户点击企业购买的某个关键词，或者使用了Hoot Suite应用时，该广告才会被看到。而且搜索的广告消息是实时更新的。利益分配模式：Promoted Tweets广告平台采取以参与度为基准的收费方式，即广告主广告内容被当作Twitter信息转发、被用户关注以及广告被点击，广告主皆需付费，当且仅当只有广告主最初广告发生上述现象时才需付费。每一条Promoted Tweets收费最高可达10万美元。Twitter的Promoted Tweets广告平台已扩展至Twitter.com主站之外，使像TwitterRific、Twitter Fox、推特Deck等这样基于Twitter API的第三方应用程序也能投放广告。进一步扩大Promoted Tweets广告模式的应用范围。

库挖掘等，但这些盈利方式有效性仍需在市场中检验。[1]

2013年第2财季，发布信息流广告。[2] 新浪微博广告形式主要有：关键词广告[3]、话题植入广告[4]、手机微博广告、自定义页面背景广告[5]、功能内置式广告[6]、软文广告、营销植入广告等，推动了我国网络广告的发展与繁荣。

加强新浪微博服务中小企业与用户的广告自助系统建设，开发与创新微博自助式广告[7]。该系统帮助广告主自主发布和管理广告内容，广告主按效果广告进行付费。新浪微博的自助式广告是基于微博用户地理位置、身份标签、兴趣爱好与用户画像分类等，通过技术化了的统计学模型，根据广告主需要对用户推送符合其身份与兴趣的广告内容。同时，按照新浪微博统一的广告投放系统、信用系统、支付系统、分成系统和数据挖掘系统，实现新浪微博与广告主的广告利益与传播效益。

---

[1] 李玉：《2012年微博年度报告发布：微博增速减缓尚未探索出盈利模式》，中国社会科学在线，2013年1月4日，http://www.csstoday.net/2013/01/04/41149.html。

[2] 参见新浪财报。

[3] 用户检索某一关键词，在检索结果页面出现与该关键词相关的广告内容。广告主利用广告关键词锁定受众目标群，在用户转发交流信息页面上适时发布与其谈话内容相关的企业产品的广告词，使广告词自然而然地融入用户搜索结果之中。参见赵静静《我国微博广告价值分析》，硕士学位论文，河北大学，2012年。

[4] 指用户在搜索带有某种趋势或热议话题的关键词时，广告主通过广告服务系统在搜索结果页面投放与其相关产品的广告，广告内容则根据与搜索结果的相关性而设置关键词。参见赵静静《我国微博广告价值分析》，硕士学位论文，河北大学，2012年。

[5] 根据用户心情、兴趣与群体爱好进行广告传播的标签化，如新浪微博自定义页面背景设置功能、腾讯微博"自定义皮肤"背景功能、搜狐微博自定义模板功能等。新浪微博的模板中的自定义功能允许用户对页面背景和颜色可以自行选择，即是支持用户上传自制模板图片或使用推荐模板图片，作为微博页面头部区域图使用。这些标签化的个性微博，有利于企业品牌推广与游戏广告传播。参见赵静静《我国微博广告价值分析》，硕士学位论文，河北大学，2012年。

[6] 利用微博API开放平台，针对开发者和合作网站提供应用开发、连接和分享三个层面的合作模式。微博与第三方开发者合作打造出开放平台，满足用户的多元化需求，增强使用黏性，通过广告等形式进行分成，从中形成商业模式创新性发展。在微博营销过程中广告商可以将广告有针对性的植入在与企业品牌能发生联系的第三方应用等功能中，如：在趣味话题、图片和视频等展现形式中植入对产品的描述；带有商业符号的实物图像表情；或是会有商业模板，在其中会植入一些商业性宣传内容或logo元素，从而使潜在消费者更形象直接的接受信息。参见赵静静《我国微博广告价值分析》，硕士学位论文，河北大学，2012年。

[7] 参见赵静静《我国微博广告价值分析》，硕士学位论文，河北大学，2012年。

（三）粉丝经济推动广告发展

根据"粉丝"数量不同，发布一条广告微博的报价不等。《北京晨报》2011年1月17日报道，有博主收到的一份广告报价单显示，其中，"粉丝"数量超过60万，报价为2000元/条；"粉丝"数量接近50万，报价为1500元/条；"粉丝"数量接近30万，报价超过1000元/条；"粉丝"数量在10万至30万，报价为500元/条至800元/条。[①]

同样，草根微博转发广告也是明码标价。据2011年1月12日报道：有100万粉丝的"微博搞笑排行榜"转发一条微博的价格是500元，40万粉丝的"歪小点创意工作室"转发一条获利400元，"微博经典语录"转发一条的单价为350元。[②]

名人微博既是信息传播的重要平台，也是重要网红与关键意见领袖（Key Opinion Leader，KOL），同样是名人广告发布与信任变现的重要平台。2010年8月，瑞士信贷报告显示，新浪微博名人人气关注榜前100位的用户粉丝总数已达Twitter的30%。[③] 随着新浪微博名人粉丝数量的涨高，粉丝经济与粉红经济成为一种传播趋势，为广告发展与电商带货开辟了新场景。一名叫papi酱的女孩在微博迅速走红，达2700余万粉丝，成为2016年第一网红，丽人丽妆化妆品以2200万元高价，获papi酱广告植入的拍卖"标王"。

（四）加强企业广告营销建设

2011年，企业或广告入驻微博进行广告传播，把微博作为新营销传播场。2012年，新浪微博"名人汇"汇集了各行各业大量企业官方微博，迎来了企业与广告主们"聚会"的高峰。2012年，PC端首次开始收取广告费。2013年12月，有超过40万的企业用户账户。2013年第二季度，在手机端引入企业促销微博与微博营销。

一是通过企业官方微博进行广告传播。企业官方新浪微博将企业简

[①] 《小微博的大生意》，京华时报，http://www.chinadaily.com.cn/hqcj/zxqxb/2011-01-17/content_1585355.html。

[②] 《广告商看上草根名博 微博转一条广告收入500元》，http://news.cntv.cn/20110112/113505.shtml。

[③] 新浪：《中国微博元年市场白皮书》2010年9月9日。

介、广告宣传语、联系方式以及宣传信息等，通过其微博背景与长微博展现给每进入其官方微博的受众用户，传播其企业价值观、传播理念与品牌形象，促进受众对企业及其品牌的认同度、好感度与接受度。

二是通过名人微博对软文植入进行广告传播。微博上软文植入式广告主要分为企业、名人与草根等软文植入广告三种。2013年，加 VIP 用户超过70万，其中包括名人、意见领袖以及其他公众人物。[①] 企业通过名人微博加强企业品牌推广，通过草根或粉丝转发获得社会影响力。拥有庞大粉丝数量的名人充当"意见领袖"的舆论角色，企业或广告主关注名人微博，或发微博私信，或在广告信息中@名人等传播方式，而名人在其微博中传递着广告信息，形成更广泛的传播力，扩大企业品牌的影响力。

三是通过微博应用广场进行广告传播。新浪微博应用平台对 API 第三方免费开放，包含新浪微博应用广场站内应用与无线应用，涵盖娱乐休闲、生活服务、社区交友、新闻资讯、工具等五个方面，整合广告受众的聚集度与关注度，使得微博精准广告投放得到有效传播。站内应用排名前三为：一站到底答题闯、求提醒与批量小管家；手机 App 客户端下载方式一种是"下载版本到手机"，另一种下载方式是直接链接到企业官网进行 App 下载。通过"授权"或嵌入方式，企业与广告主获得使用者个人信息、好友关系等，并分享广告信息到其微博，且可获得其评论与传播。

四是通过微博内置式功能进行企业广告传播。根据微博界面设计与互动功能，新浪微博首页将五个定位广告展示区域通过定位广告、主题广告、互动游戏式广告的形式表现。通过"微访谈""微直播""微电台""新浪微群"推广新浪内部活动与企业及其品牌营销活动。

（五）广告发展势头迅猛

《新浪微博招股说明书》显示，新浪微博平均用户产生广告收入是有财季变化的。2012年第1—4财季，平均用户产生广告收入分别为0.01美元、0.13美元、0.23美元、0.23美元。2013年第1—4财季，平均用

[①] 参见《新浪微博招股说明书》。

户产生广告收入分别为 0.18 美元、0.26 美元、0.36 美元、0.44 美元。（参见图 5—4）

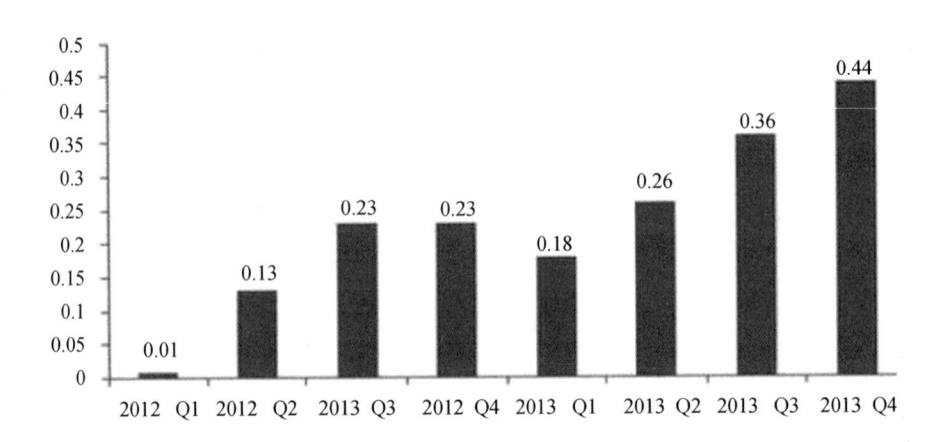

图 5—4 新浪微博平均用户产生广告收入（ARPU）（单位：美元）

资料来源：新浪微博招股说明书。

《新浪微博招股说明书》显示，新浪微博广告及市场收入主要来自广告展示（Social display ad arrangements），有一小部分来自 2013 年新引进的营销微博模式。广告展示收入，通常按照每千次阅读收费（CPM）或按天数收费（CPD）。新浪财报显示，2012—2013 年，新浪微博广告及市场营销收入分别占 5104.9 万美元、14842.6 万美元，分别为新浪年广告净收入的 12.4%、28.2%，分别为新浪微博年净收入的 77.4% 与 78.8%，其中手机移动收入分别为新浪微博广告及市场收入的 20.8% 与 28%。2013 年第 4 财季，新浪微博首次实现单季度盈利 2156 万美元，其中经营利润为 119 万美元。

2014 年新浪微博纳斯达克上市，广告发展进入一个新时期。2014—2018 年，新浪微博净营收呈现跳跃性发展，2017 年跨国 10 亿美元大关。广告与营销营收在 2017 年近 10 亿美元，2018 年为 15.0 亿美元，突破 10 亿美元大关。2014 年广告与营销占年净收入比重的 79.23%，2015 年为 84.20%。自 2015—2019 年，广告与营销占年净收入比重均超过 86%。（参见表 5—2）

表 5—2　　新浪微博 2014—2019 年净营收、增值服务营收和
　　　　　　广告营销营收　　　　　　　　（单位：亿美元）

财年	年净营收	增值服务营收（微博 VAS）	广告与营销营收	广告与营销年增长率	广告与营销占年净收入比重
2014	3.342	0.694	2.648	78%	79.23%
2015	4.779	0.755	4.024	52%	84.20%
2016	6.558	0.848	5.71	42%	87.07%
2017	11.5	1.533	9.967	81%	86.67%
2018	17.2	2.193	15.0	50%	87.21%
2019	17.7	2.367	15.3	2%	86.44%

资料来源：新浪微博财报，有整理。

（六）"僵尸粉"为微博广告发展带来瓶颈问题

微博粉丝数量事关平均用户产生广告收入，服务微博广告发布商与广告生态系统。而对广告主而言，粉丝数量企业广告主的病毒式营销与品牌传播，便于实现蕴藏消费者之间的营销价值、利润空间与市场利益。

用户庞大的"粉丝"数量背后，潜藏大量"僵尸粉""买卖粉"。"僵尸粉"是指一方面是指花钱买到"关注"而有名无实的微博粉丝，他们通常是由系统自动产生的恶意注册用户；另一方面，注册微博账户后活跃度不高的用户，这是微博发展客观所导致的产物。

《新浪微博社区管理规定（试行）》积极加强社区管理。因为"僵尸粉"表示"粉丝"数量增幅，虚假广告与欺骗信息泛滥，带来的是虚假人气与虚伪繁荣，与微博转发数、微博转发情况、微博评论情况、分时段发博数等代表用户行为特征向量毫无关系，影响用户信誉与商誉，不利于微博商业价值发展，难产生实际传播效果与预期效应。只有依法依规与行业自律，不断加强网络治理，才能提高微博用户黏性与企业营销公信力，维护广告商业良好品牌形象与微博良性生态系统。

第三节　QQ与微信构建腾讯广告社交生态

QQ与微信（WeChat）是腾讯自成生态、具有强大影响力与传播力的主要社交系统，腾讯博客、腾讯微博、搜索引擎、网络社交等也是腾讯社交传播的重要形式。从社交网站属性看，腾讯是我国最有吸引力、影响力与传播力的互联网公司（参见图5—5）。腾讯从三低（低龄、低收入、低学历）用户对象传播逐步走向全群体、全社群传播，形成"一站式"社交生活的全域布局，从而扩大了广告发展空间。

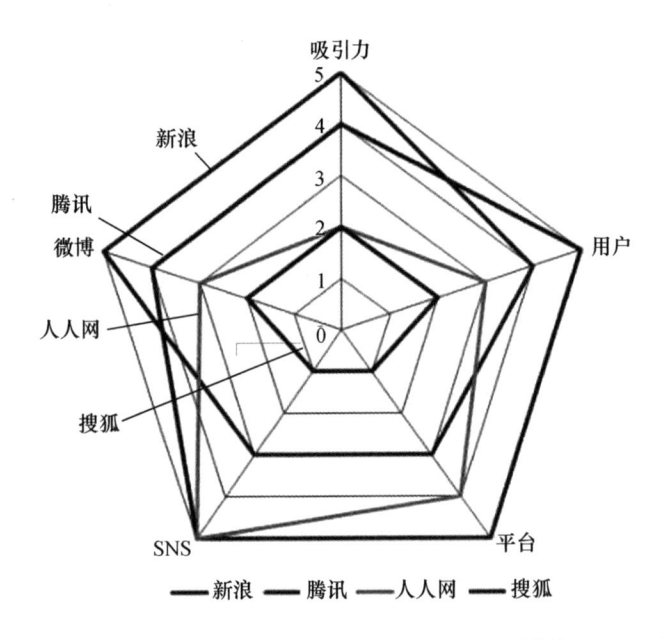

图5—5　腾讯成为我国最有影响力的社交媒体

资料来源：华泰证券。

一　腾讯QQ的社交化发展

（一）QQ的由来

1998年11月，腾讯在广东深圳成立。1999年2月，腾讯正式推出第一个即时通信软件（Instant Messenger，IM）——腾讯即时通信"OICQ"[1]，既是对 ICQ（I SEEK YOU）的意思，取其谐音而形成的即时通信符号）的模仿[2]，又结合与无线寻呼、GSM 短消息、IP 电话网互联的国家通信运营形势，形成符合我国本土需要的即时通信传播。经过不断的技术改进升级，腾讯 QQ 使用者无须任何成本费用，通过简单易操作，能随时随地以音视频、文件传递等方式，形成交往联系与社交传播的特点，广受欢迎。从此，QQ 成为一种方便、实用、超高效的即时通信、社交与游戏等多方面的传播平台。

从 1999 年开始，国内出现一批模仿 ICQ 的在线即时通信软件，如 CICQ（繁体字版）、PICQ（简体字版）、PCICQ（广州电信飞华公司）、OICQ、OMMO（深圳文赛信息网络有限公司）、国际精灵（南京北极星软件公司）等。从 2001 年开始，新浪、网易、搜狐等开发了即时通信软件，如新浪的聊聊吧、搜狐的我找你、网易的泡泡、263 的 E 话通、TOM 的 skype、朗玛的 UC、雅虎通等 30 多款类似产品。（参见图 5—6）

鉴于美国国家仲裁论坛判定腾讯将 OICQ.com 与 OICQ.net 域名归还美国在线[3]，腾讯即时软件就需要有一个有影响力的新名称。关于 QQ 名称由来，有两种说法。一说是腾讯一位创始人在公交车上听网友将 OICQ 简称为 QQ，获马化腾承认而定名；一说是网虫们与业内人士将最有影响力的 ICQ、OCIQ 等两款聊天软件昵称 QQ，是所有聊天软件的非正式统称，后被腾讯"据为己有"。[4]

2000 年 11 月，推出 QQ2000 版本。从此，QQ 取代 OCIQ，www.ten-

---

[1] Tencent Instant Messenger，简称 TIM，后改名为腾讯 QQ。1999 年 2 月，推出的腾讯即时通信开始成为中国内地即时通信的领头羊。2003 年 12 月，Tencent Messenger 对外发布，简称 TM。

[2] 1996 年夏天，以色列维斯格、瓦迪和高德芬格开发一种软件 ICQ，充分利用互联网即时交流的特点，实现人与人之间快速直接的交流。后成立名为 Mirabilis 公司，向所有注册用户提供 ICQ 服务。1997 年成为世界最大用户即时通信软件，1998 年，用户达 1000 万。1998 年底，美国在线（AOL）以 4.07 亿美元收购 ICQ。

[3] QQ 的前身 OICQ 是在 1999 年 2 月第一次推出。2000 年 3 月，美国国家仲裁论坛（NAF）对美国在线对腾讯的仲裁案作出裁决，判定腾讯将 OICQ.com 与 OICQ.net 域名归还美国在线。

[4] 吴晓波：《腾讯传 1998—2016》，浙江大学出版社 2017 年版，第 59 页。

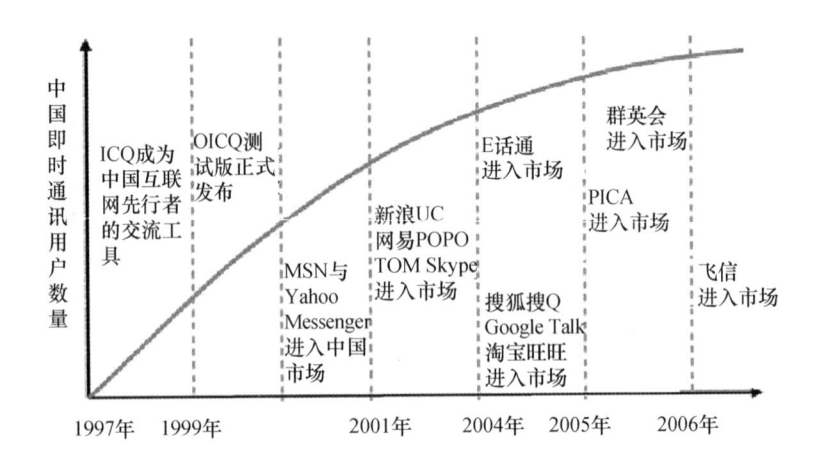

图 5—6　国内即时通信软件发展的时间轴

资料来源：艾瑞咨询。

cent.com 域名取代 www.oicq.com 域名，腾讯迈出了成为社交"龙脉"的步伐。

（二）腾讯"章鱼"社交优势与传播拓展

腾讯以 QQ 即时通信起步，通过 QQ 社交特点，结合中国社交文化心理，不断创新发展，构建了从 QQ 即时通信、QQ 社交空间到 QQ 应用平台的传播矩阵，强化用户社交黏性，形成"章鱼"般的市场触角、用户规模链与传播优势，成为具有全球影响力与传播力的网络巨头之一。

2000 年 4 月，推出 QQ 用户微博服务，即腾讯微博。后来，微博集成在腾讯 QQ 客户端。

2000 年 11 月，推出 QQ 资讯通与腾讯浏览器，QQ 从纯粹的即时通讯转向虚拟社区与资讯门户的发展，开始实现本土化的社交传播与新闻资讯建设。

2002 年 8 月，推出 QQ 的群聊功能，从陌生人社交转向真实社交关系，是对即时通信社交传播功能的突破性发展，形成符合中国社交文化与社交需要的本土化特色。

2003 年 1 月，推出 QQ 秀虚拟形象系统，形成了网络虚拟社区的用户情感归属、群体交往半径与社交生态系统。从此，QQ、QQ 会员、QQ 秀与Q币，构成了一个独立的、闭环运转的QQ世界[1]，为腾讯进一步的市场化经营与社交化发展提供了新机遇。

2003年9月，推出企业实时通信产品"腾讯通"（Real Time exchange，RTX）。

从2004年12月开始，腾讯建设与完善QQ空间，把多功能个人主页系统打造为"展示自我和他人互动的平台"[2]。2006年，QQ空间推出全屏模式、发布新版文本编辑器、信息中心与朋友圈。这标志着QQ形成了一种全新的社交传播范式。

进军游戏。2003年8月，QQ新版本加入游戏功能，设置QQ游戏大厅。2005年1月，推出《QQ堂》游戏。3月，《QQ幻想》内侧。6月，推出QQ宠物。2009年5月，开心网《开心农场》在QQ空间上线；8月更名为QQ农场。这一绑定QQ的系列动作，通过会员服务与虚拟道具，实现与QQ会员玩家的社交功能，增强用户与游戏社交黏性，加强了社交应用，获得了巨大流量份额，成为网络游戏第一巨头。

（三）QQ用户形成黏合优势与社交动力

QQ即时通讯传播，覆盖中国巨大的使用群体与人口。2000年5月，QQ同时在线人数首次突破10万大关；6月，QQ注册用户数再破千万大关。2001年2月，腾讯QQ在线用户突破百万大关，注册用户数已增至5000万。2002年3月，QQ注册用户数突破1亿大关。

QQ群社交化的发展与完善。2008年，新增QQ超级群，最高支持500人。2012年12月，腾讯开放人数上限1000人的QQ群，后又1000人群升级为2000人群。2010年3月，腾讯QQ同时在线用户数量突破1亿；2011年11月，突破1.5亿；2014年4月，突破2亿。QQ的社交便捷性，使其成为中国大陆最大的即时通信传播市场。

腾讯QQ支持在线聊天、即时传送视频、语音、文件等多种多样的功能，与移动通信终端、IP电话网、无线寻呼等多种通信方式相连，推动微博与微信的社交传播，形成传播联动与消费态势。

---

[1] 吴晓波：《腾讯传1998—2016》，浙江大学出版社2017年版，第91页。

[2] 同上注，第160页。

（四）资本力量助推形成腾讯社交生态

1999年7月，马化腾获得美国国际数据集团（IDG）与香港盈科数码220万美元融资，分别占腾讯20%的股份。2001年，南非MIH集团从香港盈科数码手中购得20%股权，随后从IDG方面收购13%的股份，股权占比达到33%。2002年，MIH集团获得腾讯公司的其他主要创始人将近13.5%的股份，股权比例MIH为46.5%。管理层为46.3%、IDG为7.2%。2003年，管理层购回IDG 7.2%和MIH少量股权，并通过股权调整，形成MIH与管理层分别持股50%的股权结构。2004年6月，腾讯控股在香港挂牌上市，发行价为3.70港元，是内地第一家在香港主板上市的中国互联网企业。腾讯香港IPO后，管理层和MIH的持股比例均减少到37.50%。2004年，南非联合银行（ABSA Bank）增持腾讯1.85亿股权益，占已发行股份的10.43%。后在微信红利刺激下，2017年腾讯估值一度达4万亿港元。

二 微信（WeChat）的崛起

2011年1月，腾讯推出微信1.0（测试版），是对kik的重构与发展。微信是为移动终端提供即时信息传播与社交服务的App软件，软件平台有Windows、macOS、Android、iOS、Blackberry、诺基亚S40版、S60V3、S60V5等系统。

（一）QQ生态对微信社交功能形成发展支持

微信支持通过QQ号导入现有联系人资料，并增加了与腾讯微博私信的互通以及多人会话功能的支持。微信拥有与整合了QQ诸多相关性功能，两者又是相互独立、相互影响的社交系统。

2013年8月，腾讯打通财付通与微信，形成微信支付。市场研究机构益索普（Ipsos）调查报告显示，2018年第4季度，财付通（含微信支付和手机QQ钱包）手机网民渗透率为86.4%。相比之下，支付宝的渗透率为70.9%。[①]

[①] 张雨忻、吴梦启：《微信支付的海外"B计划"》，36氪公众号，2019年3月30日。

（二）微信成为用户平台

用户极速跳跃增加，完全超乎业界想象。2012年3月，微信突破1亿用户，距离上线仅1年2个月多一点（433天）。而QQ同时在线人数用10年才突破1亿。在美国，Facebook为5年半，推特为4年。2012年9月，有用户破2亿。2013年1月，用户破3亿。2013年7月，国内用户破4亿。8月，海外用户破1亿。10月，注册用户破6亿，日活用户1亿。2018年2月，全球月活用户破10亿。至2013年，腾讯微信成为亚洲最大用户群体的即时通信与移动社交软件。（参见图5—7）

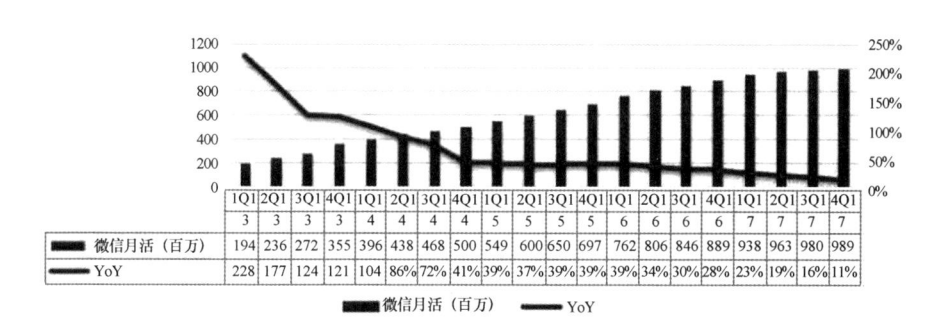

	1Q13	2Q13	3Q13	4Q13	1Q14	2Q14	3Q14	4Q14	1Q15	2Q15	3Q15	4Q15	1Q16	2Q16	3Q16	4Q16	1Q17	2Q17	3Q17	4Q17
微信月活（百万）	194	236	272	355	396	438	468	500	549	600	650	697	762	806	846	889	938	963	980	989
YoY	228	177	124	121	104	86%	72%	41%	39%	37%	39%	39%	39%	34%	30%	28%	23%	19%	16%	11%

图5—7 2013—2017年微信合并月活用户发展概况（单位：百万）

资料来源：腾讯财报。

（三）微信成为社交平台

2011年5月的2.0版本，新增Talkbox语音对讲功能。10月的3.0版本新增"摇一摇"与漂流瓶功能。2012年4月的4.0版本新增"朋友圈"功能，4.2版本推出视频通话功能，4.5版本加入语言提醒与导航功能，2014年1月微信红包测试并大发展、"滴滴打车"功能，7月推出移动端与PC的即时链接与多屏合一的网页版微信桌面系统，2017年1月微信"小程序"上线，不断促进了微信使用的社交化、智慧化与生活便捷化，从而增加用户社交黏性，促使微信从工具型的即时通信走向价值型的社交平台。

（四）微信成为自媒体平台

2012年8月，微信公众平台上线。从此，自媒体蔚为大观，促发新媒体革命。2015年10月，公众号数量突破1000万[①]。2016年，公众号数量超过2000万[②]，估计达2500万以上。2017年，微信公众号数量超过3000万，估计达3500万左右。

公众号以自媒体与社交传播的双重属性，革命性地变革与创新了网络传播与媒体产业的既有生态系统。各类用户通过博客、微博一定程度上掌握了新闻信息传播的发布权，随着新闻媒体对博客、微博的入口争夺，难以撼动专业媒体的传播地位与舆论主导功能。然而，公众号以用户为核心，以社会化内容生产为主，每天生产海量信息，自成生态系统，有摆脱专业媒体生产而形成自我特色的发展趋势，其中，头部自媒体影响力非常大。我国头部自媒体公众号有数百家，每家拥有数亿量级粉丝，其影响力远远超过专业媒体、传统网站。因其精准化与个性化推送，反映多元社会价值观，为网生代所认可追求，并成为其海量信息的生产者与传播者，其巨大影响力、传播力与渗透力远远超过专业媒体，对传统媒体与专业媒体构建的舆论主导地位，对新闻信息传播壁垒形成"革命性地击穿"[③] 的历史伟绩。

（五）微信成为电商平台

2013年8月5.0版本推出"微信支付"，2014年8月微信支付公布"微信智慧生活"方案，支付场景推动了网上支付的智慧生活与社交生态（参见图5—8），逐步成为我国第三方支付市场的领头羊。2013年12月增加表情商店与绑定银行卡功能，2014年3月增添微信接口对外开放，5月推出"微信小店"功能，微信逐步实现了商品查询、选购、体验、互动、订购与支付，成为线上线下一体化服务的电商交易平台。

（六）微信的海外拓展

2012年4月，微信支持繁体中文语言界面与中国香港、中国澳门、中国台湾、美国、日本用户绑定手机，并推出多语种支持。2013年8月，海外注册用户破1亿。微信以"WeChat"海外版，在海外200多个国家

[①] 吴晓波：《腾讯传1998—2016》，浙江大学出版社2017年版，第287页。
[②] 唐宋：《党报网站要发挥好定盘星和连心桥的作用》，http://media.people.com.cn/n1/2016/1215/c120837-28951958.html。
[③] 吴晓波：《腾讯传1998—2016》，浙江大学出版社2017年版，第287页。

图 5—8　微信支付功能与社交生态

资料来源：微信支付团队。

与地区拥有超过 1 亿多的用户，在越南、印度尼西亚等东南亚国家是排名前三的软件。[①]

2017 年 5 月，微信支付与 CITCON 合作进军美国移动支付市场。至 2017 年 5 月，微信支付登陆 15 个国家和地区，支持 12 种外币直接完成结算。

三　网络社交成为腾讯发展与腾飞的"龙脉"资源

（一）腾讯收入发展势头强劲，确定了在我国与全球的互联网巨头地位

QQ 与微信自成网络社交生态，推动了网络游戏、网络广告与电商市场的发展。尤其是，微信红利刺激了腾讯收入水涨船高、一路凯歌，成为我国与全球屈指可数的网络巨头。2013 年腾讯总营收为 604.37 亿元，年增长率为 38%。2014 年为 789.32 亿元，年增长率为 31%。2015 年为 1028.63 亿元，年增长率为 30%。2016 年为 1519.38 亿元，年增长率为 48%。2017 年为 2377.60 亿元，年增长率为 56%。虽然各个财季增长不同，基本上显示 V 型发展。（参见图 5—9）

[①] 吴晓波：《腾讯传 1998—2016》，浙江大学出版社 2017 年版，第 288 页。

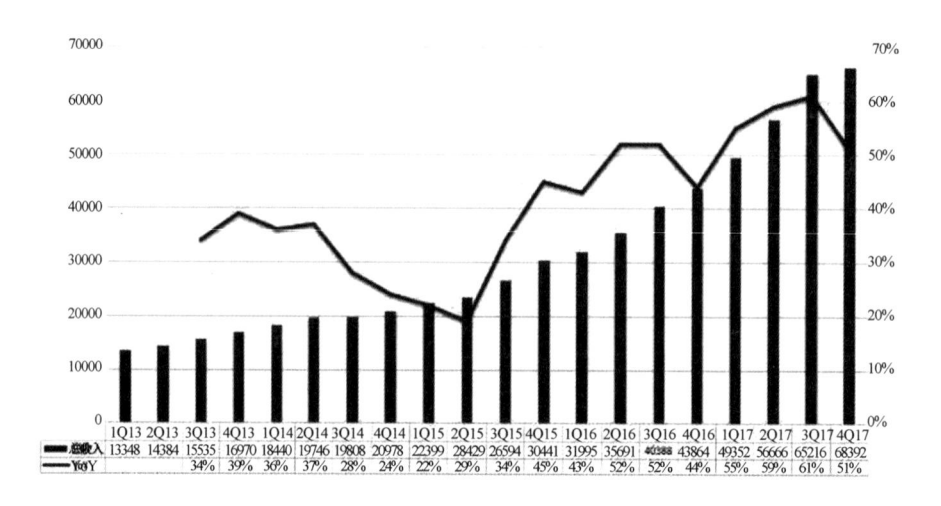

图5—9 腾讯2013—2017年各财季总收入概况（单位：百万元）

资料来源：腾讯财报。

（二）微信红利提升腾讯市值，强化了腾讯市场地位

2013年8月，腾讯发布微信5.0，受微信红利的刺激与支持，腾讯股价创新高，市值达5421亿港元。雪球财经2013年8月发布的"2013年8月中国互联网上市公司股价市值排名"报告显示，腾讯位列第一，市值为862.06亿美元。从此，一发不可收拾，腾讯股价一路飙升，近5年之内（从2013年8月算起）升值达7倍多。2014年1月30日，腾讯市值突破1万亿港元，达10120.57亿港元（约合1000亿美元），成为首家市值突破1000亿美元的中国互联网企业公司。2016年9月5日，腾讯市值突破2万亿港元，达20353亿港元（约合2624亿美元）。2017年8月1日，市值突破3万亿港元，达30375港元（约合3883亿美元）。2017年11月21日，市值突破4万亿港元，达4.08万亿港元（约合5222.4亿美元）。

（三）网络社交收入成为腾讯收入的重要来源

网络社交为腾讯实现附加值，获得巨大市场估值，同时社交收入还成为腾讯第三大收入来源，仅次于腾讯游戏收入、广告收入。2013年，腾讯社交收入为130.20亿元。2014年为185.54亿元，2015年为240.82

亿元，2016 年为 369.66 亿元，2017 年为 561.00 亿元。（参见图 5—10）

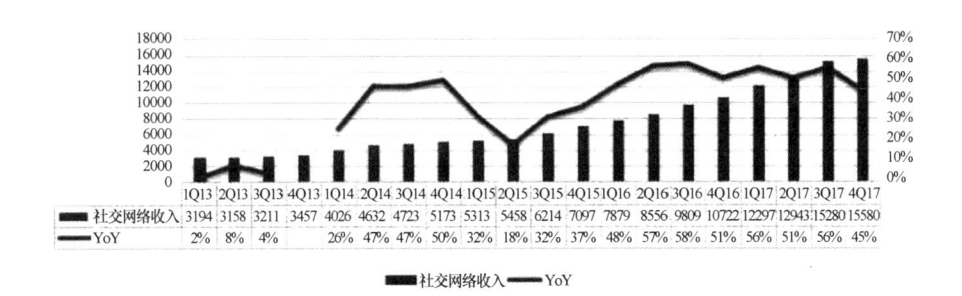

图 5—10　腾讯 2013—2017 年网络社交收入概况（单位：百万元）

资料来源：腾讯财报。

第四节　腾讯广告经营概况

腾讯通过 QQ"部落化"社交化传播与核心业务发展，形成 QQ、微信、微博与博客等社交矩阵，强化网络社交建设，开创社交效果广告，推动我国网络广告发展新阶段。

一　腾讯核心业务发展概况

（一）PC 端时代的互联网增值业务成为腾讯发展支柱

腾讯主要有增值业务（互联网增值业务、移动及电信增值）、电子商务与网络广告业务。

2005 年，互联网增值服务达 7.87 亿港元，超过移动及电信服务增值收入，网络广告收入达 1.13 亿港元，说明腾讯获得互联网发展的经营属性，从中国移动及电信业务中获得发展独立支柱，开始走向具有社交特色的互联网发展经营之路。2010 年，网络广告收入达 13.73 亿元，突破 10 亿元发展关口。2012 年，达 33.82 亿元，突破 30 亿元发展大关。（参见表 5—3）

表 5—3　　　　腾讯 2004—2012 年各年主营业务收入概况　　　（单位：亿元）

年份	互联网增值	移动及电信增值	网络广告	其他业务	总营收
2004	4.39	6.41	0.55	0.09	11.44
2005	7.87	5.17	1.13	0.09	14.26
2006	18.25	7.00	2.67	0.08	28.00
2007	25.14	8.08	4.93	0.07	38.22
2008	49.15	13.99	8.26	0.15	71.55
2009	95.31	19.06	9.62	0.41	124.40
2010	154.82	27.16	13.73	0.75	196.46
2011	230.43	32.72	19.92	1.90	284.97
2012	319.95	37.23	33.82	3.65	394.65

数据来源：腾讯财报（未经审核）。

（二）移动互联网时代的业务发展

2013—2017 年，增值业务、网络广告与电商业务成为腾讯业务三大支柱（参见图 5—11）。2014 年，网络广告收入超过电商收入，成为腾讯第二大收入来源，仅次于网络游戏收入。

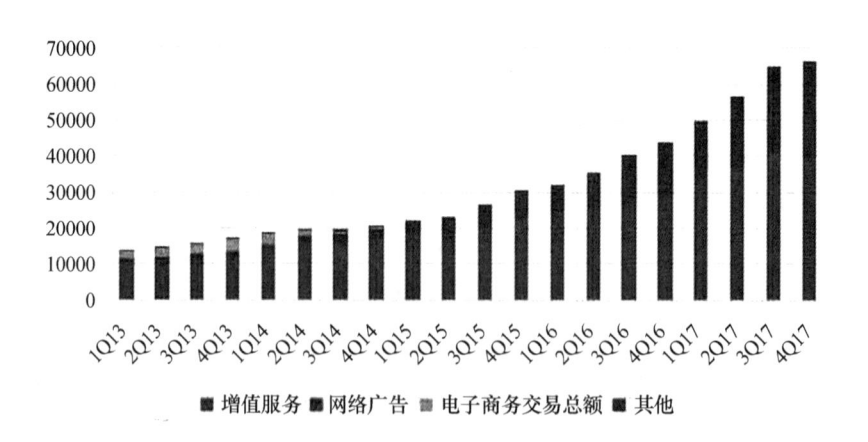

图 5—11　腾讯 2013—2017 年各季度主要业务构成（单位：百万元）

资料来源：腾讯财报（未经审核）。

在移动互联网时代，腾讯通过对资本入股与微信社交加强了对国内知名电商的影响与控制，试图形成以社交为特色的电商模式，与阿里形成双峰对峙的寡头趋势。至 2019 年，腾讯占京东 21.25% 股份，是京东的大股东。占拼多多 18.5% 的股份、占唯品会 9.6% 的股份，为拼多多、唯品会的第二大股东。

增值业务（网络游戏与社交网络）为第一大收入来源。2013 年增值业务为 449.985 亿元，2014 年为 633.10 亿元，2015 年为 806.69 亿元，2016 年为 1078.10 亿元，2017 年为 1537.83 亿元。（参见图 5—12）

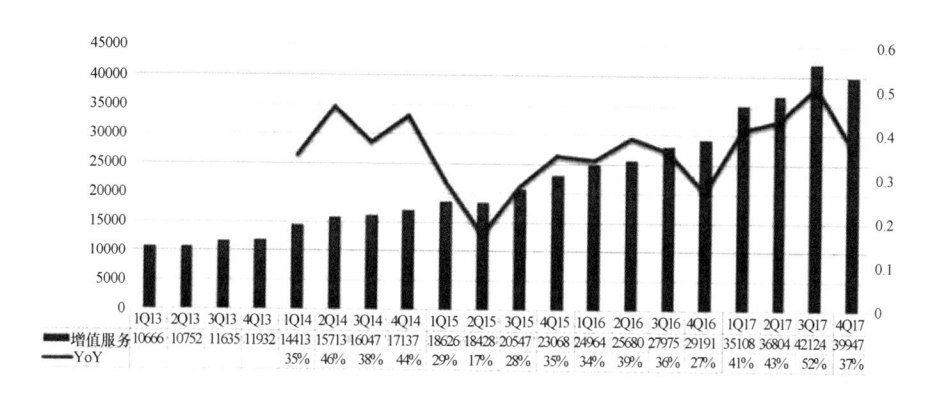

图 5—12　腾讯 2013—2017 年网络增值业务经营概况（单位：百万元）
资料来源：腾讯财报（未经审核）。

其中，增值业务中，网络游戏为第一收入支柱，社交收入次之。2013—2015 年，网络游戏收入占腾讯总营收的一半以上。2013 年腾讯网络游戏业务收入为 319.65 亿元，占年总营收的 52.89%。2014 年为 447.56 亿元，占年总营收的 56.70%。2015 年为 565.87 亿元，占年总营收的 55.01%。2016—2017 年，网络游戏收入下降到一半以下，仍然占有 4 成以上。2016 年为 708.44 亿元，占年总营收的 46.63%。2017 年为 978.83 亿元，占年总营收的 41.17%。（参见图 5—13）

二　腾讯广告业务发展概况

（一）发展概况：广告业务发展与腾讯其他业务生态紧密联系

2004—2011 年腾讯核心业务主要为互联网增值业务、移动及电信增

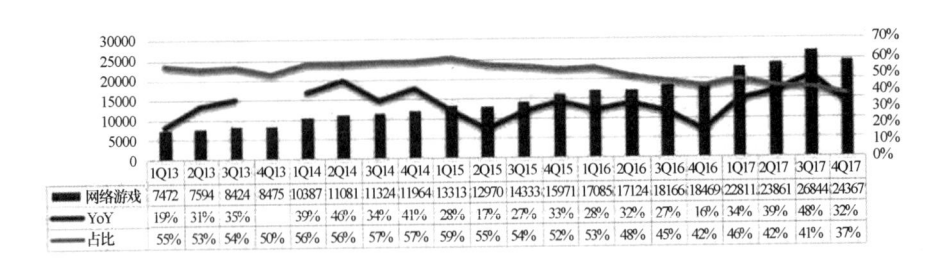

图 5—13　腾讯 2013—2017 年网络游戏收入概况（单位：百万元）

资料来源：腾讯财报。

值业务与网络广告业务，与 QQ 社交生态紧密联系在一起。其中，互联网增值业务、移动及电信增值业务推动网络广告业务的增长。2004 年至今，腾讯核心业务主要为互联网增值业务、电子商务交易业务与网络广告业务，互联网增值业务、电子商务交易业务同样推动了网络广告业务的增长。互联网增值业务是腾讯主营的核心业务，一直呈现上升趋势，除 2004 年、2005 年只占年总营收的 38.37%、55.19% 外，其他年份都在 65% 以上，2011 年占比达 80.86%。2013 年互联网增值服务收入为人民币 449.85 亿元。而移动及电信增值业务占净收入比重呈下降趋势，2012 年跌破年净收入的 10%，为 8.48%；而电子商务交易收入为 44.28 亿元人民币，占年净收入的 10.1%。2013 年电子商务交易收入为 97.96 亿元人民币，为净收入的 16.21%，而移动及电信增值业务与其他业务只有 6.22 亿元。（参见表 5—4）

表 5—4　腾讯 2004—2012 年各年三大主营业务收入占总收入的比例

（单位：%）

年份	互联网增值占比	移动及电信增值占比	网络广告占比	合计
2004	38.37	50.03	4.81	93.21
2005	55.19	36.26	7.92	99.37
2006	65.18	25.00	9.54	99.72
2007	65.78	21.14	12.90	99.82
2008	68.69	19.55	11.55	99.79

续表

年份	互联网增值占比	移动及电信增值占比	网络广告占比	合计
2009	76.72	15.32	7.73	99.77
2010	78.80	13.83	6.99	99.62
2011	80.86	11.48	6.99	99.33
2012	72.89	8.48	7.71	89.08

数据来源：腾讯财报（未经审核）。

（二）发展趋势：广告年收入每年上升发展，成为腾讯三大主营业务来源

2004年网络广告年营收为0.55亿元，2005年、2006年为1.13亿元、2.67亿元，年增长率为109.43%、136.28%。2015年起，电商业务不再在财报中凸显出来[①]。（参见表5—5）

2008年奥运会期间，网络广告年收入从2007年4.93亿元一跃为8.26亿元，年增长率为67.55%。经过2009年16.46%的低速增长之后，网络广告增长进入平稳增长期。2010年网络广告业务首次超过10亿元人民币，互联网增值业务首次超过100亿元人民币。2012年网络广告净收入为33.82亿元，首次越过20亿元，站在30亿元大关风口上。2013年网络广告收入为50.34亿元，首次越过40亿元大关，站在50亿元大关风口上，为腾讯年总收入（604.37亿元）的8.33%，年增长率为48.85%。（参见表5—5）

表5—5　　　　腾讯2004—2012年各年主营业务收入概况　　　（单位：亿元）

年份	互联网增值	移动及电信增值	其他业务	网络广告	网络广告年增长率
2004	4.39	6.41	0.09	0.55	—
2005	7.87	5.17	0.09	1.13	109.43%

---

① 腾讯一直期望进军电商板块，但是自营电商业务一直表现不佳，从拍拍网，到QQ商城再到QQ网购，发展最终搁浅。2014年3月，正式把电商业务剥离给京东。

续表

年份	互联网增值	移动及电信增值	其他业务	网络广告	网络广告年增长率
2006	18.25	7.00	0.08	2.67	136.28%
2007	25.14	8.08	0.07	4.93	84.64%
2008	49.15	13.99	0.15	8.26	67.55%
2009	95.31	19.06	0.41	9.62	16.46%
2010	154.82	27.16	0.75	13.73	42.72%
2011	230.43	32.72	1.90	19.92	45.08%
2012	319.95	37.23	3.65	33.82	69.78%

数据来源：腾讯公司各财年财务报表。

(三) 发展方向：移动互联网广告发展迅猛

2012—2017年，腾讯广告发展迅猛。除了年度转季有所不同与变化外，大多情况下一个季度比一个季度发展势头猛，每个财季同期增长速度极快。(参见图5—14)

2012年，广告年收入为33.82亿元，年增长率为69.78%，占年总营收的7.71%。

2013年，广告年收入为50.34亿元，年增长率为32.82%，占年总营收的8.33%。

2014年，广告年收入为83.08亿元，年增长率为65.04%，占年总营收的10.53%。

2015年，广告年收入为174.68亿元，年增长率为110.26%，占年总营收的16.98%。

2016年，广告年收入为269.70亿元，年增长率为54.40%，占年总营收的17.75%。

2017年，广告年收入为404.28亿元，年增长率为49.90%，占年总营收的17.00%。其中，第2—4财季分别为101.48亿元、110.42亿元、123.61亿元，每个季度均超过100亿元大关。这标志着腾讯广告经营发展进入了一个新的历史时期。(参见图5—14)

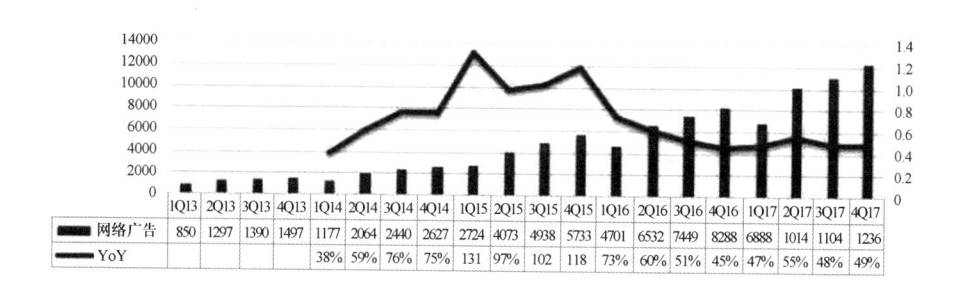

第五章 我国社交网络广告发展概况

	1Q13	2Q13	3Q13	4Q13	1Q14	2Q14	3Q14	4Q14	1Q15	2Q15	3Q15	4Q15	1Q16	2Q16	3Q16	4Q16	1Q17	2Q17	3Q17	4Q17
网络广告	850	1297	1390	1497	1177	2064	2440	2627	2724	4073	4938	5733	4701	6532	7449	8288	6888	1014	1104	1236
YoY					38%	59%	76%	75%	131	97%	102	118	73%	60%	51%	45%	47%	55%	48%	49%

图 5—14　腾讯 2013—2017 年财季广告业务发展趋势

资料来源：腾讯财报（未经审核）。

（四）发展业态：从品牌广告、效果广告到媒体广告、社交广告

随着腾讯业务发展，广告形式发生很大变化，已经从 QQ 弹出广告走向搜索引擎广告、门户广告、客户端广告、微博广告、微信广告、平台精准营销、广告联盟等。

从腾讯历年财报来看：2015 年以前，腾讯根据广告定价方式将广告分为品牌广告与效果广告。从 2015 年第 2 财季开始，根据广告属性将广告分为媒体广告、社交及其他广告。其中，媒体广告是指腾讯视频等流媒体广告服务，社交及其他广告主要是指微信广告与广告联盟广告。2015 年第 1 财季报告显示，约 40% 的品牌展示广告来自移动平台，约 75% 的效果广告收入来自移动平台。2015 年第 2—4 财季，媒体广告收入为 73.85 亿元，社交及其他广告收入为 73.59 亿元。2016 年媒体广告收入为 112.05 亿元，社交及其他广告收入为 157.65 亿元，社交及其他广告超越媒体广告。2017 年媒体广告收入为 148.29 亿元，社交及其他广告收入为 181.42 亿元。（参见图 5—15）

三　腾讯广告业务特色

为了推动广告业务系统化与社交化发展，腾讯主要从两方面进行战略定位于实践操作：一方面，以"腾讯智慧"（MIND）构建"数字媒体触点解决方案"；另一方面，加强腾讯社交广告（Tencent Social Ads, TSA）及其平台建设。TSA 主要包括广点通、智汇推、微信媒体平台

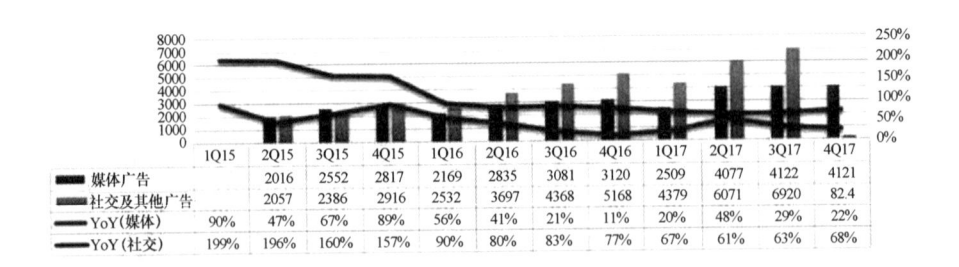

	1Q15	2Q15	3Q15	4Q15	1Q16	2Q16	3Q16	4Q16	1Q17	2Q17	3Q17	4Q17
媒体广告	2016	2552	2817	2169	2835	3081	3120	2509	4077	4122	4121	
社交及其他广告	2057	2386	2916	2532	3697	4368	5168	4379	6071	6920	82.4	
YoY（媒体）	90%	47%	67%	89%	56%	41%	21%	11%	20%	48%	29%	22%
YoY（社交）	199%	196%	160%	157%	90%	80%	83%	77%	67%	61%	63%	68%

图 5—15　腾讯 2015—2017 年媒体广告与社交及其他广告经营概况（单位：百万元）

资料来源：腾讯财报（未经审核）。

（WeChat Media Press，微信 MP）与应用宝等。2017 年 10 月智汇推并入广点通。其中，腾讯企业发展事业群（CDG）通过广点通经营社交广告，网络媒体事业群（OMG）通过智营销、智汇推、智慧通经营媒体广告。[①]

（一）方法论：腾讯形成了基于社交网络的 MIND"数字媒体触点解决方案"

2007 年，腾讯网络媒体事业部广告团队推出"腾讯智慧"方案（MIND），得到腾讯广告业务负责人刘胜义的认可支持。从传播效果、传播互动、信息导航与优化差异化视角，定义网络广告的投放思路、发展逻辑、传播路径与评价标准：

可衡量效果（Measureability）：以可衡量的效果，呈现在线营销的有效性、可持续性以及科学性。

互动式体验（Interactive Experience）：以互动式的体验，提供高质量的新体验和妙趣横生的网络生活感受。

精准导航（Navigation）：以精确化导航，保障目标用户的精准选择和在线营销体验的效果。

差异化定位（Diffferentiation）：以差异化的定位，创造与构建在

[①] 王凤翔：《2018 年中国网络广告发展报告》，唐绪军主编《中国新媒体发展报告（2019）》，社会科学文献出版社 2019 年版。

线营销的不同场景，满足客户独特性的需求。①

以满足广告主诉求形成广告产品与技术工具，以传播人脉为核心的多元投放界面与技术接入等方式，对MIND进行了理论完善与实践探索，为广告主提供了"门当户对"的用户体验，在数字营销上不断升级演变，至今已经跨越聚众、分众、开放、链接与移动全景四个阶段，实现了广告经营从PC时代走向移动时代的用户需要、技术优势与传播趋势。

2007年12月，腾讯发布网络广告精准定向工具——腾讯智慧导向工具，即TTT（Tencent MIND Targeting Tools）。TTT随时为广告主提供广告效果指标的受众细分报告，如点击、曝光、唯一点击等，从各个维度（地理、性别、年龄、场景等）得到细分的统计报告。②

当时TTT出现的时代背景是：2008年奥运会。腾讯希望通过TTT获取2008年奥运会释放的发展红利。通过为广告主提高奥运市场的营销效果，增容腾讯网络广告市场份额，扩大腾讯奥运资源供应与传播价值。2007年网络广告收入为4.93亿元，为年总营收的12.90%；2008年为8.26亿元，为年总营收的11.55%，基本上达到了预期目标。（参见表5—6）

表5—6　　　　腾讯2006—2009年广告业务营收概况

年份	总营收（亿元）	网络广告收入（亿元）	年增长率	网络广告占年营收比
2006	28.00	2.67	136.28%	9.54%
2007	38.21	4.93	84.64%	12.90%
2008	71.55	8.26	67.55%	11.55%
2009	124.40	9.62	16.46%	7.73%

资料来源：腾讯年报（未经审核）。

---

① 吴晓波：《腾讯传1998—2016》，浙江大学出版社2017年版，第206页；李思遥：《腾讯"MIND"挟四大优势激发网络营销变局》，《广告人》2007年第12期。
② 吴晓波：《腾讯传1998—2016》，浙江大学出版社2017年版，第206—207页。

同时，TTT形成的腾讯数字营销趋势与效果广告传播惯性，构建了用户满足度与市场发展动力，为推动国内数字广告传播与营销标准规则奠定了基础，也为国际广告界认可与支持。2015年6月，腾讯广告业务负责人刘胜义获得第62届戛纳国际创意节"年度媒体人物"金狮奖。2016年8月，中国媒体评估委员会成立，刘胜义担任首届理事会主席。

（二）新模式：广点通形成效果广告

广点通提出符合实践需要的"效果广告"的全新概念。效果广告是门户广告、搜索广告之后的一种全新广告，是web2.0语境下广告主根据可衡量效果进行付费的网络广告。门户广告主要以旗帜广告为主，依靠媒体属性及其影响力呈现传播力，通过广告曝光衡量广告传播效果，与传统媒体广告具有类似性。搜索广告借助关键字与上下链接展示广告内容，实现精准营销。效果以定向精准把广告投放从"时间购买"的广告买卖规则升级到"效果购买"，强调以用户购买产生的广告效果（CPC、CPM）计算广告主应该支付的广告费用。腾讯效果广告主要是针对QQ系列及其社交传播的广告投放平台。

广点通先在QQ空间上线，很快受到广大广告主的喜欢。广点通聚合了QQ、QQ空间、微信、腾讯新闻客户端、QQ音乐等数十个社交平台。在PC端，广点通客户可以在QQ空间、QQ客户端等空间投放广告、推广产品。2011年以后，"广点通覆盖的流量从空间Web流量扩展到QQ客户端、手机QQ空间等多终端跨屏平台"。[1] 同时，广点通逐步实现跨媒体、第三方平台应用与跨平台使用。

2013年6月，广点通移动联盟开放内测，实施"不参与收益分成"政策。广点通在手机QQ空间、手机QQ等移动端形成三大广告业务形态：一是腾讯自身移动产品，如手机QQ、手机QQZone、手机浏览器等；二是移动广告联盟，主要以第三方App为主；三是微信公众账号。

"广点通触达总用户超8亿，日均广告曝光量过百亿，服务客户包括电商、金融、汽车、家居等行业的数万家客户。"[2] 2013年，腾讯广点通

---

[1] 吴晓波：《腾讯传1998—2016》，浙江大学出版社2017年版，第210页。
[2] 韩璐：《广点通的底气》，《21世纪商业评论》2014年Z1期。

移动联盟为广点通搭建的移动广告平台，覆盖Android、iOS系统，支持Banner、插屏、开屏、应用墙等多种广告形式，有丰富的广告主、多样化的广告形式、实时透明的数据统计系统与高额广告分成等四大优势，可以为移动应用开发者提供高品质的流量变现服务。① 至2103年底，移动联盟流量突破两亿大关。2014年1—10月，广点通外部合作App流量从1亿迅速增长到6亿②。2014年，移动联盟实行App收入全归开发者，平台不参与分成政策（平台收取15%的服务费）。③

2014年2月，广点通移动广告联盟将第三方App纳入微信。使流量资源提供方（自媒体运营者）和广告主（电商、游戏等广告提供方）均在微信体系内，用户在自媒体中点击广告链接。参与内测的公众微信账号"广告的平均点击率为3.5%。其中10%以上的公众账号点击率在10%以上，20%的公众账号点击率在5%以上。21世纪经济报道旗下科技类账号weTech也参与了内测，广告点击率为5.6%。"④ 7月，微信广点通公测时，粉丝数在10万以上的微信可以成为接广告的流量主。

（三）QQ平台为效果广告与品牌广告提供用户黏性与流量扩容

QQ平台是国内排名第一的即时通信广告发布商，通过社交形成用户平台，同时积极抢占各类社交应用与媒体应用。如：QQ抢占PC端与客户端，还推出符合自身生态系统的手机。2006年5月推出"QQ手机"，2011年6月推出QQ智能手机。以QQ、QQ空间、QQ游戏、QQ浏览器和应用宝等为基础的QQ生态，既是即时通信服务重要组成部分，由形成各自传播特点应用系统，为社交广告与流媒体广告的推动与流行形成传播壁垒与信息闭环。

腾讯广告在起步阶段主要是QQ弹出广告。2000年8月，QQ页面上

---

① 《腾讯广点通：2014年移动广告收益全归开发者》，https：//tech.huanqiu.com/article/9CaKrnJDTHv。
② 吴辰光：《广点通构建大数据广告平台》，《北京商报》2014年11月5日。
③ 《腾讯广点通：2014年移动广告收益全归开发者》，https：//tech.huanqiu.com/article/9CaKrnJDTHv。
④ 滑明飞：《广点通公布内测结果 微信公众号可变现》，《21世纪经济报道》2014年2月19日。

第一次出现旗帜（banner）广告，按照千人成本计算，客户每天可以投放2万—9万元不等。至12月，腾讯广告收入一度达150万元。①

腾讯QQ因赢得社区庞大的受众群吸引广告主，设置各自特色的网络广告位，涉及汽车、交通、服装、IT、金融、地产、餐饮等行业客户。在门户网站、客户端、腾讯搜搜（SOSO）、QQ空间、QQ秀、QQ音乐、手机腾讯网等社区上设有广告位。一方面，腾讯客户端在新闻弹窗、QQ弹窗、Fzone、视频等待窗口、QQ群（群内存广告、底部文字链接）、客户端消息框（天气预报广告位、Rich Button、好友会话框左下文字链接、Mini Banner、文件传输）等广告位，按照广告投放的时间、区域与闪现频次收费。另一方面，腾讯网门户网站根据不同性别、年龄、兴趣、性格、学历等设置不同板块、不同价格的广告位，按照广告投放的位置、时间与闪现频次收费。社区平台经典在线广告、富媒体广告、客户端广告、定制广告等成为主要的广告盈利模式，广告收入每年也以成几倍的速度增长，联想、摩托罗拉、诺基亚等知名企业都是腾讯网的主要客户。②

（四）全媒体广告投放新业态：DSP广告投放系统（Tencent Ad Exchange）

需求方平台（Demand–Side Platform，DSP）"腾果"广告投放系统使效果广告从精准营销广告平台走向全媒体化平台与新型传播业态。2013年1月，腾讯正式发布Tencent Ad Exchange广告实时交易平台，成为国内第一家进军实时竞价（RealTime Bidding，RTB）市场的门户媒体。

2013年5月，发布"腾果"精准广告投放平台。"腾果"是基于腾讯植根于各类用户群体的社交流量资源、精准营销与大数据处理算法，形成侧重腾讯基于社交广告程序化投放的效果广告平台与网络广告联盟，为广告主精准提供跨用户、跨平台、跨终端的大数据广告平台。"腾果"平台授权二三十家DSP接入，加强与淘宝、谷歌、百度等对程序化营销（programmatic buying）购买市场的争夺。腾果是基于点击效果付费，通过实时竞价（RTB）获取每次广告展现机会的广告服务平台。"腾果"平台

---

① 吴晓波：《腾讯传1998—2016》，浙江大学出版社2017年版，第73页。
② 《企鹅也凶猛》，http://finance.qianlong.com/30055/2006/05/23/2526@3189478.htm。

以全媒体化功能，联通腾讯视频、微博、腾讯网、微信 MP、QQ 空间等传播媒体平台。（参见图 5—16）

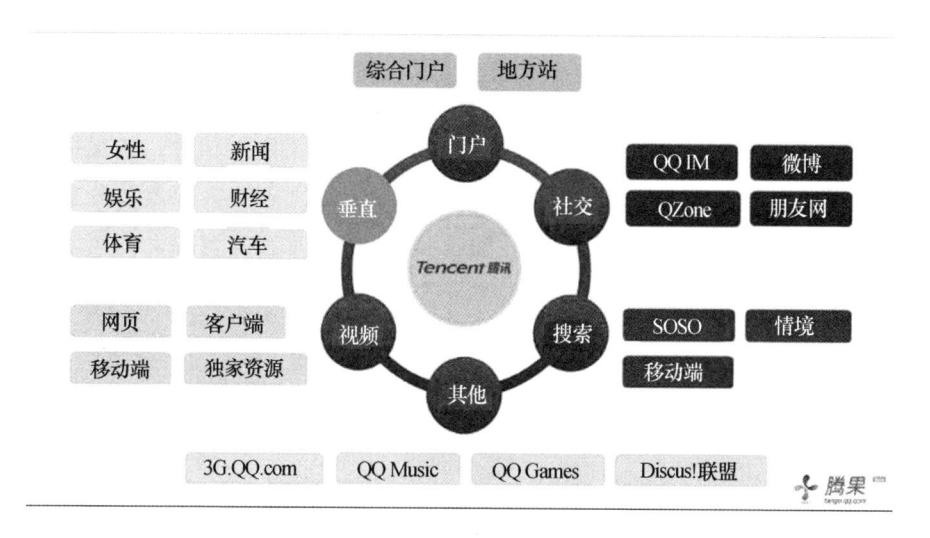

图 5—16　腾果广告平台拥有全媒体化特质

资料来源：腾果 PPT。

腾果客户群以大中型客户为主，集中在电商、网服、游戏、旅游、金融等行业。腾果支持资源有：腾讯网图形广告剩余资源（黄金广告位除外）；客户端富按钮广告（Rich Button）、迷你旗帜广告（Mini Banner）、横幅广告（Group Banner）、视频前贴片、视频暂停贴片，视频播放完毕后贴片资源剩余资源；AIO 右侧文字链；腾讯合作伙伴 3366 小游戏 loading 广告剩余资源；Discuz 联盟资源等。①

（五）腾讯搜索引擎广告形成的发展竞合与整合并购

一是以搜搜（SOSO）竞合广告市场。2006 年 3 月，腾讯推出搜搜（SOSO），由谷歌提供搜索引擎技术支持。2009 年 9 月，腾讯上线自主研发的网页搜索引擎。2010 年 4 月，腾讯成立 SOSO 搜索事业部，专营搜索引擎。

---

① 智颖：《把金矿变成金子——访腾讯广告平台产品部总经理郑靖伟》，《中国广告》2013 年第 7 期。

腾讯搜搜通过精准化、个性化、社区化与情境搜索，创新搜索平台，优化网络广告传播价值。QQ用户通过"边搜边聊"工具，可以利用QQ界面进行搜索，以场景式窗口实现搜搜与QQ、Qzone与微博等社交媒体的互联互通，从而加强了广告传播的社区化氛围。搜搜主要通过搜搜问问、搜搜图片、搜搜新闻等实现流量增幅，一定程度上增强了搜搜的市场地位。其中，搜搜问问与专业网站、QQ社群、QQ群结合，满足用户群要求，[1] 对市场流量贡献最大。据China Rank风云榜"搜索及分类目录"，腾讯搜搜在2010年10月—2011年9月的10次排名中，均居于第二位。[2] 2011年12月中国互联网络信息中心（CNNIC）《2011年中国搜索引擎市场研究报告》显示—搜搜在中国搜索引擎流量市场份额中占比达7.3%，谷歌与搜狗为2.6%与2.3%（参见图5—17）。[3]

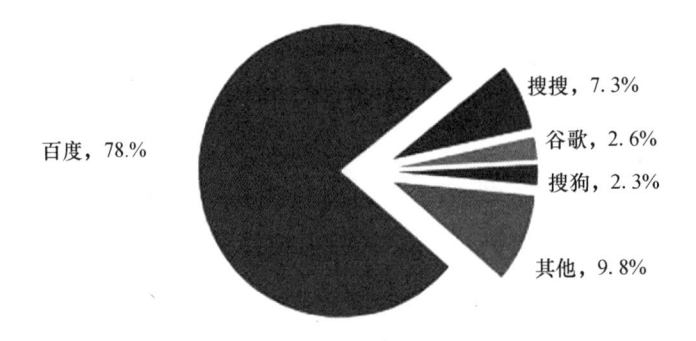

图5—17 2011年中国搜索引擎流量市场份额

资料来源：CNNIC《2011年中国搜索引擎市场研究报告》。

但是，用户对搜搜的搜索结果匹配性差与广告多持有负面意见与看法，两者均达到11.8%，而对其搜索的内容资料少达56.9%。（参见图5—18）。

---

[1] 于军：《腾讯搜索产业调查研究报告》，https://ishare.iask.sina.com.cn/f/308UBKHQOGc.html；齐媛媛：《搜搜发展模式研究》，《传播与版权》2014年第9期。
[2] 《榜样：月度分类网站排名》，《网络传播》2011年第1-10期。
[3] 《2011年中国搜索引擎市场研究报告》，https://ishare.iask.sina.com.cn/f/22820735.html。

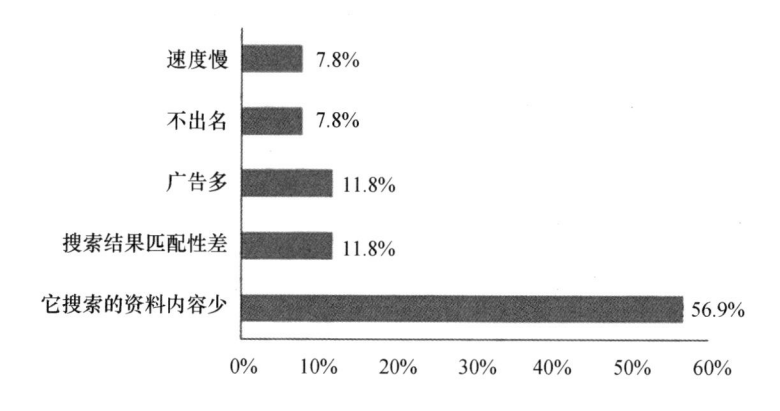

图 5—18 用户对搜搜的不满意度

- 速度慢 7.8%
- 不出名 7.8%
- 广告多 11.8%
- 搜索结果匹配性差 11.8%
- 它搜索的资料内容少 56.9%

资料来源：CNNIC《2011 年中国搜索引擎市场研究报告》。

二是对搜索引擎市场的整合与并购。尽管腾讯社区的数据、场景、用户群、商业模式为搜索引擎广告提供共享，搜搜通过竞价排名与赞助商链接服务广告客户，增加了广告品牌的传播价值。但是，鉴于用户对搜搜不满意度与市场发展需要等原因，腾讯转变了对搜索引擎的经营思路。一方面，拆分 SOSO 业务。2012 年 5 月，腾讯调整 SOSO 业务，将其并入移动互联事业群与技术工程事业群，SOSO 品牌消失；另一方面，战略并购与重组。2013 年 9 月，腾讯以 4.48 亿美元战略入股搜狗，并将旗下搜索与 QQ 输入法并入搜狗现有业务中，组建新搜狗，进一步加强移动搜索引擎市场的竞争。

新搜狗完成输入法、移动搜索、语音搜索、通话管理、地理生活信息服务等多个入口的布局，腾讯的微信、手机 QQ、手机浏览器等移动端资源支持到位。新搜狗第一份财报即 2014 年第 1 季度财报显示，新搜狗实现营收 7000 万美元，与 2013 年同期相比增长 78%；移动端搜索流量与上季度相比增加了 24%，无线搜索收入占到新搜狗总收入的 12%。2014 年第 3 季度财报显示，搜狗季度营收达 1.06 亿美元，首次过亿；搜狗继续居移动搜索第二、PC 搜索第三的位置；搜狗搜索 App 发布后，搜狗移动搜索流量增长 20%，收入增长 40%，月度活跃用户超 2.6 亿；搜狗手机输入法登录苹果 App Store 后，月活跃用户量超过 2 亿，日活跃用户量仅次于微信与手机 QQ，排名 App 第三。

（六）微信广告的生态特色与传播闭环

微信的出现与崛起，打破了微博社交的新垄断，开创了社交传播的新路径，意图形成连接一切的社交新传播，形成广告产品定向传播能力。从此，网络购物、网上支付、网络游戏、网络视频、搜索等服务纷纷引入社交元素，通过借助社交关系对用户行为的牵引促进应用本身的发展。①（参见图5—19）

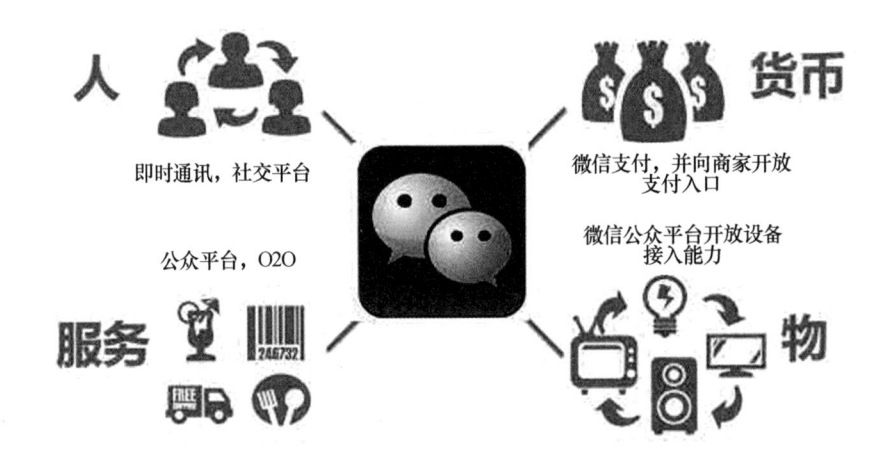

图 5—19　微信连接的生态语境与用户黏性

资料来源：艾瑞咨询：《微信公众号媒体价值研究报告》（2015 年）。

第 37 次《中国互联网络发展状况统计报告》显示，在移动营销企业中，微信营销推广使用率达 75.3%，是最受企业欢迎的移动营销推广方式（参见图 5—20）。

微信广告主要集中在朋友圈与公众号，又称为朋友圈广告、公众号广告（公号广告）与小程序广告等。主要广告形式是信息流广告，即运用多媒体融合形式，如图文、动漫、音频、H5、长短视频、微视频、链接等超文本的内嵌链接发布或组合动态发布，包括：公众号推送的互动

---

① http：//news.xinhuanet.com/yzyd/local/20140721/c_1111720536.htm？prolongation＝1.

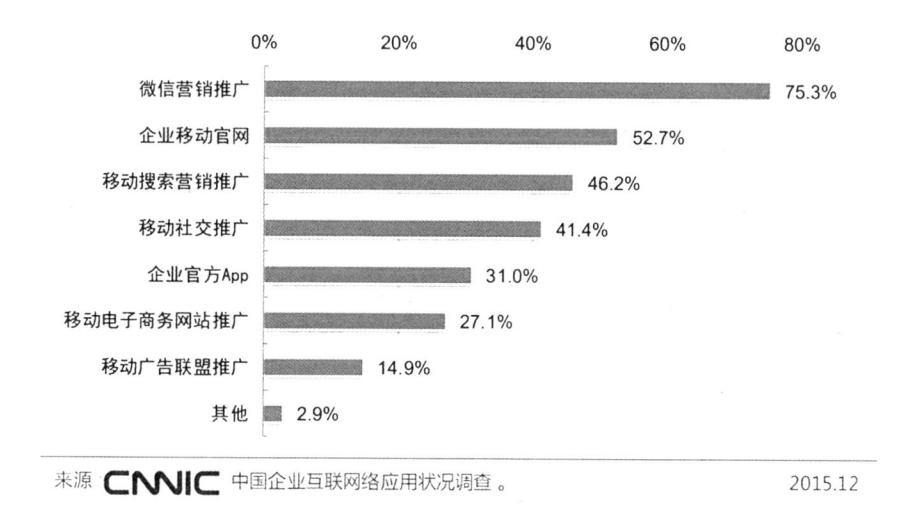

推广方式	比例
微信营销推广	75.3%
企业移动官网	52.7%
移动搜索营销推广	46.2%
移动社交推广	41.4%
企业官方App	31.0%
移动电子商务网站推广	27.1%
移动广告联盟推广	14.9%
其他	2.9%

来源 CNNIC 中国企业互联网络应用状况调查。 2015.12

图 5—20　微信最受企业欢迎的移动营销推广方式

广告、基于位置服务（Location Based Services, LBS）的推送广告、微信小游戏嵌入广告、App 嵌入广告、小程序落地页广告、漂流瓶游戏广告、会员卡制 O2O 广告等。企业或广告主能够随时随地推发广告主希望发布的传播信息，或品牌活动，或营销广告。微信成为企业认可与支持的有效营销，是所有社交媒体中企业与广告主最为热衷的一种营销方式。（参见图 5—21）

微信多媒体融合的媒介特质决定微信广告的多媒体融合传播特征。海量用户聚集、技术精确定位与生态体系使用主体对信息维护的众包，构建了微信用户的跨平台传输，促进微信用户快速的增长，同时推动微信社交广告的快速发展，为腾讯称雄移动广告市场奠定了基础，形成了微信社交广告传播范式。（参见图 5—21）

2018 年 6 月，微信"搜一搜"商品搜索功能上线。从此，"搜一搜"实现广告、小程序、公众号评价（包括软文）、电商交易、LBS、朋友圈推荐等社交传播融合的全面性、地域化与商业化，形成中心化的网络导流、信息共汇与流量分化，构建完整的交易闭环与广告生态，推动了社交广告的新发展。（参见图 5—22）

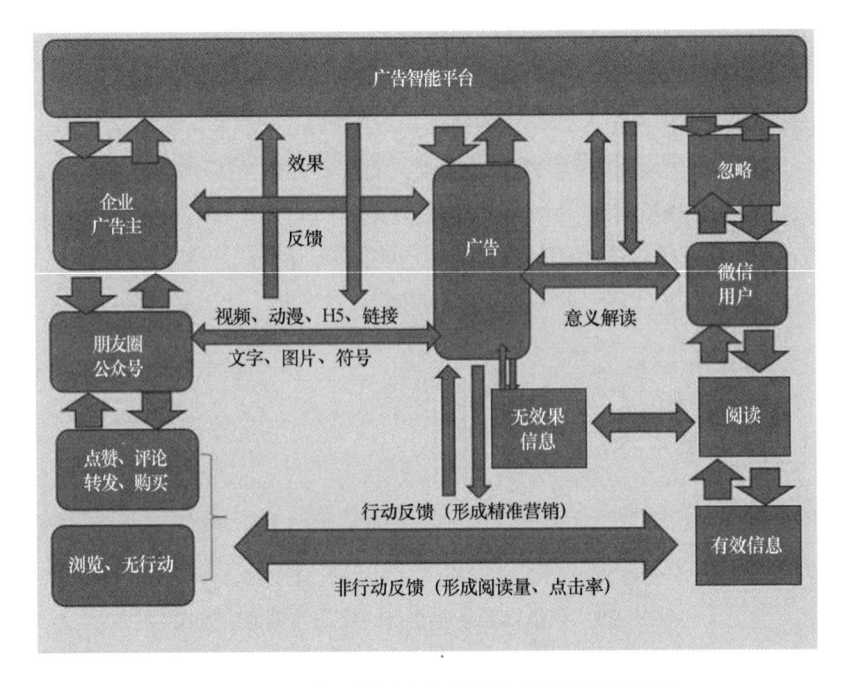

206 中国网络广告发展史（1997—2020）

图 5—21　微信朋友圈公众号社交广告传播新范式

资料来源：著者制作。

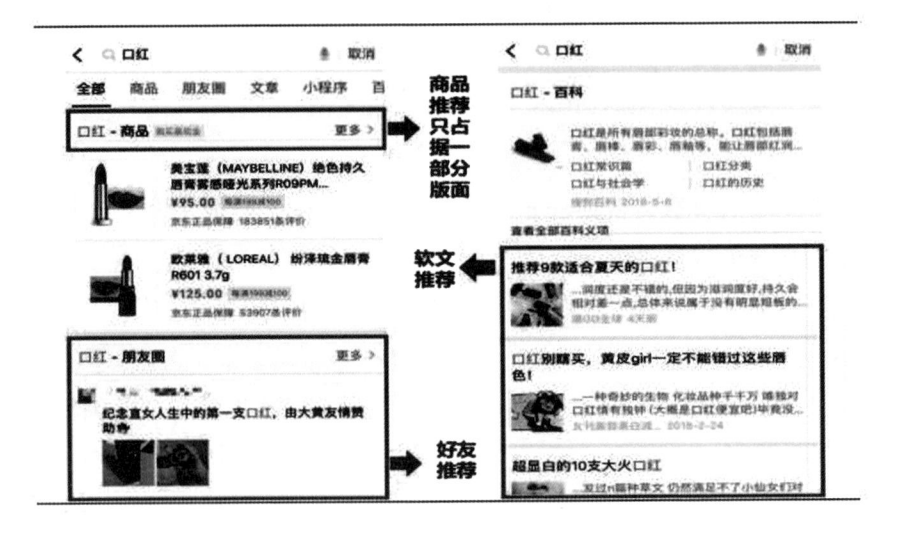

图 5—22　微信"搜一搜"功能集小程序、朋友圈、公众号与广告推荐于一体

资料来源：微信、长江证券研究所。

第 六 章

我国电商广告发展概况

电子商务（电商）概念变化很快。2016年10月，阿里云云栖大会提出"五新一平"的新概念（新零售、新制造、新技术、新金融、新能源、好的营商平台），认为"五新通一平"趋势将影响到各行各业，"电子商务"概念将被很快淘汰。在将来，无论是新零售还是营商平台等，电商将以现有电商形式加上新元素、新业态与新技术在生产方式、生活方式与传播方式之中呈现。未来的电商概念怎么发展与变化，有待观察。本文用业界学界通用的"电商"一词，对我国电商广告发展进行论述。

第一节 我国初期电商及其网络广告发展概况

我国电商发展初期主要是对美国电商模式的模仿，主要有中国黄页网站、8848网、当当网、卓越网与易趣网、淘宝网等网站，以及网易、新浪的门户网站电商。这些电商是以网站为基础的发展模式（参见图6—1），是对美国亚马逊"以仓储为导向"的B2C经营模式与eBay的C2C"集市模式"的效仿[1]与借鉴、开拓与创新，形成我国电商发展的第一个历史时期，推动我国网络广告业的健康发展。

---

[1] ［美］波特·埃里斯曼：《全球电商进化史》，李文远译，浙江大学出版社2018年版，第37页。

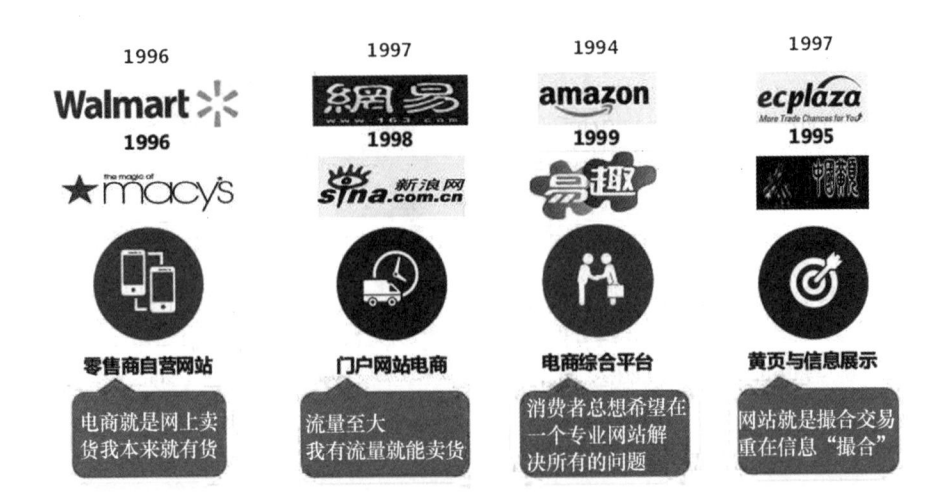

图 6—1 初期电商是以网站为基础的发展模式

资料来源：中央财经大学中国互联网经济研究院《后浪更磅礴：中国电子商务发展二十年》。

一 美国亚马逊与 eBay 的初期发展引领

美国电子商务发展领先。到 1999 年，亚马逊（Amazon）与 eBay（电子湾、亿贝、易贝）两大电商媒体走向双峰对峙，亚马逊成为新产品主要销售的 B2C（Business to Customer）电商平台，eBay 成为主要以二手物品、收藏品在线拍卖销售的 C2C（Customer to Customer）电商平台，引领初期电商广告业发展。

（一）亚马逊与 eBay 电商发展概况

亚马逊从网上书店开始。1995 年 7 月，华尔街股市分析师杰夫·贝索斯（Jeff Bezos）网上书店 Cadabra 在西雅图上线，后以全球流量最大、流域最广的热带雨林河——亚马逊河改公司名为 Amazon。亚马逊是第一家全球性知名的互联网 B2C 公司，实现了从传统零售到线上发展的转型，在很短时间内成为美国信息技术浪潮中的互联网电商巨头。1997 年 5 月，在纳斯达克上市（NASDAQ：AMZN）。亚马逊经过在线物流模式与仓储经营模式，打造供应链，形成符合自身发展战略的生态闭环，从全球最大网上书商成为全球最大网络综合零售商与主要综合服务提供商。2018年9月4日,亚马逊股价一度超过2050.50美元,成为继苹果之后第二家市值破万亿美元的美国公司。[①]

1995年9月,软件程序员皮埃尔·奥米迪亚(Pierre Omidyar)在美国加州开发了一个名叫拍卖网(Auction Web)的二手物品交易网站。1997年9月,更名为eBay。拍卖网不到一年,二手物品交易销售额达720万美元。1997年,拍卖网销售额达9500万美元。[②] 1998年,梅格·惠特曼(Meg Whitman)担任eBay的首席执行官(CEO)。eBay网上拍卖模式在欧洲市场获得成功。1998年9月,在纳斯达克上市(NASDAQ:EBAY)。1999年5月,eBay并购线上付款服务商比尔森(Billpoint),希望以网上支付实现向综合电商的华丽转身。1999年,与亚马逊成为美国两大电商巨头。

(二)亚马逊与eBay引领电商广告

亚马逊与eBay通过前沿性布局与生态系统建设,推动电商广告健康发展。

一是并购符合自身业务发展的广告公司、广告网站与广告联盟,如eBay先后并购荷兰广告公司Marktplaats、城市分类广告网站Gumtree等。中小电商利用谷歌、脸书等网络巨头与第三方的网络广告系统,推动自身网络广告的"长尾效应"及其传播利益。

二是形成自身广告业务系统。亚马逊广告传播与电商系统进行捆绑,形成广告先发优势。2018年第2财季,亚马逊成为全美仅次于谷歌与脸书的广告集团。主要业务是:亚马逊媒体集团(Amazon Media Group,AMG)负责售卖亚马逊媒体广告(如IMDB互联网电影数据库)与Kindle展示广告,亚马逊市场服务广告部门(Amazon Marketing Service,AMS)负责CPC广告,亚马逊交易广告平台(Amazon Advertising Platform,AAP)负责程序化与定制广告。[③]

[①] https://www.sohu.com/a/259334328_747469.

[②] [美]波特·埃里斯曼:《全球电商进化史》,李文远译,浙江大学出版社2018年版,第18页。

[③] http://www.baijingapp.com/article/19424.

三是及时更正广告传播误区。PayPal 原来也被 eBay 当作广告传播平台，后发现广告会分散网上支付平台的功能，及时取消了在 PayPal 的广告服务。

二　8848 网

1999 年 3 月，从事软件零售的王俊涛创办 8848 网，域名为 www.8848.net，名称创意来自珠穆朗玛峰的高度。王俊涛效仿亚马逊 B2C 模式，并实现了 B2C 模式在中国大陆电商市场的落地生根。因此，他被称为"中国电商之父"，成为全国各地商业杂志封面人物。[①]

1999 年 5 月，北京连邦软件电子商务事业部 8848.net 上线。6 月，8848 网从北京连邦软件独立，成立珠穆朗玛电子商务服务有限公司。9 月，受到海外资本市场的青睐，融资价值达 5 亿美元。在 2000 年，8848 网站在国内推出第一套"网上商业街"系统，在销售收入与商品销售种类上均取得骄人的成果。2000 年第 5 次《中国互联网络发展状况统计报告》显示，在用户推荐的优秀站点排行榜中，8848 网站成为网民喜爱的网站，排名第 25。该网站签约使用 20 多家银行与 60 多种在线结算方式。因此，8848 成为中国电商的代名词。

鉴于风险投资市场力求实现 8848 网站海外上市的利益冲动等主观因素，加上互联网没有走出寒冬期、网民难以规模效应与没有网上支付等客观因素，8848 网站内部与资本方对发展方向产生了严重分歧。结果是，8848 网站在 2001 年 2 月对 B2C 业务进行拆分与独立发展。其中，电子交易市集（Market Place）和网络应用服务商（Application Service Provider, ASP）业务向 B2B（Business to Business）市场转型；B2C 业务 my8848 由王俊涛主管发展。但是，B2B 业务没有实现风险资本市场所期待的海外上市，B2C 业务在资本要求上市失败等方面的原因，8848 网在 2001 年底彻底走向没落与崩败。

---

① ［美］波特·埃里斯曼：《全球电商进化史》，李文远译，浙江大学出版社 2018 年版，第 35 页。

三 当当网

1999年11月，李国庆和俞渝创办当当网，域名为 www.dangdang.com。当当网最初意图是建立网上书店的门户网站，采取的是亚马逊B2C模式进入在线图书市场与综合零售的发展路线。借鉴利用了美国电商发展模式，在上市前获得三轮风险投资基金（10年内融资4100万美元），与中国银联建立战略伙伴关系以推动线上支付，在北京、上海、广州、深圳、郑州、武汉等地建立物流中心，放弃亚马逊并购请求，成为国内一家知名的综合性B2C电商。2003年8月，《经济学人》称当当网为"中国亚马逊"。2010年12月，当当网在美国纽约交易所上市（NYSE：DANG）。2015年，当当网占全国B2C市场的1.0%（参见图6—2）。2016年从纽交所退市，实施私有化。

在当当网，电商平台开发包时广告、直通车按广告点击收费,[①] 实现了一定程度上的流量变现。同时，当当网的电商引流费用比较高，这从当当网上市财报可以窥知一二。在2012—2014年，包括广告收入在内的"其他收入"超过1亿、2亿与3亿元大关，这说明当当网广告经营良好。但是，除2014年外，当当网的营销支出，包括对外引流与营销广告在内，均超过了"其他营收"。（参见表6—1）这可能是电商崛起与互联网企业发展过程中面临的巨大市场挑战。典型的是，2015年2月，成为国内龙头的亚马逊中国因为无法与国内电商在市场上"文攻武斗"，只能靠入驻阿里的天猫旗舰店获取对外引流，最终被国内电商无形中彻底"剿灭"，在中国电商市场上落了"曲终人散"的结局。

表6—1　　　　　当当网上市财报数据概况　　　　（单位：万元）

财年	年总营收	媒体产品营收	日用品营收	其他营收	营销支出
2010	228710	186340	39210	2620	7670
2011	361900	245740	109410	6750	15030

---

① http://info.hhczy.com/article/20161101/29432.shtml.

续表

财年	年总营收	媒体产品营收	日用品营收	其他营收	营销支出
2012	519380	325250	178630	17300	19590
2013	632500	405010	199550	27940	26100
2014	795700	503600	259940	32150	37420
2015Q1	221730	126090	88780	6870	9540

资料来源：当当网财报（未经审核）。

四 卓越网与易趣网

卓越网（joyo）与易趣网（EasyNet）分别被美国电商巨头亚马逊与eBay并购，后者希望通过并购中国电商市场优势资源，试图分取具有活力的巨大的中国电商市场一杯羹。鉴于没有本土化等多种原因，当时各领风骚、风光一时的两大电商巨头成为"鸡肋"式的互联网企业，在当今发展与竞争中走向没落与衰败。

（一）卓越网

1999年1月，卓越网（joyo.com）上线，是雷军金山软件成立的一个软件下载服务网站。2000年1月，雷军把卓越网从金山软件分拆，成为独立公司。5月，金山软件与联想共同投资卓越网，定位为"网上精品俱乐部"，彻底转型为专注零售图书与音像制品的B2C网上书店。2004年，卓越网成为国内销售排名第一的B2C电商网站。

2004年8月，亚马逊以7500万美元并购卓越网。2007年6月，改名为"卓越亚马逊"，域名改为amazon.cn。2011年10月，更名"亚马逊中国"，启用短域名z.cn。从此，卓越网消失在互联网的历史长河之中。艾瑞咨询数据显示：2015年，亚马逊中国在华B2C交易市场规模份额从2004年的20%降到0.9%，还不到1%（参见图6—2）。2019年7月，亚马逊中国除在华电商业务集中在海外代购和云服务外，基本上停止了第三方卖家服务。

（二）易趣网

1999年8月，邵亦波与谭海音在上海创办易趣网，走的是eBay的C2C经营模式。2000年1月，注册用户超过10万。在风险投资支持下，

第六章 我国电商广告发展概况

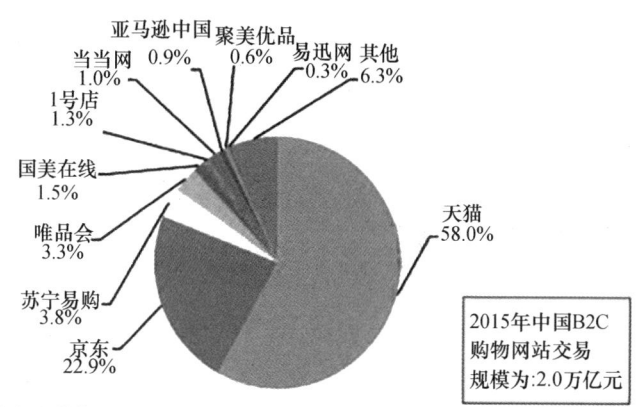

亚马逊中国 0.9%
聚美优品 0.6%
当当网 1.0%
易迅网 0.3%
其他 6.3%
1号店 1.3%
国美在线 1.5%
唯品会 3.3%
苏宁易购 3.8%
京东 22.9%
天猫 58.0%

2015年中国B2C购物网站交易规模为:2.0万亿元

注释：
1. B2C市场拥有复合销售渠道的运营商规模仅统计其与网络相关的销售额。
2. 阿里GMV只包括在中国零售市场交易的GMV，排除定价50万元以上的汽车和房产交易，定价10万元以上的所有产品和服务，以及一天内购买总金额超过100万元的用户的所有订单。
3. 京东GMV排除B2C平台上订单金额在2000元以上的没有最终销售和递送的订单。
4. 苏宁易购、唯品会、国美在线、当当网、聚美优品综合其财报发布的营收、交易规模等相关数据及专家访谈，根据艾瑞统计模型核算，1号店、亚马逊中国、易迅网综合其企业公开信息及专家访谈，根据艾瑞统计模型核算。
来源：综合企业财报及专家访谈，根据艾瑞统计模型核算。

图6—2　2015年中国B2C购物网站交易规模市场份额

资料来源：艾瑞咨询。

用户超过300万。从易趣网创办到被eBay并购，易趣一直受到海内外风险投资基金青睐，易趣网借鉴美国eBay模式，推行前所未有的网上拍卖，形成舆论热点。2000年2月，易趣首创24小时/7天的无间断热线服务；5月，并购一家手机直销网，开展2G时代的手机售卖，砸下巨额广告宣传费用，在新浪、搜狐与网易等网站，以及车站、地铁站、飞机场遍布广告，在国内媒体市场形成口碑与品牌。易趣把公司股权共享给员工，实施股权激励，为我国互联网企业提供了发展新思路。

2003年是易趣网的生死存亡年。2002年3月，eBay以3000万美元获易趣网33%的股份。2003年6月，以1.5亿美元全资并购易趣，形成"eBay易趣"品牌。在业内，易趣网创始人邵亦波被称为天才，某种程度上，如今中国电商发展势头强劲，有邵亦波的一份开拓之功，同时，邵亦波退出电商江湖，是易趣网走向衰败的开始，是国内其他电商崛起之机。2000年易趣推出网上支付的"易付通"，类似于现在众所周知的支付宝，但在eBay并购易趣后在国内没有支付牌照而取消"易付通"业务。

2005年7月，贝宝（PayPalChina）成为eBay易趣的网络支付工具。但是，eBay易趣失去网络支付发展先机与市场先发优势。

2003年易趣市场规模为8.4亿元，是淘宝的9倍多。2004年易趣市场规模为25亿元，是淘宝的2.5倍。2005年淘宝市场规模为80.2亿元，赶超易趣30多亿元。2006年、2007年淘宝市场规模为167亿元、433.1亿元，而易趣只有60亿元、40亿元，已经全面失去市场优势地位。（参见图6—3）

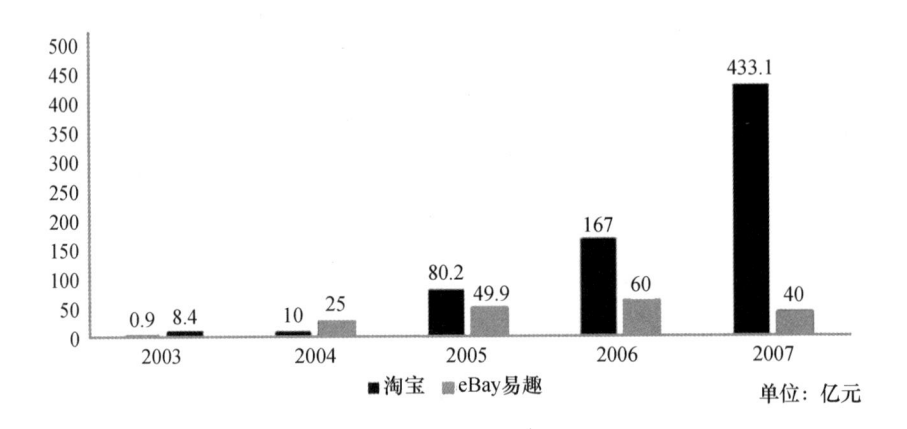

图6—3 2003—2007年易趣与淘宝GMV的比较

资料来源：广发证券。

易趣成为电商市场的"鸡肋"企业。为加强eBay易趣与淘宝网的全面竞争，eBay与门户为王时代的新浪、搜狐、网易等签订了广告排他协议，试图截断淘宝网的品牌宣传与对外引流。而淘宝网绝地反击，2003年推出支付宝，2004年推出即时通信淘宝旺旺，使网上支付、商家信息传播与广告品牌宣传，更加符合网上支付的市场规律、接地气的传播规律和用户使用习惯，形成规模发展与后发优势，从而eBay易趣失去在华发展先机。2004年以前，易趣是C2C国内市场互联网龙头企业，2003年易趣成交总额（GMV）占国内市场规模的90%以上。《中国电子商务》杂志报道显示，2004年底，eBay易趣占国内市场规模的53%，阿里淘宝网为41%，形成寡头对峙发展趋势。2005年是淘宝网的崛起之年，年交易总额为 80.2 亿元。2005 年 5 月，淘宝网成为亚洲最大的 C2C 电商平台。2005 年，淘宝网占国内 C2C 交易市场规模的 67.3%，远超 eBay 易趣市场份额的 29.1%。eBay 易趣 2006 年将服务器迁往美国，进一步挫伤国内使用方便的用户信心。2006 年 12 月，门户网站 TOM 接手与整合 eBay 易趣业务；2012 年 4 月，易趣与 eBay 业务剥离而独立运营，成为 TOM 全资子公司。

五 我国早期电商对网络广告的发展与影响

在 2G 时期网民数量优先，上网主流方式是拨号上网。电商发展全球化，对网络广告具有积极作用，电商网站与门户网站等推动我国网络广告积极发展。

（一）电商推动了网络广告的品牌意识与传播价值，通过解放思想促进广告发展

美国互联网巨头的网络广告对我国网络广告发展具有引导作用与借鉴价值，如亚马逊是美国知名广告商，eBay 对淘宝网的广告战，对我国网络广告业发展具有重要影响。易趣与 eBay 大量投放网络广告，通过广告树立品牌，推动了门户网站广告经营与发展。

当当网等电商对外引流与网络广告探索电商广告发展，对网络广告具有一定的引导作用，并形成了一定电商行业广告规模。智惟咨询（上海）有限公司《2000 年度中国网络广告主行业分析报告》显示，在 2000 年网络广告市场中，网络媒体类（网站）广告占比 32.88%，位居第一。IT 类产品与电子商务类广告分别占 15.10%、9.57%，位居第二、第三位。

（二）网上购物与网络广告改变生活观念，成为新的生活方式与交往方式

一是用户对电子商务活动的期待度比较高。第 6 次 CNNIC《中国互联网络发展状况统计报告》显示，网民"对于将来可能实现的网上事业充满希望"，对互联网未来美好事物显示出前所未有的信心与理想，对网上购物从 1997 年的 16% 的信任度上升到 2000 年的 55%，高于网络通信、网上学校、网上炒股、网上有偿信息服务等。（参见表 6—2）。

表6—2　　　　　　网民对各种互联网事业看好的百分比概况

	1999年7月	2000年7月
网上购物	16%	55%
网上学校	11%	49%
网上炒股	8%	45%
网络通信	20%	52%
网上医院	2%	33%
网上游戏娱乐服务	6%	28%
在线点播服务	4%	26%
网上有偿信息服务	20%	41%
虚拟社区	9%	29%

资料来源：第6次《中国互联网络发展状况统计报告》。

二是网络广告逐步受到网民与用户的关注与认可。网络广告与网络购物一样，是当时互联网发展的热点问题。一方面，网民与用户对广告的看法在逐步改观。广告浏览率近60%，第13次CNNIC《中国互联网络发展状况统计报告》显示，2003年用户经常浏览广告率为12.4%，有时浏览广告率为46.9%。能够接受不同的网络广告形式，2003年用户最能接受的网络广告形式为旗帜广告（占比35.6%）、按钮广告（占比26.7%）、文字广告（占比9.8%）、游动广告（占比9.0%）、电子邮件广告（占比7.0%）、弹出广告（占比6.2%）。另一方面，网络广告越来越与生活方式、工作方式与交往方式密切相关。2003年用户最能接受的网络广告内容（多选题）：公益性活动（占比62.2%）、有奖促销活动（占比59.1%）、新闻信息（占比40.8%）、商品信息（占比32.6%）、娱乐活动（占比31.0%）、学术活动（占比24.0%）、新站发布（占比16.2%）、形象广告（占比14.1%）、商业公司（占比11.9%）。

第二节　阿里巴巴平台丰富电商广告传播场景

阿里巴巴（下文简称阿里）广告以电商为核心的广告经营与全网的

广告营销。1999年9月，马云在浙江杭州创立阿里，主要从事国内外批发贸易的网络服务。从此，阿里一发不可收拾，成为国内与全球有影响力与传播力的互联网巨头、电商巨头与广告巨头。

阿里电商平台及其生态支持推动了网络广告的发展与繁荣，广告生态构建了阿里的电商龙头地位。这是具有中国特色的电商发展模式，不同于美国eBay与亚马逊的发展模式。

从2018财年营收情况看，阿里电商平台化、全球化、生态化为网络广告提供了发展机遇。（参见表6—3）

表6—3 阿里生态及其业务板块与阿里妈妈广告
（含佣金、租金、服务费等）生态

	业务板块		盈利模式	2018财年营收概览
核心电商业务	国内零售	淘宝网、天猫、聚划算、农村淘宝、天猫超市、阿里妈妈、淘宝心选、盒马生鲜、银泰商业	商家管理服务：淘宝直通车：淘宝搜索竞价CPC收费；广告展示费：按照固定价或竞价CPM收取广告费；淘宝客：淘宝天猫卖家按交易额一定比例佣金；聚划算位置费：促销页面收费	营收1142.85亿元，营收占比46%，yoy47%
			佣金：天猫和聚划算卖家，每笔支付宝交易，一般收取0.4-5%佣金	营收465.25亿元，营收占比19%，yoy37%
			其他：淘宝旺铺：固定费用+店铺升级费；银泰与盒马生鲜商品销售收入	营收157.49亿元，营收占比6%，yoy527%
	国内批发	1688	阿里巴巴诚信通会员年费及增值服务费P4P广告费用	营收71.64亿元，营收占比3%，yoy26%
	国际零售	Lazada、AliExpress	5%—8%交易佣金+广告费+商品销售收入	营收142.16亿元，营收占比6%，yoy94%
	国际批发	阿里巴巴国际交易市场	广告费+会员年费+进出口相关增值服务费	营收66.25亿元，营收占比2%，yoy10%
	菜鸟物流	菜鸟网	仓储配送费	营收67.59亿元，营收占比3%
云计算		阿里云	云服务收费：数据库、存储和内容分发网络、安全管理和应用、大数据分析和机器学习	营收133.90亿元，营收占比5%，yoy101%
娱乐传媒		UC浏览器、UC新闻、优酷土豆、阿里体育、阿里音乐、阿里游戏、天猫tv、大麦网	UC浏览器移动营销系统：神马关键字竞价CPC收费。优酷土豆的广告系统：在线广告业务，包括1）视频广告（贴片/视频插播/静态）2）显示广告（图形横幅/文本超链接）3）其他广告（产品内置/赞助等）	营收195.64亿元，营收占比8%，yoy33%
创新举措&其他业务		高德、yunos、钉钉、阿里健康、天猫精灵	高德地图：终端用户的交通信息服务费，为移动应用社交网络提供基于位置的服务收费。YUNOS：为智能设备提供基于云数据和服务的操作系统收费。钉钉：企业通信与协作平台，提供低成本且安全的互联网电话服务。	营收32.92亿元，营收占比1%，yoy10%

资料来源：阿里财报。

一 电商平台化

1. 平台起步期（1999—2008）。主要通过模仿与探索，夯实国内电商市场，成为国内电商发展的领头羊。

1999 年 6 月，阿里巴巴国际站（Alibaba.com）上线，是阿里的第一个业务单元①，从事 B2B 业务。2003 年 5 月，淘宝网创立，主要从事服务小客户的 C2C 业务。2008 年 4 月，淘宝网推出淘宝商城，进入 B2C 业务领域。

2004 年口碑网上线，主要从事房产信息服务，是本地化的生活社区网站。2006 年获阿里战略投资。2008 年被雅虎中国并购，以雅虎口碑网从事 O2O 本土生活服务。2009 年 8 月，雅虎口碑网并入淘宝网。2011 年暂停推广，2015 年阿里与蚂蚁金服注资 60 亿元，试图使口碑网像美团、饿了么等一样，成为 O2O 主流渠道与用户生活方式。

2. 平台打造期（2009—2015）。抓住移动互联网的发展风口，布局国内国际电商，打造电商平台（由海内外零售、批发电商平台与营销平台构成），形成核心电商业务，构建电商生态发展模式。（参见图 6—4）

（1）1688 批发网站。2010 年 1 月，阿里买下 1688.com 域名。3 月 1688 上线，从事 B2B 业务，以"网上批发大市场"业务为核心②。2013 年 9 月，单日在线交易总额突破 41.9 亿元，创造 B2B 行业的全球交易纪录，成为继淘宝、天猫后的第三大在线交易平台，从信息交互平台转型升级为在线交易服务平台。③

（2）聚划算。2010 年 3 月，淘宝网推出团购网站——聚划算上线。聚划算是"闪购网站"，不同于主推本地化生活服务的团购网站。2010 年聚划算的团购成交额为 2 亿元。

2011 年加强本地化线下团购业务。10 月，聚划算从淘宝网拆分为独立的团购平台。2011 年聚划算成交额为 100 亿元，正式成为阿里的核心

---

① http://www.qlwb.com.cn/detail/10367772.
② https://tech.qq.com/a/20100119/000281.htm.
③ https://view.1688.com/cms/promotion/story4.html.

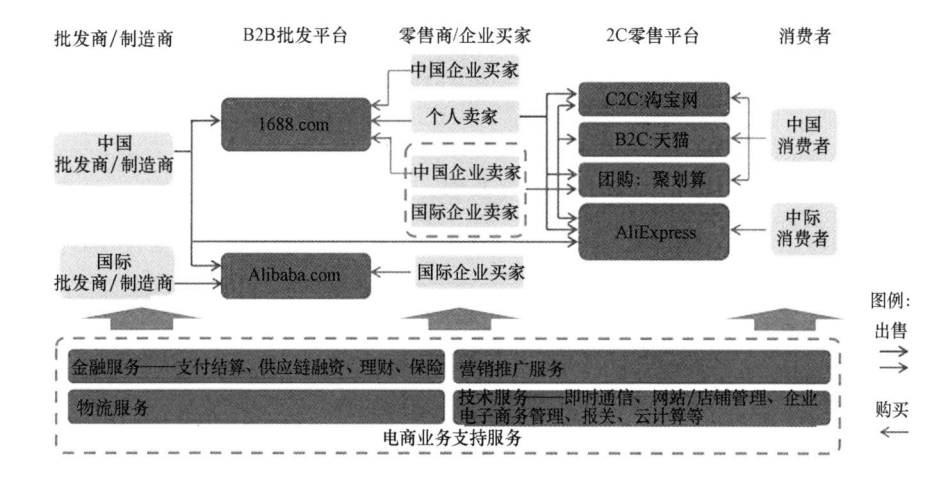

图 6—4　阿里电商平台与生态

资料来源：易观智库。

业务。2015 年 12 月，成为国家 CCC 认证信息数据库的首家电商平台[1]。

（3）全球速卖通（Aliexpress）。2010 年 4 月，全球速卖通上线。全球速卖通被称为国际版淘宝，主要从事 B2C 业务，是阿里打造的跨境电商平台，是以支付宝为核心的国际在线交易平台，具有完善的物流系统[2]。2013—2014 年，面向海外重要国家，如法国、西班牙等西欧国家，俄罗斯、波兰等东欧国家。

互联网移动化、数算法与电商技术的发展，全球速卖通在 2017 年进入发展新阶段，在全球各地开花结果。全球速卖通成为俄罗斯第一大电商市场，成为西欧国家的主要电商平台，占有波兰一半的电商市场。2018 年，全球速卖通布局 220 多个国家和地区，成为中国唯一一个覆盖"一带一路"全部国家和地区的跨境出口 B2C 外贸交易平台。[3] 在 2020 年新冠肺炎疫情期间，线上消费成为主要生活方式，全球速卖通成为中东、巴西等新兴国家市场的电商平台。

---

[1]　http：//www.ce.cn/xwzx/gnsz/gdxw/201512/24/t20151224_7786817.shtml.

[2]　速卖通的物流服务以菜鸟网络合作为基础，逐步打造优化全球物流体系。目前，菜鸟网络已实现全球 224 个国家和地区的配送服务，设置 300 多个海外仓储，到全球主要国家的跨境物流时效从 70 天缩短至 10 个工作日。

[3]　https：//www.sohu.com/a/236624387_818774.

（4）淘宝网一拆为三。2011年6月，淘宝网被分拆为三个独立公司：淘宝商城、一淘网、淘宝网（参见图6—5），与阿里B2B、阿里云等并列。

2010年初，淘宝商城推出垂直商城，阿里的垂直商品搜索业务逐渐发展成形。8月，推出手机客户端。11月，启用独立域名tmal.com。2012年1月，淘宝商城更命为天猫，专门服务品牌商，主要是B2C业务。（参见图6—5）

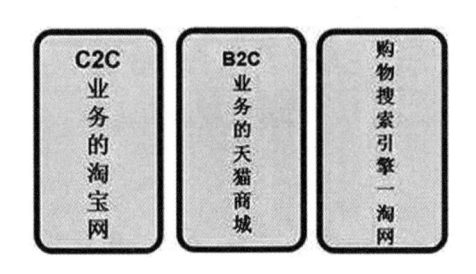

图6—5 淘宝网一拆为三的网站功能

资料来源：网络整理。

3. 平台拓展期（2015年至今）。加强对专营海外品牌电商的战略投资与并购，形成海内外知名发展品牌的国内卖场，以满足广大用户对美好生活的追求。

2015年7月，阿里以1亿多美元战略投资B2C电商"魅力惠"（域名为www.mei.com），打造奢品与轻奢闪购电商平台。2019年9月，以20亿美元全资收购网易旗下跨境B2C电商平台——考拉[①]。

2017年8月，天猫奢品专享平台Luxury Pavilion[②]上线。2018年10

[①] 网易考拉是以跨境业务为主的B2C综合型电商。2015年1月9日公测，主要销售品类涵盖母婴、美容彩妆、家居生活、营养保健、环球美食、服饰箱包、数码家电等。2016年3月，考拉海购上线。2018年6月，考拉海购进军综合电商市场。

[②] 该平台是全球首个为奢侈品专属定制的虚拟App，定向邀请奢侈品品牌入驻，只对部分奢侈品消费者定向开放，不过消费者在淘宝、天猫搜索关键词"天猫奢品"或"Luxury Pavillion"也可进入。

月，阿里与奢侈品电商 YNAP（Yoox Net – A – Porter）[①] 成立合资公司，YNAP 同时入驻天猫奢品专享平台。[②] Luxury Pavilion《2018 新世代奢侈品消费者洞察报告》显示，在整个淘系奢侈品用户中，90 后新世代年轻人占比近五成，并完成高达 46% 的奢侈品成交。[③]

二 平台全球化

阿里天猫国际与全球速卖通等电商平台，利用自身平台优势，不断拓展海外市场。2014 年 2 月，推出天猫国际，开始走国际化电商路线。在 2016 年博鳌亚洲论坛，阿里首次提出 eWTP（electronic World Trade Platform，全球电子贸易平台）设想。通过并购在东南亚、南亚等地"跑马圈地"，成为全球知名的跨境电商。

一是购买团购网站股票。2016 年 2 月，并购美国 Groupon 团购公司 5.6% 股权。

二是并购东南亚、南亚的电商平台。自 2016 年以来，阿里以 10 亿美元获得东南亚最大电商平台之一 Lazada 的控股权，股权从 51% 增至 83%。[④] 2017 年 6 月天猫启动"天猫出海"项目，宣布将带领 12 亿国货走出国门，天猫出海项目在 Lazada 开通马来西亚"Taobao Collection"（淘宝精选）站点，吸引中国商家入驻。8 月，阿里新一轮的 11 亿美元融

[①] 2000 年，英国娜塔莉·马斯内创办 Net – a – Porter 网站，为时尚奢侈品网上专卖，后成为奢侈品世界中所有其他品牌追赶的对象，属于全球第二大奢侈品公司历峰集团（Richemont）。2015 年 3 月，总部位于米兰的奢侈品电商 Yoox 将与 Net – a – Porter 合并，双方各占 50% 的股份，新公司命名为 Yoox Net – a – Porter。

[②] http://finance.caixin.com/2018 – 10 – 26/101339384.html? baike.

[③] http://www.xinpin1688.com/article – 4131 – 1.html.

[④] Lazada 2012 年成立，自营起步，并逐步扩展第三方平台。目前，在马来西亚、印度尼西亚、菲律宾、新加坡、泰国和越南设有站点，为当地和国际品牌、分销商提供一站式电商入口。其中，移动端交易额占比达 60%，App 下载量累计超过 3000 万，月独立访客数超 5500 万。平台提供包括货到付款、helloPay 线上支付在内的 60 种付款方式，以应对多国跨币种结算问题，卖家在不同国家收到的款项均以当地货币存入账户。2016 年，阿里出资 5 亿美元购买 Lazada 新股，同时将从 Lazada 部分股东中购买股份达成控股，即：Tesco 与现控股股东 Rocket Internet 分别以 1.29 亿美元、1.37 亿美元将 8.6%、9.1% 的 Lazada 股份出售给阿里，2018 年 3 月，阿里向已经是东南亚最大电商平台的 Lazada 增资 20 亿美元，旨在加速该平台的继续扩张以及深化其与阿里巴巴生态系统的融合。至此，阿里对 Lazada 的总投入达到 40 亿美元。

资印度尼西亚电商应用Tokopedia①，在东南亚大部分地区重构了一个在线购物平台。2017年，阿里国际商务收入达26亿元（含广告，约3.89亿美元），增长136%；天猫"双11"之时，全球网民参与覆盖达225个国家和地区。② 2018年5月，全资收购德国电商孵化公司火箭网络（Rocket Internet）旗下的南亚跨境电商Daraz公司③。

加强香港市场的合作与并购。2014年1月，阿里13.27亿港元入股香港综合信息及内容服务供应商中信21世纪（00241.HK），试图在医药领域拿到医药电商的直销牌照。④

三是加强国际合作。2015年8—9月，阿里与梅西百货（美国百货零售巨头）、麦德龙（德国零售贸易巨头）形成战略合作，后者均进驻天猫国际。2016年4月，阿里加入国际反假联盟（IACC），成为该组织的首个电商成员。⑤

四是以国家利好政策拓展海外市场。全球速卖通深度布局全球220多个国家和地区，是"一带一路"的受益者。2019年，全球速卖通面向俄罗斯、西班牙、意大利等海外商家开放。成为中国唯一一个能够覆盖"一带一路"全部国家和地区的跨境出口B2C外贸交易平台。⑥

阿里以自营商品销售收入与广告（含佣金、会员费等）形成国际收

---

① Tokopedia 2009年成立，是印度尼西亚最大电商平台，允许小零售商和大品牌在该平台经营买卖，也是印尼访问量最大的网站。

② 王凤翔：《2017年中国网络广告发展报告》，唐绪军主编《中国新媒体发展报告（2018）》，社会科学文献出版社2018年版。

③ Daraz 2012年成立，开始在线时尚业务，现成为巴基斯坦国内最受欢迎的网上购物平台，并将其业务模式扩展到电子、家用电器、时尚等众多品类。同时，在孟加拉国、缅甸、斯里兰卡和尼泊尔开展业务。Daraz致力于为客户提供100%的正品和原创产品，并为客户提供全天候24/7服务。据公开信息显示，这五个南亚与东南亚国家市场总人口超过4.6亿，其中60%的人口的年龄在35岁以下，阿里巴巴收购Daraz之后，将在推进其业务在南亚市场的发展。收购完成后，Daraz将继续保持原品牌名运营。同时，Daraz将充分利用阿里巴巴在技术、电子商务、移动支付和物流方面的领先优势和经验，推动五个南亚与东南亚市场份额的进一步增长。除了收购Daraz之外，蚂蚁金服还用1.845亿美元收购巴基斯坦Telenor微金融银行的45%股权，而这项收购将帮助阿里巴巴拓展巴基斯坦的移动支付、互联网金融等市场。

④ http://finance.sina.com.cn/stock/hkstock/ggscyd/20140124/014218065137.shtml.

⑤ http://intl.ce.cn/sjjj/qy/201604/15/t20160415_10497378.shtml.

⑥ http://n.eastday.com/pnews/1579679005014881.

入来源。2017 财年阿里国际收入为 133 亿元，其中零售收入为 37 亿元。（参见表 6—4）

表 6—4　阿里国际零售与批发的广告（含佣金、会员费等）收入来源

平台	业务内容	广告（含佣金、会员费等）收入来源与模式
速卖通	国际零售	交易佣金：交易额的 5%—8%；广告费：P4P 和第三方联盟营销
Lazada	东南亚零售	自营商品销售收入；交易佣金：扣点率 1%—12%
Alibaba	国际批发	会员费：金牌供应商（Gold Supplier）会员费；广告费：P4P 广告；增值服务：清关、VAT 退税、橱窗产品等，增值服务收入占比 35%（2017 年）

资料来源：阿里公告。

三　平台生态化

（一）发展新零售，形成服务布局

立足线下百货公司。2015 年 8 月，与苏宁云商形成战略合作。2017 年 2 月，与区域零售商百联集团在上海开展新零售业务。11 月与欧尚零售（Auchan Retail S. A.）、润泰集团，2018 年 2 月与北京居然之家，8—9 月与星巴克、KROGER 与茅台达成新零售战略合作。

加强餐饮、出行、医疗、教育等方面的服务布局。通过系列的战略合作、战略投资等方式，形成电商利益共同体与利益重要相关者，拓展了社交传播与电商发展。（参见图 6—6）

（二）支付宝成为第三方支付平台

2004 年 12 月，阿里推出支付宝。2015 年 2 月，蚂蚁金服重组，成为支付宝母公司。支付宝与蚂蚁金服成为影响力巨大的第三方支付平台与移动金融平台，形成小微金融服务集团，改变了金融发展形式、市场交易方式与生产生活方式，为电商布局与网络广告提供了发展动力与传播活力。（参见图 6—7）

（三）菜鸟物流成为社会化物流大动脉

2013 年 5 月，阿里与银泰集团、复星集团、富春集团、三通一达（申通、圆通、中通、韵达）等物流公司以及金融机构组成中国智能物流

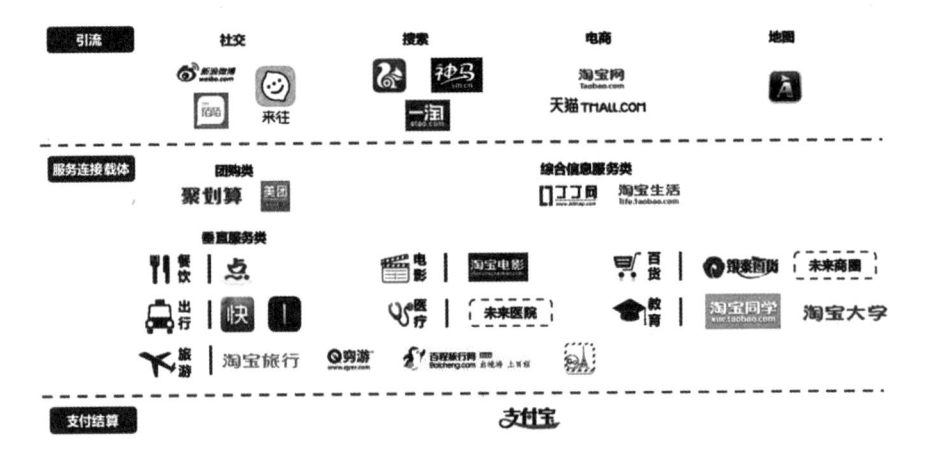

图 6—6　阿里生活服务布局

资料来源：易观智库。

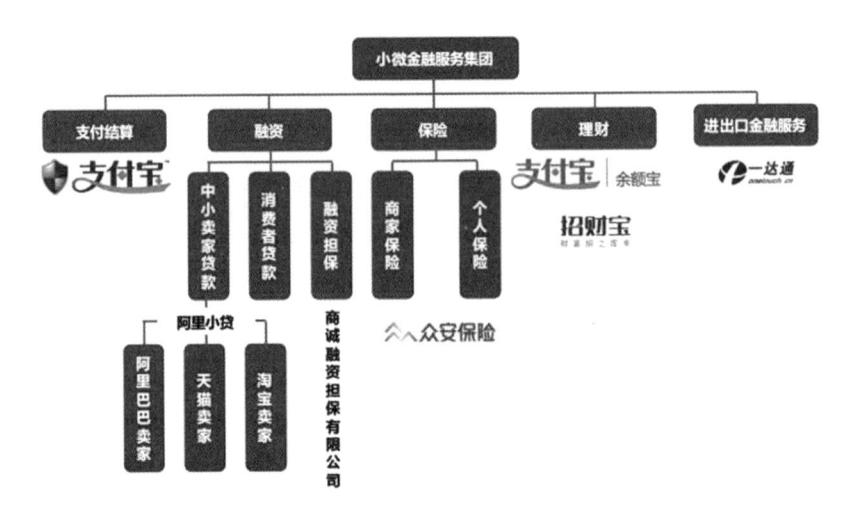

图 6—7　阿里金融生态

资料来源：易观智库。

骨干网（China Smart Logistic Network，CSN）工程，打造国内与全球的物流骨干建设，成为电商发展与繁荣的基础工程与生态动脉，阿里电商成为推动物流发展的支柱力量。（参见图 6—8）

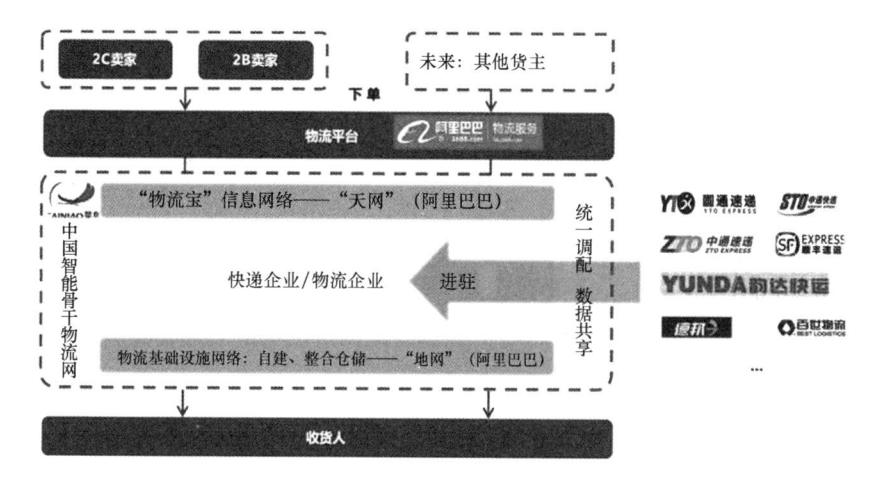

图6—8 阿里物流体系

资料来源：易观智库。

（四）拓展大文娱传播

加强新闻网站的并购与合作。2005年，阿里收购雅虎中国：雅虎的门户、一搜、IM产品、3721以及雅虎在一拍网中的所有资产。同时，阿里获雅虎10亿美元注资。[1]

并购UC优视[2]，开始大文娱之路。2013年3月，阿里以5.06亿美元战略投资UC；12月，以1.8亿美元增持UC，两次总计约人民币42.27亿元，控股比例达66%。同时，合作推出神马移动搜索。2014年6月，阿里全资并购UC，以UC为基础设立阿里UC移动事业群，负责浏览器业务、搜索业务、LBS业务、九游移动游戏平台业务、PP移动应用分发业

---

[1] http：//tech.sina.com.cn/i/2005-08-11/1525690640.shtml.

[2] UC创立于2004年。2014年并购前，UC拥有5亿用户以及背后的应用分发和游戏联运能力。UC浏览器全球用户数突破5亿，每月在UC浏览器上产生搜索量超过60亿次。在国际浏览器市场上，UC浏览器占到10%市场份额，拥有1亿多海外用户。为布局移动搜索业务，UC和阿里2013年成立合资公司，UC占股70%，阿里占股30%左右。2013年下半年，UC全资收购越狱分发应用市场PP助手，完成Android和iOS的双平台移动分发布局。UC整合阿里的几块资产，联手阿里推出两大新品：一是整合淘宝浏览器，在此基础上做联合开发，发布UC电脑版浏览器业务；二是整合"一搜"全网搜索，推出神马搜索。2014年6月，阿里收购UC剩余三分之一股份。UC并入阿里后，估值达50亿美元。

务、爱书旗移动阅读业务等建设和发展。[①]

对网络电影与视频的并购与发展。2014年3月，以62.44亿港元投资并购香港上市公司文化中国传播[②]（01060HK）60%股权，为阿里巴巴影业集团（阿里影业）打下基础。5月，阿里以12亿美元入股优酷，获16.50%股权。2015年11月，阿里以45亿美元收购优酷土豆[③]。2016年4月，合一集团（优酷土豆）完成私有化。

加强对传统主流媒体的并购。2015年6月，阿里投资12亿元人民币参股上海文广集团（SMG）旗下第一财经，涉足财经新媒体与财经数据服务。12月，以2.66亿美元收购《南华早报》及其旗下的其他媒体资产。

对音乐的发展与并购。2015年7月，成立阿里音乐集团。2016年2月，阿里以355亿韩元（约1.95亿元人民币）入股韩国娱乐公司S. M. Entertainment（SM）4%的股份，形成SM在华音乐业务和电子商务业务的战略合作协议。

2016年6月，阿里成立"阿里巴巴大文娱板块"，囊括阿里旗下的阿里影业、合一集团（优酷土豆）、阿里音乐、阿里体育、UC、阿里游戏、阿里文学、数字娱乐事业部，[④] 对新媒体广告发展形成发展优势。（参见图6—9）

四 广告场景化

阿里电商广告是阿里生态体系的重要组成部分，维护阿里电商生态良性发展（参见表6—5）。阿里的广告经营与市场营销通过自成系统、自成平台与自成生态的阿里妈妈实现（参见第四节）。

[①] https://tech.qq.com/a/20140611/018408.htm.
[②] 文化中国传播集团是中国新兴的文化产业综合性集团，以影视剧制作、传媒经营和手机无线新媒体运营为主业的综合性文化产业集团，在香港联交所主板上市。在平面媒体经营业务板块，主要投资经营对象是《京华时报》，在电影方面投资过《西游降魔篇》。
[③] 2010年优酷（NYSE：YOKU）于纽约证券交易所上市。2011年土豆网于纳斯达克上市。2012年8月，优酷和土豆以100%换股方式合并。2014年4月，优酷土豆集团与阿里巴巴集团宣布建立战略投资与合作伙伴关系。2014年8月，优酷土豆集团成立"合一影业"电影公司。
[④] http://news.xinhuanet.com/info/2016-06/15/c_135439476.htm.

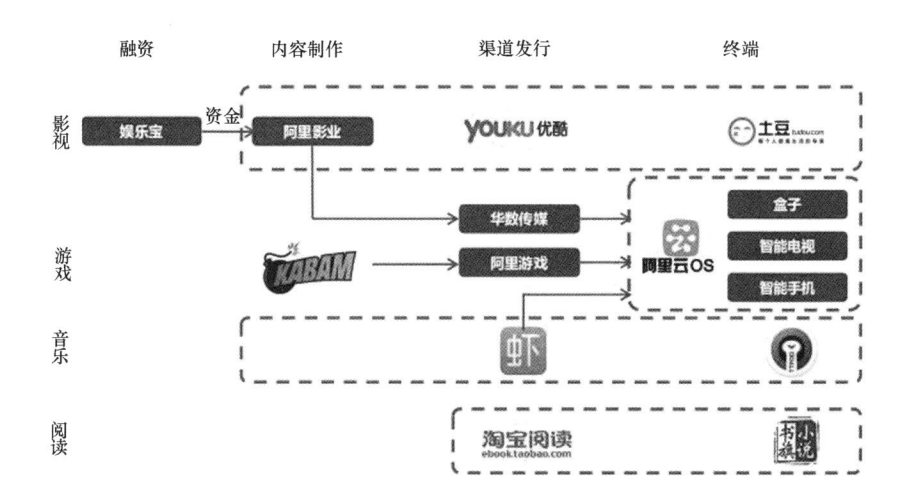

图6—9 阿里巴巴大文娱版块

资料来源：易观智库。

表6—5　　　阿里电商平台形成广告（含佣金、会员费等）
经营与市场营销优势

电商类型	收费项目		收费模式
国内零售	广告收入	P4P 直通车	在淘宝搜索页的竞价排名，按照 CPC 计费
		广告展示费	按照固定价格或竞价 CPM 收取广告展示费用
		淘宝客项目	按照交易额的一定比例向淘宝和天猫的卖家收取佣金
		聚划算位置费	卖家购买聚划算的促销页面费用
	交易佣金		天猫和聚划算卖家，通过支付宝每一笔交易，需要支付交易额的 0.4%—5% 的佣金
	淘宝旺铺使用费		每月收取固定费用，同时店铺软件业提供收费工具以帮助店铺升级

续表

电商类型	收费项目	收费模式
国内批发	会员费和增值服务费	阿里巴巴诚信通会员年费6688/年，可以给会员提供品牌建设、引流、引用认证等服务
	广告费用	P4P广告费用
国际零售	交易佣金	佣金率为5%—8%
	广告费用	第三方联盟营销广告费和P4P广告费
	商品销售收入	主要来自LAZADA平台的自营商品销售
国际批发	会员费和广告费用	金牌供应商会员年费
	广告费用	P4P广告费用
	增值服务费	提供出口/进口相关服务，包括清关、退税

资料来源：阿里公告、阿里妈妈官方网站。有整理。

商家使用淘宝、天猫等零售平台，须支付广告费用（含佣金等）（参见表6—6）。

表6—6　　商家使用阿里淘宝、天猫平台支付的广告
（含佣金等）费用类

商家类别	淘宝平台	天猫平台
淘宝卖家	P4P直通车、广告展示费、淘宝客佣金、淘宝旺铺费	聚划算的展示费、聚划算交易佣金
天猫卖家	P4P直通车、广告展示费	交易佣金、P4P直通车、淘宝客佣金、广告展示费、聚划算的展示费

资料来源：阿里公告、阿里妈妈官方网站。

淘宝网以先发优势、信用体系、规模效应、品牌塑造为广告发展提供数据，形成生态闭环与广告优势。广告竞价排名要维护淘宝网生态，形成平台效应与市场地位。（参见图6—10）

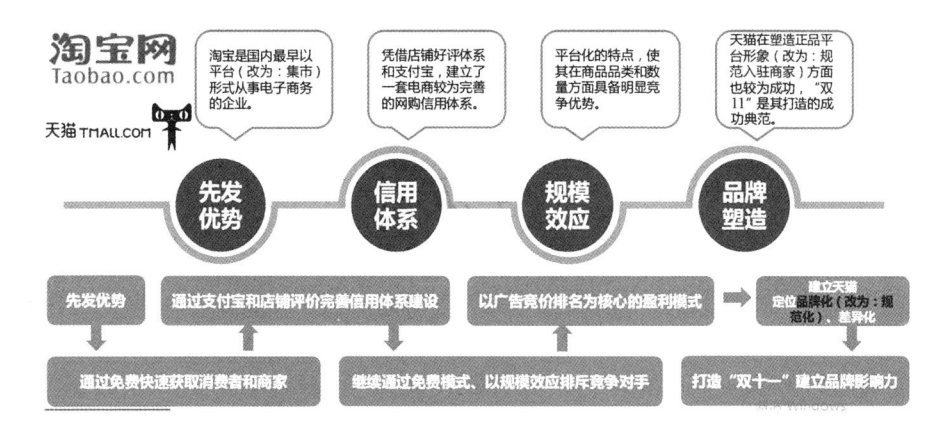

图 6—10　淘宝网生态形成广告发展优势

资料来源：易观智库。

第三节　阿里妈妈广告经营概况

阿里妈妈主要是经营广告与市场营销，在发展中不断前进，既在全网推广发展，又为阿里电商服务，逐步形成自身品牌、传播优势与市场地位。

一　阿里妈妈发展概况

2007 年 8 月，阿里妈妈试上线。11 月，正式上线。2008 年 9 月阿里妈妈与淘宝合并，2010 年 4 月淘宝联盟成立。2013 年，重启阿里妈妈的品牌名称与域名。2017 年形成全域营销。2019 年超级推荐上线。（参见图 6—11）

阿里妈妈经过十多年的发展，逐步形成了自己营销平台与广告推广产品线，为阿里的发展与全网推广，形成符合广告发展规律与互联网发展的传播生态。随着广告系统的发展与完善，阿里妈妈为阿里巴巴贡献了 5—6 成的收入。至 2017 年，阿里妈妈十年间，为 450 万商家提供数

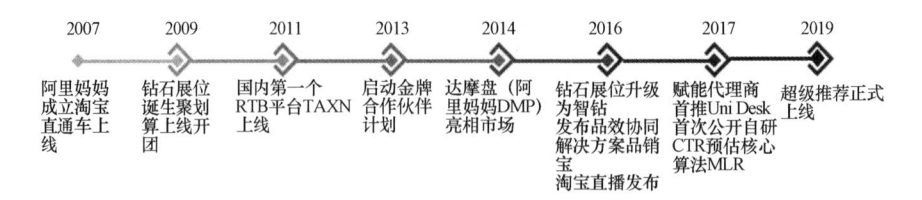

2007	2009	2011	2013	2014	2016	2017	2019
阿里妈妈成立淘宝直通车上线	钻石展位诞生聚划算上线开团	国内第一个RTB平台TAXN上线	启动金牌合作伙伴计划	达摩盘（阿里妈妈DMP）亮相市场	钻石展位升级为智钻 发布品效协同解决方案品销宝 淘宝直播发布	赋能代理商首推Uni Desk 首次公开自研CTR预估核心算法MLR	超级推荐正式上线

图6—11 阿里妈妈发展概况

资料来源：阿里妈妈官网。

据和营销服务，为商家输送进店流量超过28万亿，成交47亿笔订单。①

二 阿里妈妈发展历程

阿里妈妈学习借鉴谷歌AdSense广告联盟和百度联盟而建设网站广告联盟，是面向中小网站的网络广告交易和广告服务平台②，并与时偕行、创新发展，成为电商广告平台。

（一）阿里妈妈初步形成市场影响力

阿里妈妈首次引入"广告是商品"的概念，当时被认为是"网络广告的C2C"模式。③第一次实现买家和卖家平等的在媒体进行交易，不同于百度"竞价排名"，有利于广告市场重新配置广告资源。因此，阿里妈妈在不到一年的时间里，就汇集起20万家中小网站和超过15万的个人博客站点，注册会员超过100万，覆盖的中小网站日点击量超过10亿次，成为中国最大网络广告交易平台。④

（二）阿里妈妈在电商广告交易平台建设上的发展

2008年阿里妈妈与淘宝合并，成立淘宝广告事业部，服务淘宝系商家。阿里妈妈从全网广告平台走向电商卖家服务平台，成为阿里电商的重要生态组成部分，形成大淘宝战略，进一步夯实阿里巴巴的电商龙头

---

① 张漠：《下一个十年，阿里妈妈如何打响新一轮营销攻坚战？》，《媒介》2018年第1期。
② 袁坤：《阿里妈妈为何能够挑战百度》，《IT时代周刊》2007年第23期。
③ 吴清华、谢雪梅：《长尾的力量——走进阿里妈妈》，《广告大观》（综合版）2008年第6期。
④ 袁坤：《阿里妈妈为何能够挑战百度》，《IT时代周刊》2007年第23期。

地位，奠定中国电商的发展方向。

淘宝联盟主要以 CPS 效果计费，为卖家提供淘宝直通车、钻石展位（简称：钻展）和淘宝客等广告位。其中，淘宝直通车主要以 CPC 收费，钻石展位主要以 CPT、CPM 收费，淘宝客主要以 CPS 收费，是淘宝广告的三大利器。

2011 年 9 月，淘宝联盟建立 TANX 广告交易平台，把淘宝内部的广告平台变为需求方平台（DSP），通过广告实时竞价（RTB）加强市场竞争，实现由流量售卖向实时竞价转变，形成新的广告发展理念，改变互联网广告发展生态。[1]

一方面，以阿里 B2B、C2C、B2C、支付工具、即时通信、门户网站和分类信息等相关产品和网站[2]，作为服务对象与广告主，形成广告生态与系统平台，如：淘宝客（CPS）、直通车（CPC）、钻立方（CPM），网销宝（B2B）等，均支持实时竞价模式。另一方面，以 TANX 广告交易平台面向全网，逐步发展全域广告，突破电商瓶颈。艾瑞数据显示，2012 年，淘宝广告收入为 172.5 亿元（仅次于百度 222.5 亿元）。其中，淘宝联盟在广告联盟领域分成金额达 30 亿元[3]，导引交易规模超 500 亿元，是 2011 年交易规模的 3 倍。[4]

（三）重启阿里妈妈平台，推动全网广告交易平台的发展

2013 年，阿里妈妈平台重启，隶属于一淘事业部，淘宝联盟成为该平台的业务线，不再作为广告联盟名称。由此，阿里妈妈形成三条主要业务线：一是以"淘宝客"按成交计费业务为主体的淘宝联盟。同时，

---

[1] 王凤翔、陈婷婷：《中国网络广告联盟发展报告》，唐绪军主编《中国新媒体发展报告（2013）》，社会科学文献出版社 2014 年版。

[2] 吴清华、谢雪梅：《长尾的力量——走进阿里妈妈》，《广告大观》（综合版）2008 年第 6 期。

[3] 在 30 亿元分成金额中，个人站点从阿里妈妈获得的分成最多，占比 31%，近 10 亿元。其次是蘑菇街、美丽说、返利网、51 返利等分享导购网站，占比 21%。入口型媒体、垂直网站、门户视频、第三方代理分别占比 19%、15%、12% 和 2%。参见王凤翔、陈婷婷《中国网络广告联盟发展报告》，唐绪军主编《中国新媒体发展报告（2013）》，社会科学文献出版社 2014 年版。

[4] 史林静：《阿里妈妈：一个开放的全网营销平台》，《广告大观》（综合版）2013 年第 7 期。

全网广告主继续享受淘宝直通车（见图6—12）、钻石展位和淘宝客服务。二是以"橱窗"展示广告为主体的 TANX 广告交易平台，获取优质站外流量。三是移动广告联盟业务。①

图6—12　淘宝/天猫直通车

资料来源：阿里妈妈网站。

2014年，阿里妈妈对内以钻石展位打通阿里系产品，融入与优化微博、虾米等社交数据及其搜索，推动广告产品生态链建设。阿里妈妈通过阿里巴巴的 B2B 平台中小企业主、淘宝网中小店铺、支付宝商铺、口碑网个人与企业用户的网络导流与流量变现②，对外形成数据闭环与传播壁垒，形成阿里巴巴的电商生态与平台优势。实施广告位从"黑盒位"向"白盒位"转变的制度③，推动广告可视化发展、品牌传播与竞价推广（参见图6—13）。以 TANX 广告交易平台通过竞价排名，加大全网优势资源争夺，实现内外的流量交换与布局，优化广告产品市场流程，形成以大数据为核心的社交营销、全域广告与市场博弈。

2015年1月，阿里并购易传媒。从此，阿里成立阿里妈妈事业部。

---

① http：//www.zhangchenghui.com/apple/1878.html.
② 王凤翔、陈婷婷：《中国网络广告联盟发展报告》，唐绪军主编《中国新媒体发展报告(2013)》，社会科学文献出版社2014年版.
③ 黑盒是指在全网范围内，按照人群和兴趣点以及店铺定位系统智能选择广告位，进行实时竞价投放，投放前商家不知道广告投放的确切位置。白盒是指品牌展位的广告投放形式，商家进行广告位的选择之后再进行广告投放。

图 6—13　2014 年"双 11"竞价排名与品牌推广

资料来源：公众号"站长那点事"，2014 年 11 月 17 日；卢松松博客。

阿里妈妈以 2014 年成立的达摩盘即阿里数据管理平台，正式全面走出淘系、面向全网、走向海外，形成广告经营、品牌发展与市场营销的发展优势。2017 年，阿里妈妈推动"全域营销"建设，形成具有搜索、电商与社交共性的全域发展模式。

三　阿里妈妈的发展特点与优势

阿里妈妈在发展过程中，逐步形成了符合阿里生态与自身发展的广告特色、产品理念与营销平台，维护与巩固了阿里的电商龙头地位，成为引领我国电商发展与广告营销的重要技术平台。（参见图 6—14）

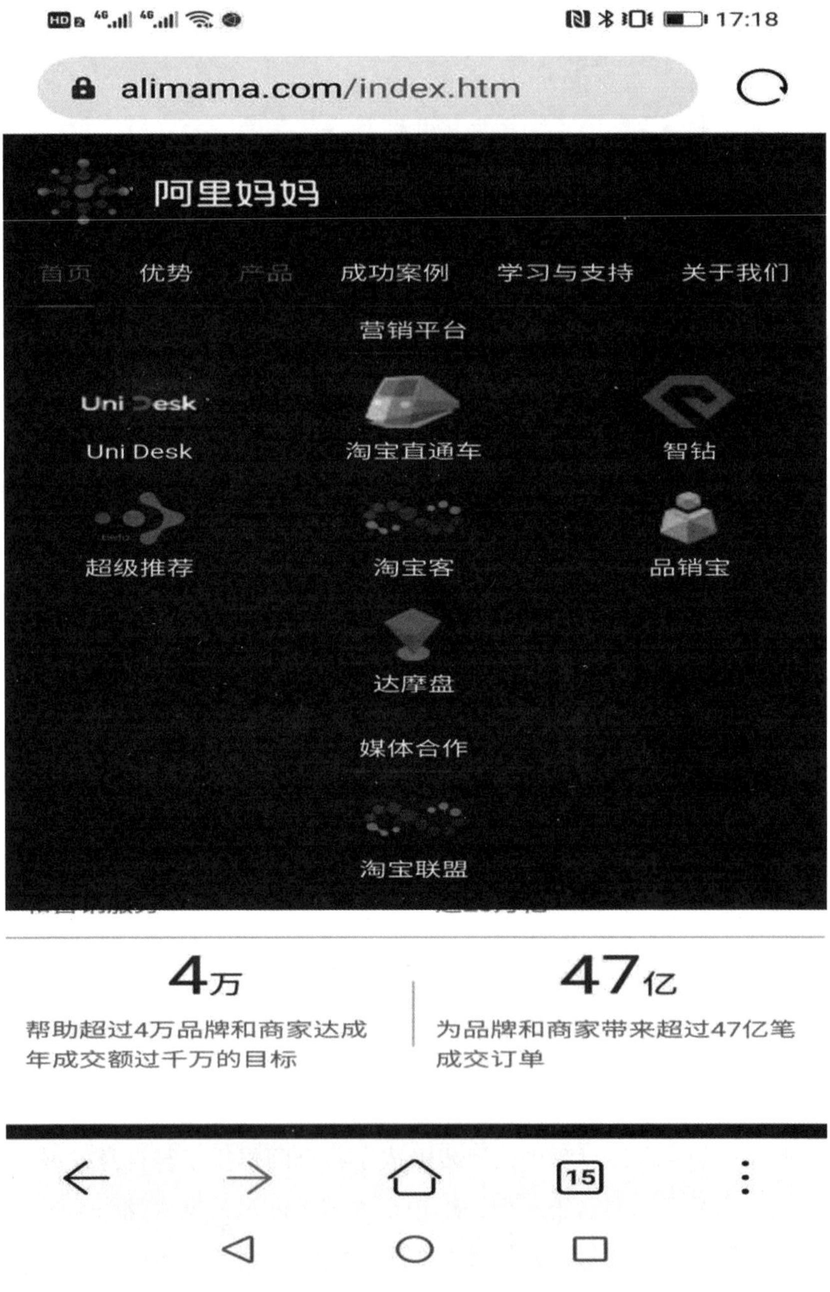

图6—14 阿里妈妈市场营销的系列产品

资料来源：阿里妈妈网站。截屏时间：2020年8月6日。

(一)钻石展位、直通车与淘宝客等是阿里妈妈的广告营销利器,夯实阿里电商龙头地位

2009年钻石展位上线。钻展是竞价淘宝网图片类广告位的投放平台,为广告客户提供品牌展位和智能优化两种产品服务,包括淘宝首页、门户、内页频道页、帮派、画报等,根据流量实施竞价广告位。① (参见图6—15)

图6—15 淘宝钻石展位

资料来源:淘宝网,著者截屏时间:2020年8月5日18:14。

淘宝直通车通过推广使广告图片出现在首页,PC端直通车带有"掌柜热卖"等字样,移动端直通车带有"HOT"等标识,主要通过热门广告站位,以买家关键词搜索进行匹配展现,实现对客户的精准营销。为此,淘宝提供技术支持,为买家提供直通车的分析与参考(见图6—16)。

推行淘宝客计划,获取阿里商家成交的佣金分成。② 淘宝联盟的佣金是阿里妈妈重要的收入来源。通用计划、如意投计划、定向计划和淘客

① https://zuanshi.taobao.com/web/new_hand.html.
② 王凤翔、陈婷婷:《中国网络广告联盟发展报告》,中国社会科学院新闻与传播研究所主编《中国新媒体发展报告(2013)》,社会科学文献出版社2013年版。

图 6—16　淘宝直通车系统

资料来源：《淘宝运营：直通车关键词解析》，"电商联盟"公众号，2020 年 8 月 4 日。

群计划等不断执行与发展，使淘宝客成为阿里妈妈第二大引流平台。

（二）阿里达摩盘形成阿里妈妈广告数据的生态闭环与市场优势

2014 年 10 月，建立数据管理平台（Data Management Platform，DMP），即阿里达摩盘。达摩盘是阿里赋予了自身文化特征的产品名称（其他互联网公司的数据管理平台功能与达摩盘基本相同或相似，但都没有这个称呼），旨在自身数据与 Tanx 基础上形成数据规模，丰富应用场景，以此来更有效地实现 RTB 的期待价值、实现阿里自身数据的生态闭环与市场优势。广告数据、神马搜索数据、UC 浏览器数据、豌豆荚数据、阿里用户数据等形成数据基础层，通过商业智能大数据体系，以用户素描、流量趋势、自定义任务形成通用数据与产品架构层，构建用户营销数据特征平台。（参见图 6—17）

达摩盘将阿里系生态紧密结合起来，并与阿里商家等市场主体第一手经营与发布信息等数据形成数据内在逻辑，根据用户、地域与群体特征等数据，生成适于广告传播与商业营销的各类标签，同阿里妈妈营销产品，如：Tanx、钻石展位、直通车、淘宝客、视频网站、社交平台等相结合，将阿里用户的人口属性数据、浏览数据、地理位置数据、购物

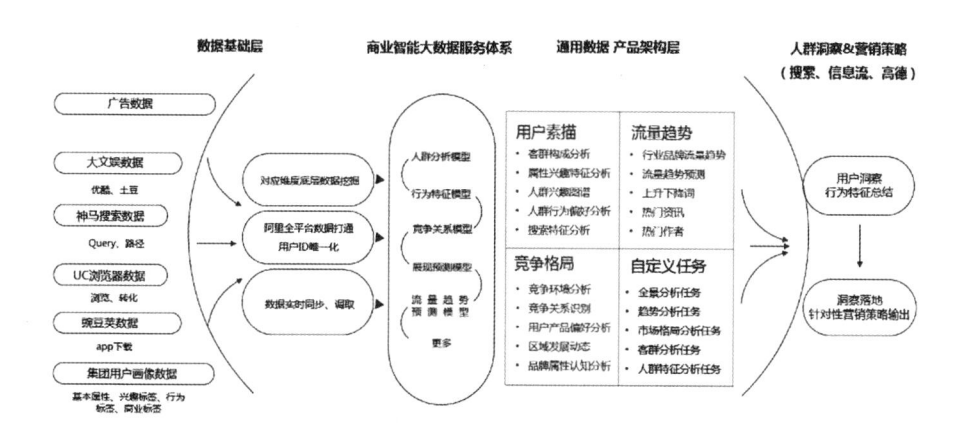

图 6—17　阿里站内外资源的生态闭环

资料来源：网络资源。

数据、支付数据、社交数据等形成大数据系统，以满足个性化需要为核心，实施系统、科学、全面的精准投放与定性营销。同时，抓取外网各类数据，以算法等手段，对阿里数据与全网数据进行多维整合与科学分析，对外形成数据壁垒，对内形成数据出入，形成符合自身发展的全网大数据闭环。（参见图 6—18）

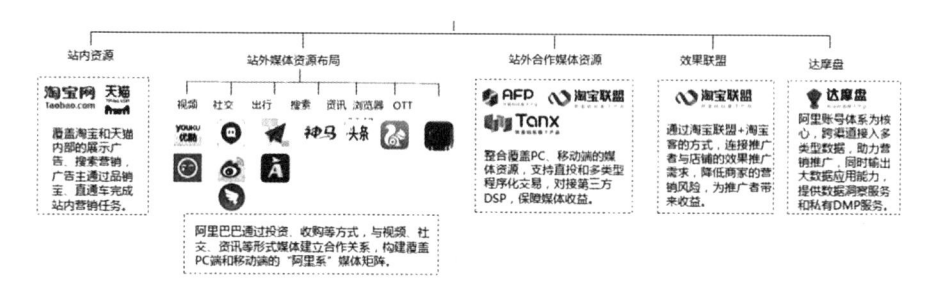

图 6—18　阿里妈妈以达摩盘广告与营销数据形成的数据生态系统

资料来源：网络整理。

（三）阿里搜索引擎发展使阿里妈妈促成广告与电商相互交融的动力

搜索引擎是电子商务的基础业务。搜索类广告主要是：直通车、品牌专区与明星店铺。阿里搜索技术为阿里妈妈成为广告营销巨无霸打下基础，为阿里电商发展优势提供动力。

2005年8月，阿里以40%股权收购雅虎中国，雅虎以10亿美金战略投资阿里占40%股权，实现阿里与雅虎资产置换。11月，阿里关停"一搜"，"一搜"域名跳转为雅虎，雅虎主要业务向专业的搜索引擎转型。2007年6月，雅虎推出智能搜索平台OmniSearch。雅虎中国为阿里的搜索引擎建设提供了发展机遇与技术人才。

2010年，阿里从事搜索业务的一淘网上线。一淘网是全网购物搜索引擎，为商家商品目录、产业链和消费者提供搜索服务。2011年，阿里投资10亿元，试图把一淘网打造独立的购物搜索引擎。一淘网搜索业务涵盖国内主要购物网站，如阿里的淘宝网、淘宝商城、中国亚马逊、一号店、国美等电商网站。其中，一淘网的另一个重要作用，是成为维护阿里电商龙头地位的"防火墙"，限制了百度、腾讯、新浪、搜狗、网易等搜索引擎进入电商搜索领域的发展步伐，减缓了这些平台在搜索领域对阿里电商平台形成的传播威胁，限制了它们向全网购物搜索电商平台方向发展的建设能力。

2010年7月，淘宝搜索阿基米德项目上线，形成基于综合分数排序搜索。从此，阿里巴巴逐步掌握了电商智能搜索时代的主导权，优先抢占移动互联网广告的"滩头阵地"。

2014年4月，阿里与UC优视组建的神马移动搜索引擎上线，并整合"一搜"全网搜索功能。神马搜索以阿里的卧龙系统形成智能搜索广告平台（类似百度无线凤巢、搜狗无线营销），与UC浏览器成为阿里UC移动事业群[①]的发展利器。在App搜索、购物搜索、图片搜索、语音搜索、车载搜索等智能搜索上，神马移动搜索具有创新与发展优势。

（四）阿里妈妈全域营销模式形成阿里广告发展新征程

2017年6月，阿里妈妈发布UNI Marketing核心产品——全新全息的UNI Desk媒体合作工作台（全平台的用户信息搜集系统），是全智能、全

---

① 智能营销平台依托于阿里创新事业群和阿里大文娱的媒体矩阵（包括神马搜索、UC头条、优酷、阿里文学、PP助手、豌豆荚等），可以覆盖1亿+的日活用户，在广告主侧，有10W+的活跃广告主，年收入超过百亿元，成为阿里淘外变现的主力军。

媒体、全媒体一站式数字营销投放系统①。以淘宝系媒体（淘宝客、Tanx、App 等）、阿里大文娱媒体矩阵（UC、优土视频网站、OTT 等媒体）、媒体生态矩阵（直通车、智钻等），通过融合赋能，实现所有数据融合、人群洞察、特征抽取，进行归因分析，形成触点模型，进入数据银行、形成数据积淀，通过云储存、云计算，形成系统、科学、精准、定向的全域营销。（参见图 6—19）

图 6—19 阿里全域营销（UNI Marketing）②

资料来源：阿里妈妈官网；王凤翔、张璐璐《2018 年中国网络广告发展报告》。

在历时性发展中，阿里妈妈形成了全域营销的发展趋势与平台优势。阿里妈妈的搜索广告有直通车、品牌专区、明星店铺等。展示广告有超级钻展、全域星、超级开屏、超级公众屏、超级推送、超级通告等。广告品牌营销有 UNI Desk 等。互动类广告有超级互动域、超级直播等。淘宝联盟有商家中心、生态伙伴等。（参见表 6—7）

---

① https：//unidesk.taobao.com/login.html？spm = a2e117.13868764.0.0.6f372030EsUAmt#!/index/index.

② 王凤翔、张璐璐：《2018 年中国网络广告发展报告》，唐绪军主编《中国新媒体发展报告（2019）》，社会科学文献出版社 2019 年版。

表6—7　　　　　　　　阿里妈妈全域营销产品概况

产品类型	产品	计价方式	产品说明
搜索竞价	淘宝直通车	CPC，展示免费	商品出现在手机淘宝/淘宝网搜索页的显眼位置，当买家进行关键词搜索时，以优先排序获得买家的关注。同时，只有买家点击才需付费，系统智能过滤无效点击
展示推广	品销宝	CPM	手机淘宝/淘宝网/UC首屏的顶端大图展示广告位，可以有效起到品牌推广和客户转化的作用
	智钻	CPM为主与CPC相结合	以图片展示为基础，以精准定向为核心，是面向全网精准流量实时竞价的展示推广平台。为客户提供精准定向、创意策略、效果监测、数据分析、诊断优化等服务
	超级推荐	CPC/CPM	面向场景的信息流推广，主要形式包含商品、微淘图文、哇哦视频、直播间、淘积木（超级推荐专属模板）
品牌营销	UNI Desk	按照方案计价	帮助客户实现"全链路""全媒体""全数据""全渠道"营销
数据服务	达摩盘	加入条件：钻石展位+直通车+超级推荐，最近30天总消耗≥1.5万	广告主洞察与分析各类人群，挖掘潜力客户的，以标签市场快速圈定目标人群，建立个性化的用户细分和精准营销。以第三方服务应用市场解决个性化营销需求
个人营销	淘宝客	CPS，抽取交易后佣金	通过推广者自有的一些渠道，如聊天工具、社交平台、网站等，帮助商家推广促成交易从而赚取佣金收益的推广者

资料来源：阿里妈妈官网。

（五）数据智能营销形成阿里妈妈发展新趋势

阿里百亿级的广告物料数据，1亿+的日活用户产生的用户行为+基础特征+标签兴趣数据,以及海量的广告图片,创意素材等数据,[①] 形成数据优势与全域营销。在数字传播新时代,以"以消费者为中心,数据赋能,人工智能驱动"[②],阿里妈妈推动数据智能营销。

超级推荐是信息流广告。2018年8月,手淘推荐流量超过搜索流量。阿里妈妈因时而变、顺势而为,2019年4月超级推荐实施开放内侧。超级推荐是以大数据、算法与人工智能为核心,通过深度学习与算法引擎丰富内容形式与传播场景,满足个性化消费需求,形成与消费者的深度互动,实现广告与营销的智能化传播。超级推荐与钻展、直通车成为阿里妈妈广告收入与营销来源的重要"马车"。(参见图6—20)

图6—20 阿里妈妈的推荐内测图

资料来源:派代网,"电商真管家"公信号,2019年4月24日。

阿里妈妈推出鹿班、犸良、顽兔、iconfont、语雀等智能广告的推广

[①] 《阿里淘外商业化广告工程架构实践》,https://www.6aiq.com/article/1578836930482?p=1&m=0。
[②] 李立:《"阿里妈妈"十二年大升级 数据智能运营消费者》,"中经e商圈"公众号,2019年9月19日。"以消费者为中心,数据赋能,人工智能驱动"是阿里妈妈总裁在2019年9月首届M营销峰会提出的"数字时代的新营销"新理念。

模板,是人工智能自动生成的模板系列。其中,狍良是动图制作模板,顽兔是抠图模板,iconfont 是图库素材模板,语雀是文档与图书生成模板。

2017 年,阿里妈妈内部使用能够自动生成广告文案与海报的"鲁班"设计系统。该系统具有智能创作、自动排版、一键生成、设计拓展等四大功能。在 2017 年"双 11",该系统自动生成旗帜广告 4 亿张,每秒生成海报 8000 张。2018 年 6 月,阿里妈妈推出"鹿班"人工智能文案系统,该系统依靠阿里机器智能学习技术,一秒能够生成 2 万条广告文案。同时,该系统为客户提供包含云存储、客服、图片投放、个性化展示、批量采购、系统定制在内的整体行业解决方案。①

(六) 形成阿里大文娱广告的发展特色与平台优势

阿里大文娱生态以视频平台与应用分发为核心,营销能力伴随内容向跨平台方向发展,构建内容分发矩阵(参见图 6—21),形成信息流广告平台、应用分发广告平台与短视频广告分成制度。

图 6—21 阿里大文娱平台与内容分发

资料来源:网络整理。

视频类网站通过阿里的汇川系统,以 UC 头条、UC 浏览器与优酷、土豆合并为优土、短视频、直播等媒体而形成信息流广告传播平台(与今日头条信息流广告系统类似)。通过阿里的应用分发系统,以豌豆侠、PP 助手等应用工具形成应用广告平台(与腾讯应用宝、百度春华类似)。

2017 年 3 月,为了推动 PUCG 内容生产供应,阿里推出 20 亿元"大

---

① 阿里妈妈官网。

鱼计划",以扶持短视频创作。由大鱼奖金、广告分成、大鱼合伙人三部分组成,其中大鱼奖金以每月1万元奖励2000名垂直品类优秀内容创作者;广告分成保证创作者可同时享有土豆网、UC、优酷网分成收益;大鱼合伙人则约定年播放量达到约定数值即可获得100万元奖励。[1]

(七)阿里妈妈形成阿里电商广告的马太效应、龙头地位与全球影响力

阿里广告收入占据中国网络广告市场规模第一。阿里70%以上收入来自电商零售,电商广告阿里一家独大。2016年阿里的广告收入为852.2亿元,2017年为997.06亿元,2018年为1383.93亿元,2019年为1746.09亿元,2020年为2535.99亿元。

同时,通过品牌发展与市场营销,形成电商发展优势。2018年"双11"全国网络零售交易额超过3000亿元,其中阿里创下2135亿元交易额,品牌数量为180000家。阿里妈妈提供淘宝、天猫直通车等搜索营销、定向及钻石展位等精准定向营销、淘宝客等内容营销、麻吉宝等激励营销,加强信息流传播与内容生态建设,强化App流量生态。阿里GMV从2014财年的1.678万亿元增至2018财年的4.82万亿元(增长至原来的287%),而广告收入增至原来的近300%。[2] 阿里巴巴2019财年GMV大盘增长18.7%,财年营收为人民币3768.44亿元。[3] 随着GMV、MAU、DAU、客单价不断抬升,阿里广告龙头地位与先发之势难以撼动。

阿里妈妈形成"谷歌+eBay+脸书"的数据发展方向与市场营销模式,成为我国独一无二的数字营销平台与品牌优选的消费者资产投资平台。阿里妈妈利用数据优势,在系统内外形成搜索优势、电商态势与社交趋势,创新广告形式、推动营销嬗变,尤其是在数字营销上作出了开拓性的贡献,是阿里巴巴成为全球重要电商的杠杆力量。(参见图6—22)

---

[1] 《土豆转型短视频平台20亿元打造"大鱼计划"》,https://www.sohu.com/a/131385115_162758。

[2] 王凤翔、张璐璐:《2018年中国网络广告发展报告》,唐绪军主编《中国新媒体发展报告(2019)》,社会科学文献出版社2019年版。

[3] 王凤翔:《2019年中国网络广告发展报告》,唐绪军主编《中国新媒体发展报告(2020)》,社会科学文献出版社2020年版。

图6—22 阿里妈妈是独一无二的数字营销平台

资料来源：阿里妈妈官网。截屏时间：2020年8月7日。

阿里妈妈形成系列产品与智能营销，奠定阿里的龙头电商地位。阿里通过电商营销形成大数据，阿里的核心竞争力是数据。基于数据与智能的全域营销与智能营销，推动了阿里电商的大发展。阿里电商收入成为阿里主要财源。2013—2017 年，阿里电商 5 年的复合增速为 51%。2015 年、2016 年电商收入为阿里收入的 90% 以上，2017 年为 85%。2017 年，阿里电商市场份额占全国电商规模的 75% 以上，并形成四大核心业务板块与系统生态（参见图 6—23）。

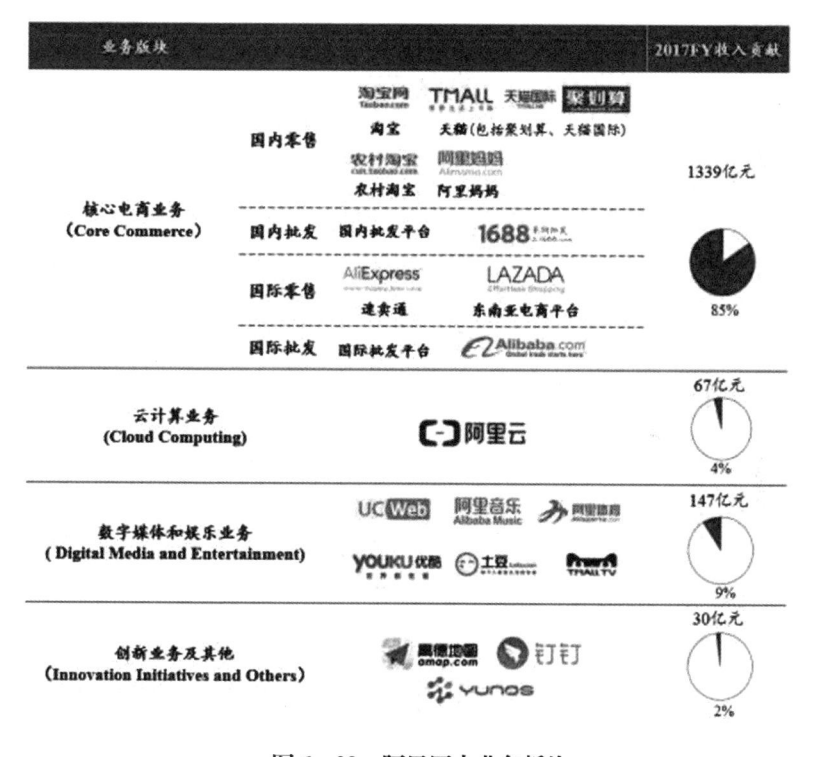

图 6—23　阿里四大业务板块

资料来源：阿里财报。

第四节　移动互联网时代电商广告发展概况

2009 年，3G 广泛商用。在 21 世纪第二个十年，4G 移动互联网兴旺发展。在新技术语境下，我国电商发展迅速，阿里电商领导地位优势渐显。在移动互联网时期，阿里系、京东、苏宁易购、小米等B2C电商，大众点评、糯米、58同城等团购电商，拼多多、微信、小红书等社交电商，抖音与快手等短视频电商，唯品会、考拉海购等垂直电商，百花齐放、百舸争流，发展迅猛，蔚为大观。从我国电商发展二十年历史可以窥知，我国电商发展享受人口红利，市场竞争特别激烈，电商发展日新月异，呈现东来磅礴之势。（参见图6—24）

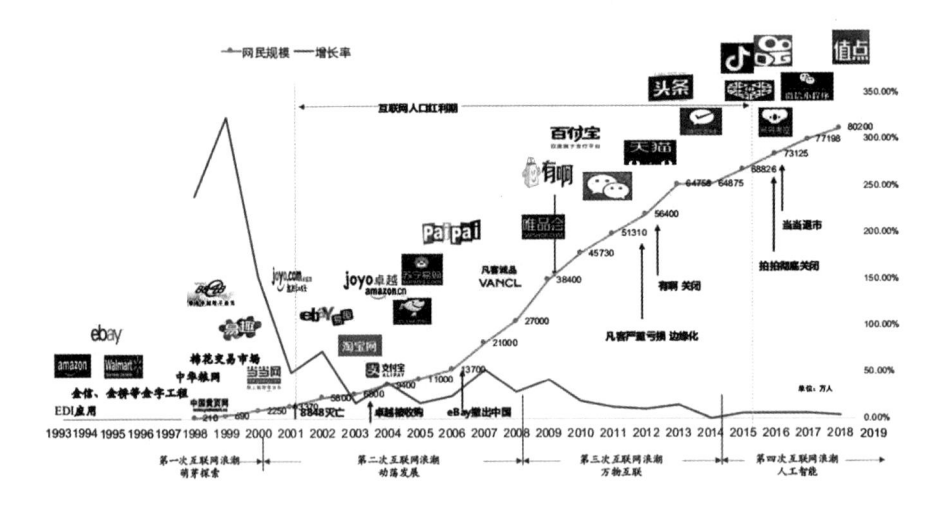

图6—24 我国电商发展20年（1999—2019）历史概况

资料来源：中央财经大学中国互联网经济研究院《后浪更磅礴：中国电子商务发展二十年》。

一 电商广告呈现上升发展趋势

易观数据显示，传统广告市场规模呈现下降态势，移动广告呈现上升趋势，各类广告竞争激烈。主要表现在：短信广告出现断崖式下降，从2011年51.6%的市场份额，下降到2016年不到5%。移动资讯广告从2011年11.2%的市场份额经过跌宕下挫，2016年重回到10.3%。移动搜索广告从2011年市场份额第三，2012—2013年第二，自2014年起成为第一，一直是市场份额的领跑者。移动视频广告发展平稳向前，市场份额一直处于稳增状态，将成为市场的增长动力。移动电商广告从 2012 年起，一直占据移动广告市场份额的第三把交椅。（参见表 6—8）

表 6—8　　2011—2016 年移动广告市场规模与发展结构情况

指标（单位）	2011 年	2012 年	2013 年	2014 年	2015 年	2016 年
年经营额（亿元）	492.5	731.1	1000.1	1565.3	2136.3	2552.2
移动经营额（亿元）	28.6	66.6	134.3	472.2	905.0	1633.9
年增长率（%）	—	132.9	101.7	251.6	91.6	80.5
短信广告比重（%）	51.6	42.6	30.0	11.7	8.0	4.9
资讯广告比重（%）	11.2	8.2	5.6	3.2	4.4	10.3
电商广告比重（%）	7.5	17.1	17.9	10.2	13.1	17.3
社交广告比重（%）	5.2	5.3	9.0	10.8	11.3	13.6
搜索广告比重（%）	19.8	20.3	28.5	49.9	46.5	34.0
视频广告比重（%）	0.3	1.1	4.1	11.0	12.7	12.0

资料来源：易观智库《2017 中国网络广告市场年度综合分析》，有整理。

艾瑞咨询数据显示，2015 年搜索广告市场规模占比为 31.2%，2018 年下降到 19.8%，品牌图形广告 2018 年下降到 11.6%。2015 年信息流广告市场规模占比为 7.9%，2018 年上升到 22.5%，涨幅最大。2015 年电商广告市场规模占比为 26.9%，2018 年上升到 33.6%，市场规模份额最大。（参见图 6—25）

发布广告的媒体平台形成各自优势，形成网络广告发展新秩序。中关村互动营销实验室数据显示，2019 年媒体平台广告主要包括电商广告、搜索引擎广告、视频广告、新闻资讯广告、社交广告与分类广告等。电商平台广告占年网络广告市场规模的 35.9%，年增长率为 3%，稳居网络广告平台市场规模第一。对比 2018 年，视频广告超过新闻资讯广告，排名第三。[①]（参见图 6—26）

---

① 王凤翔：《2019 年中国网络广告发展报告》，唐绪军、黄楚新主编《中国新媒体发展报告（2020）》，社会科学文献出版社 2020 年版。

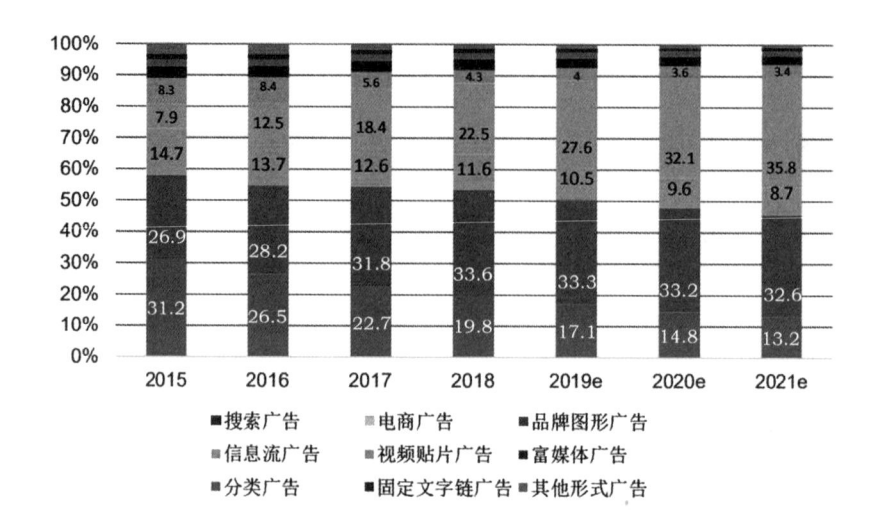

图 6—25　2015—2021 年中国不同形式网络广告市场份额及预测

资料来源：艾瑞咨询。

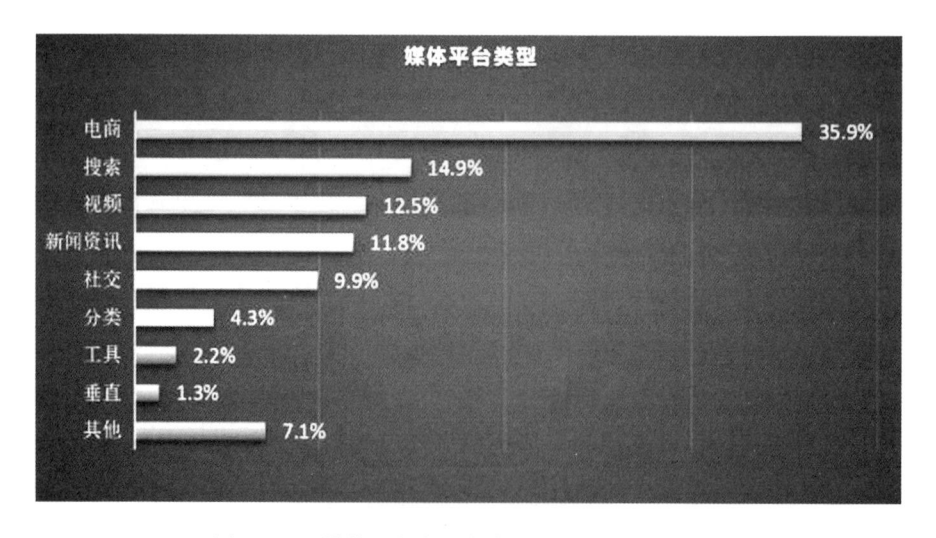

图 6—26　媒体平台类型广告的市场规模发展概况

资料来源：中关村互动营销实验室。

二 电商内容传播领衔广告头部市场，拼多多崛起

阿里巴巴为我国网络广告市场规模第一。其中，阿里巴巴2019财年GMV大盘增长18.7%，财年营收为人民币3768.44亿元。2019年广告市场规模（主要包括淘宝、天猫的广告收入、天猫抽佣收入）1746.09亿元，第1—4季广告收入分别为301.19亿元、419.54亿元、413.01亿元、612.35亿元。

电商广告第二大户是京东。2018年京东广告市场规模为335.21亿元。2019年京东GMV首次突破2万亿元大关，第1—4季广告市场规模分别为81.44亿元、110.77亿元、99.86亿元、134.73亿元，年广告市场规模426.8亿元，年增长率为27.32%。

电商广告第三大户是拼多多。2018年拼多多广告市场规模为15.356亿元。2019年拼多多GMV达到10066亿元，首破万亿元大关，5年破万亿元交易量，创下电商行业发展新速度新纪录（阿里为9年，京东为15年）。2019年实现年营收301.4亿元，年增长率为130%。其中，第1-4季广告市场规模分别为39.48亿元、64.67亿元、67.11亿元、96.88亿元，年广告市场规模为268.14亿元，年增长率为132.45%。

2018年唯品会广告市场规模为30.14亿元。2019年第1—4季广告市场规模分别为8.59亿元、10.22亿元、11.36亿元、12.57亿元，年市场规模为42.74亿元，年增长率为41.80%。

网络广告推动"双11"全球狂欢节品牌正向发展。国家统计局数据显示，2019年我国网上商品零售额为10.6万亿元，年增长率16.5%。阿里巴巴年活跃买家数为7.11亿，拼多多年活跃买家数5.85亿，京东年活跃买家数3.62亿。2019年"双11"全球狂欢节各电商平台竞争激烈。天猫排名第一，占比65.50%。天猫成交2684亿元，刷新2018年2135亿元纪录，占比17.20%，同比增长26%。京东排名第二，成交705亿元，占比17.2%。拼多多排名第三，成交250亿元，占比6.10%。（参见图6—27）

从平台时代迈向供应链时代，是我国零售业品牌的发展大势。在2019年"双11"狂欢节，共有超过20万个品牌参与市场营销。销售前

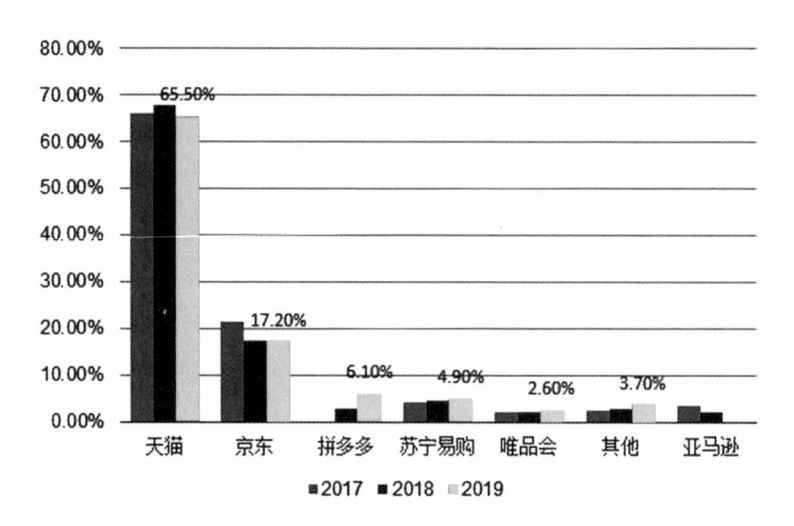

图6—27 2019年"双11"各电商平台交易额占比概况

资料来源：中国产业信息网。

五行业为：手机数码、家用电器、护理美妆、服装、鞋包。各个品牌以其内容广告形成竞争发展的格局，如护理美妆就有欧莱雅、玉兰油、雅诗兰黛、兰蔻、资生堂、SK-II、自然堂、WHOO后、百雀羚、护舒宝等产品，成为这个门类的前十名品牌。

三 电商广告智能化

电商广告系统智能化。服务商平台提供应用程序编程接口（API）、需求方平台（DSP）或软件开发工具包（SDK），以广告交易平台、移动广告交易平台与数据管理平台服务客户与广告主加强品牌营销。广告主投放广告根据需要随时随地自主投放广告，以电商平台可以提供的各种广告数据及其投放方案作为参考，采取适合自己投放的最有广告形式与投放方案，实现自身广告利益与市场营销的最大化、最优化。（参见图6—28）

电商文案智能化。阿里有"鹿班"系统，京东有"莎士比亚"系统。基于自然语言（NLG）与语言模型，基于用户搜索大数据、交易数据与商品标签特性，根据不同用户需求与句法分析形成智能文案。（参见图6—29）

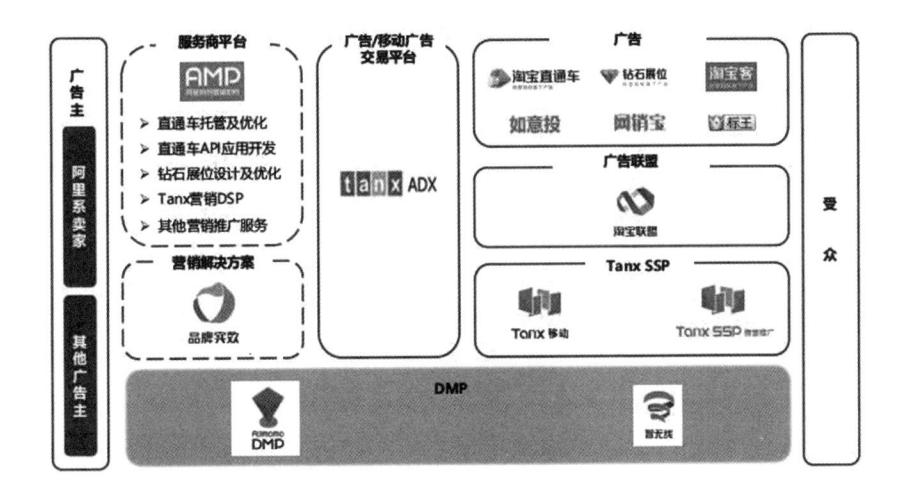

图6—28 阿里电商广告系统的智能化

资料来源：易观智库。

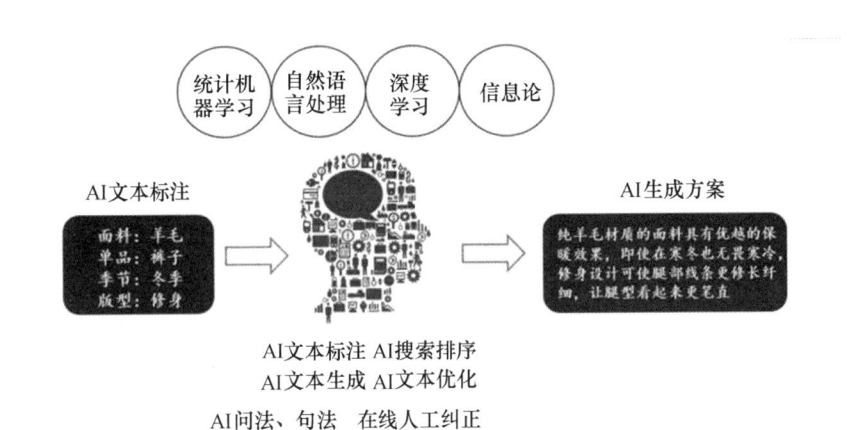

图6—29 京东"莎士比亚"文案系统

以算法形成电商智能推荐系统。根据商品属性与用户信息的标签，根据系统化、数据化与用户心理化，形成电商广告的智能化、动态化推荐。如：科大讯飞基于语言识别技术生产的讯飞广告平台，根据电商广告"物料库"，以SaaS级DMP解决方案，利用语言识别技术与图像处理技术，以智能决策引擎形成动态化、个性化的语音互动广告，通过语音广告投放平台（PMP）、大数据管理平台（DMP）、广告交易平台（ADX），优呈电商广告体验，提升电商广告转发率，形成数据营销闭环与智能营销壁垒。（参见图6—30）

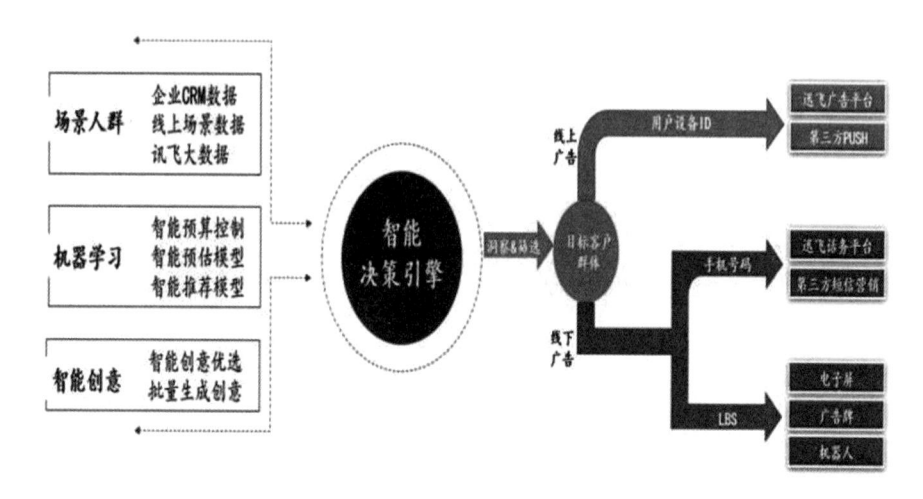

图6—30 科大讯飞电商广告营销平台

资料来源：太平洋证券。

区块链实现广告交易的透明安全。区块链技术将被电商广泛采用，以区块链分类账技术生成智能合约，形成发布者、广告平台、广告主、广告技术提供商与用户等利益相关者的传播场景，建设数据安全、隐私保护与交易清晰的实时发展动态，构建利益相关者之间安全透明、互相制约与互生共荣的广告智能生态系统。（参见图6—31）

四 直播、短视频与社交传播形成电商广告发展新形式与新手段

自2013年以来，网络直播（网页直播）替代客户端直播，2016年网络直播业飞速发展。2017年短视频进入爆发期，抖音与快手等短视频成为潮流，为社交电商提供了新平台（见图6—32）。

2018年，快手小店上线，形成快手商品与第三方平台商品（参见图6—32）。2019年，快手小店打通拼多多入口，支持微信买货，打通京东

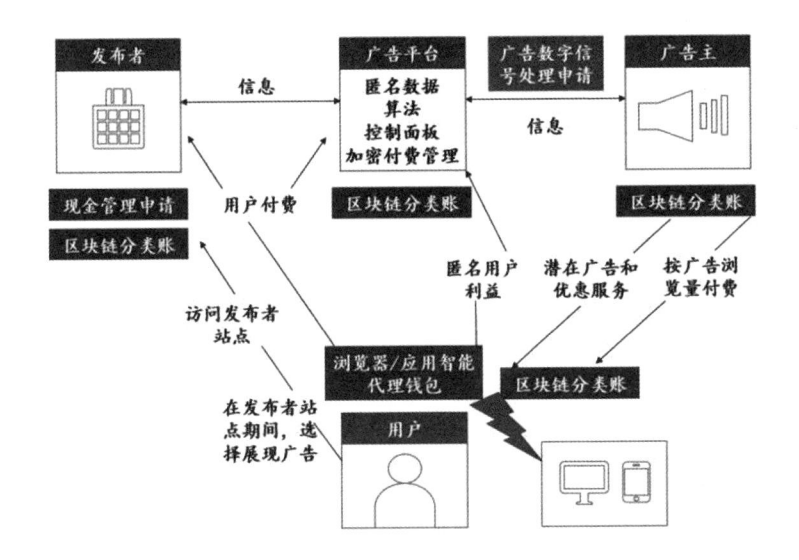

图 6—31　区块链技术形成广告平台与智能生态系统

资料来源：太平洋证券。

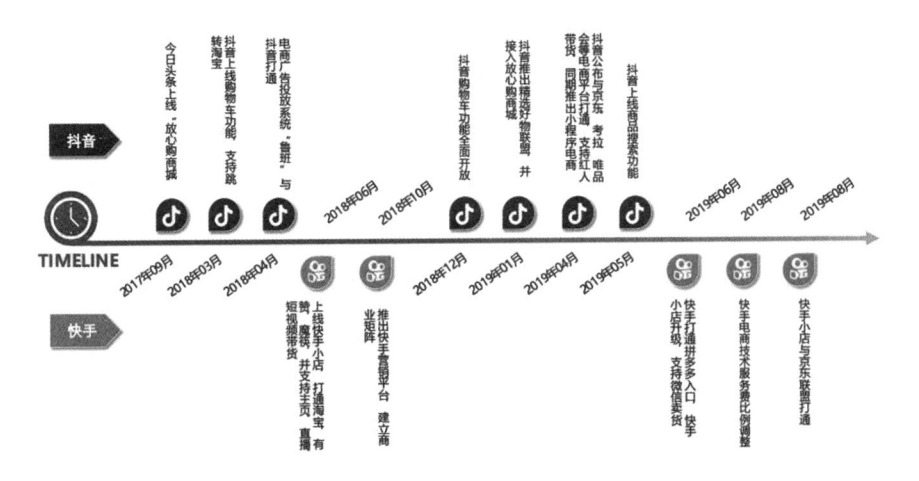

图 6—32　抖音、快手形成社交电商新平台

资料来源：火星文化、卡思数据、方正证券。

联盟（参见图6—33）。

快手作为短视频的代表，构建平民化的社交电商直播，形成以人带

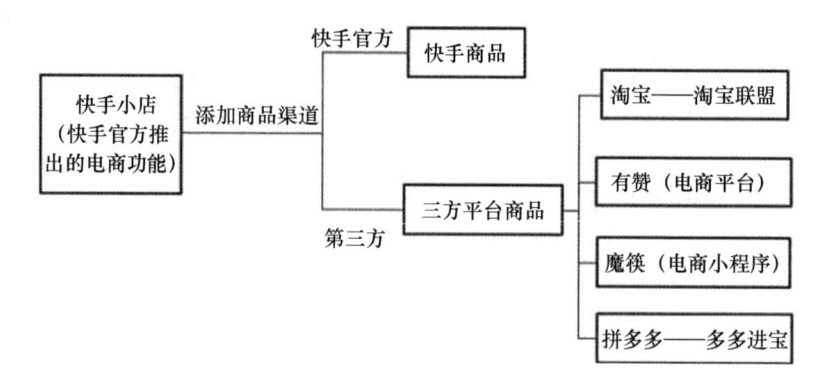

图 6—33　快手电商业务概况

资料来源：快手。

货的电商模式。其中，直播分成比例为 30%—50%，自有电商抽成 5%，第三方平台电商采取佣金制度（实际推广佣金的 50%，或订单实际成交额的 5%）。主要参与者是头部主播、专注电商的主播达人、外站的电商品牌与公会和线下个体卖家等，与快手广告与内容生态相得益彰，以"老铁经济"（网红意见领袖）形成快手独特的电商广告经营模式。（参见图 6—34）

2017 年 8 月抖音放心商城上线。2018 年 3 月上线购物功能，并支持跳转淘宝；4 月打通阿里"鲁班"电商广告投放系统，12 月全面开放抖音购物车功能。2019 年 1 月，抖音推出精选好物联盟（精选联盟），并接入放心购商城；4 月抖音打通京东、唯品会、考拉，支持红人带货，推出小程序电商；5 月上线商品搜索功能。（参见图 6—32）2020 年 6 月，成立一级部门——"电商部"，统筹公司旗下抖音、今日头条、西瓜视频等多个内容平台的电商业务运营。[①]

抖音电商形成社交营销矩阵。商品来源通过抖音小店与第三方电商平台形成精选联盟。带货工具主要是商品分享橱窗、视频购物车与直播购物车，通过小视频与直播形成商品展现与视觉冲击。带货模式主要是

[①]　https://www.chinaz.com/2020/0627/1150675.shtml.

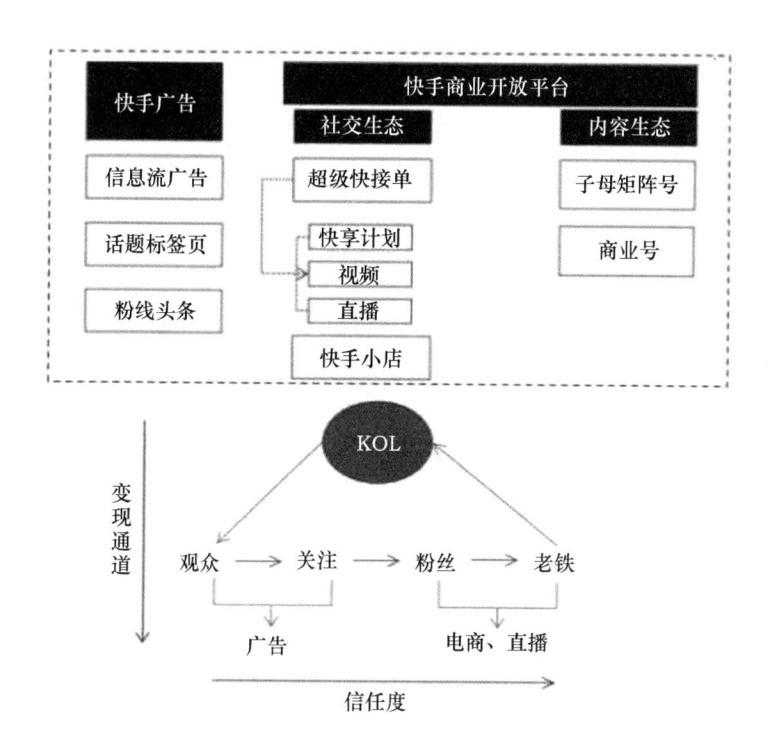

图 6—34　快手小店以"老铁经济"形成快手电商广告传播模式
资料来源：快手营销平台。

自由经营商品，与达人、MCN 机构形成合作，通过淘宝客、京挑客与广告，推动电商交易。（参见图 6—35）

在抖音，只要有 1000＋粉丝，加上实名认证与十条视频，就可以永久开通抖音电商权限，逐步形成营销矩阵。商家将抖音号绑定自己小店，就生成同步小店，小店商品可以在商品橱窗中同步展示。精选联盟通过商品库打通、小程序开发等，将第三方商品纳入选品池，为小店与达人提供商品库。小店开通精选联盟，设置佣金，供达人选品带货。达人（无自己店铺）可通过联盟选品，加入自己商品橱窗，或视频，或直播购物车，展示并赚取 CPS 佣金。已经加入橱窗的商品，在达人或商家发布视频或开启直播时，可以放在购物车展示，让用户可以观看视频或直播，

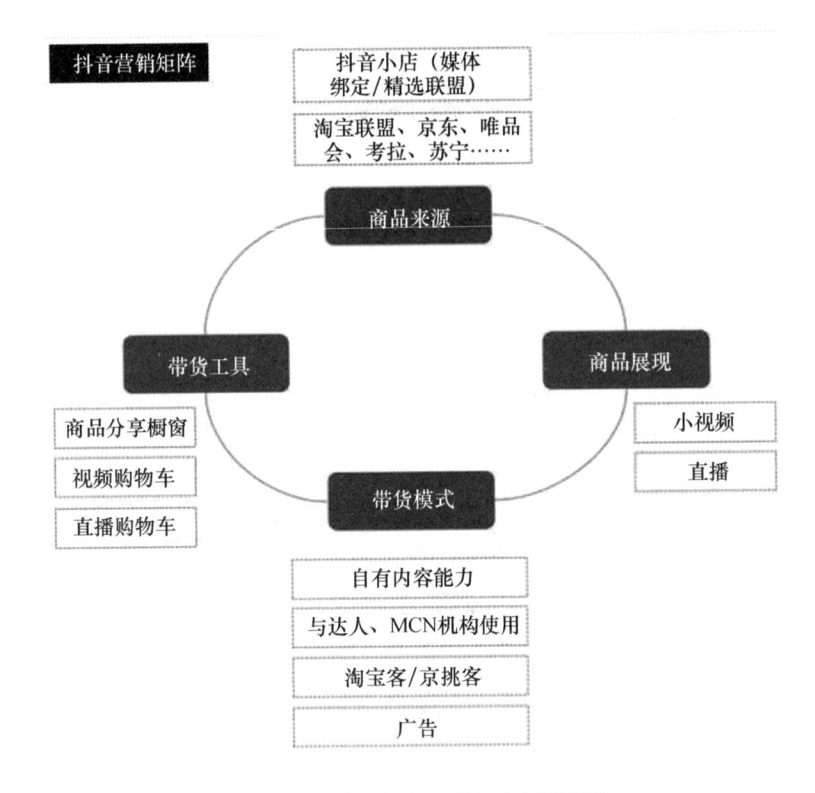

图6—35　抖音电商形成社交营销矩阵

资料来源：抖音官网。

或点击购物车，形成电商交易。

抖音小店形成符合品牌为中心的电商分成模式：按照给予小店优惠交费，小店非中心化订单费用为1%（含支付宝、微信的交易通道费），精选联盟订单另需缴纳2%或5%的技术服务费；在线广告流量订单为订单流量的0.6%，技术服务费率为0.06%。在第三方的精选联盟中，一般按照实际成交收取佣金，抖音平台扣除佣金的10%作为技术服务费。淘宝收取成交额的6%作为内容场景服务费，收取1.4%的佣金分成作为技术服务费。

抖音、快手形成电商社交发展路径。一方面，以自身定位优势形成自建平台，形成发展特色。抖音主要是品牌的广告经营与市场营销，推出品牌电商转化的购物车、POI（Point Of Interest）①、人气榜单②、随拍③、直播广场④、快闪店等工具。快手主要是热销产品集中度比较高，推出快手小店功能，方便商家直接添加对应商品链接；另一方面，相互兼容，拥有独家的第三方电商平台。抖音自建小程序电商，快手拥有微信小程序平台。（参见图6—36）

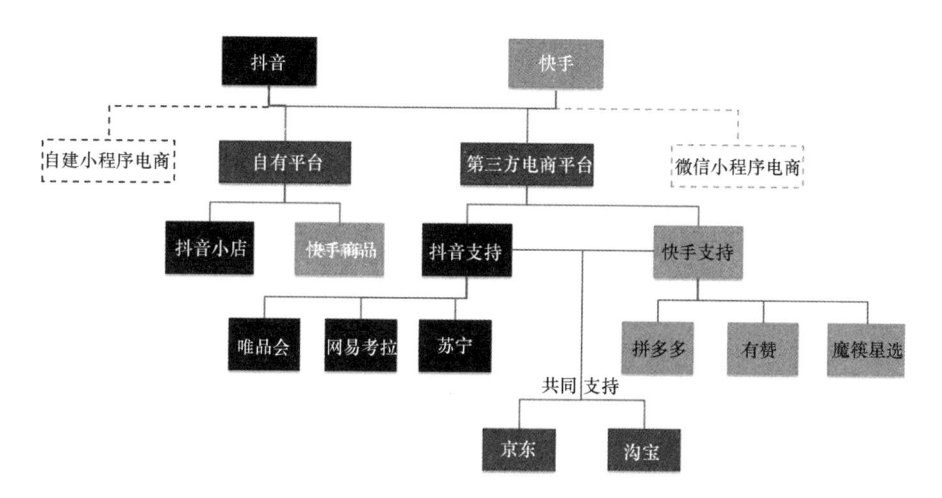

图6—36　抖音、快手形成电商社交发展路径

资料来源：火星文化、卡思数据、方正证券。

五　电商主体与广告传播主体多元化，呈现全员电商发展态势

随着5G信息技术发展，随着电商生态的完善与人性化，信息传递阻碍被破除，物理隔离被打破，电商作用与价值被完美释放。"从明星到草根、从企业老总到官员、从档口老板到店员导购，形成了浩浩荡荡、摧

---

① 在短视频中加入实体店铺链接，同时更有热门地点排行、点评的功能。
② 目前有热搜榜、明星榜、音乐榜、品牌榜等。此举扩展了抖音"时事热点更新"的功能，用户可快地获得热点信息。同时，也可为明星进行"打榜"。
③ 区别于"作品"，随拍拍摄、编辑功能更简单，倡导用户记录生活，而随拍的内容也仅有互相关注的"好友"才可见，且会于72小时后消失，之后仅对自己可见。
④ 首页右上角点击"Live"可进入直播广场，内容大多为秀场与游戏，用户可对主播进行打赏。

枯拉朽的'全面商战'。"[1] 2020年新冠肺炎疫情加剧了全员电商发展态势。

电商巨头加强全员电商的社交布局。其中，京东是比较典型的一家电商，在社交分销业务上，建设京小店、京粉、京芸快省、京享有品、云小店、东东来啦、享橙等社交分销平台，推出京东芬香、京小哥、京小家、京小服、云店等社交分销小程序。在社区团购业务上，推出友家铺子、京东区区购、校企拼等社区团购平台，成立社区团购联盟（2019年）。加强拼购业务特色，2016年拼购业务上线，2018年推出拼购小程序，2019年将京东拼购命名为"京喜"，并接入微信一级入口。在赋能社交合作伙伴上，一方面，推动"京微力"计划（主要分为微平台、微工具、微商品、微品牌四个部分）、"京赚"计划（从品牌、物流、金融等方面全面赋能）；另一方面，2018年上线开普勒轻商城小程序，2019年建立社交魔方的社交营销服务平台（以超60种社交玩法工具帮助商家实现店铺增粉、店铺引流、商品预约、销售转化等全链条能力[2]）。京东由此形成了针对不同人群提供不同社交服务工具的发展态势（参见表6—9）。

表6—9　针对不同人群提供不同的社交服务工具进行全盘的电商布局

人群			工具平台
拥有社交资源	宝妈、学生、白领等		东小店、京东芬香、云小店、京芸快省等
	京东基层员工	快递小哥	京小哥
		服务群体（保洁、维修等人员）	京小服
		家装、中介人员	京小家
拥有线下流量	品牌导购人群		云店
	社区门面店主		友家铺子（店长版）、京东区区购等

资料来源：《媒介》2020年第7期。

---

[1]　黄升民：《理解电商》，《媒介》2020年第7期。
[2]　https://www.sohu.com/a/316837935_116015.

个体带货营销成为热潮。品牌带货主播、网红达人、明星艺人、主持人等群体，以直播、短视频、新闻与图文等方式，纷纷加入电商大潮，或内容带货，或社交带货，形成"从群众中来、到群众中去"的传播新景观与全员电商的新业态。（表6—10）

表6—10　　　　不同带货主体的电商运营特征与场景[①]

主体类型	所属机构	内容形态	主要特征	典型场景
品牌带货主播	薇娅（谦寻）、李佳琦（美ONE）、陈洁kiki（宇佑文化）、商商sunny（纳斯）	直播	深耕直播行业运营队伍专业	淘宝
电商网红达人	张大奕（如涵）、雪梨（宸帆）、辛巴（巴伽传媒）	直播+短视频+图文	拥有个人电商品牌沉淀粉丝	淘宝快手
明星艺人	小沈阳（喵喵互娱）、汪涵、古杰（银河众星）、王祖蓝（遥望网络）、林依轮（谦寻）	直播	自带流量满足用户好奇心	淘宝
广电主持人	张丹丹的育儿经（湖南娱乐）、晏大小姐vivi（中广天泽）、芒果主播雪儿妈（门牙视频）	短视频+直播	具有社会公信力	抖音
剧情内容达人	毛光光（嘻柚互娱）、叶公子（最美妆）、破产姐弟（古嘉麦禾）	短视频	营销植入自然有趣	抖音
垂类专业达人	李子柒（微念科技）、小小莎老师（猫眼视频）、认真少女-颜九（微格）、豆豆Babe（朴若文化）	图文+短视频	圈层号召力干货内容	淘宝、抖音微博、小红书等

资料来源：《媒介》2020年第7期。

[①] 张菁芮：《内容开道，人人带货》，《媒介》2020年第7期。

MCN（Multi-Channel Network）提升电商内容精品化与专业化。对头部 PGC 机构与 PUGC 网红形成内容整合与精细化管理，扶持内容 IP 等孵化与运作，形成内容付费与直播打赏。同时，实施平台内容精准对接，形成海量网红传播的"浪头"，以内容同盟形成广告对接、商业植入、版权管理、品牌传播与市场营销，获取广告营销分成，形成短视频与直播良性繁荣，推动电商规模化发展。（参见图 6—37）

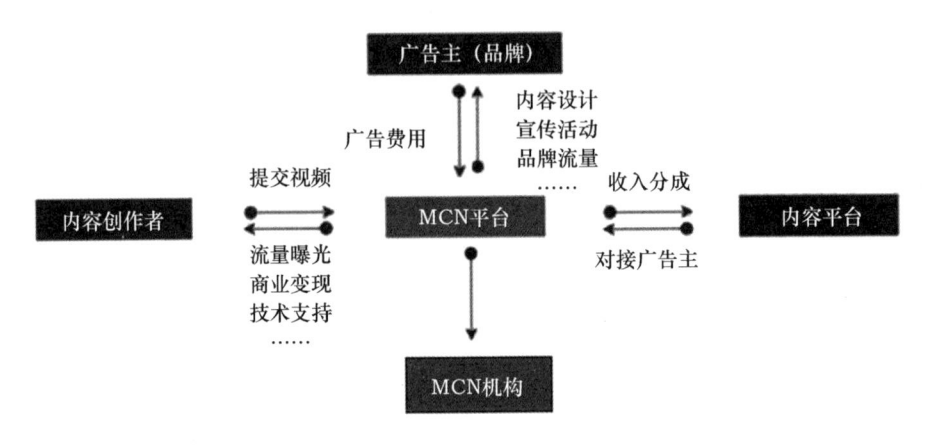

图 6—37　MCN 商业模式发展电商广告模式

资料来源：根据网络整理。

相关机构与个体成立 MCN 机构。其中，Papi 酱（姜逸磊）2016 年成立 Papitube。Papitube 建设、孵化 MCN 品牌与旗下 IP，主要内容为：网红、搞笑、美食、时尚、美妆等，旗下达人账号有：papi 酱、在下杨舒惠、bibi 乐、金戈话铁马、ACui 阿崔、大脑门儿、王咩阿等。2016 年初，贴片广告拍出 1200 万元高价。2017 年 3 月，papi 酱获得 1200 万融资，4 月，首次通过公开广告拍卖方式获得 2200 万元广告收入。

抖音布局 MCN。2016 年 9 月，抖音与艺术类院校、短视频直播平台的达人签约，严控 MCN 机构签约站内红人。2017 年下半年，抖音与部分头部达人签约，开启达人商业化运作。2019 年抖音开启认证 MCN/星图服务商合作计划，允许认证 MCN 签约 100 万粉丝以上达人。其中，MCN 享有优先开通电商、广告派单上获得抖音优先倾斜等方面的权利。（参见图 6—38）

图 6—38　MCN/星图服务商合作计划

资料来源：2019 抖音创作者生态报告。

快手布局 MCN。2018 年 7 月，快手发布 MCN 合作计划，开始接入 MCN。2019 年 3 月，形成 MCN 运营策划，提供效率工具，联合第三方发布榜单。7 月，发布 MCN "快成长计划"。一是开展"阶梯流量扶持"，至少覆盖 10000 个 MCN 机构账号。二是"共创 IP"，拿出十亿专项流量，扶持十个百万级粉丝的独家 IP 账号，并与机构携手合作开展品牌传播、线下活动，打通商业化变现路径。三是打造"区域创作者联盟"，重点在全国十个区域招募创作者联盟，推动中腰部创作者共同发展。

第七章

我国网络广告联盟发展概况

网络广告联盟是网络广告发展的商业新模式。通过长尾效应，实现了中小网站广告主收益，推动互联网巨头加强对网络广告联盟市场的争夺，形成了我国与海内外网络广告发展的良性循环与健康生态。

我国网络广告联盟（Ad Networks）是其网络广告系统的重要组成部分，在快速发展与激烈竞争中逐步形成自身特色。谷歌 AdSense 开创网络广告联盟发展模式，淘宝联盟（阿里妈妈）广告平台开创了电商 B2C 广告联盟的新模式。中国网络广告联盟逐步形成了搜索引擎与电商为主导、中小广告联盟为辅的网络广告联盟特色，联盟分成制度促进了网络广告联盟的发展与繁荣，主流媒体网站、门户媒体网站与社交网站加入广告联盟以争夺网络广告市场。同时，有限的网络优质流量，无序化的市场竞争，危害广告产业链发展与广告主对广告联盟的品牌信任。广告联盟行业他律与自律建设有待加强，某些监测机构发布的有关广告联盟的评测与数据可能存在利益代言现象。值得特别指出的是，在全球化社会与网络社会中，中国广告联盟构建国际商誉与企业诚信、建设谷歌式的影响力与传播力的历史使命任重而道远。[1]

---

[1] 王凤翔、陈婷婷：《中国网络广告联盟发展报告》，唐绪军主编《中国新媒体发展报告（2013）》，社会科学文献出版社 2013 年版。本章节内容主要来自该报告，除必要，下文不再注释。

第一节　网络广告联盟的内涵与特点

在互联网站发展过程中，90%以上的中小网站流量相对较少较弱较小，大多都没有形成流量优势，任何单独一家难以承接商业广告，难以形成良性健康的、可持续的广告发展力与影响力。然而，这些中小网站占有互联网整体流量的 15%—25%，商业开发价值大，市场红利长久。如果将这些中小网站聚合成整体流量，就能够形成长尾效应，可以实现巨大的、可持续的与良性发展的广告变现能力。建设基于信息技术的针对网络信息发布商（网站站主）的广告共享服务，成为互联网公司极为关注、亟须解决的一个重大行业发展问题。

一　谷歌开创 AdSense 商业模式

"在一个没有货架空间限制和其他供应瓶颈的时代，面向特定小群体的产品和服务可以和主流热点具有同样的经济吸引力。"[1] 为此，互联网公司积极谋求突破，实现网络广告发展新机遇，推动网络广告发展进入新时期。为解决这一广告发展问题，谷歌走在了前面，构建了网络广告联盟这种新商业模式。把门户网站发布 KOL、KOC 等品牌广告主，掌控 20% 广告市场，并建成新型广告平台——Google AdSense[2]，供 80% 中小广告主发布广告。（参见图 7—1）

2003 年 3 月，谷歌开始推出 Google AdSense，即基于网页内容的上下文匹配广告系统，实现了中小网站流量的聚合与网络广告收入的共享，是对谷歌 AdWords 广告系统的发展性延伸。2004 年 10 月，谷歌在中国推

---

[1] ［美］克里斯·安德森（Chris Anderson）:《长尾理论》，乔江涛、石晓燕译，中信出版社 2009 年版，第 51 页。

[2] 谷歌 AdSense 广告技术源自 WordNet 和 Simpli 等项目，并在 Applied Semantics 技术基础上发展起来。WordNet 由普林斯顿大学认识科学实验室在心理学教授乔治·米勒的指导下建立和维护的，开发工作从 1985 年开始。Oingo 是由 Gilad Elbaz 和 AdamWeissman 创立的一家总部设在圣莫尼卡的小型搜索引擎公司，成立于 1998 年。Oingo 公司的技术是在 WordNet 的技术上发展起来的。2001 年，Oingo 将其名字改为 Applied Semantics。2003 年 4 月，Google 以 1.02 亿美元收购该公司。

出 Google AdSense 广告系统。2008 年 6 月，谷歌以 31 亿美元完成对互联网广告经纪商 Double Click 的收购,[①] 通过实时广告交易模式，逐步形成了具有全球战略性的 Google AdSense 广告系统。

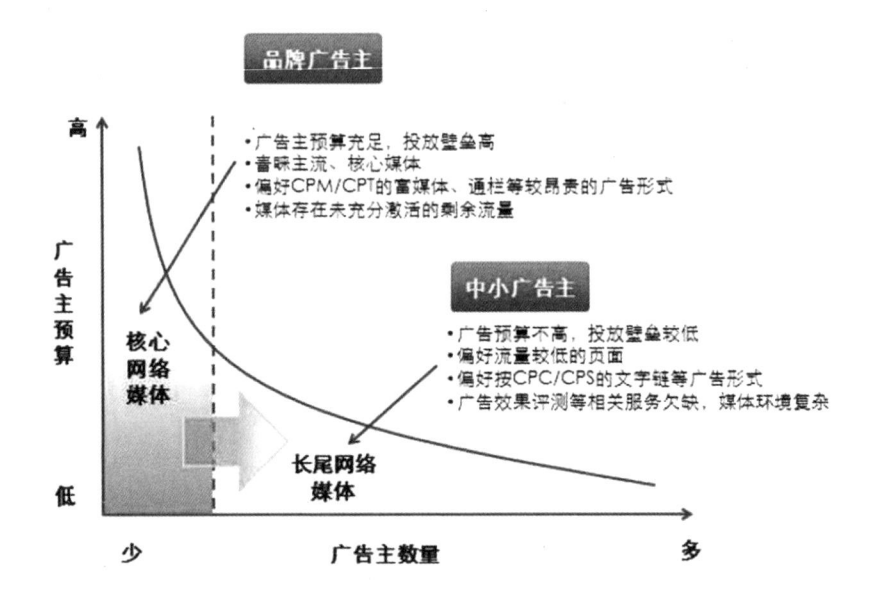

图 7—1 广告联盟发挥长尾效应

资料来源：艾瑞咨询。

二 网络广告联盟的内涵与特点

网络广告联盟是指搜索引擎、电商、网站等网络组织集合中小网络媒体资源（又称联盟会员或站长，如中小网站、个人网站、WAP 站点

[①] DoubleClick 成立于 1996 年，主要从事网络广告管理软件开发与广告服务，对网络广告活动进行集中策划、执行、监控和追踪。1998 年 DoubleClick 在纳斯达克上市。由于市场环境和自身原因，DoubleClick 迅速衰落。2005 年被私募投资公司 Hellman & Friedman 以 11 亿美元的价格收购。2007 年 3 月，DoubleClick 委托摩根士丹利为其制订筹资方案，其中包括上市计划。自那之后，有关 DoubleClick 将被收购的传闻成为业界关注焦点，Google、微软、雅虎和时代华纳旗下 AOL 是潜在收购者。4 月，当竞购价格超过 20 亿美元之后，微软首先选择退出。Google 随之将收购价格抬高 50% 以上，以 31 亿美元现金收购 DoubleClick。参见：http://media.people.com.cn/GB/40641/5616588.html。

等），组成广告联盟投放平台形成网络流量规模，广告主通过联盟平台投放广告，并按照网络广告的实际效果（点击、注册、下载、购买等）向联盟会员支付广告费用的网络广告组织投放。

网络广告联盟按照建立者的不同分为搜索引擎广告联盟、自建联盟与第三方广告联盟。

网络广告联盟通过中间环节获取广告主所支付的佣金差价，类似于传统媒体的广告代理。但是网络广告联盟是一种新的广告形态，又不同于传统广告代理，具有自身的特点。

传统媒体广告投放的门槛较高，而网络广告联盟最先把广告这一高门槛降下来。网络广告联盟为数以百万计的小企业与个人提供了投放广告的机会，"广告不再高不可攀，它是自助的，价廉的，谁都可以做的；另一方面，对成千上万的 Blog 站点和小规模的商业网站来说，在自己的站点放上广告已成举手之劳。"[①]

网络广告联盟与广告主通过网络广告的实际效果（点击、注册、下载、购买等）实现精准营销与效果传播。根据行内不成文规则，广告联盟主要是根据网络主在网站 Alexa 的排名来决定的，网络流量规模排名靠前的网站在广告联盟投放平台具有优先权。

网络广告联盟以信息技术为手段，以边际收益递增和需求方规模经济[②]为主，在传播过程中形成产业链，网络流量等为广告主精准投放形成统计流，广告费用支付形成资金流（参见图7—2），这是网络广告不同于传统广告的产业特色、传播特色与技术特色，能够精准实现广告主、广告联盟与中小网站主的利益诉求。

[①] ［美］克里斯·安德森（Chris Anderson）：《长尾理论》，乔江涛、石晓燕译，中信出版社2009年版，第15页。

[②] ［美］格里高利·曼昆：《经济学原理》，梁小民译，机械工业出版社2003年版，第236页。

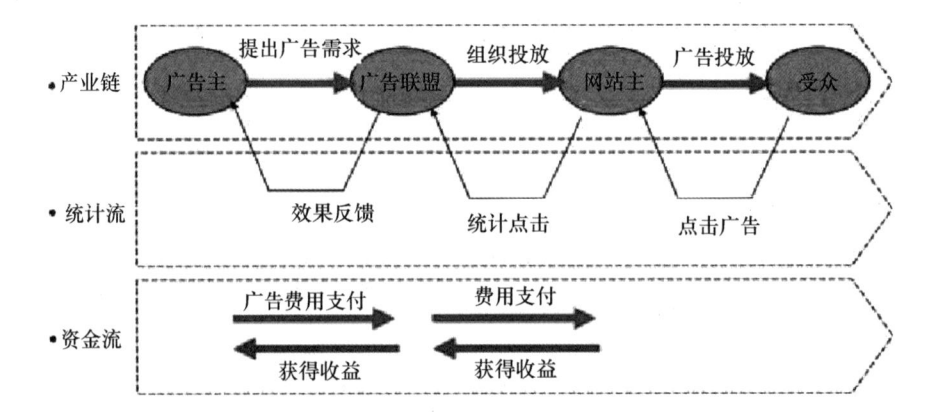

图7—2 网络广告联盟产业链与信息流

资料来源：王凤翔、陈婷婷：《中国网络广告联盟发展报告》。

第二节 我国网络广告联盟发展概况

自谷歌 AdSense 广告联盟成为中国互联网公司学习的样板以来，电商、搜索、社交与传媒等广告联盟竞争十分激烈，阿里妈妈、百度、腾讯和穿山甲联盟形成自身企业生态圈的重要组成部分，成为我国网络广告联盟的发展特色、主流平台与数据寡头，主导我国网络广告联盟的发展趋势。

一 我国网络广告联盟发展较为迅速

我国网络广告联盟发展较快。艾瑞咨询《2008—2009年中国网络广告联盟行业发展报告》显示，2006年国内网络广告联盟数量达到500家左右，2007年有近1000家。2011年3月，被收录到广告联盟测评网的国内广告联盟数量达953家[1]。据著者查阅，至2013年3月25日，被收录

---

[1] 王晶：《我国中小网络广告联盟发展现状、问题及对策研究》，硕士学位论文，东北师范大学，2011年。

到广告联盟测评网的国内网络广告联盟数量达1101家。[①]

艾瑞咨询数据显示，2006年中国网络广告联盟市场总体规模为6.6亿元人民币，占网络广告市场比例的10.8%。2007年网络广告联盟市场总体规模为10.6亿元，占网络广告市场比例的10.0%。2008年为18.1亿元，占网络广告市场比例的10.6%。DCCI互联网数据中心显示，2008年中国广告联盟市场规模达到18.1亿元人民币，较2007年增长70.8%；2009年中国广告联盟市场规模已超过20亿元大关，营业收入达22.5亿元。2010年为28.8亿元，2011年为46.4亿元，2012年为75.8亿元。（参见表7—1）

表7—1　　　网络广告联盟2006—2012年市场规模概况　　（单位：亿元）

	网络广告市场规模	网络广告联盟市场规模	年增长率（%）	占网络广告市场比例（%）
2006年	61	6.6	—	10.8
2007年	106	10.6	60.60	10.0
2008年	170	18.1	70.75	10.6
2009年	207	22.5	24.31	10.9
2010年	326	28.8	28.00	8.8
2011年	513	46.4	61.11	9.0
2012年	769	75.8	63.36	9.9

资料来源：根据艾瑞咨询报告与网络资料整理。

有关数据显示，我国网络广告联盟已经形成一定市场规模，在2007—2013年其市场规模达15%—10%（见图7—3）。2013年我国网络广告市场规模突破1000亿元，实现了网络广告联盟飞跃式发展。

根据Alexa排名，谷歌、百度、腾讯、淘宝网络流量居全球第一位、

[①] 王凤翔、陈婷婷：《中国网络广告联盟发展报告》，唐绪军主编《中国新媒体发展报告（2013）》，社会科学文献出版社2013年版。

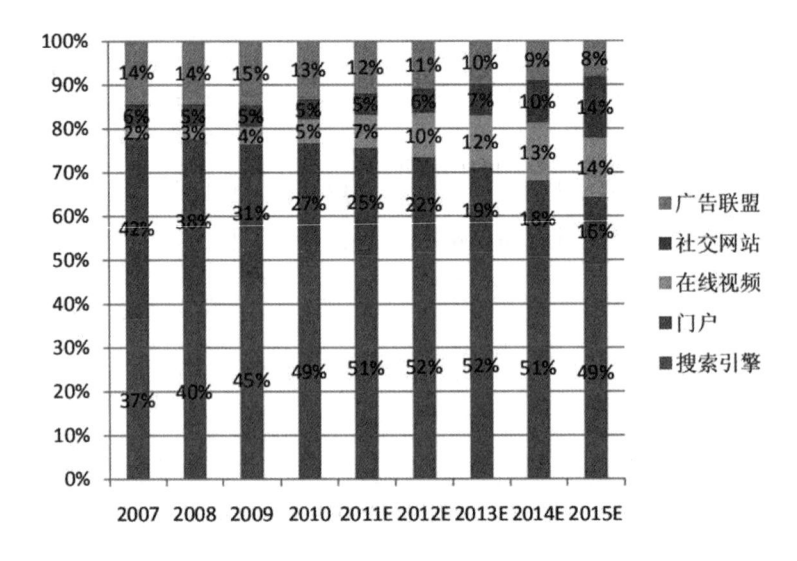

图7—3 网络广告联盟市场地位

资料来源：DCCI互联网数据中心。

第五位、第九位、第十位。[①] 其中，谷歌 AdSense、百度广告联盟、淘宝联盟是中国最大的广告联盟。2010 年，腾讯 SOSO 广告联盟开放申请，正式加入联盟团战[②]，形成了搜索引擎与电商为核心与主导、中小广告联盟为辅的网络广告联盟特色。

网络广告联盟与联盟会员或站长实现分成制度数额巨大。艾瑞统计数据显示，2010—2012 年中国广告联盟分成金额分别为人民币 29.8 亿元、46.4 亿元、75.8 亿元，占互联网展示广告比重从 2010 年 17% 提升至 2012 年的 21.7%。[③] 2012 年，淘宝、百度、谷歌 AdSense 是中国三家最大的广告联盟，三家分成额比重分别为 39.6%、25.3%、19.8%，占市场总额的 84.7%；三家分成规模分别为 30.0%、19.2%、15.0%，共占市场规模的 54.2%。（参见图7—4）

---

① 检索日期为 2013 年 4 月 14 日。参见王凤翔、陈婷婷《中国网络广告联盟发展报告》。
② http://www.chinaz.com/news/2010/0813/126277.shtml。
③ http://it.sohu.com/20121221/n361158629.shtml。

图7—4　网络广告联盟2012年分成比重与分成额规模

资料来源：艾瑞咨询：《淘宝联盟（阿里妈妈）暨广告联盟发展白皮书》2012年12月。

二　谷歌、雅虎等网络广告联盟在我国的发展及其影响

2003年谷歌成立谷歌AdSense，我国互联网公司学习借鉴了这一商业模式。2007年，雅虎收购RightMedia[①]，谷歌收购DoubleClick，微软收购AdECN等，网络广告实时交易平台逐步形成全球影响力。在学习、模仿与创新中，我国网络广告联盟发展进入第一个时期。在2012年谷歌DoubleClick进入国内后，在移动互联网时代又进入一个新发展时期。

谷歌AdSense作为全球最大网络广告平台与广告联盟，每天网页浏览量达51亿，每年贡献谷歌的收入近1/3。[②] 自从2005年以来，谷歌AdSense在中国拥有数以十万计的合作伙伴，成为我国国内最大网络广告联盟之一，为中国网络广告联盟建设发展提供了商业模式。

2005年9月，谷歌AdSense中国团队正式成立。2007年10月，谷歌AdSense在中国启用西联付款方式，为发布商增加了便捷快速的全新支付选

[①] Right Media是最早的广告交易服务之一。雅虎在2007年以6.8亿美元的现金和股票价格收购Right Media，在2010年1月31日关闭Right Media旗下广告位交易平台Direct Media Exchange（DMX）。

[②] 王凤翔、陈婷婷：《中国网络广告联盟发展报告》，唐绪军主编《中国新媒体发展报告（2013）》，社会科学文献出版社2013年版。

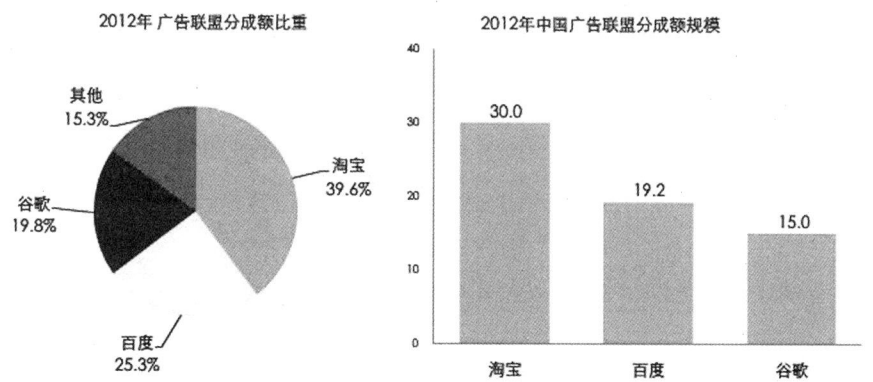

择。2007年12月，谷歌 AdSense 在中国推出专为中国用户使用习惯设计的本地化广告功能。2008年9月，谷歌 AdSense 发布针对中小合作伙伴的"AdSense 成长计划"；10月，正式发布谷歌广告管理系统（Google Ad Manager）中文版为发布商提供更为便捷的管理和销售广告资源的平台。

谷歌 AdSense 开创的营销模式与平台管理模式为中国的网络广告联盟所采纳与创新，并在此基础上获得发展与繁荣。国内广大站长加入谷歌 AdSense 所采用的主要有内容广告和搜索广告两种形式，内容广告发布商分成68%，搜索广告发布商分成51%（参见表7—2）。DCCI 调查显示，谷歌 AdSense 普及率最高，近六成网站加入或加入过谷歌 AdSense；站长对谷歌 AdSense 满意度最高[1]。2007年，百度、Google 中国、中国雅虎三家的广告营收份额总和超过95%。在2010年以前，谷歌 AdSense 和百度联盟处于中国广告联盟第一梯队，有道联盟、搜狗联盟等顺势而起。2010年，搜狗联盟会员分成达7385万元，2011年翻倍达1.8亿元。2012年，会员分成大概突破了4亿元。[2]

表7—2　　　　　　谷歌 AdSense 与有道联盟基本概况

联盟名称	成立时间	会员数量	广告主	分成方案
谷歌 AdSense	2003年4月	2008年在华有30多万。现在具体数目不详。	企业主	内容广告发布商分成比例68%，搜索广告发布商分成比例51%。国内站长放置广告的每次点击费大部分在0.01—0.1美元。
有道联盟	2010年7月内测	—	—	分成比例60%—80%。

资料来源：王凤翔、陈婷婷：《中国网络广告联盟发展报告》。

2002—2008年，谷歌提供给站长总的收入超过122亿美元。[3] 2005—

---

[1] 《2010年中国互联网站长生存与发展状况白皮书》，DCCI 互联网数据中心，2010年5月。

[2] http://www.chinaz.com/news/2012/0606/255924.shtml.

[3] http://tech.qq.com/a/20090517/000081.htm.

2008 年，谷歌向全球合作伙伴收入的分成达到 160 亿美元。[1] 其中，2008 年，谷歌与全球站长分账 50 亿美元，2009 年为 60 亿美元，是其收入的 1/4，近几年分账比例维持在 25%。其中，中国市场份额不少。

三 阿里妈妈（淘宝联盟）开创电商 B2C 广告联盟新模式

阿里妈妈是我国电商广告联盟的代表，是阿里获取市场利益的主要把手之一，以巨大流量支持阿里电商系统建设，推动阿里网络生态健康发展（参见第六章）。

2007 年 8—11 月，阿里妈妈（Alimama.com）上线内测，正式成为中国电商广告联盟的旗帜。2010 年 4 月，阿里妈妈变脸为"淘宝联盟"。2013 年重启阿里妈妈域名。

淘宝联盟形成以"淘宝客"按成交计费业务为主体的淘宝联盟、以"橱窗"展示广告为主体的 TANX 平台与移动广告联盟业务。[2] 2012 年淘宝联盟导引交易规模达 500 亿元，分成金额达 30 亿元，其中站长（个人站点）从淘宝联盟分成比为 31%，近 10 亿元（参见表 7—3）。其次是蘑菇街等导购分享网站，占比 21%。入口型媒体、垂直网站、门户视频、第三方代理分别占比 19%、15%、12% 和 2%。[3]

阿里妈妈以"广告是商品"理念，推动在线营销服务，强调自身生态发展，主要包括：按效果付费[4]、展示营销[5]、淘宝客计划[6]、交易佣

---

[1] http：//www.chinaz.com/news/2009/0718/83362.shtml.

[2] 王凤翔、陈婷婷：《中国网络广告联盟发展报告》，唐绪军主编《中国新媒体发展报告（2013）》，社会科学文献出版社 2013 年版。

[3] http：//news.eastday.com/gd2008/f/2012/1227/335860084.html.

[4] 按效果付费（P4P）是电子商务和搜索引擎结合的产物，卖家对用户搜索或浏览产品和服务的关键词进行竞价排名，并基于点击效果（a cost-per-click, or CPC）付费。

[5] 展示营销（Display marketing）是指卖家对"中国零售市场"或者第三方联盟网站的展示位置竞价，价格主要依据每千人成本计算（cost-per-thousand impression, or CPM）。

[6] 淘宝客计划（taobaoke program），淘宝客的推广是一种按成交计费的推广模式，淘宝客只要从淘宝客推广专区获取商品代码，任何买家（包括您自己）经过您的推广（链接、个人网站、博客或者社区发的帖子，或者 QQ 群分享、微信分享，返利机器人，返利 App，大淘客等采集网站）进入淘宝卖家店铺完成购买后，就可得到由卖家支付的佣金。简单地说，淘宝客就是指帮助卖家推广商品并获取佣金的人。阿里巴巴从每笔推广的交易中收取服务费用。

金[1]、店铺费[2]、放置服务[3]等。

2011年5月，京东商城、凡客诚品、当当网、卓越亚马逊、乐淘网等B2C电子商务网站通过自有技术，借鉴淘宝广告联盟模式，先后宣布组建自己的网络广告联盟平台。其中，京东联盟现在优质用户数量达12万+。一方面用来对抗互联网广告及搜索引擎广告涨价带来的成本压力，另一方面分取中国网络广告大市场的一杯羹。

表7—3　　　　　　阿里妈妈等电商广告联盟概况

联盟名称	成立时间	会员数量	广告主	分成方案
淘宝联盟（阿里妈妈）	2007年8月阿里妈妈内测	2008年40万，2012年50多万，2013年超62万。	淘宝买家	分成比例90%。2010年10亿元分成。2011年15亿元分成。2012年超30亿元分成，移动广告端分成达1亿元。
乐淘个人网盟	2010年7月	—	乐淘	乐淘产品实际净销售额的8%。

资料来源：王凤翔、陈婷婷《中国网络广告联盟发展报告》。

四　腾讯广点通主导我国社交广告联盟发展趋势

腾讯网络广告联盟是以社交为核心的广告平台，对我国网络广告联盟发展功不可没（参见第五章）。腾讯广点通成立于2013年6月。广点通背后是腾讯强大的生态圈，包括8亿多QQ活跃用户，6.26亿QQ空间活跃用户，10多亿微信用户。[4]

腾讯企业发展事业群（CDG）通过广点通经营社交广告，网络媒体

---

[1]　交易佣金（Commissions on Transactions），天猫商城和聚划算卖家对每笔通过支付宝达成的交易支付一定比例的佣金，依据商品种类的不同该比例占总交易金额的比重在0.5%—5%。

[2]　店铺费（Storefront Fees），是指淘宝旺铺的按月使用费，淘宝旺铺是淘宝网开辟的一项增值服务和功能，通过它可以实现更加个性豪华的店铺界面，来帮助卖家更好的经营店铺提高人气等。

[3]　放置服务（Placement Services），是指聚划算的卖家为促销位置支付的使用费。

[4]　https://tech.qq.com/a/20131029/008771.htm。

事业群（OMG）通过智营销、智汇推、智慧通经营媒体广告。信息流广告遍布微信朋友圈、微信公众号、QQ浏览器、QQ空间、提供App下载的应用宝、移动广告联盟。重要广告位以直采方式售卖，次要广告位以程序化交易形式售卖。①

五 百度广告联盟主导我国搜索引擎广告联盟发展方向

百度网络广告联盟（BES）是以搜索为核心的广告平台。搜索引擎在分成制度下发展势头特别强劲，网络广告联盟与联盟会员或站长的分成制度促进搜索引擎广告联盟的发展繁荣，百度成为中国网络广告联盟发展的龙头。

2002年百度广告联盟成立，年会员分成收入达413万元。百度联盟加强了对会员的各种服务，推动了会员分成的大发展大飞跃。2007年从2006年的7518万元跃升至2.047亿元，2011年从2010年的7.581亿元跃升至11.56亿元，2015年从2014年的71.73亿元跃升至112亿元，2017年、2018年各自超过160亿元、180亿元。（参见表7—4）

表7—4　　　　　百度广告联盟发展概况　　　　（单位：万元）

年份	重大举措	会员分成
2002	百度广告联盟正式成立	413
2003	正式运营搜索流量合作分成的商业模式	1064
2004	开始电信渠道的开拓与建设	2090
2005	打造并推广百度联盟，百度主题推建二级联盟体系	2121
2006	召开首届百度联盟大会（以后每年一届）、百度先锋论坛，启动百度联盟积分奖励计划	7518
2007	大联盟认证、百度TV业务上线	20470

---

① 王凤翔、张璐璐：《2018年中国网络广告发展报告》，唐绪军主编《中国新媒体发展报告（2019）》，社会科学文献出版社2019年版。

续表

年份	重大举措	会员分成
2008	合作推广业务上线、百度统计正式上线、百度知道联盟成立	41840
2009	启动蓝天365诚信行动、常青藤成长计划、联盟爱公益行动，网盟推广、百度广告管家正式上线	69767
2010	百度联盟爱春雨行动、百度营销中国行启动，百度广告管家、百度统计全网开放	75810
2011	鸿媒体、大联盟认证体系2.0、应用开放平台上线	115600
2012	联盟决策顾问委员会成立、站长平台、百宝箱计划上线	193000
2013	移动推广开放合作，百度流量交易服务上线	400000
2014	推出百度联盟站长贷，百度图+上线，移动应用合作业务上线，10亿元用于开发者补贴	717300
2015	移动转型完成，"100%分成+10%分成激励"政策启动，JBD计划启动，互联网生态基金联盟启动	1120000
2016	内容与服务新时代联盟开始构建，联盟贷更新升级，百度长江学堂正式开课	1420000
2017	百度长江学堂二期班开课	>1600000
2018	百度长江学堂三期班开课，亿金计划启动	>1800000

资料来源：百度百科。

六 第三方网络广告联盟有各自发展优势

移动互联网来临，一线移动广告公司推动了广告联盟的建设与发展（参见表7—5）。2009年谷歌收购AdMob后，成为全球移动互联网广告巨头，并加强了同安沃（AdWo）等移动广告公司的合作。我国两大移动广告公司多盟（DOMOB）、易传媒（AdChina）在2015年分别被蓝色光标与阿里巴巴并购，成为中国具有影响力的移动广告联盟平台。

表 7—5　　　　　　　一线移动互联广告平台发展概况

序号	广告公司	成立时间	控股方	DSP
1	多盟（DOMOB）	2010 年 9 月	蓝色光标①	有
2	易传媒（AdChina）	2007 年 4 月	阿里巴巴②	有
3	AdMob	2006 年	谷歌③	有
4	艾德思奇（AdSage）④	2007 年 3 月	百视通	无
5	安沃（AdWo）⑤	2010 年 1 月	安沃传媒	无
6	亿动智道	2006 年 1 月	亿动传媒（Madhouse）	有
7	InMobi⑥	2007 年	InMobi	有
8	力美（LiMei）	2011 年 2 月	力美科技	有
9	有米传媒	2010 年 4 月	优密移动⑦	无
10	百灵欧拓（O2Omobi）⑧	2013 年 3 月	百灵时代传媒	无

资料来源：根据网络资料整理。

---

①　2015 年 6 月，蓝色光标以 2.89 亿美元收购移动广告公司 Domob Limited 100% 的股权和多盟 95% 的股权。

②　在美国硅谷成立，公司总部设在上海。2015 年 1 月，阿里巴巴集团战略投资并控股易传媒。易传媒仍保持独立运营，与阿里巴巴集团旗下营销推广平台阿里妈妈一起，推动数字营销程序化发展，并逐步实现大数据营销能力普及化。2014 年 10 月，阿里巴巴推出达摩盘（Alimama DMP）互联网营销平台，将以此为基础逐步扩张站外 DSP 业务。

③　2009 年 11 月，谷歌以 7.5 亿美元收购 AdMob。6 月，谷歌关闭移动广告聚合器 AdWhirl。收购 AdMob 后，AdWhirl 移动聚合功能被整合进 AdMob 中。从此，AdMob 从独立的 Ad-Network 模式向聚合模式转换，形成全球性广告平台。

④　总部位于北京，在上海、无锡、深圳、西雅图、洛杉矶等地设有分支机构，控股无锡分公司、上海搜趣广告公司、北京昂然时代广告公司。

⑤　2010 年 1 月成立，属于外商独资企业。目前可以覆盖国内大多数智能手机用户和超过 4 万个 App 应用，广告显示次数可以达到每天超过 3 亿次。

⑥　2007 年在印度班加罗尔（Bangalore）成立，主要提供以 AI 驱动的全球化移动广告和企业营销服务。现已成为印度最大的移动广告公司、全球第二大移动广告公司与全球最大的独立移动广告网络。2011 年，进入中国市场，在上海和北京设有办公室。至 2016 年，InMobi 在全球已拥有 16 亿月活跃用户。2014 年 7 月，发布 InMobi Exchange。2015 年已覆盖 200 多个国家和地区的 10 亿用户以上。2019 年 10 月，InMobi 以 70 亿元位列《2019 胡润全球独角兽榜》第 264 位。

⑦　广州优蜜移动科技股份有限公司（优蜜移动）是移动营销服务商，旗下有米广告和有米游戏两大平台。

⑧　百灵欧拓是一家 O2O 移动广告平台，为百灵时代传媒集团旗下负责新媒体业务的子品牌。公司线下拥有 8 个城市 17 条地铁广告、400 家院线、21000 台公交等丰富的广告资源。

2017年，蓝色光标（Bluefocus）年营业收入为152.52亿元。蓝色光标是唯一一个能够在全球市场为客户提供营销服务的中国本土企业。2016年实现营业收入123.19亿元，成为国内首家收入过百亿的营销公司。移动互联业务收入快速增长，占据半壁江山。广告联盟程序化购买比例提升，OTT业务实现突破，蓝标数字、思恩客、今久广告及海外业务等业务单元收入持续稳定增长。移动互联广告业务板块旗下的多盟、亿动、蓝瀚互动等子品牌，主要通过智能营销平台"DSP + Ad Network"和优质媒体程序化广告平台实现营收。[①] 蓝色光标2018年市场规模为235.60亿元，年增长率为52.72%；年利润额5.34亿元，年增长率71.32%。海外数字营销、社交营销是蓝色光标的战略发展方向。为此，蓝标传媒成了Facebook、Instagram在华的技术合作伙伴。其中，Facebook广告代理业务营收向好（蓝瀚互动是Facebook在华第三家官方代理商），2018年海外广告业务增长幅度较大，形成了超100亿元的市场规模。[②]

移动广告平台的技术能力、资源整合与综合创意受到广告市场青睐，推动网络广告联盟发展与成熟。其中，Admob、腾讯社交广告、InMobi、多盟、捷报指向、力美科技等6家移动广告公司综合服务水平在95分以上，安沃传媒、指点传媒、AdView、点入移动、帷千动媒、艾德思奇、芒果移动广告等7家公司综合服务水平在90—95分的区间。（参见表7—6）

表7—6 2016年移动广告平台综合服务水平前15名排行榜

排名	公司	技术能力（40%）	资源整合（40%）	综合创意（20%）	总分
1	AdMob	97.80	98.20	97.30	97.86
2	腾讯社交广告	97.50	97.80	96.20	97.36
3	InMobi	96.70	98.00	94.70	96.82

---

① 王凤翔：《2017年网络广告发展报告》，唐绪军主编《中国新媒体发展报告（2018）》，社会科学文献出版社2018年版。

② 王凤翔、张璐璐：《2018年中国网络广告发展报告》，唐绪军主编《中国新媒体发展报告（2019）》，社会科学文献出版社2019年版。

续表

排名	公司	技术能力（40%）	资源整合（40%）	综合创意（20%）	总分
4	多盟	97.20	96.50	95.50	96.58
5	捷报指向	96.50	97.20	94.20	96.32
6	力美科技	95.50	96.50	93.50	95.50
7	安沃传媒	95.20	96.20	92.00	94.96
8	指点传媒	94.80	95.50	92.60	94.64
9	AdView	93.50	92.30	92.50	92.82
10	点入移动	92.70	93.50	91.70	92.82
11	帷千动媒	91.90	90.80	91.30	91.34
12	艾德思奇	91.50	91.00	90.80	91.16
13	芒果移动广告	91.20	90.80	90.20	90.84
14	亿动广告传媒	89.30	90.60	89.70	89.90
15	飞拓无限	88.10	89.50	90.50	89.14

资料来源：2016 年《互联网周刊》& eNet 研究院。

七 传媒网站广告深受广告联盟影响，字节系穿山甲广告联盟成为新势力

我国传媒网站没有形成自身网络生态系统，网络广告发展受到限制。依靠传统网络广告位买卖，难以形成市场竞争力。因此，主流媒体网站、门户媒体网站与社交网站纷纷加入主要电商与搜索引擎网络广告联盟，以获取网络广告市场份额。DCCI 调查显示，61.1% 的网站主要以广告为盈利模式，63.3% 的网站实现了收入[1]。在展示广告市场，网络媒体收入比重在广告联盟中分成比重逐步提升，如：2010 年为 16.9%，2011 年为 19.5%，2012 年为 21.7%。[2]

---

[1] 《2010 年中国互联网站长生存与发展状况白皮书》，DCCI 互联网数据中心，2010 年 5 月。

[2] 艾瑞咨询：《淘宝联盟（阿里妈妈）暨广告联盟发展白皮书》，2012 年 12 月。

我国主流媒体网站加入广告联盟。人民网、新华网、央视网与环球网等网站，没有自己网络广告联盟，为适应各个数字化发展大势，纷纷加入强势的谷歌 AdSense、百度、搜狗等搜索引擎网络广告联盟或电商淘宝联盟。新浪、网易、搜狐、凤凰网与中华网等门户网站，腾讯网等社交网站，尽管有网络广告系统与网络广告联盟，为了强强联合以获取网络广告市场份额，推动自身广告品牌正向发展，实现网络广告市场规模最大化，因此也积极参与其他网络巨头的广告联盟。（参见表7—7）

表7—7　　　　　　国内 TOP10 网站广告投放分析

序号	互联网公司	百度联盟	淘宝联盟	谷歌 AdSense	搜狗联盟
1	腾讯网		●		
2	新浪网		●		
3	网易		●		
4	搜狐		●		●
5	凤凰网	●			
6	人民网	●			●
7	新华网	●			●
8	央视网	●	●	●	
9	环球网	●			
10	中华网		●	●	

资料来源：top.chinaz.com，王凤翔、陈婷婷《中国网络广告联盟发展报告》。

传媒平台头条系形成了符合自身发展的数据闭环，成为和阿里、百度、腾讯一样的数据巨头。2018年3月抖音开启广告竞价功能，明星入驻与平台 KOL 涌现，形成平台红人广告、广告商"星图"平台与信息流广告的投放对接。2018年8月，今日头条正式对外公布名为"穿山甲联盟"的广告联盟产品，推出自己专属广告联盟，在客户端覆盖了116个细分行业的广告主，月活用户超过500万的流量主则达到100家左右。[①]

---

① 《焦点分析｜争夺用户时间之外，今日头条又在动百度、腾讯的广告联盟奶酪了》，https://36kr.com/p/5148153。

2018年字节跳动广告收入近530亿元。其中，今日头条App广告为290亿元，抖音App广告为180亿元（信息流广告为96亿元）。字节跳动投资20亿元，以UGC、PGC、MCN构建头条系短视频内容体系，通过广告带动流量持续变现。抖音（2016年9月上线）以差异化定位用户，切入音乐短视频垂直领域。[①]

第三节　我国网络广告联盟发展任重道远

无论是在国内还是在国外，网络广告联盟建设与发展都存在问题与挑战，也都在采取相关措施以维护网络广告发展的健康生态。我国网络广告联盟市场竞争激烈，各项制度建设有待完善与发展。

一　我国网络广告联盟市场竞争惨烈

搜索引擎市场竞争激烈，以平台、新技术与利益分成加强对站长与网络广告市场的争夺。2008年，百度联盟宣布推出针对合作伙伴的产品"知道联盟"与"按效果付费的CPA广告平台"，其市场份额当年达50.2%，占据联盟市场的半壁江山。2012年，搜狗提出"制衡百度"战略，开放搜狗联盟注册，并不断通过注册有礼、返现、年底分红等形式，吸引中小站长加盟。搜狗联盟官方公布，在2012年分成将达到4亿元。2011年底，网易在有道联盟之外，全新推出网易站长联盟，以CPS、CPC、CPM等多种方式推广旗下游戏产品。为了吸引站长的投放，2012年5月网易站长联盟正式上线，网易推出1.5亿元共赢基金的扶持计划。

百度、谷歌、淘宝、腾讯形成寡头之争。谷歌AdSense对加盟网站的流量没有任何要求，而加入谷歌AdSense的中小站长遭到竞争对手的流量封杀。谷歌搜索服务转向香港后，百度联盟又封杀淘宝联盟，以减少其流量。2010年6月，百度借口"清扫垃圾页面"，开始大规模封杀40万淘宝联盟网站；其后，淘宝网API接口淘宝客调用量从每天两亿次减少

[①] 王凤翔、张璐璐：《2018年中国网络广告发展报告》，唐绪军主编《中国新媒体发展报告（2019）》，社会科学文献出版社2019年版。

了3000万次。① 2017年7月，腾讯微信全面封杀淘宝客。

以生态系统形成市场争夺。2007年12月，雅虎中国推出新产品"站长天下"。"站长天下"是基于互联网技术（垂直搜索、社区聚合、支付宝信用体系、广告需求匹配工具与阿里购物系统等）为网民提供的免费传播和商务平台，该产品设置的广告位与阿里妈妈相挂靠。2009年5月，百度联盟媒体平台战略出台。百度联盟为其联盟成员与广告主专门打造独特服务产品，如：百度统计、百度广告管家、大联盟认证体系、常青藤、蓝天365、联盟·爱、先锋论坛与联盟贷服务等。

风险投资促进网络广告联盟的发展。成立于2004年初的"亿起发"联盟，从2005年开始盈利，2006年初获得华登和鼎辉的A轮国际风险投资。2008年3月，完成的B轮千万美元融资中引进了日本最大网络广告公司CyberAgent、JAIC（日本亚洲投资有限公司）与AntFactory等策略投资者。2006年，天下互联将核心业务锁定"窄告"，三井住友、JAIC（日本亚洲投资有限公司）与MIH（米拉德控股集团公司）共同投资2400万美元。

网络广告联盟不断推进与衍生网络广告的付费模式②，即通过即时付、日付、周付来缩小付款周期，加剧行业恶性竞争，恶化市场竞争生态。谷歌AdSense与百度联盟主要以CPC支付给加盟网站一定比例的分成费用，淘宝（阿里妈妈）与领克特联盟等主要采用CPS付费，综合网络广告联盟采用综合付费形式CPM、CPC、CPA等方式。中小广告联盟通过即时付、日付、周付来缩小付款周期，加剧了行业竞争，恶化了网络广告投放环境。

海外在华的网络广告联盟加入，试图分取日益繁荣的中国网络广告市场的一杯羹。领克特广告联盟（www.linktech.cn）是韩国最大网络联盟营销平台，2004年进入中国，在中国号称为"最佳的网络联盟营销平

---

① 汤浔芳：《广告联盟七宗罪》，《计算机世界》2010年3月19日。
② 付费模式主要有按时长付费（CPT, Cost Per Time）、按点击付费（CPC, Cost Per Click）、按展现付费（CPM, Cost Per Mille/Cost Per-thousand Impressions）与按行为付费（CPA, Cost Per Action）四种。CPA又衍生出三类付费式：按购买付费（CPS, Cost Per Sale）、按引导数、注册成功付费（CPL, Cost Per Lead）、按回应付费（CPR, Cost Per Response）。

台"，知名的合作广告主有京东网、当当网、亚马逊、凡客、携程网、苏宁易购等。成果广告联盟（www.chanet.com.cn）是日本最具影响力的网络广告交易平台，2005 年在中国推出，号称为"中国第一的效果营销平台"，对外宣传中有近 20 万家合作网媒，主要广告主有凤凰网、搜狐网、人人网、优酷网等。

广告联盟加强特色网站的强强战略合作，以占领更大的网络广告市场。2008 年，百度与迅雷狗狗搜索形成战略合作，迅雷推出网络广告联盟系统。

二　需要有限网络优质流量来完善产业链与品牌信任

有限的网络优质流量，无序化的市场竞争，中小联盟群体重合性较高与网站站长的短期趋利性形成低水平的联盟平台发展与恶性竞争，已经危害到了广告联盟产业链的发展与广告主对广告联盟的品牌信任。

由于市场门槛低，诸多广告联盟只要有技术与程序就可以进入广告联盟市场。DCCI 调查显示，61.3% 的其网站系统程序站长来源于共享的商业版程序，11.6% 来自共享程序免费版[①]。因此，经常出现流量造假与点击欺诈，替换个人网站广告代码等情况，以致广告联盟市场竞争混乱与无序化，即使是大型广告联盟在流量造假与点击欺诈方面不可避免。正望咨询 2007 年 3 月调查报告显示，百度的平均点击欺诈率为 34%，谷歌为 24.1%。2008 年《中国网络广告满意度调查报告》显示，82% 的企业负责人担心"互联网广告点击欺诈"，以致放弃选择网络广告与广告联盟发布广告。

中小广告联盟追逐短期收益，结算手段不透明，拖欠按期支付的广告款，随意封杀个人网站的账号，赖掉应该支付的广告费，正在蔓延成为网络广告联盟行业的潜规则。

广告主与广告联盟没有科学技术手段来准确地进行甄别和惩罚恶意点击广告的网站，以致其对怀疑对象采取除扣量、警告、封账号等手段，

[①] 《2010 年中国互联网站长生存与发展状况白皮书》，DCCI 互联网数据中心，2010 年 5 月。

其后果可能会扰乱正常健康的市场秩序。尽管对一部分网络站长的扣量、警告、封账号惩罚可能是正确的,但是另一方面仅仅因为是怀疑而导致不少中小网站成为"冤、假、错"案的受害者,而且该手段已经成了一些广告主与广告联盟赚昧心钱的路径。

有近三成的计算机病毒热衷于通过网络广告联盟,以恶意推广方式敛财,谋求不正当利益,网游、网银盗号类病毒仍占主流①。

网络广告联盟为增大流量,色情信息泛滥,在淫秽色情网站上投放广告已经不是个案。2009年9月,济南、杭州、广州、深圳、珠海等地公安、工商部门联合开展整治行动,依法查处了"518广告联盟""九赢广告联盟""麒润广告联盟""掌发联盟""收益宝联盟""赢点广告联盟"等。② 2011年1月,中央外宣办牵头联合中央九部委,召开"深入整治互联网和手机媒体淫秽色情及低俗信息工作会议",其中,"斩断淫秽色情传播利益链,严查非法广告联盟及任何为淫秽色情网站'输血送电'行为"是2011年五大工作重点之一。

网络广告联盟是黄色广告的灾区。2016年12月,江苏"扫黄打非"办公室查获江苏鼎富网络传媒有限公司的"11meitu""91luguan"等116个色情淫秽网站。这些网站与"富投联盟""业尚联盟""启尚联盟""维度传媒"等4个广告联盟形成利益链,先后在3000余个站长的5000余个网站上投放广告,在116个色情淫秽网站上投放878个广告位。③ 因此该案被列为全国"扫黄打非"办公室、公安部的挂牌督办案件。

三 我国网络广告联盟全球化任重道远

在全球化社会与网络社会中,谷歌 AdSense 通过维护自己的全球商誉与企业诚信,构建了国际商誉与企业诚信,形成了巨大的全球影响力与媒体传播力。谷歌 AdSense 行业自律精神与对广告联盟的并购在中国广告联盟中暂时正在全面推行,中国广告联盟构建国际商誉与企业诚信、建

---

① 《人民邮电》2009年7月9日。
② http://www.china.com.cn/news/txt/2009-09/18/content_18552869.htm.
③ 张红兵:《揭秘广告联盟与淫秽网站肮脏利益链》,《法制日报》2017年9月1日。

设巨大的全球影响力与传播力的历史使命任重而道远。

谷歌 AdSense 对广告点击欺诈与推送恶意软件的广告商等作弊者毫不留情地采取封账号等严厉惩罚手段。谷歌 AdSense 对每年数十亿条谷歌进行科学甄别，每年处理拒绝的广告与封闭的账号惊人。2008 年谷歌 AdSense 拒绝广告 2530 万条，2009 年为 4250 万条，2010 年为 5670 万条，2011 年为 1.34 亿条。2008 年谷歌 AdSense 封闭与暂停账号 1.81 万个，2009 年为 6.85 万个，2010 年为 24.8 万个，2011 年为 82.4 万个。

2009 年 9 月，谷歌以 7.5 亿美元收购移动广告公司 AdMob；2011 年 8 月，以 125 亿美元收购摩托罗拉，拟全面进军与占领无线广告市场与无线网络市场。2012 年 8 月，谷歌以 4.5 亿美元收购社会化媒体营销商 Wildfire Interactive，使其成为谷歌显示广告工具中的一部分与社交媒体广告工具，以加强与 Facebook 的社交广告竞争。2007 年 4 月，以 31 亿美元收购显示广告技术公司 DoubleClick，获取了全球 56.5% 的网络广告市场份额[1]。因此，谷歌通过对网络广告公司与互联网技术公司等的并购，做大做强了自身广告联盟的市场占有率、盈利率与举足轻重的行业影响力。同时，谷歌并购的是具有优秀生产技术，或管理经验，或专业人才等各类资源的互联网公司，全面布局互联网行业，占领全球互联网市场与网络广告市场，建设巨大的全球影响力与传播力。尽管百度联盟加强了与谷歌 AdSense、淘宝的竞争，并进行了相关并购，但是谷歌并购对互联网与网络广告市场的影响力与传播力远远不够。

四 广告联盟行业他律与自律建设有待加强

广告联盟发展较快，但是一直没有形成一套有法可依、有法必依与执行有力的法律体系与具有"压舱石"作用的行业自律公约。大型广告联盟的寡头化趋势与马太效应为自我利益发展来进行网络广告业的自行约束与规范发展，而这种自我打理的管理与规范，可能最终会导致市场

---

[1] 2008 年 11 月，Attributor 公司对 7500 万个域名上的广告服务进行了分析认为，DoubleClick 的全球市场份额为 30.7%，谷歌为 25.8%。2007 年 4 月，谷歌从旧金山私有股权基金 Hellman & Friedman 和 JMI Equity 手中收购 DoubleClick 股权与全球业务。因此，谷歌的全球网络广告市场份额总和为 56.5%。

垄断，良性行业规范难以执行。一个公平公正公开的、具有行业权威性的、独立的与非营利性质的第三方联盟认证平台与行业协会一直没有建立，第三方推广业务存在自律不严的现象，广东省2009年由此暂停广告联盟等第三方推广业务①。中小联盟会员或站长议价能力差，在产业链中处于弱势地位，又没有法律支持与监管，难以在行业形成独当一面的自律主体与平衡主体。从长远来看，这对行业发展是十分不利的。

广告联盟与广告数据的某些监测机构发布的评测与数据可能存在利益代言现象。中国某些广告数据的监测与发布机构为争取在行业内的影响力自身利益，出现了为某些广告联盟利益代言的情况与趋势，这对行业发展的科学性预测是不利的。

---

① 《人民邮电》2009年12月20日。

第 八 章

我国网络广告发展面临的问题与挑战

我国网络广告发展遭遇发展瓶颈、问题与挑战，与海外尤其是美国，既具有相似的地方，也有不同的方面。对此，我们要高度重视，以技术手段、法律法规与行业自律加强广告业的发展、监管与创新。

第一节　数据安全与隐私保护亟待加强

我国具有巨大的人口市场规模，完备的交通基础设施，高效的物流体系，推动我国广告红利的发展与飞跃。网络广告成为我国市场经济发展的晴雨表，是我国数字经济的重要表征。同时，广告巨头之间存在不正当竞争与同质化发展，存在数据泄露、隐私损害、滥用数据话语权与丧失创新能力的风险。

一　数据风险时有可能爆发

大数据时代，数据代表每个账户的广告价值，互联网公司以数据及其用户画像，通过地理定位等方式，精准传播有效的广告宣传。

打通与掌控经济社会运行的海量数据，是每个数字巨无霸企业的理想。从搜索引擎、即时通信开始，然后是电商、社交媒体，形成数字巨无霸BAT（百度、阿里、腾讯），单寡头形塑市场并建构网络生态体系。在移动互联网时代，TMD（头条、美团、滴滴）崛起为相关垂直领域的新型数据寡头。但是，搜索引擎、电商与社交的广告生产与生活还存在全方位的数据隔离打通问题，各个互联网巨头都在形成以自我数据为核心的生态闭环与市场壁垒。随着数据的移动化、智能化与物联化，网络广告系统将全面、系统与科学地向用户精准推送广告，数据形成的用户画像将更加彰显其广告的传播价值。

数字巨无霸平台系统受到网络攻击导致数据泄露风险，跨境数据流动存在情报外泄风险。这种数据遭遇严重泄露的情况在海内外已经屡见不鲜。安全情报提供商 Risk Based Security（RBS）《2018 年数据泄露快报》（Data Breach Quick View Report）显示，2018 年近 50 亿个人信息（用户资料、购物清单、支付记录、登录密码、商业贸易清单等）被泄露，公开的数据泄露事件超过 6500 起，黑客攻击是数据泄露的主要原因。其中，商业部门有三分之二，政府部门占 13.9%，医疗部门占 13.4%，教育部门占 6.5%。[1] 有 12 起数据泄露事件涉及人数超过 1 亿。最大数据泄露事件是 Aadhaar 印度国家身份认证系统。[2]

互联网企业积极布局云计算和大数据，试图成为行业主导力量。2020 年 80% 的企业应用会迁移至"云"中。我国互联网巨头高度重视数据安全及其传输，但是互联网"一点上网、全球共享""一点攻破、全网即破"的这种特性[3]，决定了网络空间的数据安全存在极大的挑战。这些数据一旦被海内外反华势力与黑恶势力收集与利用，必将损害我国的互联网全球竞争力，危害我国数字安全与经济发展。

二 用户隐私信息数据化

"隐私换广告"是互联网行业发展的潜规则，是互联网公司发展繁荣的"原生动力"。在数据社会，个人隐私（身份信息、基因信息、家庭信息、社交信息、电商信息、活动信息、生活信息、成长信息、网络痕迹、

---

[1]《2018 年数据泄露达 50 亿条 独立事件杀伤力持续扩大》，https://www.dbappsecurity.com.cn/show-91-293-1.html.

[2]《最新！2018 年数据泄露事故 Top10》，https://www.sohu.com/a/285022448_772880。

[3] 侯云灏、王凤翔：《网络空间的全球治理及其"中国方案"》，《新闻与写作》2017 年第 1 期。

文化特质等）成为网络公司猎取的估价资本与广告要素，却忽视用户的被遗忘权与用户隐私权益。在资本市场驱动下，互联网公司通过牺牲公众隐私，实现企业市场巨利与资本利益诉求。①

移动互联网时代，智能手机 App 下载的 SDK（软件开发工具包）暗藏玄机。相关 App 通过隐藏的 SDK，非法获取用户的个人隐私信息，2020 年央视"3.15"晚会予以揭露：②

2019 年 11 月，上海市消费者权益保护委员会委托第三方公司对一些手机软件中的 SDK 插件进行了专门的测试，却发现一些 SDK 暗藏玄机。

技术人员检测了 50 多款手机软件，这些软件中分别含有上海氪信信息技术有限公司和北京招彩旺旺信息技术有限公司两家公司的 SDK 插件，这两个插件，都存在在用户不知情的情况下，偷偷窃取用户隐私的嫌疑，涉及国美易卡、遥控器、最强手电、全能遥控器、91 极速购、天天回收、闪到、萝卜商城、紫金普惠等 50 多款手机软件。

检测人员："它会读取这部设备的 IMEI、IMSI、运营商信息、电话号码、短信记录、通讯录、应用安装列表和传感器信息。"

……北京招彩旺旺信息技术有限公司的 SDK，甚至涉嫌通过菜谱、家长帮、动态壁纸等多款软件，窃取用户更加隐私的信息。

检测人员："会未经用户同意，收集用户的联系人、短信、位置、设备信息等等。尤其短信，短信内容被全部传走，这个是很严重的。"

中央电视台 2020 年"3.15"晚会列举相关 App 应用，获取隐私信息手段令人惊叹，也是一种社会警示和舆论监督。（参见图 8—1）因此，要

---

① 王凤翔、张璐璐：《2018 年中国网络广告发展报告》，唐绪军主编《中国新媒体发展报告（2019）》，社会科学文献出版社 2019 年版。

② 以下资料来自 2020 年央视"3.15"晚会。

高度重视数据隐私泄露形成的产业价值链、广告传播场与网络生态圈，要形成风清气正的网络空间，监管部门加强监管，切实维护用户的隐私权与合法权益。

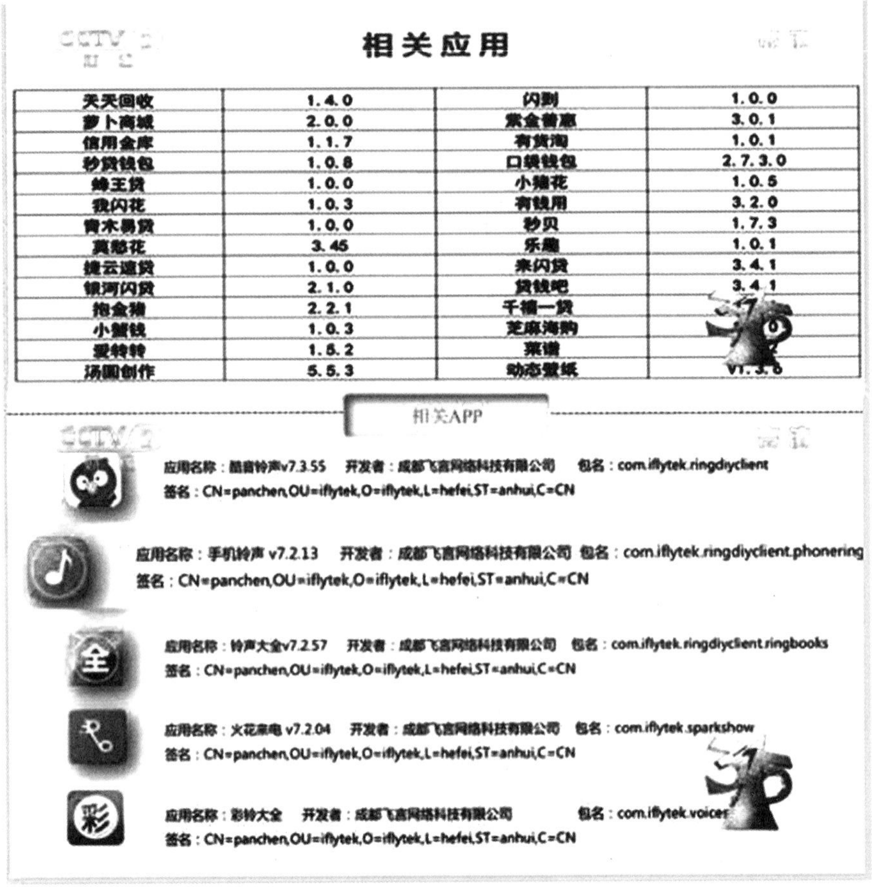

图8—1 中央电视台"3.15"晚会列举窃取信息的相关公司截图

资料来源：2020 年 CCTV2 "3.15" 晚会。

三 数据闭环存在局限性

BAT、头条系等互联网平台试图构建信息壁垒与市场闭环，形成数据寡头。从"3Q 大战"到"头腾大战""百头大战"，归根结底是数据霸权与广告竞争。各网络巨头通过人工智能等新技术争夺数据，但是如有运作不当，会产生市场消极作用，将损害消费者隐私权益，推动广告市场的不正当竞争与恶性发展。

数据巨头一旦获得国内市场主导地位，走出去和全球化发展能力逐步弱化乃至丧失，网络关键核心技术研发难以创新发展，巨头内部难以构建相互协作而形成抑制中小企业创新的产业生态体系。谷歌退出大陆市场后，由于各种原因，百度等搜索引擎没有主动出击占领英文等外语搜索市场，错失成为全球巨头机遇。BAT 等数据巨头位居数据链顶端，形成国内市场闭环，中小企业要么从市场消失，要么沦为其市场"爪牙"。

在网络信息技术语境下，数据储存存在严重的安全隐患，即使谷歌、脸书等互联网巨头也不例外，如 2019 年 5 月脸书所属 Instagram 近 5000 万条数据泄露，无密码即知明星广告价格，影响人数达上数百万。网络平台为获利，把用户数据打包进行买卖，形成受人诟病的广告泛滥。我国互联网处于相对发展阶段，网络公司初期甚至以用户信息数据买卖来获得发展，诸多网络平台对用户数据的保护还是远远不够的，这为数据保护与广告发展带来巨大隐患。

四 警惕算法代理人

2004 年，谷歌创始人拉黑·佩奇、谢尔盖·布林在"火人节"会场指出，"社会计算"将改变整个社会的企业和商业模式。这是算法成为代理人的由来，对新闻传播与广告发展具有重大影响。

算法代理人成为控制网上新闻与广告信息传播、影响西方政治选举的代理机构。2014 年 5 月，剑桥分析公司利用大数据对乌克兰民众成功实施算法传播、广告推送与新闻干预，帮助反俄罗斯的波罗申科以 54.7% 的得票率赢得乌克兰总统选举胜利。2016 年美国总统大选，特朗普与希拉里运用算数传播进行总统竞选，以及特朗普当选的"黑天鹅事件"，引发全球对算法传播的高度关注。

美国相关部门与舆论认为，俄罗斯干涉了 2016 年美国总统大选。其中，美国互联网巨头网络广告系统是干涉选举的一种新型工具。一般难以察觉网络广告越来越具有政治宣传与社会动员作用。谷歌、脸书与推特公开相关信息，指责俄罗斯通过他们媒体广告系统投放政治广告，以影响大选选情和美国政治。对此，"俄罗斯坚决否认美方的相关指控。俄新社的报道认为，美方此次指控与此前各类对俄罗斯的抹黑一样，没有提供任何确凿证据。"[1]

五 平台垄断形成"数据剥削"

从我国互联网行业情况看，寡头竞争的趋势日益明显，数据竞争已成为互联网行业与网络广告的竞争趋势。至2020年6月，支付宝连接8000多万商家和2000多家金融机构合作伙伴，国内用户超过10亿，是全球最大的商业App，支付交易规模达118万亿元。至2020年11月，腾讯微信月活为12.12亿，腾讯占有全国3成的移动支付市场规模。"数据集权"愈演愈烈，互联网巨头掌控了数字经济时代所有线上业务的基础。比如，云计算、支付模式、信息传输等。互联网寡头无形的数据垄断，也是用户个人永远跨不过的"五指山"。目前我国互联网巨头的股权结构大多数为VIE（协议控制）架构，它们对大数据的储存、传输和使用都存在泄露隐患。从数据安全角度看，数据资源存储和分配及其基础技术由少数超级公司直接控制或由外国政府与资本间接控制，将会因过度集中而形成强大的支配力，足以威胁到国家数据主权安全。

数字寡头滥用市场支配地位，对中小创新企业进行"数据剥削"，加强市场争夺与恶性竞争，形成了"大树底下不长草"的垄断态势，不利于产业生态与广告发展的动态平衡，存在扼杀创新能力的风险。近年来，互联网巨头滥用数据、用户流量、排除市场竞争的反垄断案件及争议层出不穷。《腾讯没有梦想》一文认为，数字巨头逐渐丧失产品能力和创业精神，强项不再是创新发展，而是以一个投资公司收割市场成果，主导市场发展方向。至2020年6月，国内排名前三十的App，腾讯系有14家（微信、QQ、搜狗、腾讯视频、拼多多、QQ浏览器、快手、京东、腾讯新闻、美团、酷狗音乐、应用宝、QQ音乐、腾讯手机管家等），活跃用

---

[1] 高石、谢亚宏：《俄罗斯否认干涉美国大选》，《人民日报》2017年1月8日。

户达 57.38 亿；阿里系有 7 家（支付宝、手机淘宝、高德地图、微博、UC 浏览器、优酷视频、钉钉等），活跃用户达 31.28 亿。阿里、腾讯占据主要网络传播通道，无论是金融、贸易，还是衣、食、住、行、育、康、乐等方方面面，带来诸多便利的同时，通过资本扩张，形成市场垄断。2020 年 10 月以来，"社区电商"成为重要舆情事件与重大公共宣传，舆论反对平台资本无序扩张、赢者通吃，对其科技创新充满期待。

第二节　网络广告灰黑产业链亟须治理

互联网广告黑灰产业已形成完整产业链，呈现智能精准化、平台规模化与产业系统化特点，对平台用户权益、正能量舆论环境与商业化生态产生极大危害。尤其是，广告智能化走"黑"，侵害用户权益，形成舆论冲突、社会矛盾与广告"黑产"。其中，严重的广告虚假点击、异常点击、流量欺诈成为广告传播中的灰色景观。据世界广告主联合会（WFA）2018 年预计，在未来十年，流量欺诈将会成为犯罪组织的第二大市场，仅次于毒品贩卖。[1]

一　虚假点击问题严重使广告发展空心化、虚化

广告推广激活占比上升，广告激活总量是自然激活与推广激活之和。TalkingData 数据显示：2015—2016 年、移动效果广告点击激活率分别为 4.5%、8.0%。2017 年激活率占比提升 10.6%，同比增长 32.5%。推广激活过度，导致流量异常问题日趋严重。2016 年平均异常率为 35.2%，2017 年异常点击率平均达 61.4%，同比增长 74.4%，最低峰值是 1 月的 35.6%，最高峰值是 8 月的 86.7%。[2]（参见图 8—2）

---

[1]　https://www.sohu.com/a/246317049_100147649.
[2]　王凤翔：《2017 年中国网络广告发展报告》。本节内容来自王凤翔《2017 年中国网络广告发展报告》，唐绪军主编《中国新媒体发展报告（2018）》，社会科学文献出版社 2018 年版；王凤翔、张璐璐《2018 年中国网络广告发展报告》，唐绪军主编《中国新媒体发展报告（2019）》，社会科学文献出版社 2019 年版。

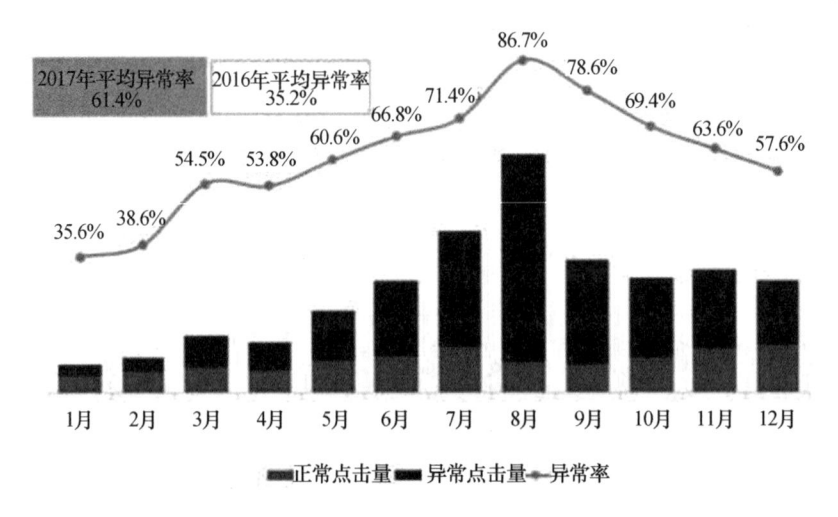

图8—2　2017年网络效果广告异常点击率趋势

资料来源：TalkingData。

二　移动平台成为广告流量欺诈重灾区

移动广告点击量异常、推广激活、虚假点击与流量欺诈是网络广告发展中的老问题。2015—2017年移动效果广告的推广激活量分别占激活总量（推广激活+自然激活）的4.5%、8.0%、10.6%，2018年上升为11.1%。2017年移动效果广告平均异常点击率62.8%，2018年为53.5%，下降了9.3%。1—12月异常点击率相对比较平均，最低峰值是9月的41.7%，最高峰值是7月的63.4%，远低于2017年41.2个百分点的最高最低峰值差，这说明广告监管与算法监控取得了积极效果。（参见图8—3）

其中，苹果iOS平台2018年广告异常推广激活现象上升，年平均异常率为53.0%。1—12月异常点击率相对平均，最低峰值是8月的47.6%，最高峰值是5月的59.3%。由此可见，广告异常推广激活成为行业的某种潜规则，也是网络广告市场发展的某种必然性。但是，这种情形是推动网络广告健康发展的严重瓶颈。因此，需要广告行业加强自身行为规范，需要广告资本市场加强行业规范，推动我国网络广告业健

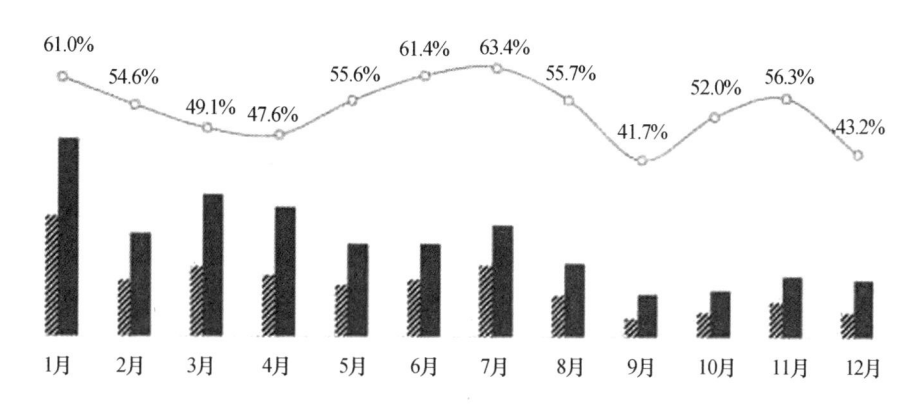

图 8—3　2018 年网络效果广告异常点击率趋势

资料来源：http://www.donews.com/news/detail/4/3037990.html。

康发展。（参见图 8—4）

三　异常点击率影响广告生态

秒针系统《2019 年度中国异常流量报告》显示，广告异常流量加大。2019 年网络广告异常流量占比 31.9%，年增长率为 1.7%。[1]（参见图 8—5）

国双《国内互联网广告异常流量白皮书 2019》显示，广告异常点击行为严重。2019 年网络广告异常曝光占比 32.2%，年增长率为 4.2%；异常点击占比 33.8%，首次超过异常曝光占比。[2]（参见图 8—6）

四　数字广告营销市场形成集团化黑产

腾讯与秒钟系统发布的《2018 广告反欺诈白皮书》揭露了卡商、猫

---

[1] 王凤翔：《2019 年中国网络广告发展报告》，唐绪军、黄楚新主编《中国新媒体发展报告（2020）》，社会科学文献出版社 2020 年版。

[2] 同上。

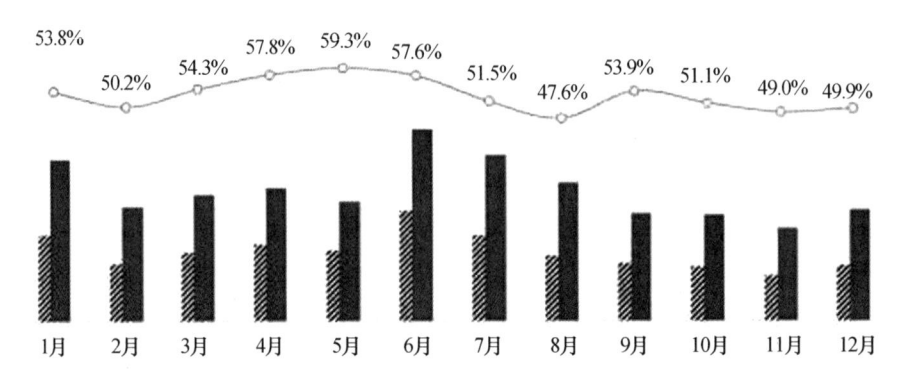

图8—4　iOS平台2018年网络效果广告异常推广激活量趋势

资料来源：http://www.donews.com/news/detail/4/3037990.html。

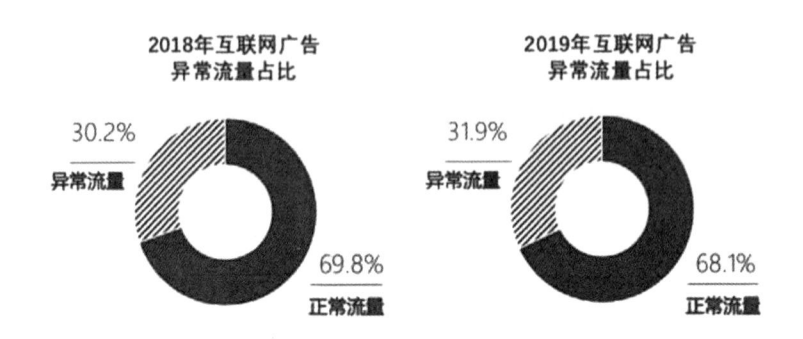

图8—5　2018—2019年互联网广告异常流量对比

池、代理IP、群控平台、注册机、接码平台等上游黑产平台的运作方式，

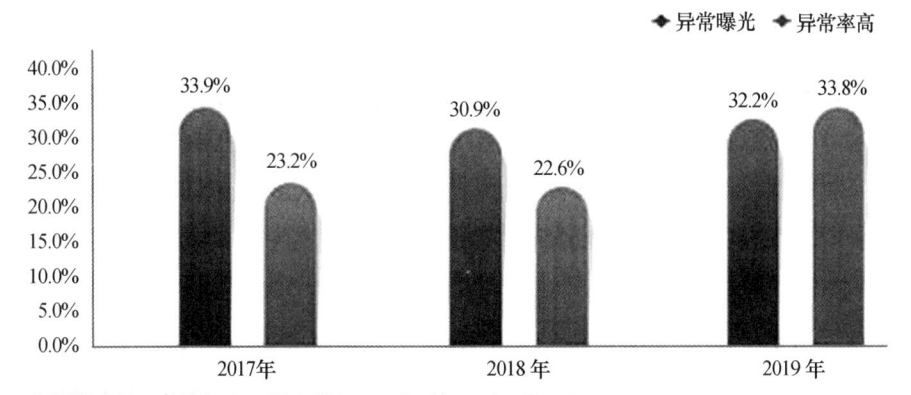

图 8—6　2017—2019 年网络广告异常流量对比分析

并曝光下游环节形成的引流变现、搬运工薅羊毛及刷量作弊等盈利模式。① 2018 年广告营销市场黑产总体比例在 15% 左右（参见图 8—7），集团化欺诈趋势让大量广告主遭受黑产广告欺诈、劣质流量的不断侵害。

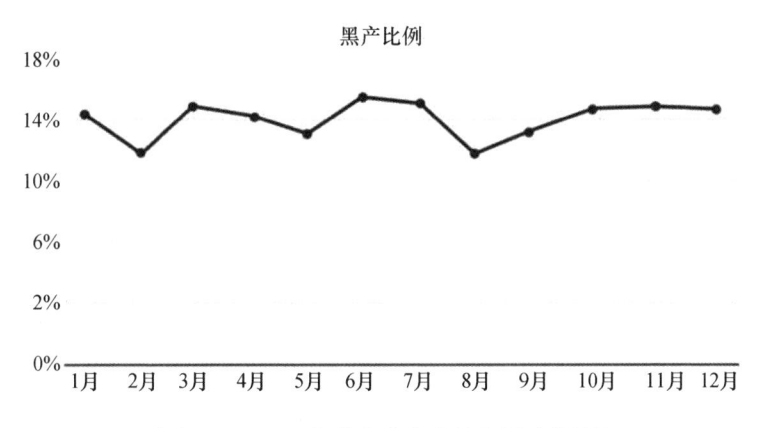

图 8—7　2018 年数字广告营销市场黑产趋势

资料来源：腾讯灯塔、秒针系统《2018 广告反欺诈白皮书》。

---

① 腾讯灯塔联手秒针系统发布《2018 广告反欺诈白皮书》，https：//baijiahao.baidu.com/s？id＝1623243860031348116&wfr＝spider&for＝pc。

第三节 违法广告成为舆情事件与社会问题

网络广告发展作为一个数字经济重要组成部分,其积极发展为舆论所关注,同时发展中存在的各种问题,也为社会舆论所重视,成为较为重大的舆情问题。

一 每年网络广告违法案例与数量为舆论所关注

违法网络广告引发主管部门与舆论的关注。以网络信息技术为操纵手段,其违法犯罪的数量与隐蔽程度,远远高于其他媒体形态的广告,也难于治理监管。国家工商总局数据显示,2017年广告违法案件数量排名前三的媒介是网络、户外和印刷品。其中,网络广告违法案件达14904件,户外广告违法案件为4895件,印刷品广告违法案件为3103件。与2016年相比,网络广告违法案件增长1.68倍,是影响广告违法案件数量增长的主要因素。[1]

网络广告治理是舆情热点。全国互联网广告监测中心2016年9月在杭州成立。该中心利用云计算、智能语义分析、分布式爬虫等信息技术,通过监测路径对其链接内容的监测辐射全网。至2018年3月,已对全国1004家重点网站,以及百度、盘石、蘑菇街、贝贝网等4家广告联盟与电商平台广告数据的软件开发工具包(SDK)[2] 实施监测,已采集广告发布信息10.6亿条次,审核1156.2万条次,发现违法广告23万条次,上报违法案件线索4740批次。威慑作用初显,网络广告违法率从开展监测前的7.1%降至1.98%。[3] 如何更好地监测与监管网络广告,是主管部门

---

[1] 王凤翔:《2017年中国网络广告发展报告》,唐绪军主编《中国新媒体发展报告(2018)》,社会科学文献出版社2018年版。

[2] 一种程序介入性广告信息监测方式。SDK可以主动监测上传参数,API是靠流量方传递给参数,后者传的参数可以低成本虚化伪造。SDK也有可能被伪造参数上传,但其成本比API高得多。

[3] 屈凌燕:《互联网广告监测作用初显 违法率从7.1%降至1.98%》,新华网,2018年3月4日。

面临的巨大挑战。

二 "二跳"广告、弹窗广告等广告乱象为主流媒体批评

网络广告发展乱象丛生，引发舆论广泛关注，中央电视台、《人民日报》、人民网等主流媒体主动加强舆论监督，造成正能量舆论声势，形成较有影响力的舆情事件。

"二跳"广告严重侵害用户权益，为主流媒体与社会舆论批评。"二跳"广告是用户点击产品一的广告之后，进入的是广告二的内容，而广告二的产品是违规产品。这是互联网公司为获取点击率、逃避监管的惯用手段。因为打的是广告隐蔽战，获利相当丰厚。由于一线城市监管严格，"二跳"广告大多以用户地域特点（二、三线城市）为标签进行推送。在四川成都、广西南宁等地区，今日头条广告经销商以"二跳"广告，使严管严控的医疗、药品、医疗器械虚假广告代言大行其道。此事被中央电视台《经济半小时》节目曝光，"二跳"广告由此受到舆论关注与广泛批评，头条因审核问题又陷入舆论旋涡。[①]

2019年4月，《人民日报》刊登《开机广告别成"牛皮癣"》一文，批评智能电视开机广告损害用户权益，强调以广告"着力提升消费者的获得感、幸福感"，"为经济高质量发展不断注入新动能"。[②]

针对弹窗广告肆意而为，"影响上网者的心情和工作效率，还会带来木马植入、信息诈骗、强制消费"等乱象，《人民日报》2019年12月刊文《"弹窗广告"不能想弹就弹》，点名批评"弹窗广告"，强调"优化行业生态、加强业界自律、形成管理合力"。[③] 此前，人民网"人民视频"发布《规范弹窗广告 保护网络用户知情权同意权》[④]《我国拟规定

[①] 王凤翔、张璐璐：《2018年中国网络广告发展报告》，唐绪军主编《中国新媒体发展报告（2019）》，社会科学文献出版社2019年版。

[②] 周珊珊：《人民时评：开机广告别成"牛皮癣"》，《人民日报》2019年4月10日。

[③] 《"弹窗广告"不能想弹就弹》，《人民日报》2019年12月4日。

[④] http：//v.people.cn/n1/2019/0628/c39805 - 31202017.html，发布时间：2019 - 06 - 28 10：26：14.

弹窗广告须一键关闭》①，强调维护用户合法权益，维护广告市场健康发展。

三 "灰色化""黑化"公共关系扰乱舆论场，为行业与舆论不齿

基于资本利益诉求与广告快速兑现需要，公共关系传播过火过分，跨越道德乃至法律底线。如轰动性的网络直播热点。如果要深究，一般毫不质疑地可以肯定，完全是由直播平台、公关公司与相关利益媒体或媒体人共同策划的。公关策划放火，自媒体飞转助燃，意见领袖吆喝，粉丝围观起哄，平台无辜躺射，这是新媒体时代的一种传播常态。旨在制造传播效应，形成关注热点，达到受众热议，剧增网络流量，传播平台品牌，实现广告利益，甚至利用"黑公关"广告有效扰乱舆论场。

新华多媒体《2018—2019网络"黑公关"研究报告》披露：互联网行业占"黑公关"比高达65%。部分营销公号为10万+，为获取广告利益与市场关注，或本身存在"三观"问题，甘当"黑公关"打手，无所不用其极，甚至搭意识形态顺风车，故意散布谣言，撕裂社会共识，制造社会矛盾。②

针对虚假刷量严重的广告"黑产"，字节跳动2019年10月开展为期3个月的"啄木鸟2019"专项行动。字节跳动安全中心通告显示，该专项行动封禁涉嫌刷量作弊的抖音账号超1.6万个，拦截黑产刷赞刷粉类等虚假刷量请求5.32亿次，拦截黑产刷量注册抖音账号请求近9000万次。针对"播放量造假"搅乱行业，《人民日报》专门刊文批评。反对"优质内容让位于'拼流量'、'拼点击量'的行业潜规则，'劣币驱逐良币'的现象"，呼吁打击流量造假，强调"建立健全更为完善的多维度评价体系，让市场回到良性竞争的轨道上来，呼吁从业者回归优质内容的

---

① http://tv.people.com.cn/n/2015/0703/c39805-27248036.html，发布时间：2015-07-03 08：22：56。
② 王凤翔：《2019年中国网络广告发展报告》，唐绪军、黄楚新主编《中国新媒体发展报告（2020）》，社会科学文献出版社2020年版。

创作。"①

四 广告色情化现象较为严重

网络广告色情化，形形色色，不一而足，已经成为网络社会与舆论指责的一大顽疾。

以技术应用搭载色情广告。基于技术中立、平台中立的理由，通过网络平台发布色情广告等淫秽信息，毒化网络传播生态，如"快播案"。快播是一种被开发的播放器软件，被称为"宅男神器"②，既侵犯知识产权，又形成淫秽传播与广告场景。此外，相关搜索引擎与下载工具等，在释放自身功能、满足用户需求之时，构建线上色情与线下娱乐的传播场景。

以色情广告吸引流量，形成"眼球"传播效应。女性身体被用来广告化，是网络色情广告的重要特点，与文明社会对美好生活的追求格格不入。既有赤裸裸、不堪入目的黄色广告，又有比较含蓄暧昧的、打擦边球的情色广告。如，美团网校园招聘广告：以蕾色三角裤拉挂在穿有高跟鞋女性膝盖与小腿的图片，下面配有两行不同字体的文字："找工作＝找女人""干你最想干的"。③（参见图8—8）

病毒广告损害用户利益，危害广告市场公平竞争。带有木马程序的弹窗广告，锁定浏览页的木马广告，以及带有推广 ID 的浏览器中毒主页广告等各类病毒广告，对用户推出各类色情广告，并威胁用户个人隐私与财产安全。④ 对此，国家有关部门予以警示。2010 年 10 月，国家计算机病毒应急处理中心发布，广告类恶意木马程序新变种 Trojan_Start-

---

① 孙亚慧：《莫让"假点击量"伤了好内容》，《人民日报》（海外版），2018 年 10 月 22 日。

② 白龙：《用法治方式读懂"快播案"》，《人民日报》2016 年 1 月 11 日。

③ 《一张海报引起了网友义愤！ "找工作＝找女人，干你最想干的"》，https://www.digitaling.com/articles/16221.html。该广告与 2011 年湖南长沙市 i 尚国际"两万，干不干！"房地产广告有类似之处。参见王凤翔《广告主对大众媒体的影响与控制》，社会科学文献出版社2013 年版，第 44 页。

④ 《电脑频繁弹出羞羞广告？这可能是"独狼"病毒在作祟》，https://tech.ifeng.com/c/7lodQbE4bRi。

图8—8 美团网的校园招聘广告

资料来源：美团网站。

page.BJX 近期出现，提醒用户小心谨防。① 2012 年 8 月艾媒网站报告显示，在免费应用中，有多达 5% 的应用包含有恶意广告程序，它们可以将你的隐私信息泄露给第三方。② 2018 年，网络攻击者利用 210 个 Android 应用程序中的恶意软件，在用户设备启动后显示广告、安装应用程序或

---

① 《发现广告类恶意木马程序新变种》，https：//www.win7china.com/html/8655.html。
② 《5% 免费安卓应用含恶意广告程序 用户隐私遭窃》，https：//www.iimedia.cn/c650/32257.html。

者自动打开网页,安装量超 1.5 亿次。①

个人隐私信息泄露与色情广告诱导,形成重大舆论关切与相关社会问题,如滴滴顺风车"SEXY 营销",其广告色情暗示乘坐顺风车可以引起司机与乘客,以及男女乘客之间的男女关系、朋友关系与不正当关系,顺风车司机之间对女乘客信息的泄露、讨论与欲望表达,对女乘客形成了各种安全风险,乃至顺风车广告与女性私人信息泄露导致女性被杀。因此,基于隐私的定向广告与色情广告横行,乃至对用户生命财产造成重大隐患与危害的舆情事件频发,如:滴滴公司"郑州空姐案""乐清案"等顺风车事故。据媒体公开报道及法院处理过的滴滴司机性侵、性骚扰事件至少有 50 起,几乎每个月都有。② 由此引发社会强烈关注,社会舆论要求对滴滴顺风车进行整改。(参见图 8—9)

图 8—9 滴滴顺风车色情广告

资料来源:网络整理。

色情广告利用网络社交获取利益。如微博等社交网站与 App 成了黄色广告的重要入口。2018 年中国青年报·中青在线记者调查发现:"大量

---

① 《特斯拉:找出漏洞就送 Model 3》,http://www.youxia.org/2019/01/44066.html.
② 《原来滴滴顺风车广告这么露骨!》,https://www.sohu.com/a/251299544_282475.

微博'蓝V'账号被用于发布淫秽视频广告，通过微信交易，利用网盘'储存'，更有多款手机App可用于裸聊直播和在线赌博"，形成淫秽视频"套餐"。①

五 广告他律自律建设有待完善

互联网飞速发展、日新月异，具有稳定性与权威性的法律法规建设难以跟上网络社会新技术、新媒体与新业态发展与蜕变的快节奏。《互联网等信息网络传播视听节目管理办法》《最高人民法院、最高人民检察院关于办理利用互联网、移动通讯终端、声讯台制作、复制、出版、贩卖、传播淫秽电子信息刑事案件具体应用法律若干问题的解释》等法律法规是十多年前制定。专门网络广告法规有2016年9月1日实施的《互联网广告管理暂行办法》。

法律法规建设相对滞后。网络广告违法犯罪远远高于其他媒体形态的广告，网络广告违法犯罪问题与法律诉讼现象严重，难于治理监管。主要集中在：网络色情广告问题、网络虚假欺诈广告问题、网络隐性广告行为问题、网络广告技术安全问题与网络产权问题、网络广告中涉及的App应用问题、消费者权益保护与青少年广告规范问题、网络广告不正当竞争行为。这些问题的治理需要法律法规，有的可以借用现有法律法规可以解决，有的需要与时偕行，与技术同轨，与形势共连，形成全新的法律法规。

行业自律亟待完善。互联网新技术与新业态没有确立行业的市场游戏规则，为迎合资本利益制造市场泡沫，如网络直播没有确立行业规则，缺少行业自律，乃至离谱地、非常识性地虚夸观众数量。平台之间恶意竞争，成本加大，入不敷出。主播经纪联盟逐利，主播身价虚高，影响行业发展。缺乏法律意识与道德精神，漠视游戏版权。

海外借鉴有待加强。欧盟《通用数据保护条例》(General Data Protection Regulation，GDPR)、美国《加利福尼亚州消费者隐私法案》(California Consumer Privacy Act，CCPA)要求全球化广告技术推动广告市场从

---

① 张夺：《微博上的黄色入口》，《中国青年报》2018年10月16日。

纯粹的数据驱动型向消费者选择型优先转变，这是推动我国网络广告发展的良好借鉴。此外，借鉴互联网保护未成年人、惩治有伤风化、管理侵犯隐私等公民权益的规定与法律案例。如：美国《通信内容端正法》《儿童在线保护法》《儿童互联网保护法》《儿童网络隐私规则》等法律法规。在现有广告法律法规基础上，由此形成符合我国网络主权与发展利益、维护用户消费权益与公民隐私，推动网络广告市场健康有序的法律法规建设。

第四节　传统主流媒体面临发展瓶颈

传统主流媒体成为新媒体传播中的"弱势群体"，有海内外与主客观多种因素。一方面，互联网巨头形成市场主导态势与新媒体发展优势，符合互联网发展规律。传统主流媒体要破维发展，因时而动、顺势而为，积极主动利用新技术与新业态，以互联网思维加强融媒体建设，成为移动互联网时代的传播"滩头"阵地；另一方面，我们要认识到，东部沿海欠发达地区与中西部的各级传统主流媒体与传统媒体新闻网站受到体制机制阈限等因素，既没有平台化的网络广告系统，也没有利用好第三方广告系统，因此无法在网络广告市场上取得发展优势，生存与发展前景比较堪忧。这既有新闻媒体新陈代谢的必然性，又有网络新媒体发展的规律性。同时，"过犹不及"，我们要认识到该问题的严重性。其后果是，如果传统媒体影响力与传播力一再地被弱化、被边缘化，会对良性传播系统形成极大的不确定性，对健康的舆论生态发展形成巨大挑战。

一　主流媒体错失移动互联网发展机遇，先发优势成为后发劣势

在传统互联网时代，包括大多数主流媒体都赶上了趟，通过网站建设获得了传播市场地位。但是，没有跟上移动互联网时代，只能与5G时代一起向前冲。现在大多数主流媒体还是用传统的办报办台办网思维经营全媒体，能够勉强实现媒体相加却难以相融。新闻客户端粉丝日活量低，盈利模式模糊，只能体制输血。中央厨房前景光明，可投入巨大，在体制机制流程没有理顺的前提下，难免成为面子工程，无法有效实现

以技术为主体的流程再造和生态重构。

在移动互联网,个体与机构形成发展优势,具有主流媒体一样的影响力、传播力与市场竞争力。吴晓波频道公众号2014年5月上线,经过资本包装浸润后,2017年估值为20亿元。2018年收入达2.3亿元,远超过大部分地市级主流媒体,其中广告收入1亿元,培训社群收入6000万元,知识付费6600万元,净利润7000万元。由此可见,思路决定出路,没有互联网思维、产业精神与平台使用意识,是传统主流媒体与传统主流媒体网站严重存在的问题。主要在思维导向与体制机制问题,因此难以形成市场先机,难以赢得广告主的青睐。

二 互联网巨头持续广泛布局文宣领域,传统媒体声量与权威受限

传统媒体沦为网络巨头的内容提供者,专业媒体正在丧失新闻传播强势与舆论引导优势,传统媒体正在失去舆论阵地与主流声音。原因之一是,主流媒体没有自己的网络广告系统,在市场争夺中缺乏有力竞争。而BAT等互联网巨头直接或间接投资布局新闻、出版、文化、视听、社交与娱乐等优质媒体,形成新闻舆论信息传播的垂直市场与全领域:

一是技术主导直接生产新闻内容。"三微一端"(微博、微信、微视频、客户端)等新形态满足用户多元化需求。阿里巴巴控股的UC浏览器搭建"千人千面的新媒体平台",实施"赋能媒体计划",打造"内容店铺",形成传媒特色。

二是网络巨头已成"新主流媒体"。BAT有自己的网络广告系统,BAT、头条占了自媒体领域90%以上的市场份额,四者占有网络广告市场主要份额,头部自媒体、平台媒体已成为影响和控制舆论的"新主流媒体"。

三是加强投资并购,为媒体提供全方位共享的发展生态。阿里巴巴2016年、2018年两次投资今日头条,以45亿美元收购优酷土豆、95亿美元收购饿了么、150亿元人民币战略入股分众传媒。腾讯投资知乎、财新传媒、丁香园等,使其形成影响力与舆论力的巨头。

四是互联网巨头内容建设的媒体化。如:电商,其所有产品宣传、店铺与市场营销既是传播的内容,又是重要的传播载体,越来越成为媒体，或以媒体形式表现。

三　传统主流媒体市场竞争力受到限制

互联网巨头以资本与市场为核心，形成利己的广告发展生态，而传统主流媒体囿于体制机制等，难以实现互联网巨头的目标，因此也难以形成新媒体、新业态与新形态的原生链。从国内直播市场兴起时的发展态势看，我们就可以窥知一二：国内游戏直播市场融资并购加剧、初现寡头发展态势，除浙报传媒外，我国其他主流媒体没有进行市场竞合和资本博弈，形成市场发展优势。

资本市场扩圈难以形成。2014年亚马逊以9.7亿美金收购游戏直播平台Twitch，国内游戏直播领域迎来资本狂潮。国内游戏直播市场通过融资并购，形成斗鱼（奥飞、红杉、腾讯投资）、龙珠（腾讯投资）、虎牙（YY投资），战旗（浙报传媒投资。2014年成立）、火猫（2014年成立）、熊猫（王思聪投资。2015年成立）等市场态势。

与互联网巨头难以竞争。2014年9月，斗鱼赢得奥飞动漫天使投资（2000万元人民币）和红杉资本A轮投资（2000万美元）支持，市场估值超10亿美元。2016年3月，获腾讯B轮投资领投（6.7亿元人民币）。在用户与流量数据方面，斗鱼业内领先优势明显。Alexa数据显示，斗鱼浏览量进入全球网站前300名，国内前30名，在国内视频类网站排名前10。腾讯投资斗鱼与龙珠（2015年成立），引领国内游戏直播市场，占有50%左右市场份额。11月，龙珠直播融资近亿美元，由游久游戏领投、腾讯跟投。视频网站优酷土豆组成合一集团进军直播市场。合一集团2016年千万美元投资火猫A轮，火猫TV估值5亿元。

四　不断涌现的新媒体、新业态与新形态对传统新闻业形成冲击

"三微一端"形成微传播发展趋势，形成自在生态的机构媒体，某种程度上解构了传统媒体的主流地位。公众号出现，大量机构与个人开设公号，形成新媒体业态发展新趋势。平台媒体、头部媒体推动网络新闻业态不断发展。互联网巨头以巨量资本发展个体与机构参与新媒体创作，形成自媒体发展浪潮。

其中，网络视频社交对电视行业冲击较大。短视频、直播改变了电视媒体的发展形态与市场营销趋势，以新发展与新动力形成个体与机构的广告生态。游戏、秀场与泛生活等直播、抖音与快手等短视频分流大量的电视受众，电视媒体不再是用户信息的主要来源媒体。移动互联网的大发展，使电视除了特定的资源外，不再具备网络直播与短视频的传播优势。网络直播不能成为电视行业发展的主流，弱化了其传播影响力。网络直播与短视频成本低，以算法形成传播力、影响力与竞争力。电视面临媒体融合的发展瓶颈，暂时无法突破直播与短视频形成的发展浪潮，也无法在广告市场赢得发展优势。

第九章

我国网络广告的中国特色、全球视野与发展路径

"要看银山拍天浪,开窗放入大江来。"(曾公亮《宿甘露寺僧舍》)我国互联网公司认真学习与借鉴引进美国广告技术、发展模式、经营路径与市场精神,以互联网思维形成了符合中国本土文化与传播市场的发展方向。在全球新一轮科技革命和产业变革中,我国网络广告发展始终坚持面向世界,面向科技制高点,面向人民群众对美好生活的追求,发挥我国互联网企业与网络广告的比较优势,在历时性发展中逐步形成中国特色与中国气派、全球视野与国际格局的互联网发展格局与网络广告发展态势。

第一节 我国网络广告发展的中国特色

2015年7月,国务院发布《关于积极推进"互联网+"行动的指导意见》强调尊重互联网发展规律,"积极发挥我国互联网已经形成的比较优势",要"主动适应和引领经济发展新常态,形成经济发展新动能"。由此可见,从市场规模、基础设施与应用市场等方面看,我国网络广告发展具有"比较优势",同时这种比较优势具有浓厚的中国特色。

一 我国网络广告发展的中国经验

在中国共产党的坚强领导下，坚持改革开放国策，对互联网和网络广告发展抱有开放性与包容性，政府积极支持互联网发展与广告新形态，对互联网发展新技术、新业态与新形式，为构建和形成我国互联网发展的"比较优势"，形成了相对宽松与大力支持的国家政策。互联网发展的中国经验，就是广告发展的中国经验，即：坚持党的领导、坚持为民服务、坚持开放合作、坚持创新驱动、坚持发挥企业主体作用、坚持安全与发展并重、[①] 基础设施建设优先发展。具体说来：坚持党的领导是我国网络广告快速发展的政治保证，坚持为民服务是我国网络广告快速发展的出发点与落脚点，坚持开放合作是我国网络广告发展的基本政策，坚持创新驱动是我国网络广告发展的内生动力，坚持安全与发展并重是我国网络广告的有力保障，基础设施建设优先发展是我国网络广告的发展优势。

我国传统文化思想熔铸我国互联网业界文化自信与创新发展。"为天地立心，为生民立命，为往圣继绝学，为万世开太平"（《横渠语录》）思想成为互联网业界共同旨趣，"苟日新，日日新"（《礼记·大学》）思想融入我国互联网创新精神，"与人同者，物必归焉"（《周易·序卦传》）思想构建了"以我为主"、用户至上的传播理念。

二 我国网络广告发展的比较优势

党和政府对互联网发展抱有开放性与包容性，积极支持数字经济发展，加强网络信息基础设施建设，创新互联网发展新技术、新业态与新形式，既惠民生又形成规模效益，构建我国网络广告经营发展的"比较优势"。

1. 我国人口基数大，网民规模超大，互联网普及率较高，信息基础设施完善。

---

① 中国网络空间研究院：《中国互联网 20 年发展报告》，人民出版社 2017 年版，第 117—122 页。

我国网民规模庞大，互联网普及率攀升，近10亿网民在2020年构成全球最大数字社会，是我国网络广告经营的市场规模。《第47次中国互联网络发展状况统计报告》显示，至2020年12月，我国网民规模为9.89亿，互联网普及率达70.4%（见图9—1）。手机网民规模为9.86亿，网民使用手机上网比例为99.7%（见图9—2）。

基础设施遍及我国农村与老少边穷地区，构建互联网生活方式，推进网络生态建设。《第47次中国互联网络发展状况统计报告》显示：农村网民规模为3.09亿，农村互联网普及率为55.9%。在网络覆盖方面，贫困地区通信工程建设良好，贫困村通光纤比例达98%。在农村电商方面，电子商务进农村实现对832个贫困县全覆盖，支持贫困地区发展"互联网+"新业态新模式，增强贫困地区的造血功能。在网络扶智方面，学校联网加快、在线教育加速推广，全国中小学（含教学点）互联网接入率达99.7%，持续激发贫困群众自我发展的内生动力。在信息服务方面，远程医疗实现国家级贫困县县级医院全覆盖，全国行政村基础金融服务覆盖率达99.2%，网络扶贫信息服务体系基本建立。

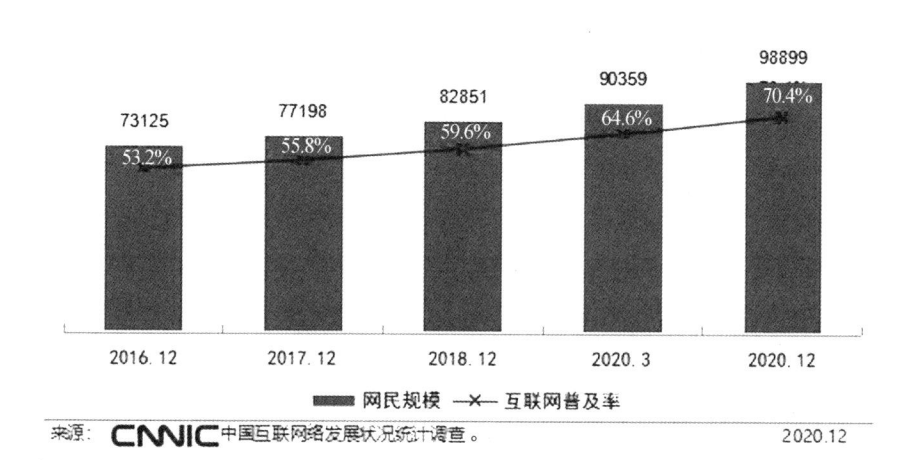

图9—1 我国网民规模与互联网普及率

2. 新基建全面启动，成功助力互联网产业发展和数字经济繁荣。

我国信息基础设施迭代发展迅速，全球应用率第一。2012年我国3G

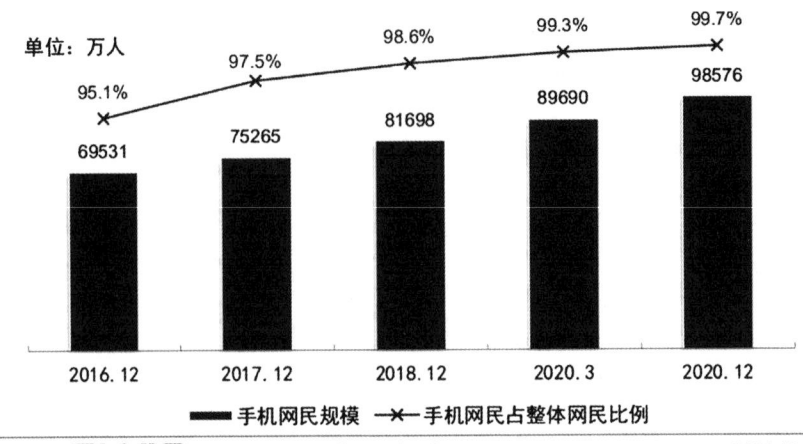

图 9—2　我国手机市场规模及其占网民比例

基站为 82 万个，2013 年为 109.3 万个，2015 年为 142.8 万个，达到最高峰值。2013 年 4G 基站 6.3 万个，2014—2019 年分别为 84.9 万个、177.1 万个、263.2 万个、328.4 万个、372.3 万个、554 万个。2018 年，我国 4G 网络建设覆盖 98% 的全国人口，拥有全球最大 4G 网络。2016 年 1 月，我国 5G 技术研发试验全面启动；2019 年 6 月，工业和信息化部向中国电信、中国移动、中国联通、中国广电颁发 5G 商用牌照。2020 年 12 月，我国已建成 5G 基站 71.8 万个，推动共建共享 5G 基站 33 万个；连接终端超过 1.8 亿个，已建成全球最大的 5G 网络。

《第 47 次中国互联网络发展状况统计报告》显示：工业互联网建设稳步推进，培育形成 100 余个具有一定行业、区域影响力的工业互联网平台，连接工业设备 4000 万台（套），产业规模已达 3 万亿元。我国空天网络设施加快建设。2017 年 11 月，我国北斗卫星导航系统步入全球组网时代。2020 年 6 月我国成功发射北斗系统第 55 颗导航卫星，全面完成北斗三号全球卫星导航系统星座部署，基于北斗的导航服务已被电子商务、移动智能终端制造、位置服务等领域广泛应用。[①]

---

① http://www.cac.gov.cn/2021-02/04/c_1614005419233707.htm.

3. 形成庞大规模应用市场，数字经济红利为广告发展提供动力。

我国庞大网络用户市场规模，推动网络生态与网络广告积极发展。我国互联网应用进入大繁荣、大发展时期，极大满足了人民群众生产生活需要，持续释放数字经济惠民红利。[①]《第47次中国互联网络发展状况统计报告》数据显示（参见表9—1），2020年各类应用的用户规模与网民使用率发展平稳，持续增长，商务交易类应用打通线上线下，扩大产品渠道、创新营销形式。网络娱乐类应用推陈出新，内容工艺显著提升，各类应用极大丰富成为广大网民生活的一部分。公共服务类应用如在线教育、在线医疗等不断涌现，不断推动优质公共资源向贫困边远地区延伸，促进全国各地网民协同发展、共享互联网发展成果。

表9—1　　2020年我国各类应用的用户规模与使用率

应用	2020.3 用户规模（万）	2020.3 网民使用率	2020.12 用户规模（万）	2020.12 网民使用率	增长率
即时通信	89613	99.2%	98111	99.2%	9.5%
搜索引擎	75015	83.0%	76977	77.8%	2.6%
网络新闻	73072	80.9%	74274	75.1%	1.6%
远程办公	-	-	34560	34.9%	-
网络购物	71027	78.6%	78241	79.1%	10.2%
网上外卖	39780	44.0%	41883	42.3%	5.3%
网络支付	76798	85.0%	85434	86.4%	11.2%
互联网理财	16356	18.1%	16988	17.2%	3.9%
网络游戏	53182	58.9%	51793	52.4%	-2.6%
网络视频（含短视频）	85044	94.1%	92677	93.7%	9.0%
短视频	77325	85.6%	87335	88.3%	12.9%
网络音乐	63513	70.3%	65825	66.6%	3.6%
网络文学	45538	50.4%	46013	46.5%	1.0%
网络直播[②]	55982	62.0%	61685	62.4%	10.2%
网约车	36230	40.1%	36528	36.9%	0.8%
在线教育	42296	46.8%	34171	34.6%	-19.2%
在线医疗	-	-	21480	21.7%	-

资料来源：《第47次中国互联网络发展状况统计报告》。

---

① http://www.cac.gov.cn/2021-02/04/c_1614005419233707.htm.

4. 国家基础设施建设飞速发展,物流支撑为广告发展提供活力。

2020年我国高铁运营里程为3.8万公里,城市轨道交通运营里程7000公里。我国高铁、快铁与城铁等基础设施发展快,2003年里程为404公里,2020年为39415公里。我国通用机场建设发展迅速,2013年通用机场为50个,2018年为202个,2019年为247个,2020年为340个(参见图9—3)。

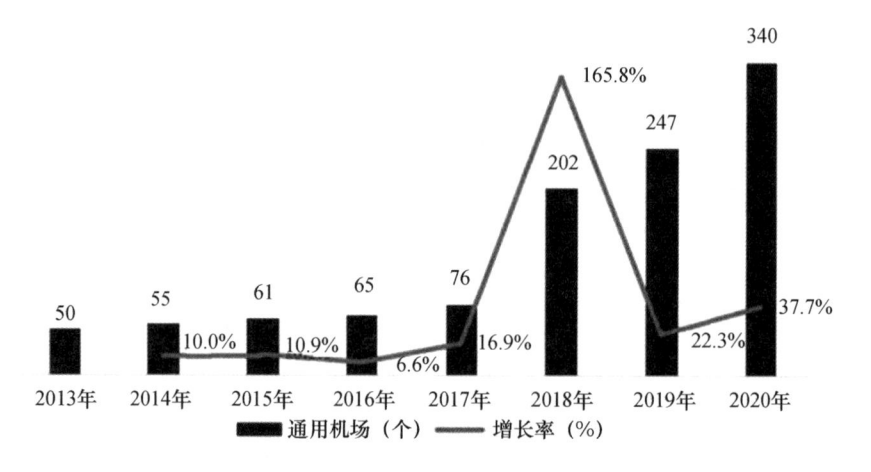

图9—3 2013—2020年我国通用机场数量变化情况

资料来源:通用航空发展管理委员会《2020年我国通用机场发展概况》。

在"十三五期间",我国铁路运营总里程14.6万公里,居世界第一位。我国民用机场241个,覆盖92%的地级市。公路通车里程约510万公里,其中高速公路15.5万公里,新建、改建农村公路140万公里。内河高等级航道达标里程1.61万公里,沿海港口万吨级及以上泊位数2530个。"六廊六路多国多港"的互联互通架构基本形成,助力"一带一路"高质量发展。跨海桥隧、深水航道、高速铁路建设的成套技术等跻身世界前列,"复兴号"列车正式运行,C919大飞机首飞,北斗技术在行业深入应用,高铁、民航推广应用人脸识别系统。共享单车日均订单量超过4570万单,网约车、定制公交等新模式不断涌现。快递业务量年均增速超过 30%。① 在 2021 年春节期间，圆通、韵达、申通与顺丰业务量分别达 12.86 亿单、13.86 亿单、8.43 亿单、9.03 亿单。

三 我国网络广告发展的中国模式

我国网络广告发展势头迅猛，已经具有仅次于美国的全球第二大网络广告市场发展规模。这得益于我国网络广告既学习借鉴美国网络广告发展经验，又不断发展壮大自身优势，形成符合世情国情与中国文化的发展特色。

（一）形成契合中国市场的网络广告发展趋势

创建"新浪模式"以广告收入实现海外上市而网上内容归国内监管的新业态。我国互联网公司学习海外互联网公司开源发展模式，借鉴谷歌 AdSense 广告联盟模式，形成了搜索、社交、电商的广告联盟发展。支付宝与微信成为我国交往方式、生活方式与交易方式，推动网络广告经营的移动化与全球化。海外互联网公司在国内没有立住脚，主要原因是难以放下身段本土化，难以实现国内互联网公司的广告收益，因而纷纷退出国内市场。

（二）形成符合我国市场使用习惯的互联网巨头与广告平台

我国 BAT、TMD 等互联网巨头不断契合网民与用户习惯，加强市场竞争，各领风骚、向前发展。2020 年，我国月活用户规模超过 1 亿用户的 App 应用有近 60 家，形成巨大市场活力，推动网络广告不断创新发展。（参见表 9—2）

表 9—2　　　　2020 年月活用户规模超过亿级用户的应用 App

序号	行业分类	App 分类	2020 年 12 月 MAU（万）
1	即时通信	微信	98178.71
2	综合电商	手机淘宝	78717.30
3	支付结算	支付宝	76982.47

---

① 国务院新闻办公室举行新闻发布会：《国新办举行交通运输"十三五"发展成就新闻发布会》，2020 年 10 月 22 日下午。

续表

序号	行业分类	App 分类	2020 年 12 月 MAU（万）
4	即时通信	QQ	67248.12
5	地图导航	高德地图	55586.21
6	搜索下载	百度	55177.33
7	综合电商	拼多多	55154.99
8	短视频	抖音	53556.90
9	输入法	搜狗输入法	52251.55
10	在线视频	爱奇艺	52145.19
11	在线视频	腾讯视频	48609.96
12	输入法	百度输入法	45125.99
13	微博社交	微博	44544.35
14	短视频	快手	44245.05
15	浏览器	QQ 浏览器	43733.08
16	地图导航	百度地图	43473.26
17	WiFi	WiFi 万能钥匙	37227.66
18	综合电商	京东	35360.69
19	本地生活	美团	32042.51
20	综合资讯	腾讯新闻	29535.47
21	综合资讯	今日头条	27859.58
22	电子文档	WPS Office	26547.62
23	浏览器	UC 浏览器	26541.37
24	终端商店	华为应用市场	24838.37
25	在线音乐	酷狗音乐	24556.33
26	应用商店	应用宝	23409.09
27	在线视频	优酷视频	22605.15
28	在线音乐	QQ 音乐	19422.19
29	安全服务	腾讯手机管家	19378.95
30	在线视频	芒果 TV	19186.92
31	终端商店	OPPO 软件商店	17459.06
32	输入法	讯飞输入法	17166.79
33	在线音乐	酷我音乐	16959.16
34	效率办公	钉钉	16553.92

续表

序号	行业分类	App 分类	2020 年 12 月 MAU（万）
35	MOBA	王者荣耀	16256.06
36	在线音乐	网易云音乐	15159.14
37	短视频	快手极速版	14808.02
38	终端商店	Vivo 应用商店	14596.02
39	应用商店	360 手机助手	13721.65
40	综合资讯	新浪新闻	13562.72
41	在线视频	哔哩哔哩	13314.44
42	安全服务	360 手机卫士	13199.58
43	天气服务	墨迹天气	13017.86
44	飞行射击	和平精英	12271.57
45	违章查询	交管 12123	11805.59
46	短视频	西瓜视频	11455.49
47	短视频	抖音极速版	11338.89
48	消除游戏	开心消消乐	11326.91
49	词典翻译	网易有道词典	11236.25
50	网络 K 歌	全民 K 歌	11164.09
51	K12	作业帮	10855.14
52	WiFi	腾讯 WiFi	10696.41
53	社区交友	MoMo 陌陌	10673.99
54	社区交友	小红书	10265.62
55	聚合视频	华为视频	10250.36
56	综合电商	唯品会	10247.71
57	用车服务	滴滴出行	10114.50

资料来源：百家号。

（三）形成以数据闭环与生态传播为核心的广告传播

谷歌是以搜索引擎为核心的广告市场机制，脸书是以社交传播为核心的广告传播机制。我国 BAT 等巨头形成数据闭环与生态传播，形成一种符合我国用户需要的传播系统。

我国互联网巨头海量数据主要是信息技术应用获取，依赖强大国内市场形成的数据寡头。从搜索引擎、即时通信开始，然后是电商、社交媒体，形成数字巨无霸 BAT，单寡头形塑市场并建构网络生态体系。在移动互联网时代，TMD（头条、美团、滴滴）崛起为相关垂直领域的新型数据寡头。但是，搜索引擎、电商、社交、广告、生产生活还存在全方位的数据隔离打通问题，形成在各自领域的发展优势。

字节跳动成为我国第二大互联网企业，仅次于阿里巴巴，成为全球网络平台与广告巨头。从 2020 年 1 月以来字节跳动的融资并购看，就不同凡响。为了获取更大市场，字节跳动不断并购文娱传媒、游戏、教育、科技、企业服务、医疗、社交、支付与社交等领域的各类项目（参见表9—3），以资本加强市场并购，试图形成数据闭环与生态系统。

表 9—3　　　　字节跳动 2020 年以来对外并购概况

领域	企业	投资时间	轮次	金额	简介
文娱传媒	风马牛传媒	2020.1.21	战略融资	未披露	短视频 MCN 机构
	秦洋川禾	2020.3.12	B 轮	1.8 亿元	新型娱乐集团
	DailyHunt	2020.4.21	E 轮后	2350 万美元	新闻聚合阅读应用
	中视鸣达	2020.4.27	战略融资	未披露	娱乐产品及服务产业链服务商
	秀闻科技	2020.6.4	战略投资	未披露	女性文学网站及影视漫画改编平台
	鼎甜文化	2020.6.22	战略投资	未披露	小说阅读网络平台
	塔读文学	2020.7.16	股权融资	未披露	数字版权创作聚合和分发平台
	九库文学网	2020.9.22	A 轮	数千万元	小说阅读创作平台
	智慧大狗	2020.9.29	战略融资	未披露	影视音乐内容制作发行与营销服务商
	掌阅科技	2020.11.5	战略融资	11 亿元	移动阅读分发服务提供商
	温布尔瓜	2020.12.31	天使轮	未披露	企业营销策划商
游戏	麦博游戏 MYBO	2020.8.20	战略融资	未披露	欧美休闲手游开发商
	有爱互动	2020.9.29	战略融资	未披露	手游开发运营商
	神罗互娱	2020.11.25	战略融资	未披露	动漫游戏开发商
	盖姆艾尔	2021.1.8	战略融资	未披露	手机游戏开发商

续表

领域	企业	投资时间	轮次	金额	简介
教育	你拍一	2020.8.21	并购	未披露	幼儿数学智能培训服务商
	极课大数据	2020.12.9	股权转让	5286亿元	K12大数据精准教学运营商
科技	蓰智智能	2020.1.30	A轮	数千万元	协作机器人研发生产商
	云鲸智能	2020.3.24	A+轮	未披露	家庭服务机器人供应商
		2020.6.22	C轮	亿元级	
	熵智科技	2020.7.31	战略融资	未披露	3D视觉技术解决方案提供商
	盈合机器人	2021.1.18	战略融资	未披露	智能机器人研发商
企业服务	才云科技	2020.7.30	并购	未披露	企业级容器集群云平台服务商
	埃睿迪 iReadyIT	2020.11.4	战略融资	未披露	环保工业互联网解决方案提供商
	风暴之心	2020.12.2	战略融资	未披露	信息技术研发商
	奇点云	2020.12	B轮	8000万元	大数据和人工智能服务平台
	百炼智能	2020.12.30	战略融资	未披露	AI智能获客服务商
医疗	百科名医网	2020.5.19	并购	数亿元	医疗科普网络平台
	幺零贰四	2020.12.4	并购	未披露	医疗信息化服务商
社交	天天鉴宝	2020.1.2	B轮	未披露	专业鉴定师免费直播鉴定应用
	稀土掘金	2020.11.4	并购	未披露	技术类内容分享社区
消费	懒熊火锅	2020.5.28	天使轮	千万元级	火锅中餐连锁生鲜便利店
	因味茶	2020.6.22	股权融资	未披露	连锁茶饮品牌
	喵兜兜	2021.1.4	天使轮	未披露	智慧家居服务商
	鲨鱼菲特	2021.1.23	B轮	1亿元	健康素食品牌
支付	合众易宝	2020.9.3	并购	未披露	互联网第三方支付服务商
汽车	理想汽车	2020.7.25	Pre-IPO	未知	智能新能源汽车研发商

资料来源：搜狐。

（四）广告发展模式与我国新媒体、新形态与新业态偕行

三大门户网站形成各自发展特色与广告发展特点。百度形成竞价排名广告，腾讯社交形成效果广告，阿里妈妈形成全域广告，既学习美国广告发展优点，又结合本土市场进行创新。

进入21世纪第二个十年，移动互联网发展迅速，BAT等及时形成媒体移动化与智能化传播（参见图9—4）。直播、短视频使电商社交化，形成智能广告发展特色。尤其是，2016年以来，直播与短视频的智能化开创各类广告整合的新时期。要重视网络新媒体新业态的积极价值，关注对传播产业与社会心理的影响，加强法律法规建设，保护青少年权益。

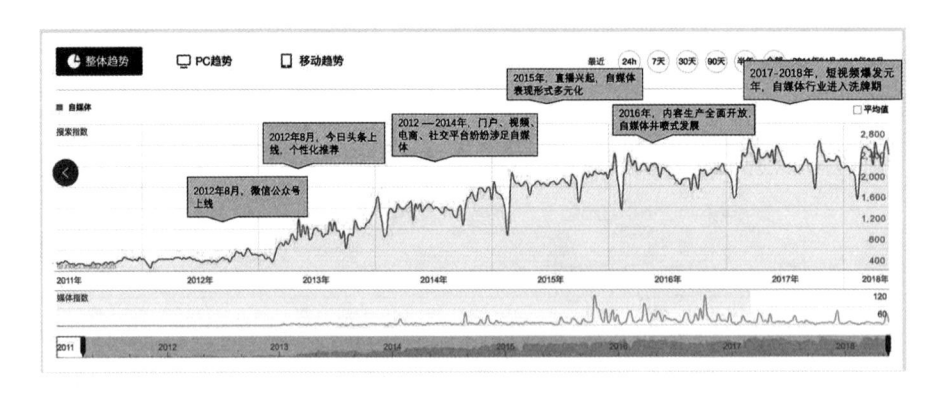

图9—4 百度媒体发展指数

（五）算法传播对广告发展影响发挥正负效应

今日头条以算法形成传播优势，字节跳动成为我国市值第二大互联网巨头。

一方面，视觉传播与数据、算法、AI等相结合，是网络广告发展的大趋势。直播、短视频结合内容传播，并与算法、AI等形成用户标签，使得网络广告越来越智能化、物联化，形成适合用户需求的广告信息传播。

另一方面，算法传播使新闻定制与广告传播变为新闻控制，促成网络平台新闻媒体功能、信息定位功能和社会动员功能的叠加效应。社交

媒体个性化算法，通过迎合而非均衡性提供新闻信息，形成个体"信息茧房"与传播"温室效应"，使得个性化定制变为社会性控制。根据即时政治生态、现存社会生态，将算法传播运用到政治选举等政治生活中，通过算法代理人干预选举、操控民意，进行意识形态渗透，进行有效社会动员，是互联网时代的一种新业态、新政治、新战争。

（六）以资本后发优势推动全球化广告市场建设

CNNIC 第 41 次《中国互联网络发展状况统计报告》显示，2017 年我国互联网企业境内外上市总数达 102 家，总市值为 8.97 万亿元，较 2016 年增长 66.1%。美国上市互联网企业总市值最高，占总体的 54.8%，在香港、沪深两市上市的互联网企业总市值占比各为 37.5% 和 7.7%。第 45 次《中国互联网络发展状况统计报告》显示，2019 年我国境内外互联网上市企业达 135 家，总市值为 11.12 万亿元。沪深上市有 50 家，占总市值的 5.5%；香港上市有 31 家，占总市值的 52.5%；美国上市有 54 家，占总市值的 42.0%。第 47 次《中国互联网络发展状况统计报告》显示，2020 年我国境内外互联网上市企业达 147 家，总市值为 16.80 万亿元，年增长率为 51.2%。沪深上市有 48 家，占总市值的 4.0%；香港上市有 38 家，占总市值的 54.6%；美国上市有 61 家，占总市值的 41.4%，推动了我国广告资本化与国际化发展。

BAT 以资本市场并购国内外具有技术特色与发展潜力的互联网公司与网络广告技术公司，与独角兽形成网络事业及其广告发展场角逐的魄力。第 47 次《中国互联网络发展状况统计报告》显示，2020 年我国网信独角兽企业为 202 家，比 2019 年多了 20 家。阿里 2016 年、2018 年两次投资今日头条，以 45 亿美元收购优酷土豆、95 亿美元收购饿了么、150 亿元人民币战略入股分众传媒。腾讯投资知乎、财新传媒、丁香园等，形成巨大影响力的广告业巨头。

第二节　我国网络广告系统仍处在全球赶超阶段

数字广告（或网络广告）是用户看得见的信息传播，数字广告系统（或网络广告系统，下同）是以数字广告为载体，以信息技术"幕后操纵",精准推送给用户的广告传播系统。数字广告系统用数据、算法与人工智能的技术优势,以广告发布、地理定位与社会动员的功能态势,重构世界数字传播生态,重塑全球数字生活方式,重绘国际数字传播秩序,正在成为大国博弈的隐形力量,是隐藏在大国博弈场的重量级"拳手"。[①]

如今,各国的网络安全博弈不单是技术博弈,还是理念博弈、话语权博弈。[②] 在市场博弈、技术博弈、规则博弈与话语权博弈上,我国与美国互联网巨头仍有较大实力差距。美国谷歌、脸书等互联网公司,以有自己专业化、移动化与全球化的网络广告系统,正进一步垄断全球广告市场,主导全球传播和舆论格局,我国与美国广告市场规模、技术发展与话语权方面存在较大差距,仍然处在赶超阶段。在后疫情时代,随着5G的普及,数字内容、粉丝经济、电商跨境贸易等进一步成为新的经济增长点,各主要国家围绕数字产业制高点展开战略竞争,数字广告系统正隐性成为大国博弈的数字领域与重要平台。

一 在市场规模上,谷歌、脸书广告系统形成市场优势,主导全球数字广告发展格局

我国是全球第二大数字广告市场,是网络广告大国,而不是网络广告强国。2018年我国数字广告收入为871亿美元,2019年为1030亿美元。阿里、百度、腾讯的数字广告系统集中在国内市场,字节跳动Tik-Tok(抖音国际版)广告系统在2019年成为全球非游戏类应用第四大广告平台。谷歌、脸书等立足美欧数字广告主流市场,试图主导亚太市场,长线布局非洲、拉美市场,呈现阶梯状发展的战略格局。暂时形成了以美为主、我为补充的全球数字广告发展格局,构建了美对我国与全球"单向透明"的网络传播优势,对全球网络秩序,以及我国网络主权与意识形态建设形成安全隐患。

谷歌、脸书财报显示,2018年谷歌数字广告收入为1164.61亿美元,

[①] 本节内容主要来自王凤翔:《管窥数字广告系统国际化》,《中国社会科学报》2020年12月3日。

[②] 习近平:《在网络安全与信息化工作座谈会上的讲话》,人民出版社2016年版。

占全球数字广告收入（3612亿美元）的32%；脸书为557亿美元，占比15%。2019年谷歌数字广告收入为1348.11亿美元，占全球数字广告收入（4335亿美元）的31%；脸书为697亿美元，占比16%。在全球网络广告的市场份额中，阿里排名全球第三位，仅次于美国的谷歌、脸书两家互联网公司。DotCUnitedGroup数据显示，2018年全球前十企业市场占比为75.56%，阿里巴巴、百度、腾讯、新浪、搜狐广告市场规模排名全球第三、四、五、八、十位，分别占全球广告市场份额的8.82%、3.95%、3.07%、0.70%、0.29%。eMarketer数据显示：2019年，阿里巴巴、百度、腾讯、新浪广告市场规模排名全球第三、五、六、十位，分别占比为8.76%、4.21%、3.78%、0.71%。2018年，谷歌占有全球网络广告市场份额的32.20%，脸书19.90%，阿里为8.82%（参见图9—5）。2019年，谷歌占有全球市场份额的31.13%，脸书为20.22%，阿里为8.76%（参见图9—6）。阿里市场份额与谷歌、脸书存在较大差距，而阿里广告具有巨大的全球传播力，是具有世界影响力的互联网公司。

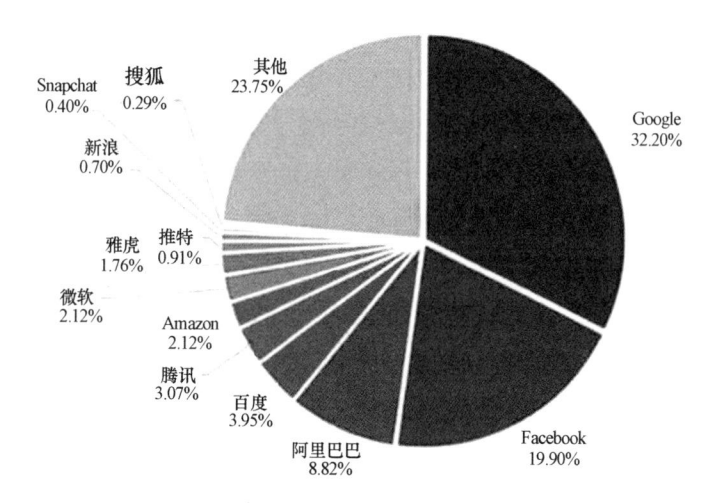

资料来源：DotCUnitedGroup 前瞻产业研究院整理。@前瞻经济学人App

图9—5　2018年全球十大互联网公司网络广告市场规模排名

资料来源：DotCUnitedGroup 前瞻产业研究院整理。 @前瞻经济学人App

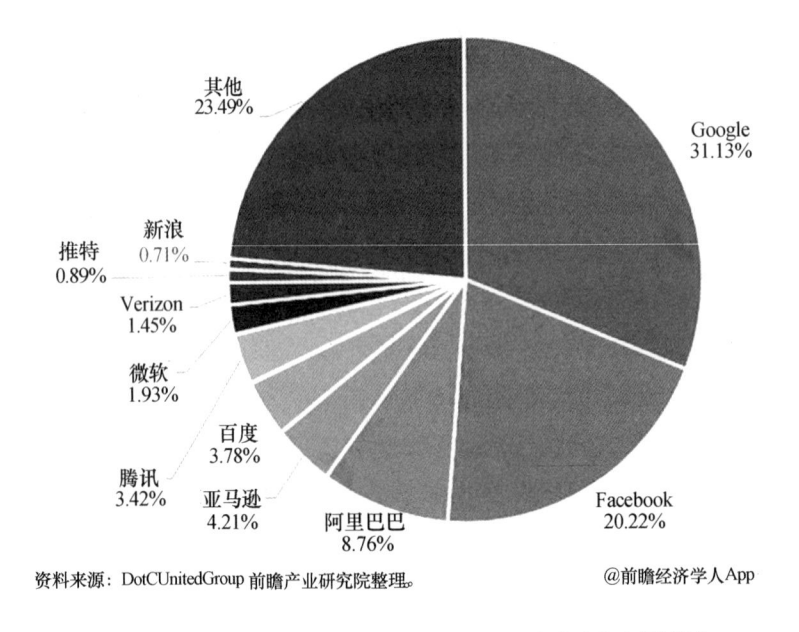

图9—6 2019年全球十大互联网公司网络广告市场规模排名

二 在信息技术博弈上，谷歌、脸书、苹果的生态布局为其广告系统"护航"，企图垄断全球数字信息传播

美国以苹果、安卓两大操作系统，及谷歌、脸书、推特等霸主，垄断全球广告，主导全球传播，参与全球事务。谷歌有关键词广告系统、上下文链接广告系统、移动广告系统等，覆盖全球200多个国家和地区，拥有100多种语言界面，是市值以万亿估量的搜索巨头。脸书以广告生产工具、广告管理器等，插入其社交网络主要界面的动态消息流，形成信息流广告优势，成为月活跃用户达25亿的社交媒体巨头。

谷歌、脸书、苹果等公司自建支付系统，开放应用编程接口（API），完善基础设施即服务（IaaS）、软件即服务（SaaS）、平台即服务（PaaS），优化智能助手，控制网上内容生产、应用商店与市场终端，成为技术竞争、分发渠道与广告市场的重要阵地。对此，即使是西方的奈飞（Netflix）、声田（Spotify）与史诗（Epic）游戏等公司对苹果与谷歌垄断分发渠道非常不满。

三　在规则博弈上，在数字广告知识产权、用户隐私保护等方面，我国数字广告系统有待完善与创新

谷歌、脸书等在全球各地申请数字广告技术专利，以法律及其诉讼立规矩。美国还试图使《欧盟通用数据保护条例》《加州消费者隐私法》等成为全球惯例。微软 IE10 及 IE11（浏览器）、谷歌 AdID（广告匿名追踪技术）与苹果 Safari（浏览器）等支持广告 DNT（禁止追踪）协议，禁止或限制第三方 Cookie 技术，使我国互联网公司与网络广告企业使广告信息收集技术陷入相对被动。

谷歌原来限制华为自建生态系统，为响应美国"实体清单"的国策，限制华为使用安卓系统，禁止华为 mate30 系列手机采用谷歌应用和谷歌服务，联手三星对抗华为。谷歌、微软等 31 家美国科技企业联合要求华为公开 5G 技术。华为不得不加速鸿蒙操作系统建设，使用华为搜索引擎，以华为终端云服务（HMS）生态打造自己的应用商店 APPgallery，构建全球化的传播生态和技术语境。

四　在话语权博弈上，美国数字广告巨头日益成为美国对外政策"利剑"和全球战略"马前卒"

习近平总书记在 2016 年 2 月考察人民日报、新华社与中央电视台时，强调广告宣传也要讲导向。基于数据与技术的网络广告是网上意识形态生态的重要组成部分。互联网数据巨头在发展形成数据隐患与政治安全，大国之间形成市场与技术博弈，以及意识形态斗争。谷歌、脸书等互联网巨头，主导全球传播、舆论安全与数据内容，并具有与国家实体相抗衡的能量，如：2010 年谷歌退出中国大陆市场，2021 年脸书封杀澳大利亚媒体，以对垒澳大利亚《新闻媒体和数字化平台强制议价准则》。

数字广告系统是隐藏在大国博弈场的重量级"拳手"。"聪者听于无声，明者见于未形。"（《史记·淮南衡山列传》）数字广告系统的竞争主要在中美两国之间，广告系统正成为大国博弈的网络空间。中美数字巨头兼具传媒属性，其数字广告系统是维系自身市场地位与话语霸权的"隐形之手"，兼具"软实力""巧实力"共性。这是一种"潜实力"，在信息舆论场与意识形态领域，或固化"西强我弱"态势，或构建"东升

西降"大势。数字广告系统是美国数字巨头实现国家利益的重要工具。一方面,以资本、技术与市场为广告系统构建数据闭环、传播垄断与话语优势,维护美国利益与霸权;另一方面,与美国政府、利益集团、利益相关者和非政府组织等形成利益互动与战略联盟,坚持"美国第一",损害全球数字经济秩序与国际数字传播秩序。

在中美贸易战中,针对美国的广告系统武器化,我国缺少相关的应对措施与反制手段。一方面,美国数据霸主与巨头广告公司伙同美西方舆论,对我国施以舆论打压与意识形态攻击。另一方面,美国网络巨头广告系统限制或不允许我互联网企业搭乘其"顺风车"。某些互联网巨头从2018年下半年开始禁止具有互联网背景的中资企业与中国企业利用其广告系统,企图遏制挤压我互联网出海企业的海外广告空间与舆论空间。即使是我互联网巨头,也受到不断打压与消极影响,海外网络广告收入损失较大。

第三节　我国网络广告发展路径

我国网络广告的海外发展面临巨大挑战。美国以苹果、安卓两大操作系统,形成战略威慑。谷歌、脸书主导全球广告发展,形成先发优势。欧美市场壁垒森严,海外市场争夺十分激烈。美国的"美国优先"政策,构建"丛林"传播范式,对我国网络广告"出海"形成挑战。美国严厉打压我国互联网公司,全面打击华为等公司,使我海外移动传播面临巨大挑战。2020年特朗普两次签署行政命令打击字节跳动海外公司TikTok。强化新时代大国博弈的国家意识与历史担当,推动与完善我国网络广告的"内循环"建设与全球化布局,使互联网这个"最大变量"变成事业发展的"最大增量"。

一　尊重网络传播规律,创新网上内容生态建设,增加我国网络广告的附加值与话语权

尊重网络视频传播与文艺娱乐发展规律,抓住数字经济发展新特点新趋势,创新电商广告、视频广告、社交广告、搜索广告、新闻媒体广

告发展的新形式新手段，既要尊重网络隐私的普遍化诉求，又要探索市场经济新规律，进一步建设网络广告发展新业态新形态。

加强与丰富网上内容建设，推动网上新闻信息、舆论传播与文艺娱乐新发展新创新，尊重用户多元化利益与个性化诉求，积极利用网络传播新技术新产业新模式，实现网络广告传播附加值，推动网络广告生态更加健康发展。

抓住技术发展趋势，进一步推动网络广告智能化。在大数据语境下，以移动传播应用为核心，完善与创新网络广告系统的人工智能化建设，通过增强现实（AR）、混合现实（MR）、虚拟现实（VR）等信息技术，推动视频广告发展，以及网络直播与网红带货等品牌传播，形成网络广告发展的新业态新时期。

认真学习与全面总结谷歌、脸书等网络广告系统经验，立足全球网络广告市场，推动我国互联网企业、主流媒体的广告发展与全球传播。通过 BAT 广告系统专业人士与网络广告专家加强专业媒体的"扶贫"培训与扶持服务，推动专业媒体网络广告的发展与繁荣。加强与完善专业媒体的市场化与资本化建设，优化澎湃、封面、甬派等专业媒体 App 的网络广告系统建设。

以用得好是真本领为前提，互联网企业、专业媒体要深化新型广告交易、广告技术与精准传播理念的基本认知与市场认可度，有计划地推动或开发自己的网络广告系统，或加入现有主要网络广告系统与相关网络广告联盟，加强信息流广告、展示广告、数据服务、ASO（App Store Optimization）营销、社会化营销、内容植入营销、互联网电视（OTT）营销、云服务，通过移动广告平台、需求方平台（DSP）、流量供应平台、数据管理平台与媒体私有平台等，优化广告传播效果监测，获取最优广告收益。

积极探索与构建统筹海内外广告的新发展路径。避免国内国外两张皮的发展模式，要按照海内外网络广告发展一盘棋发展要求，把握网络广告系统全球化趋势，统筹国内外广告发展，既满足国内广告发展现实，又能促进海内外广告的相互促进相互借鉴，形成网络广告良性互动发展，以赢得网络传播与网络广告的发展权与话语权。

做好重大突发公共事件如新冠肺炎疫情的网络公益广告宣传，又要为复工复产与企业发展做好服务与宣传。监管与规范各类宣传新冠肺炎疗效的广告，推动游戏类、在线教育广告的海内外发展与传播。

二 主流媒体跟上 5G 时代，突破体制机制阈限，在利用新媒体与网络广告要有新突破

主流媒体坚持内容即广告的发展方向。在 5G 移动互联网时代，作为新闻信息的网上内容对现代社会生产力要素的作用进一步凸显，而大多数专业媒体还是传统广告交易形式，没有专业化网络广告系统。这是其在互联网时代无法有效竞争的根本原因。因此，主流媒体要强化互联网思维、产业精神与政策破维，实施"新型党媒"及其平台的重塑战略①，以更大的政治勇气、更宽的视野、更大的力度，谋划构建可持续发展的运营管理机制，推动主流媒体的广告发展与经营突破。

构建网络广告良性发展的生态系统。立足 5G 时代，允许具有技术基础与市场能力的新媒体集团，坚持移动优先、视频为主与破维发展，在 5G 通信、智能城市、硬件制造、产业联盟、战略合作、跨界经营、融资上市等方面，可以先行先试、优先发展，形成成功经验、吸取失败教训，然后定向推广、有效发展，推动网络广告发展进入新阶段新时期。

用得好是真本事。我们的主流媒体、专业新媒体要深化 BAT 新型广告交易、广告技术与精准传播理念的基本认知与市场认可，善于使用、有条件、有计划地推动开发自己的网络广告系统，或加入现有主要网络广告系统与第三方网络广告联盟，推动主流媒体经营的彻底转型与主流化发展。

三 加强网络平台的信息技术引领，推动广告市场的行业自律建设

推动网络巨头严格自律，切实履行企业责任。网络广告技术要求比较高，网络巨无霸形成数据寡头，主管部门要完全监管的难度极大。因

---

① 王凤翔：《浅析新型党媒平台的实践理性、场域挑战与破维重塑》，《新闻战线》2021 年 1 月下。

此，网络平台要切实履行主体责任，通过加强技术引领，推动网络巨头的自律，是一个重要发展方向。互联网企业要加强广告主及其用户数据的储备、管理与传输的规范建设与技术保护，坚守并完善数据使用与广告传播的职业伦理、职业道德与职业精神，既要维护企业自身合法权益，又要维护用户权益，责无旁贷地夯实维护国家网络主权、安全与发展利益的基础。

强化互联网企业广告数据使用主体责任。借鉴欧盟《通用数据保护条例》（GDPR），广告数据重大泄露被发现的72小时内，互联网企业需要向监管机构报告。及时堵塞安全漏洞，有效更正数据库配置错误，科学规范第三方应用程序。互联网广告企业对通过网络暴露他人身份信息、买卖隐私信息与非法使用他人信息的个人与企业，要自查自纠，以个人与企业发布的隐私作为其征信依据。

互联网企业、网络广告联盟与广告主作为广告市场主体，依法依规经营媒体及其网络广告，不断深化市场主体责任，管理好广告经营代理商，有效维护消费者权益。必须坚持正确广告导向，主动构建、及时优化鉴黄模型、谩骂模型和低俗模型，加强和优化标签管理，实时过滤有害广告、虚假广告与低俗广告等违法违规广告。要通过算法监控与把握网络广告发展动态，通过人工智能技术加强对违规广告的机器巡检力度。除实现机器24小时"无缝巡查"外，还需加大人工+智能的巡检力度，防止流量欺诈与"二跳"广告、虚假广告、欺诈广告等类似情形重复再现。

科学规范第三方应用程序，广告提供商要加强SDK（软件开发工具包）下载的数据管理与引导监管。通过用户移动设备SDK，利用去中心化存储分析设备行为并计算信誉，切实维护用户隐私及其权益，及时优化媒体管理与广告位管理，及时堵塞技术安全漏洞，有效更正数据库配置错误。强化广告实际点击排序意识，优化广告竞价排名，减少广告异常推荐与虚假点击。互联网巨头、广告主、媒体、广告代理公司、第三方技术机构、行业组织、法律专家等各种力量共同联手，商讨建立更加透明、规范的数字广告行业准则，不断加强行业自律和舆论监督，同时与主管部门、社会各界力量与国际同行，共同联手打击广告黑产。在防止广告绑架技术上，及时整改、主动堵漏，防止不正当竞争，有效化解资本风险、市场风险、舆论风险与社会风险。

四 加强全球广告技术竞争，完善网络广告法律法规建设，推动区域市场监督与广告制定标准建设

面向世界科技前沿，有关部门要制定广告信息领域的核心技术发展战略纲要，制定路线图、时间表、任务书，推动强强联合、协同攻关，建设全球性的、高科技的网络广告系统，服务国家重大需求，服务国民经济主战场，服务海外市场话语权争夺。

我国互联网巨头成立广告行业组织，或加大互联网行业现有组织建设，不断加大技术合作，积极主动地参与制定符合全球化推广的各类网络广告形态统一技术标准，及时有效地对新技术新业态广告形成中国技术标准与企业广告专利权。

从数据技术与发展安全高度，完善网络广告法律法规建设。加强全国或区域性网络广告监管信息共享与技术共治，并共同施以市场打击与法律规惩，以维护广告市场发展良好秩序。对利用网络平台从事虚假点击、色情传播、赌博传播与极端思想传播，以及各类异常广告点击等虚假广告、不良公众号、"黑产""黑公关"等扰乱舆论场的市场主体及其行为，要积极监控、主动打击，要及时举报、即时关惩，构建风清气正的网络空间，为网络广告发展提供良好的网络生态传播系统。

五 加快完善我国网络广告系统的全球化布局，拓展网络空间传播新阵地

我们要正视与美国数字广告系统的较大差距，砥砺前行、开拓创新，"准确识变、科学应变、主动求变"，加强对外数字广告的交流、合作、互动与博弈，加快数字广告系统的全球化建设与生态化布局，推动完善中国特色的全球网络广告系统布局。

以智能化打造海外广告传播纵深，构建可持续的数字世界，创新我国网络广告传播阵地，畅通数字经济全球化，增强我国数字经济与网络广告发展及其议程的全球话语权。

一是以合作共赢构建数字大国关系。制定与完善海外数字经济发展负面清单，以网络广告系统融通中美两国数字经济市场，联动全球数字市场，凝聚互动合力共识，以数字化重塑全球化。

二是以知识产权夯实数字化制高点。以网络广告专利权形成话语权主导权，并构建尊重知识产权的舆论环境。支持国内企业申请海外数字广告专利，依法维护广告技术专利权益，制定与完善广告专利转化为生产力的政策。

三是以规则和智能化打造传播纵深。参照《欧盟通用数据保护条例》等海外法律法规，完善我国数据与隐私保护的法律法规，推动我国广告市场从纯粹数据驱动型向消费者优先选择型转变。

四是提升我国数字广告系统内生传播力。把中国故事、中国景观与中国文化融入原生广告、动漫业态与视频表现等内容传播新业态，增强海外"网生代"对我国的认同感支持度。

附录　中国网络广告发展大事记

1997

1月，人民网上线。

3月，Chinabyte网站打出第一个商业性网络广告，广告表现形式为468×60像素的动画旗帜广告。

5月，丁磊创办网易公司。任向晖推出"网络广告先锋"网站。

11月，新华网上线。

12月，北方国联信息技术有限公司开通"广告商情站"（www.a.com.cn），将网络列入广告媒体栏目。

1998

2月，爱特信公司推出搜狐（SOHOO）的搜索引擎。7月，更名为搜狐（SOHO）。

3月，《中国计算机报》"1997年京城网上广告点评"文章提出加强网络广告建设。

6月，京东成立。

9月，网易把主页改为网络门户。

10月，3721成立。中国广告商情网推出"网络广告"频道。

11月，腾讯在深圳成立。

12月，新浪网成立。

1999

1月，卓越网上线。

2月，腾讯自主开发即时通信工具QQ。

3月，8848网上线。1999年中国网络广告研讨会在京举行。

8月，易趣网上线。

9月，阿里巴巴在杭州成立。

11月，当当网上线。

2000

1月，百度在北京成立。"中国首届互联网广告大赛"开赛。

2月，国家工商行政管理总局发布《关于开展网络广告经营登记试点的通知》。5月，向全国27家互联网公司颁发《广告经营许可证》。

3月，"新世纪网络广告研讨会"在国家工商局召开。

4月，新浪在纳斯达克上市。北京广播学院设置网络广告专业。

5月，北京市工商行政管理局发布《关于网上经营行为登记备案的补充通告》《关于对网络广告经营资格进行规范的通告》《关于利用电子邮件发送商业信息的行为进行规范的通告》。

5月，中国移动开通短信服务（SMS），手机媒体化开始。中国移动互联网（CMNET）推出"全球通WAP（无线应用协议）"服务。

6月，网易在纳斯达克上市。

7月，搜狐在纳斯达克上市。

10月，美国DoubleClick与新浪网达成为期两年的独家合作协议。

2001

4月，《北京市网络广告管理暂行办法》颁布。5月1日，该办法实施。

5月，中国互联网协会成立。

9月，《信息产业"十五"规划纲要》发布。

11月，《互联网站从事登载新闻业务管理暂行规定》发布。新浪利用Doubleclick技术发布定向广告。

2002

1月，根据中国"入世"后对广告服务的承诺，允许境内合资跨国广告公司控股。

3月，中国互联网协会在北京发布《中国互联网行业自律公约》。广东省广告公司改制为广东省广告有限公司。央行推出银联标识银行卡全国通用。

5月，中国移动与中国联通实现短信互通。10月，中国移动推出"彩信"业务（MMS）。12月，我国手机短信发送量达900亿条。

8月，中国博客（www.blogchina.com）开通，并发布《中国博客宣言》。

2003

1月，上海东方明珠移动多媒体有限公司成为第一家开播移动数字电视经营者。

3月，空中网以手机全程直播第76次奥斯卡颁奖典礼。

5月，淘宝网上线。分众传媒成立，在全球范围首创电梯媒体，以用户外视频开创网络化分众传媒领域。

2004

5月，中国网通与IDG等组建"天天在线"，成为国内首家播放视频节目和宽带门户网站。

6月，中央电视台"央视网络电视"开播。

7月，《中国妇女报》推出国内第一张手机报，即《中国妇女报·彩信版》。

9月，天下互联公司成立"窄告网"，推出"窄告"服务。

10月，空中网发布我国第一条移动互联网广告（MOTOROLA V3）。

11月，网易网络营销中心上线。"北京首例网络虚假广告案"引起社会关注。

12月，阿里巴巴推出支付宝。

2005

1月，国家广电总局向上海文广颁发全国首张 IPTV 执照。

3月，国内第一家民间网上消费者虚假广告监督平台"广告丑闻报告"成立。

5月，省级第一张手机报《浙江手机报》诞生。12月，人民网、新华网、千龙网创办"手掌天下"手机网站。

7月，谷歌中国成立。分众传媒在纳斯达克上市，被舆论称为中国广告传媒第一股。

8月，百度在纳斯达克上市。

12月，和讯网发布国内第一例个人博客广告。

2006

1月，《解放日报》推出 I-news 手机报 WAP 版。

5月，《北京娱乐信报》第一个率先推出博客日报版。

6月，中国移动推出飞信公测。

8月，博客网博客金行开通。

2007

1月，中共中央政治局集体学习世界网络技术发展和中国网络文化建设与管理问题。

4月，2007 中国网络视频广告年会在京举行，网络视频广告受到空前重视。

6月，中国广告协会互动网络委员会成立，推出《中国互动网络广告行业自律守则》。

9月，新浪推出博客广告联盟。

11月，阿里妈妈上线，阿里巴巴 B2B 业务在港交所主板上市（2012年退市）。

2008

4月，中国移动在北京等8个城市启动3G业务。5月，中国移动成立互联网公司，确定社区服务、飞信、139.com与手机广告等业务。

6月，《关于促进广告业发展的指导意见》发布。

12月，中国广告协会互动网络委员会出台《中国互联网广告推荐使用标准》。

2009

8月，新浪微博内测。千橡集团将校内网更名为人人网。

12月，百度以凤巢广告系统逐渐取代经典竞价排名模式。

2010

3月，谷歌宣布退往香港特区经营中文搜索。

9月，易传媒成立移动互联网广告平台。

2011

1月，腾讯推出微信1.0（测试版）。

3月，盛大推出AA（Application Advertisement）广告系统。

9月，淘宝推出TANX（Taobao Ad Exchange）广告系统。

2012

1月，知乎上线。

1月，谷歌DoubleClick第一个正式登陆中国RTB市场。4月，谷歌在华推出DoubleClick Ad Exchange广告交易系统。

2月，《大众传播媒介广告发布审查规定》出台。

3月，字节跳动成立。8月，今日头条上线。

5月，品友互动发布《中国数字广告人群类目体系标准（DAAT白皮书）》。

8月，微信公众平台上线。

11月，快手App转型为短视频社区应用。

2013

1月，腾讯对外发布Tencent AdExchange。3月，新浪推出私有广告交易系统SAX（Sina AdExchange）。5月，阿里推出Tanx SSP平台广告系统。8月，百度推出流量交易服务BES（Baidu Exchange Service）。

6月，阿里巴巴、腾讯、百度、新浪等21家互联网企业，成立互联网反欺诈委员会。

8月，腾讯推出微信支付。

12月，中国互联网协会发布《互联网终端安全服务自律公约》。

2014

4月，AdMaster（精硕科技）首推国内全新数字广告价值评估指标。

4月，新浪微博在纳斯达克上市。

5月，第43届世界广告大会在北京举行。京东在纳斯达克上市。

8月，2014APEC广告行为规范峰会在北京举行。美团点评推出推广通。

9月，阿里巴巴在纽约证券交易所上市，成为史上最大IPO。

11月，首届世界互联网大会在浙江乌镇举办。

12月，《中华人民共和国广告法（修订草案）（送审稿）》向社会征求意见。

2015

1月，阿里巴巴控股易传媒。微信首条朋友圈广告发布。

2月，中央电视台春节联欢晚会与腾讯首次携手直播晚会全程，超过5亿元的微信现金红包广告增强了用户临场体验感。

3月，佳洁士广告因构成虚假广告被处罚603万元，成为当时虚假广告最大罚单。

3月15日，我国首部《移动互联网广告标准》实施。10月，《移动互联网广告用户信息保护标准》《移动视频广告标准》《移动互联网广告效果评价标准》《新版互联网 IP 地理信息标准库》出台。

8月，首条 H5 广告产生。

9月，新《广告法》实施。拼多多上线。

10月，美团网与大众点评网合并，成立新公司。

12月，习近平总书记出席第二次世界互联网大会开幕式并发表主旨演讲。

2016

5月，"魏则西事件"爆发，百度处于舆论风暴中心。

7月，《互联网广告管理暂行办法》出台。9月1日，正式施行。

8月，我国量子卫星"墨子号"成功发射。

9月，全国互联网广告监测中心在浙江杭州成立。

11月，《中华人民共和国网络安全法》通过。2017年6月1日起实施。

2017

7月，美团点评推广通发布 Co-Line Marketing 线上线下营销一体化理念。

12月，全国147家媒体机构入驻人民日报全国党媒信息公共平台。

2018

3月，哔哩哔哩弹幕网（简称 B 站）、爱奇艺在美国纳斯达克上市。

4月，广告巨头 WPP 集团苏铭天辞去首席执行官一职，标志着4A 衰落，互联网广告巨头再重新定义广告业。

7月，阿里战略入股分众传媒及其控股方。拼多多在纳斯达克上市。

10月，国内首个上星超高清电视频道 CCTV4K 超高清频道在中央广播电视总台开播。全国首个省级电视4K超高清频道——广东广播电视台综艺频道4K超高清开播。

11月，新华社、搜狗合作推出的全球第一个全仿真智能虚拟主持人——"AI 虚拟主播"首次亮相乌镇。

12月，网络游戏道德委员会成立。

2019

4月，《未成年人节目管理规定》实施。专门规定未成年人专门链接、页面不得播出广告等内容。

6月，《2019网络市场监管专项行动（网剑行动）方案》实施。

7月，《网络直播营销行为规范》实施。

9月，阿里巴巴全资收购网易电商考拉海购。

10月，《关于加强"双11"期间网络视听电子商务直播节目和广告节目管理的通知》发布。

11月，阿里巴巴在港交所第二次上市，成为全球最大IPO。

2020

抗击新冠肺炎疫情营销成为网络广告品牌有效新战场与公益营销核心。

6月，网易在港交所上市。

7月，《网络直播营销行为规范》实施。

9月，腾讯微博停止运营。

参考文献

一 中文专著与译著（按照英文字母顺序排列，下同）

陈刚：《当代中国广告史》，北京大学出版社2010年版。

陈刚、沈虹、马澈、孙美玲：《创意传播管理——数字时代的营销革命》，机械工业出版社2012年版。

陈培爱：《国家经济发展战略与中国广告产业创新发展研究》，厦门大学出版社2011年版。

丁俊杰、陈刚：《广告的超越：中国4A十年蓝皮书》，中信出版社2016年版。

丁俊杰、康瑾：《现代广告通论》，中国传媒大学出版社2013年版。

杜骏飞：《中国网络广告考察报告》，社会科学文献出版社2007年版。

董俊祺：《广告定制化传播研究：观念、应用与实践》，中国传媒大学出版社2019年版。

方兴东、王俊秀：《博客——e时代的盗火者》，中国方正出版社2003年版。

黄升民：《大视频时代广告策略与效果测量研究》，中国传媒大学出版社2014年版。

黄升民、丁俊杰、刘英华主编：《中国广告图史》，南方日报出版社2006年版。

黄升民：《数字传播技术与传媒产业发展研究》，经济科学出版社2012年版。

黄升民：《内容银行：数字内容产业的核心》，清华大学出版社2013

年版。

黄河、江凡、王芳菲：《中国网络广告十七年（1997—2014）》，中国传媒大学出版社 2014 年版。

李斐飞：《价值重构：数字时代广告公司商业模式创新研究》，中国社会科学出版社 2019 年版。

李小曼、张金海：《中国十五大传媒集团产业发展报告（1996—2010）》，人民出版社 2014 年版。

刘津：《博客传播》，清华大学出版社 2008 年版。

刘庆振、赵磊：《计算广告学：智能媒体时代的广告研究新思维》，人民日报出版社 2017 年版。

刘鹏、邓超：《计算广告：互联网商业变现的市场与技术》，人民邮电出版社 2019 年版。

罗丹、马明泽：《信息流广告实战：今日头条、百度、腾讯三大平台全解析》，电子工业出版社 2019 年版。

闵大洪：《中国网络媒体 20 年（1994—2014）》，电子工业出版社 2016 年版。

欧海鹰：《网络广告：运行机理与资源管理研究》，中国财政经济出版社 2013 年版。

彭兰：《中国网络媒体的第一个十年》，清华大学出版社 2005 年版。

邵华冬、陈怡：《广告主数字媒体营销传播》，中国传媒大学出版社 2016 年版。

宋安主编：《转化率：网络广告方法、流程和案例》，厦门大学出版社 2011 年版。

王凤翔：《广告主对大众媒体的影响与控制》，社会科学文献出版社 2013 年版。

王怡红、胡翼青主编：《中国传播学 30 年》，大百科出版社 2010 年版。

吴晓波：《腾讯传 1998—2016》，浙江大学出版社 2017 年版。

喻国明、欧亚、张佰明、王斌：《微博：一种新传播形态的考察——影响力模型和社会性应用》，人民日报出版社 2011 年版。

赵雅文：《博客：生存·生性·生态》，中国社会科学出版社 2008 年版。

杨海军:《中国当代商业广告史》,河南大学出版社 2000 年版。

杨海军、王成文:《世界商业广告史》,河南大学出版社 2000 年版。

杨连峰:《网络广告理论与实务》,清华大学 2017 年版。

杨学成:《蝶变——数字商业进化之道》,北京联合出版公司 2020 年版。

杨志杰、李思达:《数字化广告运营——智能营销时代的精准广告投放发展》,人民邮电出版社 2018 年版。

张金海:《20 世纪广告传播理论研究》,武汉大学出版社 2002 年版。

钟瑛:《中国互联网管理与体制创新》,南方日报出版社 2006 年版。

周艳、吴殿义、吴凤颖:《新媒体概论》,高等教育出版社 2020 年版。

中国社会科学院新闻与传播研究所:《知往鉴来——中国社会科学院新闻与传播研究所建所四十周年论文集》,社会科学文献出版社 2018 年版。

中国网络空间研究院:《中国互联网 20 年发展报告》,人民出版社 2017 年版。

[美]迪亚兹·耐萨蒙奈:《精准投放:个性化数字广告一册通》,杨懿译,中国人民大学出版社 2019 年版。

[美]迈克·史密斯:《锁定:网络广告如何快速定位客户并精准营销》,吴振阳、秦令华译,机械工业出版社 2017 年版。

[美]肯·奥莱塔:《广告争夺战:互联网数据霸主与广告巨头的博弈》,林小木译,中信出版社 2019 年版。

[美]波特·埃里斯曼:《全球电商进化史》,李文远译,浙江大学出版社 2018 年版。

[美]纽曼尔·卡斯特:《网络社会的崛起》,社会科学文献出版社 2006 年版。

[美]凯斯·桑斯坦:《网络共和国》,黄维明译,上海世纪出版集团 2003 年版。

二 中文期刊学术论文

百度搜索生态业务团队:《百度熊掌号:连接内容和服务》,《南方传媒研究》2017 年第 6 期。

陈刚:《媒体融合与广告公共服务型转向研究》,《人民论坛·学术前沿》

2019 年第 3 期。

陈刚：《智能化下的广告业》，《中国广告》2017 年第 5 期。

陈刚：《思想、理论与方法——创意传播管理的发展》，《广告大观》（理论版）2017 年第 4 期。

陈刚、祝帅：《在批判中建构与发展——中国当代广告学术发展四十年回顾与反思》，《广告大观》（理论版）2018 年第 4 期。

陈刚、潘洪亮：《重新定义广告——数字传播时代的广告定义研究》，《新闻与写作》2016 年第 4 期。

陈洵：《网络广告的特点与发展趋势》，《国际新闻界》2000 年第 4 期。

程士安：《网络广告价值的体现》，《复旦大学学报》2002 年第 1 期。

程士安、陈思：《基于地理位置服务（LBS）技术平台的传播规律——以"街旁"为例解读技术赋予信息分享的新权力》，《新闻大学》2010 年第 4 期。

邓敏：《中国数字广告产业二十年：基于"组织—技术"逻辑的制度化进程》，《国际新闻界》2018 年第 11 期。

段淳林、吕笑：《"大数据＋"与 IP 内容运营及价值分享》，《现代传播》2017 年第 4 期。

段淳林、宋成：《创造性破坏：人工智能时代广告传播的伦理审视》，《广告大观》（理论版）2019 年第 5 期。

丁俊杰、宋红梅：《"功用性"建构中的生存与发展——中国广告教育实践四十年解析》，《现代传播》2019 年第 11 期。

段贵恒、赵国杰：《网络广告的定价模式及公共政策研究》，《现代传播》2007 年第 3 期。

范思、鲁耀斌、胡莹莹：《社交媒体环境下一致性与社交性对信息流广告规避的影响研究》，《管理学报》2018 年第 5 期。

黄升民：《理解电商》，《媒介》2020 年第 7 期。

黄升民、刘珊：《颠覆与重构：中国媒介产业化二十年》，《新闻与传播评论》2018 年第 1 期。

黄升民、王水：《2017 年广告之变黑天鹅频发背景下的机遇和挑战》，《中国广告》2017 年第 2 期。

黄升民、张弛：《改革开放以来国家品牌观念的历史演进与宏观考察》、《改革开放四十年中国企业品牌成长动力分析》，《现代传播》2018 年第 3、9 期。

黄升民、张弛：《新中国七十年品牌路：回望与前瞻》，《现代传播》2019 年第 11 期。

黄河、江凡：《论中国大陆网络广告的发展分期》，《国际新闻界》2011 年第 4 期。

侯云灏、王凤翔：《网络空间的全球治理及其"中国方案"》，《新闻与写作》2017 年第 1 期。

金定海、朱婷：《移动互动中的价值驱动——中国广告产业的数字化转型与发展》，《山西大学学报》2013 年第 4 期。

姜智彬、郭钦颖：《5G 技术助力广告运作智能化升级》，《中国广告》2020 年第 8 期。

姜智彬、黄振石：《基于"基础－工具－目的－本性"框架的智能广告定义探析》，《中国广告》2019 年第 11 期。

姜智彬、马欣：《领域、困境与对策：人工智能重构下的广告运作》，《新闻与传播评论》2019 年第 3 期。

李凤萍：《大数据时代的网络广告模式——基于 RTB 的网络广告市场运作模式分析》，《编辑之友》2014 年第 4 期。

李明伟：《网络广告的法律概念与认定》，《新闻与传播研究》2011 年第 5 期。

李明伟：《谁来负担广告证明的义务？——广告证实制度的法理求证及其对中国广告制度的矫正》，《国际新闻界》2014 年第 10 期。

李明伟、童蕾：《网络广告长尾的法律问题与治乱之策——基于三种模式的提出和考察》，《新闻与传播研究》2014 年第 5 期。

廖秉宜：《中国广告学科发展四十年的回顾、反思与展望》，《山西大学学报》2019 年第 1 期。

廖秉宜、何恰：《原生广告的概念辨析与运作策略——以知乎日报原生广告为例》，《广告大观》（理论版）2017 年第 5 期。

刘传红、王春淇：《社会监督创新与"漂绿广告"有效监管》，《中国地质大学学报》（社会科学版）2016 年第 6 期。

刘佳佳、丁俊杰：《广告话语对中国元素概念的建构与反思：一种历史演进的视角》，《浙江传媒学院学报》2017 年第 6 期。

刘庆振：《计算广告："互联网+"时代的广告业务流程重构》，《中国广告》2017 年第 6 期。

刘珊、黄升民：《人工智能：营销传播"数算力"时代的到来》，《现代传播》2019 年第 1 期。

刘珊、黄升民：《再论内容产业：趋势与突破》，《现代传播（中国传媒大学学报）》2017 年第 5 期。

刘振：《鸡肋还是盛宴——也看博客广告的风生水起》，《广告大观》（媒介版）2016 年第 3 期。

李思遥：《腾讯"MIND"挟四大优势激发网络营销变局》，《广告人》2007 年第 12 期。

陆星：《八个著名中文搜索引擎的特征及其评析》，《图书馆理论与实践》2003 年第 2 期。

罗雄伟：《RTB 广告的运作特点及其未来发展隐忧》，《中国传媒科技》2013 年第 12 期。

马澈：《计算广告对数字媒体的影响：基于技术、数据和市场的重构》，《中国出版》2017 年第 24 期。

马澈：《关于计算广告的反思——互联网广告产业、学理和公众层面的问题》，《新闻与写作》2017 年第 5 期。

马二伟：《大数据时代广告产业结构优化研究》，《国际新闻界》2016 年第 5 期。

孟令光、杨海军：《中国元素广告创意营销的文化学解读》，《传媒》2017 年第 9 期。

孟茹：《算法时代西方网络广告监管的转向研究》，《编辑之友》2020 年第 7 期。

邱静：《百度凤巢时代的隐忧》，《人力资源》2010 年第 2 期。

舒咏平、祝晓彤：《品牌传播服务取向的广告产业转型》，《广告大观》（理论版）2018 年第 1 期。

齐媛媛：《搜搜发展模式研究》，《传播与版权》2014年第9期。

秦雪冰：《智能的概念及实现：人工智能技术在广告产业中的应用》，《广告大观》（理论版）2018年第1期。

史林静：《阿里妈妈：一个开放的全网营销平台》，《广告大观》（综合版）2013年第7期。

王凤翔：《论中国社会转型初期（1978—1991）的"社会主义广告"》，《现代传播》2015年第6期。

王凤翔：《对汉语"广告"一词意义流变的考察》，《新闻与传播研究》2016年第4期。

王凤翔：《略论马克思、恩格斯的广告批评思想》，《新闻与传播研究》2015年第6期。

王凤翔、刘年辉：《幻象、欲望与观念器：麦克卢汉新民俗广告批评中的"美国梦"》，《新闻与传播研究》2019年第12期。

王凤翔：《新浪经营发展路径及其影响》，《市场论坛》2020年第10期。

王凤翔：《搜狐的经营发展路径及其影响》，《市场论坛》2021年第1期。

王凤翔：《浅析新型党媒平台的实践理性、场域挑战与破维重塑》，《新闻战线》2021年1月下。

王凤翔：《管窥数字广告系统国际化》，《中国社会科学报》2020年12月3日。

王昕：《关系·理解·参与：大数据与广告互动的三个关键问题》，《现代传播》2016年第11期。

魏颖：《传媒网站的现状及出路》，《新闻爱好者》2000年第3期。

吴鼎铭、石义彬：《意义与欲望的再生产：场景视阈下的网络广告创新研究》，《广告大观》（理论版）2017年第3期。

吴清华、谢雪梅：《长尾的力量——走进阿里妈妈》，《广告大观》（综合版）2008年第6期。

邬盛根、王岳桥：《RTB广告的观念决定论》，《广告大观》（综合版）2013年第12期。

颜景毅：《计算广告学：基于大数据的广告传播框架建构》，《郑州大学学报》（哲学社会科学版）2017年第4期。

杨海军、张雯雯：《论中国当代广告话语变迁的历史轨迹》，《山西大学学报》（哲学社会科学版）2016年第2期。

杨先顺：《技术异化中的人性残缺——对当前网络广告的追问与反思》，《现代传播》2005年第2期。

喻国明、杨嘉仪、曹楚：《竖视频广告效果：分析框架与测量指标》，《广告大观》（理论版）2020年第4期。

喻国明：《镶嵌、创意、内容：移动互联广告的三个关键词》，《新闻与写作》2014年第3期。

喻国明、丁汉青、王菲、李彪：《植入式广告：研究框架、规制构建与效果评测》，《国际新闻界》2011年第4期。

姚曦、李春玲：《Logistic模型曲线的中国广告产业发展阶段判断及预测》，《华侨大学学报》2017年第1期。

姚曦、翁祺：《中国广告产业四十年的回顾与思考》，《新闻爱好者》2019年第4期。

姚志伟：《平台之治：网络时代的广告法》，《浙江大学学报》（人文社科版）2017年第6期。

姚志伟：《新广告法规中互联网广告概念的合理性辨析》，《湖南师范大学社会科学学报》2017年第6期。

曾静平、申卉：《网络广告的形式变化与创意空间》，《现代传播》2009年第1期。

张海鹰：《网络广告——新世纪广告传媒的"黑马"》，《新闻大学》1999年第2期。

张漠：《下一个十年，阿里妈妈如何打响新一轮营销攻坚战？》，《媒介》2018年第1期。

张毅：《打造智性营销平台——百度"凤巢"助中小企业"冬泳"》，《品牌》2009年第5期。

赵曙光：《社交媒体广告的转化率研究：情境因素的驱动力》，《新闻大学》2014年第4期。

周又红：《论网络广告的政府监督和管理》，《浙江大学学报》2001年第7期。

周楚莉《数字传播时代 RTB（实时竞价）广告模式研究》，《中国记者》2013 年第 11 期。

庄帅：《O2O 广告系统：滴滴新路》，《经理人》2016 年第 6 期。

三　中文博士、硕士论文

阮丽华：《网络广告及其影响研究》，博士学位论文，华中科技大学，2005 年。

席琳：《我国网络广告监管研究》，博士学位论文，吉林大学，2017 年。

王成文：《中国网络广告第一个十年发展研究》，硕士学位论文，河南大学，2008 年。

王宁：《以手机百度为平台的百家号的生产运营研究》，硕士学位论文，兰州大学，2019 年。

王煜：《熊掌号审核平台的设计与实现》，硕士学位论文，北京交通大学，2018 年。

蒋海婷：《网络广告实时竞价（RTB）模式研究》，硕士学位论文，东北师范大学，2014 年。

肖莉：《针对不同产品类别的网络广告的互动性和生动性对广告效果的影响》，硕士学位论文，武汉大学，2005 年。

孟令圣：《门户网站网络广告定价策略及定价模型研究》，硕士学位论文，吉林大学，2008 年。

司徒丹东：《网络广告与分销网站的共舞——以阿里妈妈模式为例》，硕士学位论文，华东师范大学，2009 年。

陈宇：《阿里妈妈商业模式研究——管窥网络广告平台之发展》，硕士学位论文，上海师范大学，2009 年。

张帆：《奥运新闻资源的整合传播策略——以奥运门户搜狐为例的实证研究》，硕士学位论文，郑州大学，2009 年。

赵静静：《我国微博广告价值分析》，硕士学位论文，河北大学，2012 年。

四　蓝皮书及其研究报告，年鉴报告与综述

尹韵公主编：《中国新媒体发展报告蓝皮书》（NO.1-2）（2010、2011），

社会科学文献出版社 2011、2012 年版。

中国社会科学院新闻与传播研究所主编：《中国新媒体发展报告蓝皮书》（NO. 3）（2012），社会科学文献出版社 2013 年版。

唐绪军主编：《中国新媒体发展报告蓝皮书》（NO. 4 – 10），社会科学文献出版社 2013、2014、2015、2016、2017、2018、2019 年版。

唐绪军、黄楚新主编：《中国新媒体发展报告蓝皮书 NO. 11（2019）》，社会科学文献出版社 2020 年版。

汝信、陆学艺、李培林主编：《社会蓝皮书：2011 年中国社会形势分析与预测》，社会科学文献出版社 2011 年版。

艾瑞咨询、易观智库、方正证券、国金证券等相关报告，BAT 等互联网公司上市年报。

中央财经大学中国互联网经济研究院：《后浪更磅礴：中国电子商务发展二十年》，2019 年 6 月。

新浪：《中国微博元年市场白皮书》，2010 年 9 月。

王凤翔：《搜索引擎发展报告》，《中国新媒体发展报告（2011）》，社会科学文献出版社 2011 年版。

王凤翔：《2011 年中国网络广告发展报告》，《中国新媒体发展报告（2012）》，社会科学文献出版社 2012 年版。

王凤翔、陈婷婷：《中国网络广告联盟发展报告》，《中国新媒体发展报告（2013）》，社会科学文献出版社 2013 年版。

王凤翔：《2013 年中国网络广告发展报告》，《中国新媒体发展报告（2014）》，社会科学文献出版社 2014 年版。

王凤翔：《2017 年中国网络广告发展报告》，《中国新媒体发展报告（2018）》，社会科学文献出版社 2018 年版。

王凤翔、张璐璐：《2018 年中国网络广告发展报告》，《中国新媒体发展报告（2019）》，社会科学文献出版社 2019 年版。

王凤翔：《2019 年中国网络广告发展报告》，《中国新媒体发展报告（2020）》，社会科学文献出版社 2020 年版。

王凤翔：《中国广告业发展综述》（2010、2011、2012、2013、2014、2016、2017、2018、2019），《中国新闻年鉴》（2011、2012、2013、

2014、2015、2017、2018、2019、2021），中国新闻年鉴出版社 2011、2012、2013、2014、2015、2017、2018、2019、2021 年版。

中国网络空间研究院：《中国互联网发展报告（2018、2019、2020）》，电子工业出版社 2018、2019、2020 年版。

中国网络空间研究院：《世界互联网发展报告（2018、2019、2020）》，电子工业出版社 2018、2019、2020 年版。

五 外文文献

David W. Schumann Esther Thorson, *Internet Advertising: Theory and Research*, Psychology Press, 2nd Revised edition, 2012.

Scn Education B V, *Webvertising: The Ultimate Internet Advertising Guide*, Vieweg + teubner Verlag; Softcover reprint of the original 1st ed., 2000.

Marcella Vurro, *Critical Evaluation of Internet Advertising*, Grin Verlag, 2013.

Reza Gharoie Ahangar, *Aspect of Internet Advertising in Relation to Cross – Cultural Issues*, LAP Lambert Academic Publishing, 2010.